联合国贸易和发展组织
UNITED NATIONS CONFERENCE ON TRADE AND DEVELOPME

UNITED NATIONS
New York and Geneva, 2013

WORLD INVESTMENT REPORT

世界投资报告

投资于可持续发展目标：一项行动计划

WIR
2014

INVESTING IN THE SDGs:

AN ACTION PLAN

经济管理出版社
ECONOMY & MANAGEMENT PUBLISHING HOUSE

图书在版编目（CIP）数据

世界投资报告 2014：投资于可持续发展目标：一项行动计划/联合国贸易和发展组织.
—北京：经济管理出版社，2014.9
ISBN 978-7-5096-3351-9

Ⅰ.①世… Ⅱ.①联… Ⅲ.①对外投资—调查报告—世界—2014 Ⅳ.①F831.6

中国版本图书馆 CIP 数据核字（2014）第 200949 号

组稿编辑：张永美
责任编辑：晓 白
责任印制：黄章平

出版发行：经济管理出版社
　　　　　（北京市海淀区北蜂窝 8 号中雅大厦 A 座 11 层　100038）
网　　址：www. E-mp. com. cn
电　　话：(010) 51915602
印　　刷：三河市延风印装厂
经　　销：新华书店
开　　本：880mm×1230mm/16
印　　张：18.25
字　　数：450 千字
版　　次：2014 年 9 月第 1 版　 2014 年 9 月第 1 次印刷
书　　号：ISBN 978-7-5096-3351-9
定　　价：158.00 元

目 录

注　释

联合国贸易与发展会议投资与企业司作为全球卓越中心，主要负责处理联合国体系中投资和企业发展的相关问题。在调查研究和政策分析领域已积累了 40 年的经验和国际专业知识，并建立了政府间协调机制，为超过 150 个国家提供技术援助。

本报告中使用的"国家/经济体"是为了适当地说明领土和地区。使用的名称以及编排材料的方式并不代表联合国秘书处对任何国家、领土、城市或地区或主管当局的法律地位或者对其边界划分有任何意见。此外，国别名称的使用完全是为了便于统计和分析，并非对某一国家或地区在发展进程中所处阶段的评判。本报告所采用的主要国别名称沿用联合国统计处的分类，即：

发达国家：经合组织成员国（除智利、墨西哥、韩国和土耳其共和国），非经合组织成员国的欧盟新成员国（保加利亚、克罗地亚、塞浦路斯、拉脱维亚、立陶宛、马耳他和罗马尼亚），以及安道尔、百慕大、列支敦士登、摩纳哥和圣马力诺。

转型经济体：东南欧国家、独联体国家和格鲁吉亚。

发展中经济体：泛指上述未提到的所有经济体。处于统计的目的，中国的数据不包括香港特别行政区（Hong Kong SAR）、澳门特别行政区（Macao SAR）和台湾地区。

联合国贸易与发展会议对报告中出现的公司及活动并不提供支持。

报告中显示的边界和名称以及地图中使用的称谓，并不代表联合国官方认可。

报告中表格所用符号含义如下：

● 两个圆点（..）表示没有数据或无法得到单独的数据。在一些案例中，如果某行的任何一项均无数据，则予以删除；

● —（—）表示该数据等于零或其值可忽略不计；

● 除非另有说明，表中空白表示该商品不适用；

● 年份之间的斜线（/）代表年，例如：1994/95，表示一个财政年度；

● 代表年份的数字间适用连接符（~），例如：1994~1995 年，表示参与了一个完整的周期，包括起始和终止年份；

● 除非另有说明，"$"代表美元；

● 除非另有说明，年增长率或变化率均指年复合率。

表中数据和百分比由于四舍五入的原因，可能合计数与总计数不等。

本报告所载资料尽可引用，但需恰当注明出处。

序　言

　　《世界投资报告 2014》的研究分析颇具价值，能够为如何加快千年发展目标进程的全球讨论提供借鉴，以及 2015 年之后的深化可持续发展塑造长期愿景。

　　报告显示出令人鼓舞的趋势：全球 FDI 流量在 2012 年下滑之后，2013 年增长了 9%，预计未来将持续增长。这表明了国际投资的巨大潜力，连同其他金融资源，有助于实现 2015 年后可持续发展议程的目标。跨国公司创造良好岗位，增加出口，促进人权，维护环境，带动本土企业发展，支付公平税收，转移资本、技术和商务合约进而促进发展。

　　《世界投资报告 2014》提出了一个全球行动计划，旨在激励企业实现未来可持续发展目标以及增强私人部门在经济、社会和环境方面的积极影响。报告指出了资金缺口（特别是脆弱经济体），评估了用以缩小差距的主要资金来源，提出了未来政策选择的建议。

　　在此，特将《世界投资报告 2014》推荐给所有有志于向更具可持续发展未来方向引导私人资金的同仁。

潘基文

联合国秘书长

鸣　谢

《世界投资报告 2014》由 James X. Zhan（詹晓宁）领导的工作组编写。工作组成员包括 Richard Bolwijn、Bruno Casella、Joseph Clements、Hamed El Kady、Kumi Endo、Masataka Fujita、Noelia Garcia Nebra、Thomas van Giffen、 Axèle Giroud、Joachim Karl、Guoyong Liang、Anthony Miller、Hafiz Mirza、Nicole Moussa、Jason Munyan、Shin Ohinata、Sergey Ripinsky、William Speller、Astrit Sulstarova、Claudia Trentini、Elisabeth Tuerk、Joerg Weber 以及 Kee Hwee Wee。

Jeffrey Sachs 担任首席顾问。

研究及数据支持由 Mohamed Chiraz Baly、Bradley Boicourt、Lizanne Martinez 和 Tadelle Taye 提供。同时得到了 Amare Bekele、Kwangouck Byun、Chantal Dupasquier、Fulvia Farinelli、Natalia Guerra、Ventzislav Kotetzov、Kendra Magraw、Massimo Meloni、Abraham Negash、Celia Ortega Sotes、Yongfu Ouyang、Davide Rigo、John Sasuya、Christoph Spennemann、Paul Wessendorp、Teerawat Wongkaew，以及实习生 Ana Conover、Haley Michele Knudson 和 Carmen Sauger 的帮助。

Lise Lingo 担任编辑，Laurence Duchemin 和 Teresita Ventura 担任内容排版。Sophie Combette 和 Nadege Hadjemian 负责封面设计。《世界投资报告 2014》的出版与发行得到了 Elisabeth Anodeau-Mareschal、Evelyn Benitez、Nathalie Eulaerts、Natalia Meramo-Bachayani 以及 Katia Vieu 的支持。

在报告准备过程中的不同阶段，尤其是在本报告起草初期的专家研讨会阶段，工作组得益于外部专家的评论与建议，他们是 Azar Aliyev、Yukiko Arai、Jonathan Bravo、Barbara Buchner、Marc Bungenberg、Richard Dobbs、Michael Hanni、Paul Hohnen、Valerio Micale、Jan Mischke、Lilach Nachum、Karsten Nowrot、Federico Ortino、Lauge Poulsen、Dante Pesce、Anna Peters、Isabelle Ramdoo、Diana Rosert、Josef Schmidhuber、Martin Stadelmann、Ian Strauss、Jeff Sullivan、Chiara Trabacchi、Steve Waygood 和 Philippe Zaouati。联合国贸易与发展会议的同事也提供了许多意见和建议，他们是 Santiago Fernandez De Cordoba Briz、Ebru Gokce、Richard Kozul-Wright、Michael Lim、Patrick Osakwe、Igor Paunovic、Taffere Tesfachew、Guillermo Valles 和 Anida Yupari。

同时，UNCTAD 感谢出席 2013 年 11 月哥伦比亚维尔可持续国际投资中心主办的专家会议参加人员，以及纽约大学法学院主办的头脑风暴会议参加人员。

众多中央银行、政府机构、国际组织和非政府组织的工作人员也对《世界投资报告 2014》做出了积极贡献。衷心感谢芬兰、挪威、瑞典和瑞士政府提供的财政资助。

内容摘要

全球投资趋势

全球 FDI 重回谨慎乐观态势。全球 FDI 流入在 2012 年大幅下降后恢复增长，在 2013 年增长 9% 至 1.45 万亿美元。联合国贸发会议（UNCTAD）预计，FDI 流量将在 2014 年、2015 年和 2016 年分别增长至 1.6 万亿美元、1.7 万亿美元和 1.8 万亿美元，其中发达国家增幅相对较大。新兴市场的脆弱以及政策不确定和地区不稳定导致的风险，可能对 FDI 的上升预期产生负面影响。

发展中经济体在 2013 年继续保持领先优势。发达国家 FDI 流入增长 9% 至 5660 亿美元，占全球 FDI 流量的 39%，而发展中经济体 FDI 流入创历史新高，达到 7780 亿美元，占全球 FDI 总量的 54%，其余的 1080 亿美元流入转型经济体。目前，FDI 流入排行榜前 20 名中有一半来自发展中和转型经济体。

发展中国家 FDI 流出同样达到历史最高水平。发展中经济体的跨国公司（TNCs）不断增加对在发展中经济体本土设立的发达国家外国子公司的并购。发展中和转型经济体共同投资 5530 亿美元，占全球 FDI 流出的 39%，而该占比在 21 世纪初仅为 12%。

大型区域组织构建了全球 FDI。目前，三大主要区域组织（TPP、TTIP、RCEP）仍在谈判进程中，且各占全球 FDI 流量的 1/4 或更多，随着 TTIP 的 FDI 流量不断减少，另两大区域集团处于支配地位。亚太经合组织（APEC）仍是最大的区域经济合作组织，占全球 FDI 流入的 54%。

最贫穷国家也在日益减少对采掘业投资的依赖。过去 10 年，在采掘业新建项目合同额中，非洲所占份额为 26%，最不发达国家为 36%。此类占比迅速下降；目前，在非洲和最不发达国家经披露的项目额中，制造业和服务业占 90% 左右。

私募股权 FDI 继续维持其待投资资金规模。私募股权公司募集资金超过 1 万亿美元，达到历史最高水平。跨境投资额为 1710 亿美元，下降 11 个百分点，占跨境并购（M&As）总额的 21%，低于峰值 10 个百分点。虑及用于投资的基金（"私募股权企业的待投资资金"）且其近年来相对被抑制，私募股权 FDI 的增长潜力巨大。

国有跨国公司是 FDI 的重要载体。UNCTAD 预计，全球至少 550 家国有跨国公司——来自发达国家和发展中国家——拥有 15000 多家外国子公司以及超过 2 万亿美元的外国资产。上述跨国公司 2013 年 FDI 额超过 1600 亿美元。照此标准，尽管其数量在全球跨国公司总数中占比不到 1%，但其 FDI 流量占全球 FDI 流量的 11% 以上。

地区投资趋势

各主要发展中地区的 FDI 流量均有所增长。由于非洲内部国家间的资金流动持续增长，所以非洲 FDI 流入量有所增加（+4%）。尽管大部分非洲区域经济合作倡议对区域内 FDI 的影响有限，但这类 FDI 流量仍然得益于领导人对深化区域一体化所做出的努力。亚洲发展中地区仍是全球首要投资地（+3%）。跨国公司地区总部的位置与颇具前瞻性的区域投资合作均是推动区域内流量增长的因素。拉丁美洲和加勒比地区的 FDI 增长喜忧参半（+6%），中美洲的 FDI 增加带动总体增长，而南美洲却下降了 6%。伴随石油和天然气领域出现的新机遇以及跨国公司在制造业的投资计划，FDI 前景更加广阔。

结构脆弱的经济体喜忧参半。对最不发达国家（LDCs）的投资增加，经披露的新建投资数据显示在基础设施和能源项目方面的投资增加。内陆发展中国家（LLDCs）的 FDI 总体下降。虑及其经济规模与资本形成，FDI 仍是重要的资金来源。小岛屿发展中国家（SIDs）的 FDI 流入量有所下降。旅游和采掘业吸引到外国投资者越来越多的关注，而贸易优惠政策的减弱对制造业产生了消极影响。

发达国家 FDI 流入恢复增长，但仍需努力。发达国家 FDI 流入回升至 5660 亿美元，流出保持不变，仍为 8570 亿美元，两项均为 2007 年峰值水平的一半。作为传统上最大的 FDI 流入地的欧洲，FDI 竟然不足其 2007 年流入量的 1/3 和流出量的 1/4。美国和欧盟（EU）的 FDI 合计占全球 FDI 流入的比重有所下降，从危机前的 50% 以上降至 2013 年的 30%。

转型经济体的 FDI 流入达到历史最高水平，但前景并不明朗。转型经济体的 FDI 流入在 2013 年增加 28% 至 1080 亿美元。该地区的 FDI 流出增长 84% 至 990 亿美元，创历史新高。转型经济体 FDI 流入的前景可能会受到地区不稳定这一不确定因素的影响。

投资政策趋势与关键问题

大部分投资政策措施仍然倾向于投资促进与自由化。与此同时，管制或限制投资的政策份额有所增长，在 2013 年达到 27%。一些东道国试图阻止外国投资者撤资，一些母国则在促进本国跨国公司的海外投资回流。

投资激励主要集中在经济效益目标上，对可持续发展的激励较少。尽管激励措施不断受到有关经济低效的批评并导致公共资金分配不当，但政府仍广泛利用政策工具来吸引投资。为解决上述问题，投资激励方案应与可持续发展目标（SDGs）紧密结合。

国际投资规则的制定呈现出日益两极化的趋势：一方面，一部分源于投资仲裁的发展，一部分投资规制从既有体系中退出；另一方面，投资规制得以加强并且其谈判范围有所扩大。"大型区域协议"谈判即是一个恰当的案例。一旦达成，可能会对国际投资协定（IIAs）体系产生系统性影响。

对国际投资协定功能和影响的广泛关注将引发改革需求。四条路径越发清晰：①保持现状；②从既有体系中退出；③引入选择性调整；④承担系统性改变。多边方式能有效促进此项尝试。

投资于可持续发展目标：提升私营部门贡献的一项行动计划

面对全球经济、社会和环境的共同挑战，国际社会正在拟定一系列可持续发展目标（SDGs）。目前，SDGs由联合国与其广泛的利益相关者共同制定，旨在借由2015~2030年为减少贫困、食品安全、人类健康和教育、改善气候变化以及其他一系列跨经济、社会和环境三大支柱的目标在全球范围内产生行动激励。

公共部门起到根本与关键作用，而私营部门的贡献也不可或缺。后者可采取两种主要形式，对商业行为的良好治理以及对可持续发展的投资。政策一致性在提升私人部门对SDGs的贡献上至关重要。

SDGs将对发达国家和发展中国家的资源产生显著影响。每年全球投资的需求在5万亿~7万亿美元。估计发展中国家的投资需求每年仅为3.3万亿~4.5万亿美元，主要为基础设施建设（公路、铁路和港口；发电站；水资源与环境卫生），食品安全（农业和农村发展），改善和适应气候变化，医疗与教育。

SDGs需要大力改变所有国家公共投资和私营投资部门的水平。目前，发展中国家与SDGs相关的投资部门面临每年2.5万亿美元的缺口。在发展中国家，尤其是最不发达地区和其他脆弱经济体，公共资金是SDGs的投资主体。然而，它们不能满足所有SDGs隐含的资源需求，私人部门投资将不可或缺。

目前，私人部门投资SDGs相关行业的参与度相对较低。全球投资中（包括银行、养老基金、保险、基金会和捐赠基金、跨国公司）只有一小部分投资于SDGs部门。发展中国家的参与度甚至更低，尤其是最贫穷的发展中国家。

在最不发达国家，私人投资增长率翻番将会是一个理想的目标。发展中国家作为一个群体应该注意到私营部门大约占了SDGs投资的一部分，需要将当前的SDGs投资份额对应于当前的增长速度。但在那种情况下，其可能会面临每年1.6万亿美元的缺口。在最不发达地区，投资需求最强，融资能力最低，私人投资的增长率需要翻倍，并成为仅次于公共投资和海外发展援助（ODA）的补充融资来源。

私人部门投资更多地参与到与SDGs相关的行业中，其中多数部门具有敏感性和公共服务属性，从而导致了政策困境。政策制定者需要找到创建有利于投资的外部环境，消除投资障碍以及通过监管来确保公共利益间的平衡点。他们需要借由一些机制为私人投资者提供足够有吸引力的回报，同时保证服务的可获得性和可购买性，并且使更多的私人投资与更多的公共投资形成互补。

UNCTAD提出的SDGs私人投资战略框架应对关键的政策挑战和解决方案：①激发私人投资的指导原则和全球领导力；②调动资金投资于可持续发展；③引导资金流向SDGs部门；④最大化私人投资的可持续发展影响力，最小化其风险和弊端。

不断增加的SDGs私人投资需要全球层面和国家政策制定者的领导力，通过其提供的指导原则来应对政策困境；设定目标，认识到需要为LDC做出特殊努力；确保国家和国际层面的政策一致性；促进对话和行动，包括通过合适的多方利益相关者平台；确保包容性，为国家提供支持，否则可能会在很大程度上继续被私人投资者忽视。

在金融市场调动资金的挑战包括启动创新融资解决方案并扩大其规模的难题，市场失灵，缺乏环境、社会和企业治理绩效透明度，对市场参与者的不恰当奖励。引导资金流向SDGs部门的主要制约因素包括进入壁垒、SDGs投资的风险收益率不足、缺乏信息和有效的一揽子计划以及项目优惠、缺乏投资专业人才。在管理SDGs部门私人投资的影响力方面，关键的挑战包括一些发展中国家较弱的吸收能力，社会和环境影响风险，利益相关者介入以及对影响的有效监管。

UNCTAD的SDGs私人投资行动计划包含一系列政策选择以应对调动、引导和影响力方面的挑战。这样一套有针对性的一揽子行动可以帮助可持续发展中的私人投资形成巨大推动力：

● 新一代的投资促进和便利化。建立SDGs投资发展机构，旨在开发和引导SDGs部门中的银行可担保项目以及积极推进这类项目。这需要专业人才和技术援助的支持。SDGs投资项目的"经纪人"也可以在区域层面分担成本以及达到规模经济。国际投资政策体系也应该被重新定位以更加积极地促进投资。

● SDGs导向的投资激励。重组投资激励计划以针对性地促进可持续发展项目的便利化。需要从纯粹"基于地理区位"的激励措施转向"基于SDGs"的激励措施，其中，"基于地理区位"的激励措施旨在提高创立时的区位竞争力，"基于SDGs"的激励措施旨在促进SDGs行业投资以及可持续发展绩效的有利条件。

● 区域性的SDGs投资合约。区域性合作和南南合作可以助长SDGs投资，尤其是跨境基础设施建设发展以及SDGs部门内的企业聚集（如绿色区域）。也可以包括联合投资促进机制，有助于增强吸收能力的联合项目，以及联合公司合营模式。

● SDGs投资的新型合作关系。为了在母国开拓SDGs投资机遇，母国的对外投资机构和东道国的投资促进机构（IPAs）可以建立合作关系，为SDGs项目提供投资激励和便利化服务，以及进行联合监控与影响力评估。支持SDGs投资商业发展服务的具体工具可能包括为银行可担保项目和发展中国家关联项目提供线上渠道。多边机构的技术援助组合有助于支持LDCs。

● 创新融资机制和融资市场的再定位。创新融资工具为实现SDGs规模投资筹集资金。解决方案包括创新可交易的金融工具和专用的SDGs基金，种子融资机制和新的SDGs项目营销渠道。金融市场的再定位也需要综合汇报。这是投资者做出负责任的资本配置决策的关键一步，也是可持续证券交易所的核心议题。

● 改变全球商业心态和发展SDGs投资专业知识。为商学院开设一门课程，即激发对贫穷国家投资机会的认识并且向学生灌输在发展中国家成功经营所需的技巧。在现有培训与认证项目中为金融市场参与者拓展类似的学习模块。

SDGs内私人投资行动计划可作为国家和国际层面的政策制定者就落实SDGs和形成SDGs内投资运营战略进行讨论时的参考。它被设计为一个"鲜活的文本"并且包含了线上版本，旨在建立互动和开放的对话、邀请国际社会交流观点、建议与经历。因而它也构成了利益相关者进一步交流的基础。UNCTAD旨在通过其两年一次的世界投资论坛和线上的投资政策中心为这样的交流提供平台。

前　言

一、全球投资趋势

全球 FDI：谨慎乐观

2013 年，FDI 流量恢复上升趋势。全球 FDI 流入增长了 9%，达到 1.45 万亿美元。2013 年，各主要经济体——发达经济体、发展中经济体和转型经济体 FDI 流入均有所增长。全球 FDI 存量增长 9%，达到 25.5 万亿美元。

联合国贸发会议预测，全球 FDI 流量 2014 年将增长 1.6 万亿美元，2015 年 1.75 万亿美元，2016 年达到 1.85 万亿美元。这一增长主要来源于发达经济体经济复苏所带来的直接投资增加。但是，一些新兴经济体的脆弱性、政策不确定性和地区冲突所带来的风险仍将对 FDI 流量的预期回升带来不利影响。

由于发达国家 FDI 预期增长越来越快，因此 FDI 地区分布可能会向发达国家占全球 FDI 流入量份额越来越大的"传统格局"倾斜（见图 1）。但发展中经济体的未来 FDI 流量仍将维持在较高水平。

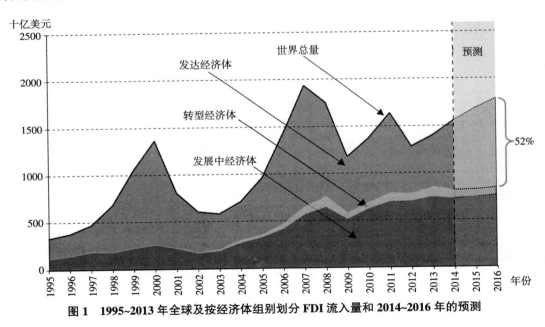

图 1　1995~2013 年全球及按经济体组别划分 FDI 流入量和 2014~2016 年的预测

发展中经济体保持领先

发展中经济体的 FDI 流入已创新高，达到 7780 亿美元（见表 1），占全球 FDI 流入量的 54%。但是与过去 10 年间 17% 的平均增长率相比，FDI 增速已经降至 7%。亚洲继续成为 FDI 流入量最多的区域，显著高于欧盟，从传统上说，欧盟 FDI 占全球 FDI 比重最高。非洲（增长 4%）、拉丁美洲和加勒比地区（增长 6%，不包括离岸金融中心）等其他主要发展中地区 FDI 流入量也有所增长。

表 1　2011~2013 年按地区划分的 FDI 流量（十亿美元、%）

地 区	FDI 流入量			FDI 流出量		
	2011 年	2012 年	2013 年	2011 年	2012 年	2013 年
世界	**1700**	**1330**	**1452**	**1712**	**1347**	**1411**
发达经济体	880	517	566	1216	853	857
欧盟	490	216	246	585	238	250
北美	263	204	250	439	422	381
发展中经济体	725	729	778	423	440	454
非洲	48	55	57	7	12	12
亚洲	431	415	426	304	302	326
东亚及东南亚	333	334	347	270	274	293
南亚	44	32	36	13	9	2
西亚	53	48	44	22	19	31
拉丁美洲及加勒比地区	244	256	292	111	124	115
大洋洲	2	3	3	1	2	1
转型经济体	95	84	108	73	54	99
结构薄弱、易受冲击的小型经济体①	**58**	**58**	**57**	**12**	**10**	**9**
最不发达国家	22	24	28	4	4	5
内陆型发展中国家	36	34	30	6	3	4
小岛屿发展中国家	6	7	6	2	2	1
在全球 FDI 流量中的占比						
发达经济体	51.8	38.8	39.0	71.0	63.3	60.8
欧盟	28.8	16.2	17.0	34.2	17.7	17.8
北美	15.5	15.3	17.2	25.6	31.4	27.0
发展中经济体	42.6	54.8	53.6	24.7	32.7	32.2
非洲	2.8	4.1	3.9	0.4	0.9	0.9
亚洲	25.3	31.2	29.4	17.8	22.4	23.1
东亚及东南亚	19.6	25.1	23.9	15.8	20.3	20.7
南亚	2.6	2.4	2.4	0.8	0.7	0.2
西亚	3.1	3.6	3.0	1.3	1.4	2.2
拉丁美洲及加勒比地区	14.3	19.2	20.1	6.5	9.2	8.1
大洋洲	0.1	0.2	0.2	0.1	0.1	0.1
转型经济体	5.6	6.3	7.4	4.3	4.0	7.0
结构薄弱、易受冲击的小型经济体①	**3.4**	**4.4**	**3.9**	**0.7**	**0.7**	**0.7**
最不发达国家	1.3	1.8	1.9	0.3	0.3	0.3
内陆型发展中国家	2.1	2.5	2.0	0.4	0.2	0.3
小岛屿发展中国家	0.4	0.5	0.4	0.1	0.2	0.1

注：①不含有双重计算。

资料来源：UNCTAD，FDI-TNC-GVC 信息系统，FDI/TNC 数据库（www.unctad.org/fdistatistics）。

尽管流入发达国家的 FDI 在 2012 年迅速下滑后有所恢复，但仍然维持在全球 FDI 比例的历史低位（39%），2007 年的峰值为 57%。发展中国家连续两年保持了对发达国家 2000 多亿美元的领先优势。

2013 年，发展中国家和转型经济体占据世界前 20 位最大 FDI 流入国的一半（见图 2）。墨西哥攀升至第 10 位。中国的流入达到了历史新高，并继续成为世界第二大输入国。

发展中国家的跨国公司（TNCs）FDI 创造了历史新高，达到 4540 亿美元。连同转型经济体一起，占全球 FDI 流出总量的 39%，这一比例在 21 世纪初仅为 12%。6 个发展中经济体和转型经济体进入 2013 年全球前 20 位最大投资国行列（见图 3）。并且，发展中国家的跨国公司在不断收购发达国家 TNCs 在发展中国家的分支机构。

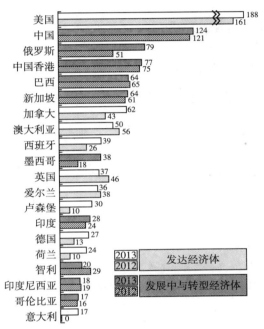

图 2　2012 年和 2013 年 FDI 流入前 20 位东道国/经济体
（十亿美元）

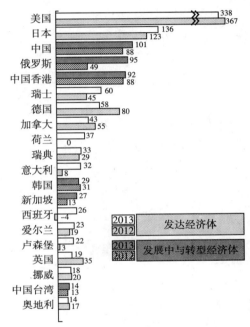

图 3　2012 年和 2013 年 FDI 流出前 20 位母国/经济体
（十亿美元）

大型区域组织的全球 FDI 格局

APEC 成员国占全球 FDI 流入的份额从危机前的 37% 增长到 2013 年的 54%（见图 4）。尽管其份额较小，但流入到东盟（ASEAN）和南方共同市场（MERCOSUR）的份额在 2013 年仍然是危机前的两倍，这类似于金砖国家（BRICS）曾经出现的情况（巴西、俄罗斯、印度、中国和南非）。

正在谈判的三个大型一体化框架——TTIP、TPP 和 RCEP——显示了不同的 FDI 趋势。正在就 TTIP 框架进行谈判的美国和欧洲发现它们整体占全球 FDI 流入的比例几乎减半，从危机前的 56% 降低到 2013 年的 30%。在 TPP 中，美国所占比例减少被同一组织内新兴经济体相应份额的增长所抵消，使得总占比从 2008 年前的 24% 增长到 2013 年的 32%。东盟 10 个成员国和它们的 6 个自贸区（FTZ）伙伴正在就区域全面经济伙伴关系（RCEP）进行谈判，近年来，其在全球 FDI 流入中的占比总计超过 20%，几乎是危机前水平的两倍。

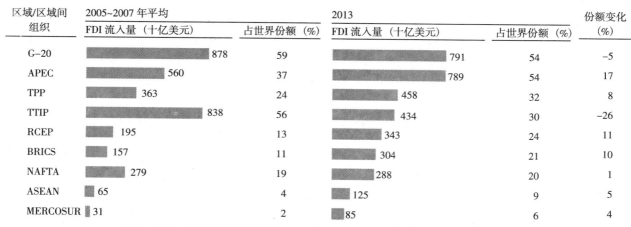

图 4 2005~2007 年平均值以及 2013 年特定区域和跨区域组织的 FDI 流入量

最不发达经济体减少了对自然资源的依赖

尽管历史上许多贫困发展中国家的 FDI 十分依赖采掘业，但是过去 10 年间的绿地投资动态显示出更为微妙的图景。以公布的跨境绿地投资项目累计价值计的采掘业份额在非洲和 LDCs 都很可观，分别是 26% 和 36%，但是由于行业具有资本密集性质，非洲和 LDCs 以项目数计的份额分别下降到 8% 和 9%，并且采掘业的份额正在快速减少。经披露的 2013 年绿地投资数据显示，非洲和 LDCs 中，制造业和服务业占其整体项目额的 90%。

页岩气正在影响美国及其之外的 FDI 结构

在 FDI 结构中可以清晰观察到页岩气革命。在美国的石油和天然气行业内，随着页岩市场的巩固以及小型国内参与者需要分享页岩发展成果并分担生产成本，外国资本发挥的作用越发重要。2013 年，页岩气跨境并购在石油和天然气行业内此类交易中的占比超过 80%。拥有搜寻和开发页岩气所必需的技术的美国公司也成为其他国家内拥有丰富页岩气资源的能源公司的并购目标或合作伙伴。

在石油和天然气行业外，廉价的天然气也将

包括绿地投资在内的新产能投资吸引至美国的制造业，特别是化学和化学制品行业。美国在全球此类部门内经披露的绿地投资中的占比从 2011 年的 6% 分别增长到 2012 年的 16% 和 2013 年的 25%，远高于美国在全行业中的平均占比 (7%)。外界对美国制造企业一定程度的"回岸"也有所期待。

随着其他石油和天然气丰富的国家石油化工制造的成本优势逐渐丧失，其对 FDI 的影响也在美国以外的地区日益凸显，特别是在西亚地区。类似雪佛龙菲利普化工、陶氏化学以及埃克森美孚化工这样的跨国公司将它们的目光重新聚焦到美国。甚至连诺瓦化学（阿联酋）和沙特基础工业公司（沙特阿拉伯）这样的海湾合作委员会（GCC）成员的石油化工企业也开始在北美进行投资。

医药业 FDI 受到"专利悬崖"以及新兴市场机会的驱动

近年来，医药跨国公司已经将其非核心部门剥离出去并将研发活动外包，而参与并购活动可以保证其拥有新的收入来源和低成本生产基地。为应对不断增长的需求，该行业内的全球参与者希望通过兼并发展中经济体的基础生产商获取高质量、低成本的非专利药物。他们同样紧盯发展中国家成功的研发企业和初创公司。这一领域内针对发展中和转型经济体的跨境并购所占比例已经从 2006 年前的不足 4%，增加到 2010~2012 年的 10%，并迅速跃升至 2013 年的 18% 以上。

顶级医药跨国公司大量海外留存收益的可用性促进了这类交易，并预示着进一步的活动。2014 年第一季度内的跨境并购交易额（55 个交易合计 230 亿美元）已经超过了 2013 年的全年交易记录。

私募股权投资仍然强劲

2013 年，私募股权投资企业的资金进一步增长至 1.07 万亿美元的历史高位，年增长率达 14%。但是它们的跨境投资——特别是并购投资——仅为 1710 亿美元（净值为 830 亿美元），减少了 11%。私募股权投资在 2013 年跨境并购中的占比是 21%，比 2007 年高峰时期低 10%。鉴于越来越多的优秀基金可以参与到投资中（强势进入），以及它们近些年相对少有的并购活动，私募股权投资 FDI 的发展潜力仍然巨大。

大多数私募股权投资并购仍然集中在欧洲（传统上的最大市场）和美国。亚洲市场的私募股权投资交易正在增加。尽管规模相对较小，基于发展中国家的私募股权投资公司也开始兴起并在发展中国家和更为成熟的市场展开交易。

主权财富基金的 FDI 规模相对较小，国有跨国公司占比显著

主权财富基金（SWFs）在资产、地理分布和目标行业方面继续扩张。SWFs 管理的资产达到 6.4 万亿美元，并且在包括撒哈拉以南的非洲国家在内的全球进行投资。撒哈拉以南非洲地区的产油国最近成立了自己的 SWFs 来管理它们的石油款项。与它们的资产规模相比，SWFs 的 FDI 投资水平仍然较低，仅占它们管理资产的不足 2%，并且还限定于少数几个 SWFs。2013 年，SWFs 主导的 FDI 流量达 67 亿美元，累计存量达到 1300 亿美元。

国有跨国公司（SO-TNCs）数量相对较小，但其外国子公司数量和所管理的国外资产规模却十分庞大。据 UNCTAD 估计，至少有 550 个 SO-TNCs——来自发展中国家和发达国家——拥有 15000 余个外国子公司，且所管理的国外资产超过 2 万亿美元，其中一些是世界上最大的跨国企业。SO-TNCs 主导的 FDI 投资预计在 2013 年超过 1600 亿美元，实现了连续四年下降后的小幅增长。在这一水平上，尽管其数量不到所有跨国公司数量的 1%，但是所管理的资产却超过全球 FDI 流量的 11%。

国际生产继续稳定增长

2013 年国际生产继续增长，其中，消费增长了 9%，资产增长了 8%，附加值增长了 6%，就业增长了 5%，出口增长了 3%（见表 2），就海外经营扩张而言，来自发展中和转型经济体的跨国公司比来自发达国家的竞争对手更快，但两者的国内经营比率大致相同，因此总体上维持在一个稳定的国际化指数水平。

2013 年，全球 5000 强跨国公司的库存现金维持在高位，占其资产总额的 11% 以上。来自发达国家的跨国公司的库存现金（包括短期投资）估计达到 3.5 万亿美元，而发展中和转型经济体的跨国公司的库存现金约 1 万亿美元。发展中国家跨国公司的现金—资产比率在过去五年内相对稳定，约为 12%。与此相对，发达国家跨国公司的现金—资产比率近年来逐步上升，从危机前的平均 9% 到 2013 年的 11% 有余。这一增长表明，截至 2013 年末，来自发达国家的跨国公司比之前多持有 6700 亿美元现金，这也意味着其投资显著减少。

表 2   2013 年及特定年份 FDI 及国际间生产部分指标

项 目	按当年价格计算（十亿美元）				
	1990 年	2005~2007 年金融危机前平均水平	2011 年	2012 年	2013 年
FDI 流入量	208	1493	1700	1330	1452
FDI 流出量	241	1532	1712	1347	1411
FDI 流入存量	2078	14790	21117	23304	25464
FDI 流出存量	2088	15884	21913	23916	26313
内向型 FDI 收入	79	1072	1603	1581	1748
内向型 FDI 收益率（%）	3.8	7.3	6.9	7.6	6.8
外向型 FDI 收入	126	1135	1550	1509	1622
外向型 FDI 收益率（%）	6.0	7.2	6.5	7.1	6.3
跨国并购	111	780	556	332	349
国外子公司销售额	4723	21469	28516	31532	34508
国外子公司产品增加值	881	4878	6262	7089	7492
国外子公司总资产	3893	42179	83754	89568	96625
国外子公司出口额	1498	5012	7463	7532	7721
国外子公司雇员（千人）	20625	53306	63416	67155	70726
备注					
GDP	22327	51288	71314	72807	74284
固定资产形成总额	5072	11801	16498	17171	17673
专利使用费及特许费收入	29	161	250	253	259
货物和服务出口额	4107	15034	22386	22593	23160

二、FDI 地区趋势

非洲 FDI 增长，源于非洲内部的投资

受到国际和区域市场寻求型和基础设施投资的影响，2013 年非洲地区吸引的 FDI 增长了 4%，达到 570 亿美元。由于对新兴中产阶级持续增长的预期，促进了包括食品、信息技术、旅游、金融和零售行业在内的消费导向型行业 FDI 的增加。

非洲东部和南部地区 FDI 流入带动了非洲整体 FDI 的增长，同时其他地区有所下降。南部非洲的 FDI 流入量几乎翻了一倍，达到 130 亿美元，这主要得益于南非和莫桑比克的 FDI 流入量达到了创纪录的新高。在这两个国家，基础设施是吸引外资的主要部门，莫桑比克天然气行业在吸引外资中扮演着重要角色。由于流入埃塞俄比亚和

肯尼亚的外资不断增长，非洲东部地区整体 FDI 增长了 15%，达到 62 亿美元。肯尼亚正在成为受青睐的商业中心，不仅因为石油和天然气开采业，还得益于制造业和运输业；埃塞俄比亚的工业战略可能吸引亚洲资本建设制造业基地。北部非洲的外资流入量降低了 7%，降至 150 亿美元。部分由于政治和安全的不确定性增加，中部和西部非洲的 FDI 流入量分别降至 80 亿美元和 140 亿美元。

南非、肯尼亚和尼日利亚的跨国公司活动推动了非洲内部投资的增加。2009~2013 年，非洲内部的跨国绿地投资项目合同金额比例增加至 18%，而上一阶段这一比例不足 10%。对于许多规模较小、地处内陆或没有石油出口的非洲国家，区域内的投资是 FDI 的重要来源。

非洲内部不断增长的 FDI 与各国领导人对建设更深层次区域一体化的努力是一致的。然而，对于绝大多数次区域集团，集团内 FDI 只是非洲

内部 FDI 流量的一小部分。只有在两个区域经济合作集团中——东非共同体 EAC（约占 50%）和南部非洲发展共同体 SADC（90% 以上），集团内 FDI 才构成了非洲内部投资的重要组成部分，这主要由于这些组织的有关国家对相邻国家的投资占其对外投资的主导地位。因此截至目前，在提升区域内投资方面，区域经济合作组织比更广泛的非洲经济合作倡议更缺乏效率。

非洲内部的投资项目集中于制造业和服务业。经披露的采掘业区域内绿地投资项目仅占 3%，而在区域外绿地投资项目中这一比例达到 24%（2009~2013 年）。区域内投资有助于构建本地区的价值链。然而，到目前为止，非洲对全球价值链（GVC）的参与仍局限在与发达国家原材料出口的下游整合阶段。

亚洲发展中国家：FDI 首选目的地

2013 年亚洲发展中国家总体 FDI 流入量达到 4260 亿美元，占全球 FDI 流入总量的近 30%，依然是世界首要 FDI 流入地区。

东亚地区 FDI 流入量增长 2%，达到 2210 亿美元，东亚地区的稳定表现得益于 FDI 对中国、韩国和中国台湾的稳定增长。2013 年中国 FDI 流入量达到 1240 亿美元，居全球第二位；同时中国 FDI 流出量增长 15%，达到 1010 亿美元，主要由发达国家的大宗交易所驱动。中国的 FDI 流出量预期在最近两三年内将超过流入量。中国香港的 FDI 流入量略有增长，达到 770 亿美元。中国香港在吸引地区跨国公司的总部方面非常成功，2013 年中国香港的跨国公司总部达到近 1400 家。

东南亚地区的 FDI 流入量增长 7%，达到 1250 亿美元；其中新加坡——本地区另一经济大国——吸引 FDI 流量占到 50%。东盟 10 国与其 6 个 FTA 伙伴国（澳大利亚、中国、印度、日本、韩国和新西兰）开展了 RCEP 谈判。2013 年，FDI 对 RCEP 中 16 个国家的流入量达到 3430 亿美元，占 FDI 全球流量的 24%。15 年来，东亚和东南亚国家对区域经济合作的积极努力有利于本地区整体和区域内部 FDI 流量的增长。RECP 国家的投资占据了东盟国家外资流入量的 40%，而 2000 年前这一比例只有 17%。基础设施行业和制造业的区域内 FDI 尤其能为促进低收入国家发展带来机遇，如老挝和缅甸。

2013 年，南亚地区 FDI 流入量增长 10%，达到 360 亿美元。印度是本地区最大的 FDI 流入国，2013 年 FDI 流入量增长 17%，达到 280 亿美元。与整体趋势相反，零售部门的投资并未增加，尽管从 2012 年开始多品牌零售业已经开放。

亚洲各国正在建立连接南亚和东南亚的经济走廊：孟加拉国—中国—印度—缅甸经济走廊和中国—巴基斯坦经济走廊。这将强化亚洲次区域的经济联系，为区域经济合作提供机会。这一行动很可能增强基础设施投资，提升南亚的整体商业环境。

2013 年西亚地区 FDI 流入量下降 9%，降至 440 亿美元，已连续五年未能恢复增长。持续的区域紧张环境和政治不确定性阻碍了投资者，尽管各国情况有所不同。在沙特阿拉伯和卡塔尔，FDI 流入量继续下行趋势；其他国家 FDI 有缓慢回升，尽管流入量仍低于以前的水平，只有科威特和伊拉克达到了 2012 年和 2013 年的水平。

2013 年西亚地区 FDI 流出量上升了 64%，主要由于海合会（GCC）国家 FDI 流出量的增长，其中卡塔尔 FDI 流出量翻了四倍，科威特 FDI 流出量几乎翻了三倍，占到了本地区 FDI 流出量增长的绝大部分份额。考虑到 GCC 外汇储备的高水平，FDI 流出量的增长将会进一步增加。

拉丁美洲和加勒比地区：FDI 不平衡增长

2013 年，拉丁美洲和加勒比地区的 FDI 流入量达到 2920 亿美元。不包括离岸金融中心的 FDI 流入量增长了 5%，达到 1820 亿美元。往年 FDI 增长主要由南美国家拉动，2013 年这一地区的 FDI 流入量降低了 6%，降至 1330 亿美元，结束了连续三年的强劲增长。在主要 FDI 流入国中，巴西 FDI 流入量有 2% 的少量下降，尽管进入第一产业的 FDI 流量增加了 86%。智力和阿根廷的 FDI 流入量分别下降了 29% 和 25%，降至 200 亿美元和 90 亿美元，主要由于采矿业的 FDI 流入量降低。秘鲁的 FDI 流入量降低了 17%，降至 100 亿美元。相比之下，哥伦比亚 FDI 流入量增长了 8%，达到 170 亿美元，主要得益于电力行业和银行业的跨国并购。

中美洲和加勒比地区（不包括离岸金融中心）的 FDI 流入量增长了 64%，达到 490 亿美元，主要由于比利时啤酒制造公司 AB InBev 对 Modelo 集团的 180 亿美元并购的股份持有，这一并购使得墨西哥的 FDI 流入量增长了一倍以上，达到 380 亿美元。其他国家的 FDI 流入量也有所增加——巴拿马（61%）、哥斯达黎加（14%）、危地马拉和尼加拉瓜（分别为 5%）。

由于巴西和智利跨国公司子公司的海外收购停滞和偿还母公司贷款的激增，拉丁美洲和加勒比地区 FDI 流出量（不包括离岸金融中心）下降了 31%，降至 330 亿美元。

未来一个时期，石油和天然气行业（包括阿根廷的页岩气行业和墨西哥的部门改革）将给予外国投资者新的机会，预示着这一地区 FDI 新的前景。在制造业部门，汽车业跨国公司也正在推动巴西和墨西哥的投资计划。

巴西和墨西哥汽车业的增长很可能有较好的前景，同时两国在政府政策和跨国公司的反应方面有明显的不同，这也反映了两国在全球价值链参与中的层次和形式。在墨西哥，汽车出口有更高层次、更大规模的下游参与程度，以及更高的

出口价值增值。而巴西制造商，包括多家跨国公司，主要供给本地市场。尽管其出口程度较低，但它们包含了更高层次的国内价值增值过程，包括通过本地公司和与其他公司的联系。

转型经济体：FDI 流入创历史新高，但前景不确定

2013 年，转型经济体 FDI 流入量增长了 28%，达到 1080 亿美元。在欧洲东南部国家，FDI 流入量从 2012 年的 26 亿美元增长至 2013 年的 37 亿美元，主要得益于服务业部门国有企业的私有化。由于俄罗斯 FDI 流入量的增长，独联体国家 FDI 流入量增长了 28%。尽管发达国家是主要投资者，发展中经济体的 FDI 也在不断增长。转型经济体的 FDI 流入前景可能会受到区域不稳定带来的不确定性影响。

2013 年，本地区 FDI 流出量上升了 84%，达到创纪录的 990 亿美元。与往年一样，俄罗斯的跨国公司占据了绝大多数 FDI 流出项目。这一地区跨国公司的跨国并购总价值增长超过六倍，绿地投资合同金额增长 87%，达到 190 亿美元。

最近 10 年来，转型经济体各国是 FDI 增长最快的东道国和母国。在这一 FDI 迅速增长的时期，不论是投资者还是接受投资者，欧盟国家都是其最重要的合作伙伴。欧盟拥有这一地区 FDI 流入存量的最大份额，超过了本地区 FDI 总量的 2/3。在独联体国家，绝大多数投资进入了自然资源部门、消费部门和其他已开放或私有化的特定工业部门。在欧洲东南部，私有化、低生产成本以及与欧盟合作的前景或本地区的欧盟成员国都是欧盟对这一地区投资的主要驱动因素。同样，主要来源于俄罗斯的转型国家大部分对外投资存量也流向了欧盟国家。这些投资者寻求欧盟市场的战略资产，包括能源行业的下游产业活动和制造业的价值增值活动。

发达国家：FDI 流入恢复增长

在 2012 年的急剧下降之后，2013 年发达国家 FDI 流入量增长 9%，达到 5660 亿美元。流入欧盟国家的 FDI 达到 2460 亿美元（增长 14%），比 2007 年的最高值降低了 30%。在主要国家中，流入德国的 FDI——在 2012 年达到创纪录的低值——大幅反弹，但法国和英国出现了急剧下降。在许多情况下，公司内部贷款的大幅波动是下降的一个主要因素。意大利和西班牙 FDI 流入量大幅反弹，后者在 2013 年成为欧洲最大的 FDI 流入国。北美地区 FDI 流入量恢复到 2500 亿美元，其中美国——世界最大的 FDI 流入国——实现了创纪录的 17% 增幅，达到 1880 亿美元。

2013 年发达国家 FDI 流出量为 8570 亿美元，几乎与 2012 年同期持平。欧洲对外直接投资的恢复和日本的持续扩张被北美地区 FDI 流出量的下降抵消。欧洲 FDI 流出量增长 10%，达到 3290 亿美元。瑞士成为欧洲最大的对外直接投资国。与欧洲整体趋势相反，法国、德国和英国 FDI 流出量大幅下降。北美地区的 FDI 流出量下降 10%，降至 3810 亿美元，部分由于美国跨国公司从欧洲转移资金、增加当地债券市场持有份额，并将资金转移回美国。日本 FDI 流出量连续三年增长，达到 1360 亿美元。

2013 年的 FDI 流入量和流出量几乎不及 2007 年峰值水平的一半。在全球份额方面，发达国家占全球 FDI 流入总量的 39% 和 FDI 流出总量的 61%，均为历史最低水平。

近年来，尽管跨大西洋的 FDI 流量份额有所下降，但欧盟和美国仍互为重要的投资伙伴国——从双方的经济规模和双边贸易规模来看更是如此。以美国为例，美国 62% 的 FDI 流入存量来自欧盟，同时 50% 的 FDI 流出量流向了欧盟地区。在欧盟各国，美国 FDI 流入量占据了本地区非欧盟国家 FDI 流入量的 1/3。

最不发达国家：FDI 有所上升，但内陆发展中国家和小岛屿发展中国家的 FDI 下降

2013 年最不发达国家 FDI 流入量增长 14%，增至 280 亿美元。一些较大的不发达国家 FDI 流入量下降或停滞，但其他国家实现了创纪录的增长。在安哥拉一项近 30 亿美元的撤资项目影响最大，埃塞俄比亚、孟加拉国、莫桑比克、苏丹和也门紧随其后。最不发达国家的 FDI 流入量占全球比重仍仅为 2%。

最不发达国家的合同绿地投资项目达到最高纪录，按实际价值计算达到了三年来的最高水平。由大规模能源项目带动的服务业部门 FDI 占据了合同绿地投资项目的 70%。由于最不发达国家不断增长的基础设施项目，外国资本占据了其资金的主要部分。然而，很大一部分合同外资至今尚未形成实际投资，这源于这些国家的结构性财政解决方案没有转化为 FDI，长期的酝酿期增加了支出，或实际项目延迟或取消。

2013 年内陆发展中国家的 FDI 流入量下降了 11%，降至 297 亿美元。其中亚洲内陆发展中国家的降幅最大，约为 50%，主要由于蒙古的 FDI 流入量下降。非洲内陆发展中国家 FDI 流入量有增有减，15 个内陆发展中国家的 8 个 FDI 流入量有所增加，其中赞比亚吸引外资量达到 18 亿美元。

从整体来看，FDI 仍是资本形成和经济增长的重要因素，这在内陆发展中国家比发展中国家更为重要。在发展中经济体，最近 10 年来 FDI 流入规模与固定资本形成的比例平均为 11%，而在内陆发展中国家，这一比例上升了近一倍，达到 21%。

2013 年小岛屿发展中国家 FDI 流入量下降了 16%，为 57 亿美元，结束了两年来的复苏局面。采矿业及与下游产业相关的活动、商业和金融业，

以及旅游业是其吸引 FDI 的主要部门。旅游业引起了外国投资者越来越多的关注，同时制造业——如服装加工和渔业加工——曾是不可忽视的 FDI 进入行业，受到了贸易偏好变化的负面影响。

三、投资政策趋势与关键问题

新政府努力阻止撤资并促进回流

UNCTAD 监测显示，在 2013 年，59 个国家和经济体采用了 87 种政策措施影响外国投资。国家投资政策倾向于投资促进与投资自由化。与此同时，监管性或限制性政策占比从 25% 进一步上升至 27%（见图 5）。

图 5　2000~2013 年国家投资政策变化

在转型经济体中，投资自由化措施包括大量私有化措施。针对外国投资的自由化措施主要发生在亚洲，而且大多数与电信业和能源业相关。新采用的 FDI 限制和监管措施涉及大量的不被批准的外国投资项目。

最近的一个现象是政府努力防止外国投资者撤资。受经济危机和持续的高失业的影响，一些国家对于搬迁和裁员采取新的批准要求。另外，一些母国开始促进其跨国公司的海外投资回流。

更有效的利用投资优惠政策需要改进监管

尽管优惠政策不断受到经济低效的批评并导致公共资金的分配不当，但是政府仍广泛利用优惠政策来吸引投资。在 2013 年，新的投资自由化、便利化措施中超过一半与投资优惠政策相关。

根据 UNCTAD 最新的投资促进机构（IPAs）调查，大多数投资优惠政策的主要目标是促进就业，其次是技术转移与出口促进，最重要的目标行业是 IT 与商业服务业，接下来是农业和旅游业。尽管环境保护与发展弱势地区在国家和全球政策议程中重要性越发增加，但是它们在当前 IPAs 的投资促进策略中排名不高。

将投资优惠政策与 SDGs 联系起来可以构成更有效的政策工具，修复市场失灵并避免传统投资优惠政策广为诟病的缺陷。政府也应该仔细评估其优惠政策效果并强化监管和评估。

一些国家扩大 IIAs 条约谈判范围，其他国家则不然

随着新增加 44 个 IIAs 条约，2013 年底，全球 IIAs 总数接近 3240 个（见图 6）。2014 年投资条约制定差异越来越大。大量的发展中国家同非洲、亚洲、拉丁美洲的政策相异。与此同时，有一个"扩大范围"条约制定的趋势，体现在活力增加（更多国家更迅速参与后续谈判回合）和涉及问题的深度和广度也增加。现在，IIAs 谈判越来越针对现有 IIAs 条款采用新方法并且对谈判议程增加新问题。具体例证包括 IIAs 中涉及可持续发展问题、投资自由化条款以及强化特定投资保护机制。

"大型区域性协议"——系统性预期的影响

大型区域性协议谈判已日益成为公共辩论的焦点，引来不同利益相关方的支持或反对。与它们潜在影响相关的关键问题是当事人的监管空间

与可持续发展。大型区域性协议是具有显著经济综合实力并且投资在其经济中具有重要地位的一组国家间达成的经济协议。将这些协议中的 7 个国家考虑在内，共包括 88 个发达国家和发展中国家。一旦达成，它们将有可能对当前多层次国际投资机制与全球投资模式产生重要影响。

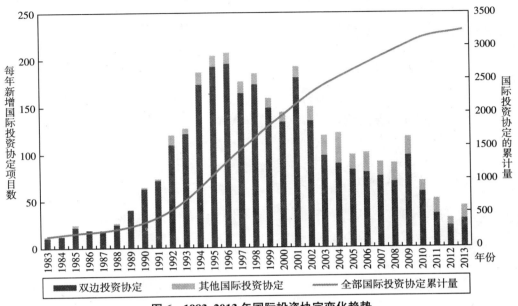

图 6　1983~2013 年国际投资协定变化趋势

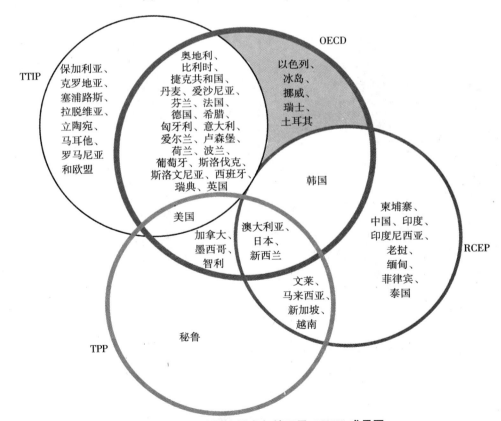

图 7　重要投资协定的参与情况及 OECD 成员国

大型区域协议可能对 IIAs 机制具有系统性影响：它们要么有利于现有条约的整合，要么通过与现有 IIAs（包括多边协定，见图 7）的重叠进一步建立差异性。例如，6 个主要的大型区域协议与现有的 140 个 IIAs 重叠但产生了 200 个新的双边投资协定关系。大型区域协议也可能边缘化，没有参与的第三方。谈判方需要仔细考虑这些系统性影响。透明的规则制定与广泛的利益相关者有利于发现最优解决方案并确保达成的协议实现双赢。

对投资仲裁的争议增加

2013 年发生了有史以来第二多的投资仲裁案（56 件），并使总数升至 568 件。新仲裁案中超过 40% 的被告是欧盟成员国，而其中只有一起是欧盟内部成员间的案件。投资者继续在广泛的政策领域挑战各种政策，特别是可再生能源行业。

过去一年也产生了至少 37 起仲裁判决——其中 23 起在公共领域——赔偿金额有史以来第二多（连同利息一共 9.35 亿美元）。随着大型区域协议内涉及投资仲裁的可能性出现，投资者—东道国争端解决机制（ISDS）成为公众关注的焦点。

呼吁改革 IIAs 机制

虽然几乎所有的国家都是一个或多个 IIAs 的参与方，但是许多国家都对当前的机制不满意。关注点主要包括：IIAs 的发展空间；平衡投资者与国家的权利和义务；IIAs 机制的系统复杂性。

各国政府通过以下四方面的行动应对这些挑战：①一些国家想维持现状，主要通过达成新 IIAs 条款来避免发生变化；②一些国家从 IIAs 机制退出，单方面终止现有条约并批评多边仲裁条款；③一些国家有选择地进行调整，修改未来条约的模型但是保持条约的核心与主体部分不变；④系统性改变，旨在全面解决 IIAs 机制面临的挑战。

虽然这些方法各有优缺点，但是系统性改革能有效解决 IIAs 机制的复杂性并使其与可持续发展目标一致。这样一种改革过程能够采用渐进方式，逐步行动：①定义改革领域（识别关键与迫切的问题，形成能改变什么和应该改变什么的共识，以及什么不应该改变和不能够改变）；②设计改革路线图（识别不同的改革选项，评估优缺点，就行动次序达成共识）；③在国内、双边和区域层次实施。多边场合，比如联合国贸易与发展委员会（UNCTAD）能通过自身的政策分析、技术援助与达成共识为 IIAs 改革提供整体的、合作的与面向可持续发展的方法。世界投资论坛能提供平台，可持续发展投资政策框架（IPFSD）能提供指导。

四、投资于可持续发展目标：促进私营部门贡献的行动计划

联合国可持续发展目标需要投资的大幅改变

面临共同的全球经济、社会与环境挑战，国际社会正在定义一系列可持续发展目标（SDGs）。这些由联合国同广泛的利益相关方达成的 SDGs 将在全球范围内，在 2015~2030 年通过具体目标激发行动，比如减少贫困、食品安全、人类健康与教育、改善气候变化以及其他一系列经济、社会与环境目标。

私营部门能通过两种方式做出贡献：商业实践中良好的公司治理与可持续发展中的投资。这包括了私营部门对于可持续发展的承诺；在履行可持续发展过程中保持透明度和负责任；即使不完全禁止，也要避免损害；与政府建立伙伴关系，并且使投资的协同收益最大化。

SDGs 在发达国家和发展中国家具有十分显著的资源影响。每年发展中国家的投资需求估计在

3.3万亿~4.5万亿美元，包括基础设施（道路、铁路、港口；电站；水与环境卫生）、食品安全（农业与农村发展）、改善与适应气候变化、健康与教育。

实现SDGs需要公共投资与私人投资的巨大改变。公共部门资金可能不足以满足所有SDGs相关部门的需求。但是，现在这些部门的私营投资参与率很低。只有一小部分银行、养老金、保险、福利和捐助基金以及跨国公司的资金投向了SDGs部门，发展中国家甚至更低，而最不发达的国家（LDCs）尤其低。

当前SDGs相关部门的投资水平中，发展中国家面临每年2.5万亿美元的缺口

当前SDGs相关部门的公共及私人投资水平，每年发展中国家资金短缺2.5万亿美元（见图8）。弥补这一缺口是一项艰巨的任务，但其可以完成。

如果当前私人投资的增长率能够保持下去，这一缺口的一部分能够由私人部门解决（按"正常运营的情况"）。对于发展中国家以及快速增长的新兴经济体来说，按当前的私人部门参与率，目前的私人投资增长率足够满足SDGs相关部门的投资需求。但是整体来看，依然存在每年1.6万亿美元的缺口，而这一缺口对于欠发达和经济脆弱的发展中国家来说更大。增加发展中国家私人部门SDGs融资参与率将能弥补缺口的很大一部分。

分开来看，投资缺口的相对大小会随SDGs部门的变化而变化：一些部门的私人参与率很低，而且有可能一直很低——不同的发展中国家也是这样。欠发达的发展中国家的SDGs部门的私人投资初始水平和增长率都很低，以至于按目前的参与率计算，私人投资直到2030年都无法弥补投资缺口。

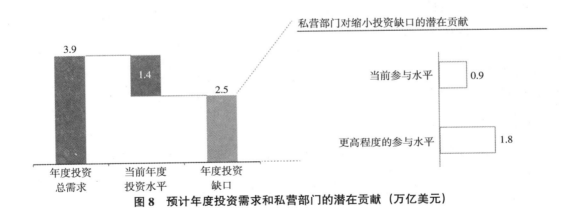

私营部门对缩小投资缺口的潜在贡献

当前参与水平　0.9

更高程度的参与水平　1.8

3.9　年度投资总需求　1.4　当前年度投资水平　2.5　年度投资缺口

图8　预计年度投资需求和私营部门的潜在贡献（万亿美元）

结构薄弱的经济体需要特别的关注，最不发达国家需要双倍的私人投资增长率

在发展中国家，不同SDGs部门的投资与私人部门参与率大不相同。新兴市场经济体面临着与LDCs、LLDCs、SIDs等薄弱经济体完全不同的情况。在LDCs，官方发展援助（ODA）是最大的外部融资来源，而且常常被用于直接弥补赤字和

公共支出，因而ODA的这一极端重要地位将维持下去。

如果LDCs中"商业正常运营"，那么当前SDGs部门的私人投资参与率和增长率在2030年前将只能满足公共部门融资需求90%的增长。由于LDC政府有限的融资能力，以及更多的政府开发援助用于支持消费而非投资，因此这种方案并不可行。由于缺乏更高水平的私人部门投资，因

此 LDCs 中与潜在 SDGs 相联系的融资需求可能无法实现。

为了促进 LDCs 中 SDGs 的私人投资,一个可行的目标是使当前私人部门投资的增长率加倍。这将使私人投资成为仅次于公共部门投资和 ODA 的补充融资来源。公共投资和 ODA 仍将是基础性的,因为涵盖的剩余资金需求仍显示到 2030 年将达到目前水平的三倍。

提高私人投资潜力巨大,特别是在基础设施、食品安全与减轻气候变化方面

某些部门比其他部门提高私人投资参与率的潜力更加巨大(见图 9)。在适宜的条件和适当的安全措施下,基础设施部门都具有巨大的私人部门投资潜力,比如能源与可再生能源(减轻气候变化)、交通运输、水与环境卫生。其他 SDGs 部门不太可能产生更高的私人部门利益,要么是由于很难设计风险收益模型来吸引私人投资者(如气候变化适应),要么是由于它们是公共服务责任的核心并对私人投资参与高度敏感(如教育与卫生保健),因此,公共投资仍然具有基础性和重要性。但是,在许多发展中国家,由于公共部门要满足所有的融资需求也不切实际,因此 SDGs 必须出台战略举措以提高私人部门的参与率。

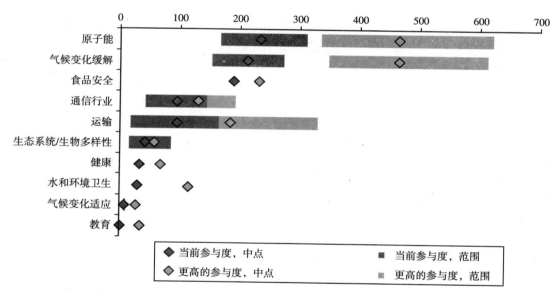

图 9   当前和更高的参与度水平上私营部门对减少投资缺口的潜在贡献(十亿美元)

私人投资者的投资更多地参与到 SDGs 相关行业中,其中许多部门具有敏感性与公共服务属性,从而导致了政策困境

第一个困境与私人部门更多地参与到敏感行业中所带来的风险有关。例如,发展中国家在医疗保健与教育方面提供的私人部门服务可能会对相关标准产生负面影响,除非出台强有力的管理和监督措施,反过来也需要有实力的机构与技术能力。私人部门参与到至关重要的基础设施行业,如电力或通信等,这些行业在发展中国家具有敏感性,意味着公共部门的资产向私人部门转移。鉴于公众对水与环境卫生等基础设施的基本需求,涉及此类基础设施的私人部门运营尤其敏感。

第二个困境源于维持所有人能负担起且能享受到的优质服务需求。影响私人部门在 SDGs 行业投资的根本障碍是此类投资的风险收益均衡性不足。现有的很多机制旨在为私人部门投资者分

担风险或者改善风险收益均衡。然而,不断增加的收益一定不能使私人投资者提供的服务成为社会贫困阶级无法利用或负担不起的服务。准许能源或水源供应商仅覆盖经济上有吸引力的城市而忽略农村的需求,或提高基本服务的价格,都会带来不可持续的结果。

第三个困境源于公共与私人投资各自扮演的角色。尽管 SDGs 行业中存在公共部门资金短缺的事实使得人们期待增加私人部门投资来实现 SDGs 预期,但公共部门投资仍是根本与关键。政府——通过政策与规则制定——最终需要为提供关键公共服务与整体可持续发展战略负责任。

第四个困境是在经济脆弱国家(尤其 LDCs)中,极其迫切的融资需求,即需要私人部门的投资显著增加与其面临的吸引此类投资的巨大困难之间的明显矛盾。在 LDCs 国家中,如果不出台具有针对性的政策干预和支持措施,那么真正的风险就在于投资者将会继续观察禁入的运营条件和风险。

UNCTAD 为 SDGs 中的私人投资提出战略框架

SDGs 的私人投资战略框架(见图 10)旨在应对关键政策的挑战与解决方案,涉及:

● 提出领导力这一概念来定义指导原则与目标,以确保政策连贯性,并激发行动力。

● 为可持续发展调动资金——在金融市场或通过金融中介机构筹集资金以投资于可持续发展。

● 引导资金流向可持续发展项目——确保在发展中国家(尤其 LDCs)将可获得的资金集中于可持续发展导向型的投资项目。

● 影响最大化与弊端最小化——为私人部门更多地参与敏感行业创造有利环境并落实适当的保障措施。

一系列指导原则有助于克服私人部门更多地参与 SDGs 行业而导致的政策困境

激励 SDGs 私人投资的许多利益相关者对于如何解决政策困境各不相同,这些政策困境本质是要寻求更多的私人部门投资进入 SDGs 行业。为 SDGs 投资设定的一套通用原则有助于构建一个整体的方向和目标。以下原则可提供一个框架。

● 平衡好开放与监管权。在公共资源不足的 SDGs 行业内引入越来越多的私人投资很有必要(尽管采用选择性的、渐进式的以及排序的方法也行得通);然而,这类不断增加的投资应伴随着适当的法规与政府监管。

● 平衡好有吸引力的风险回报率与可获得且负担得起的服务这两项需求。这需要政府在这两个方面积极应对市场失灵。这意味着向投资者明确义务和争取承诺,即提供激励措施以提高投资的风险回报均衡。同时,这也意味着基于社会包容有条件地提供激励或补贴。

● 平衡好公共投资与私人投资的推动力。公共投资和私人投资相互补充而非相互替代。公共资金和私人资金之间的协同效应和互助角色可以体现在金融资源层面——例如,以公共部门的资金作为原始资本来筹集私营部门的资金——也可以体现在政策层面,在这一层面,各国政府可以争取让私人投资者来支持经济或公共服务的改革。然而,对于政策制定者而言,避免将私人投资的推动政策转变为对公共投资有偏见的政策是极其重要的。

● 平衡好 SDGs 在全球范围和最不发达地区的特殊努力。尽管面向发展需要的总体融资可以从全球范围定义,但是针对私人部门融资,需要为最不发达地区做出特殊努力,因为若无针对性的政策干预,这些国家将难以从私人部门吸引到所需资源。将私人部门投资作为最贫穷国家的发

展目标、利用 ODA 吸引更多的私人资金、在最不发达地区以技术援助与能力建设为目标吸引私人

投资，这些方法都很令人期待。

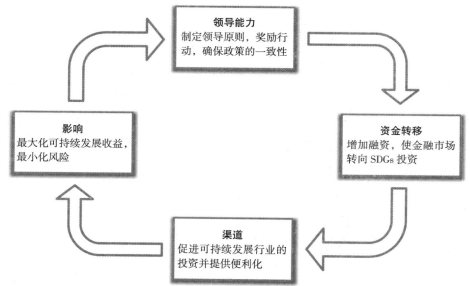

图 10　可持续发展目标中私人投资的战略框架

在 SDGs 内增加私人投资，需要全球层面以及国家政策制定者的领导力

不仅在提供指导原则解决政策困境方面需要领导力，在设定投资目标方面也需要领导力。SDGs 背后的合理性以及千年发展目标的经验是，设立目标有助于明确方向和目的。预期 SDGs 隐含着需要付出巨大努力的投资目标。国际社会应该尽可能使目标明确，并清楚表明投资政策以及国家和国际层面引资行为的相关影响。在 LCDs 内增加公共和私营部门投资，这种可以实现但又需要付出巨大努力的目标很令人期待。

确保政策的连贯性并创造协同效应。政策之间的相互作用十分重要——包括国家和国际投资政策之间，投资政策和其他与可持续发展相关的政策之间（如税收、贸易、竞争、技术、环境、社会和劳动力市场政策），以及微观和宏观经济政策之间。以可持续发展和投资为目标的全球推动

领导力可以确保在国际宏观经济政策协调论坛和全球金融体系改革进程中拥有话语权，这些决策将对 SDGs 融资增长预期产生根本性的影响。

在 SDGs 内投资建立一个全球多方利益相关者平台。一个在 SDGs 内投资的全球多方利益相关者主体可以为整体投资目标的商议提供平台，形成前景良好的创新举措以调动资金、传播先进实践经验、支持具体行动并确保用一种通用的方法来评估影响。

为 SDGs 投资创造一个多边机构技术援助便利设施。许多旨在提高 SDGs 私人部门投资的举措是极其复杂的，需要突出的技术能力和强大的机构。例如，一个多边机构的制度性安排有助于支持最不发达国家在设置 SDGs 项目发展机构上提出建议，为银行可担保项目提供计划、一揽子方法与渠道推进；有助于设计以 SDGs 为导向的激励计划；有助于制定规章制度框架。为了增强协同作用一致努力势在必行。

一系列政策选择可用于应对调动资金所面临的挑战和约束，旨在将资金引入 SDGs 部门，并且确保其持续影响力

金融市场内调动资金的挑战包括：市场失灵与缺乏环境、社会和治理绩效透明度，对市场参与者不恰当激励，以及为创新金融方案面临的启动与扩大规模难题。为了建立一个更加有利的 SDGs 金融系统，相关政策回应可能包括：

● 为创新型 SDGs 融资方式建立良好环境。为了扩大 SDGs 投资规模，采用创新型金融工具和集资机制来筹资。有良好预期的措施包括 SDGs 专用金融工具和影响力投资，使用公共部门资源来助力私人部门资金调动的集资机制，以及为 SDGs 投资项目建立新的"市场化"（go-to-market）渠道。

● 为外部性建立或完善价格机制。就社会和环境外部性而言的有效价格机制——无论借助给此类外部性增加成本（如碳交易税）还是通过基于市场的计划——对于将金融市场和投资者置于一个可持续的基础上最终是至关重要的。

● 促进可持续证券交易所（SSEs）发展。SSE 为上市经济实体提供激励和工具以提升关于 ESG 表现的透明性，并且允许投资者就资本的负责人分配形成决议。

● 引进金融市场改革。重新调整金融市场的回报以利于 SDGs 投资需要具体行动：包括改革支付和绩效结构，以及鼓励 SDGs 部门内长期投资的创新评级方法。

引导资金流向 SDGs 行业的主要制约因素包括进入壁垒，SDGs 投资的风险回报率不足，缺乏信息、有效的一揽子计划、项目优惠和投资专才。有效的政策回应可能包括：

● 有保障地减少进入壁垒。成功提升 SDGs 投资的一个基本前提是良好的整体政策环境，在保护公众利益的同时有利于吸引投资，尤其是对敏感行业而言。

● 扩大 SDGs 投资的风险分担工具的使用。包括公私合营、投资保险、混合融资以及预先市场承诺在内的一系列工具可以帮助提升 SDGs 投资项目的风险回报。

● 建立新的激励计划和新一代的投资促进机构。SDGs 投资发展机构可以将 SDGs 部门作为目标并发展获得银行可担保项目的渠道。投资激励需要重新定位以将 SDGs 部门作为目标，并且为社会环境绩效附加条件。区域性的激励措施可以帮助带动跨境基础设施建设项目的私人投资以及 SDGs 部门内的企业区域聚集。

● 建立 SDGs 投资伙伴关系。投资者母国、东道国、跨国企业以及多边发展银行间的合作伙伴关系可以有助于克服知识缺口并在 SDGs 部门内产生联合投资。

最大化 SDGs 部门内私人投资的正面效果并最小化其面临的风险和弊端的关键挑战包括发展中国家较弱的吸收能力、社会和环境影响风险以及对利益相关者介入与有效影响监控的需要。政策回应可能包括：

● 增强吸收能力。一系列政策工具可用于增强吸收能力，包括对创业的促进和便利化，对技术发展、人力资源以及技能发展的支持，商务发展服务和业务关联的促进。为了促进 SDGs 部门内业务，特别是在孵化器内或经济区内发展业务关联和企业集聚可能格外有效。

● 建立有效的管理框架和标准。越来越多的私人投资参与 SDGs 敏感行业需要有效的监管作配套。特别值得关注的领域包括人类健康与安全、环境保护与社会保障、公共服务质量和包容性、税收以及国家与国际政策的融合。

● 良好的治理、强有力的机构，以及利益相关者的参与。通常良好的治理和有能力的机构是

确保吸引私人投资的关键，尤其是在 SDGs 部门内。同时也需要有效的利益相关者权衡参与和管理的影响力。

● 落实 SDGs 影响力评估系统。对投资影响的监控是有效执行政策的关键，尤其是社会和环境方面的监控。一组可量化的核心影响指标有助于此。私企对社会和环境绩效的影响评估和报告可以提升企业责任感并有助于调动和引导投资。

图 11 总结了每个战略框架因素面临的关键挑战和政策回应。政策回应的细节可在 UNCTAD 的 SDGs 内私人投资行动计划中查看。

	主要挑战	政策反应
领导 制定指导原则，激励行动，确保政策一致性	● 需方向清晰和公共政策制定标准 ● 需要清晰的目标以激励全球行动 ● 需要处理投资政策间的相互作用 ● 需要全球协调一致和包容性进程	● 为 SDGs 投资政策制定确立一套指导原则 ● 确定 SDGs 投资目标 ● 确保政策一致性和协同性 ● 多方利益相关者平台和多机构技术支持便利
调动 筹集资金，面向 SDGs 重新定位金融市场	● 开启或扩大新的融资方案议题 ● 全球资本市场失灵 ● 缺乏可持续的公司行为透明度 ● 投资者投资回报/支付结构的偏离	● 为创新型的 SDGs 融资方式和公司创新精神培育优良土壤 ● 建立或改进外部性的定价机制 ● 促进可持续的证券交易场所 ● 推进金融市场改革
引导 为投资流向 SDG 部门提供促进和便利	● 进入壁垒 ● SDGs 项目缺乏信息及有效包装与提升 ● SDGs 投资风险回报率低 ● 在 SDGs 部门投资者缺乏专业素	● 形成既促进投资流向 SDGs 部门，又能保护公共利益的投资政策环境 ● 扩大风险共担机制在 SDGs 投资中的使用 ● 建立新的激励机制和投资促进机构 ● 建立 SDGs 投资伙伴关系
影响 可持续发展利益最大化，风险最小化	● 发展中国家吸收能力弱 ● 需要降低 SDGs 部门中有关私人投资的风险 ● 需协调利益相关者并处理影响权衡 ● 投资影响的计量和报告手段缺失	● 构建生产能力，企业家精神，技术技巧及联系 ● 建立有效监管框架和标准 ● 有效治理，得力体系，利益相关者参与 ● 构建一套一般性的 SDGs 投资影响评价指标并推动公司综合报告

图 11 关键挑战与可能的政策应对

在持续发展中大力推进私人投资

针对私人投资的 UNCTAD 行动计划包含一系列应对调动、引导和冲击挑战的政策选择。然而，国际社会和国家层面的政策制定者协调一致的推动需要关注若干优先行动——或者说一揽子计划。图 12 提出了 6 个一揽子计划，其中团体行动与"SDGs 投资链"中的具体环节有关，并且解决相对同质化的利益相关群体行为。这样一套有针对性的行动计划可以帮助持续发展中的私人投资形成巨大推动。

（1）新一代投资促进策略和机构。可持续发展项目，无论是在基础设施建设和社会住房方面还是在可再生能源方面，都需要集中力量来促进投资及其便利化。这样的项目应当成为 IPAs 和商业发展组织工作的优先部分。

可持续发展项目中的潜在投资者最常遇到的约束是缺乏有规模和影响力且可获得银行可担保的项目。可持续发展中的投资促进和便利化应当包括一揽子计划之前的营销、考虑项目的优先发展顺序以及对最高政治层面的资助。这需要专家和专门机构，比如，可持续发展投资项目中政府赞助的"经纪人"。这样的专业知识（从项目和结构化金融知识到工程学和项目设计节能知识）可以得到国际组织和多边发展银行联盟提供的技术援助支持。也可以在区域层面成立机构，用以分担成本并实现规模经济。

促进 SDGs 部门内投资应当得到有效追求同

样目标的国际投资政策体系的支持。目前，IIAs聚焦于投资保护。IIAs中主流的可持续发展要求在技术援助等承诺领域积极促进投资。其他措施包括关联投资促进制度、通过投资保险和担保为SDGs投资提供便利以及日常影响的监控。

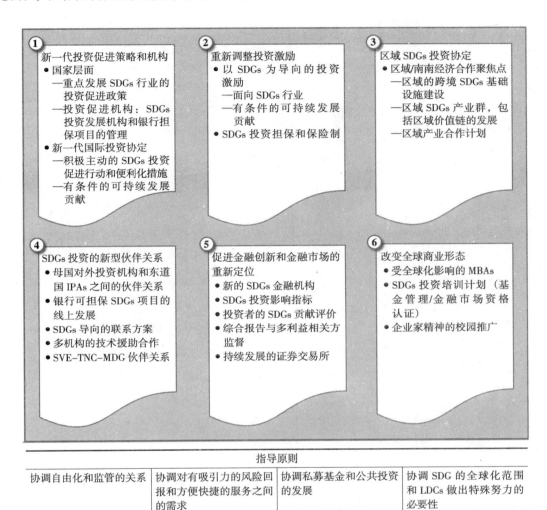

图 12 努力推进可持续发展目标中的私人投资：行动计划

（2）重新调整投资激励。可以专门重组投资激励计划来促进可持续发展项目的便利化。需要从纯粹"基于地理区位"的激励措施转向"基于SDGs"的激励措施，其中，"基于地理区位"的激励措施旨在提高创立时的区位竞争力，"基于SDGs"的激励措施旨在促进SDGs行业投资以及可持续发展绩效的有利条件。

（3）区域SDGs投资协定。区域性和南南合作可以助长SDGs投资。为促进SDGs投资而展开的区域合作对跨境基础设施建设发展以及SDGs部门内运营的企业聚集（如绿色区域）尤其有效。同时其也可以包括联合投资促进机制、联合项目增强吸收能力以及联合公司合营模式。

（4）SDGs投资的新型伙伴关系。母国内的对外投资机构和东道国内的IPAs间的合作可以被制度化以实现在母国进行SDGs投资机会推广，为SDGs项目提供投资激励和便利化服务，以及联合监控与影响力评估。为了在发展中国家投资SDGs

部门，对外投资机构可以演变成真正的商业发展机构，增强投资机会的意识，帮助投资者弥补知识差距，并且实现投资过程便利化。在发展中国家支持 SDGs 投资商业发展服务的具体工具可能包括为银行可担保项目和关联项目提供线上渠道。多边机构技术援助组合有助于支持 LDCs。南南合作关系也可以帮助传播良好的实践经验和教训。

（5）促进金融创新和金融市场的重新定位。应该支持新的和现存的融资机制，例如，绿色债券和影响力投资，并且提供有利的环境允许它们扩张并作为最具潜力的资金来源而被推广。对 SDGs 项目而言，公开赞助的种子融资机制和便利的金融市场准入也是值得关注的机制。更进一步讲，对可持续发展的金融市场再定位需要私人投资者就经济、社会和环境影响进行综合汇报。这是通向金融市场内负责任的投资行为的关键一步，也是为 SDGs 内的投资调动资金这一举措的前提。综合汇报是可持续证券交易所的核心议题。

（6）改变全球商业形态。世界上绝大部分金融机构和大型跨国企业——全球投资的主要来源——以及最成功的企业家往往被那些商学院所教授的商业、管理和投资模型深深影响。这些模型大多集中于成熟或新型市场的商业与投资机会，风险回报与这些市场相关联，但它们也大多忽略了这些模型参数之外的机会。常规的模型也倾向于仅仅计算经济风险和收益，常常忽略更广泛的或正面或负面的社会和环境影响。并且，标准的商学院教学忽略了在贫穷国家营运伴随的挑战，以及由此产生的创新性解决难题的必要性，往往使管理者对益贫式投资准备不充分。商学院开设这样一门课程将会产生重要的长期影响，即激发对贫穷国家投资机会的认识，并且向学生灌输在发展中国家经营环境中所需的问题解决能力。在现有培养与认证项目中为金融市场参与者提供类似的学习模块也是有益的。

SDGs 内私人投资行动计划可作为国家和国际层面的政策制定者就落实 SDGs 和形成 SDGs 内投资运营战略进行讨论时的参考。它被设计为一个"鲜活的文本"并且包含了线上版本，旨在建立互动和开放的对话、邀请国际社会交流观点、建议与经历。因而它也构成了利益相关者进一步交流的基础。UNCTAD 旨在通过其两年一次的世界投资论坛和线上的投资政策中心为这样的交流提供平台。

全球投资趋势

第一章

一、目前趋势

尽管早前对美国逐渐退出量化宽松的市场期待出现转变带来一些国际投资波动，全球 FDI 流量仍然从 2012 年的 1.33 万亿美元增长 9 个百分点至 2013 年的 1.45 万亿美元。流入各主要经济体——发达、发展中和转型经济体——的 FDI 均有所上升。发达经济体在全球 FDI 流量中的整体占比仍然较低，预计其在未来三年将增长至 52%（见图 1.1）。全球内向型 FDI 存量上升 9%，达到 25.5 万亿美元，体现出 FDI 流入的增长以及各界多个地区股票市场的强劲表现。UNCTAD 的 FDI 分析很大程度上基于剔除特殊目的实体（SPEs）和离岸金融中心后的数据（见专栏 1.1）。

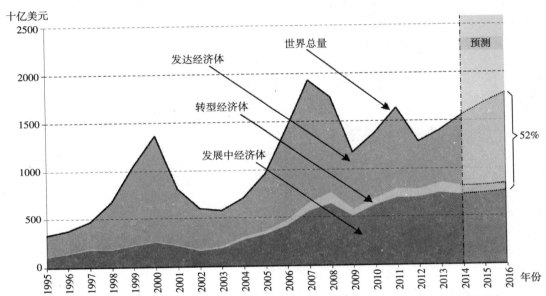

图 1.1   1995~2013 年全球和按经济体组别划分的 FDI 流入以及对 2014~2016 年的预测
资料来源：UNCTAD FDI-TNC-GVC 信息系统，FDI/TNC 数据库（www.unctad.org/fdistatistics）。

（一）按地理位置划分的 FDI

1. FDI 流入

2013 年全球 FDI 流入增长 9% 标志着全球经济增长与一些大型跨境并购交易的温和复苏。尽管全球各地区增长的动因不同，这一增长范围较广，覆盖了三大主要经济体。流入发达国家的 FDI 上升 9% 至 5660 亿美元，主要是通过在欧盟（EU）的国外子公司扩大的留存收益，这也导致了流入 EU 的 FDI 增加。流入发展中经济体的 FDI 创下 7780 亿美元的新高，占全球 FDI 流入的 54%。流入转型经济体的 FDI 上升至 1080 亿美元——较上年增长 28%——占全球 FDI 流入的 7%。

亚洲发展中经济体仍然是全球最大的 FDI 接受地（见图 1.2）。除西亚外的所有次区域 FDI 流量均有所增长，而西亚 FDI 连续五年下降。大型交易的缺失和地区多个地方不稳定导致了不确定性从而对投资产生负面影响。流入东盟（ASEAN）的 FDI 创下 1250 亿美元新高——较 2012 年增长 7%。流入东亚 FDI 位居高位，受到流入中国的 FDI 增长的驱动，中国仍然是世界第二大 FDI 接受国（见图 1.3）。

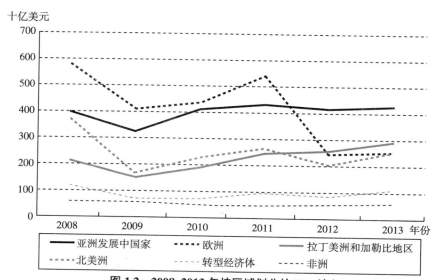

图 1.2   2008~2013 年按区域划分的 FDI 流入

资料来源：UNCTAD FDI-TNC-GVC 信息系统，FDI/TNC 数据库（www.unctad.org/fdistatistics）。

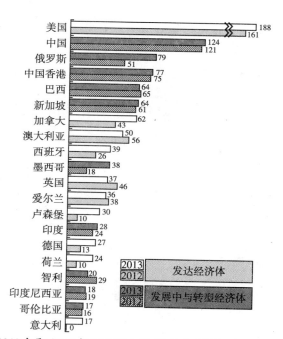

图 1.3   2012 年和 2013 年 FDI 流入前 20 位东道国经济体（十亿美元）

注：英属维尔京群岛未在排名之列，因为其本质为离岸金融中心（多数为中转 FDI）。

资料来源：UNCTAD FDI-TNC-GVC 信息系统，FDI/TNC 数据库（www.unctad.org/fdistatistics）。

流入拉丁美洲和加勒比地区的FDI在2012年维持在稳定的历史高位水平,在2013年增长14%至2920亿美元。除去离岸金融中心,其增长6%至1820亿美元。之前三年南美是流入这个区域的FDI的主要驱动力,与此相反,2013年大量FDI涌入中美。比利时啤酒商Anheuser Busch在墨西哥对GrupoModelo的兼并可以在很大程度上解释墨西哥以及该次区域所增加的FDI流入。流入南美的FDI减少主要源于流入智利这一2012年南美第二大接受国的FDI暴跌约30%。这是由于矿业部门的股权撤资以及商品价格下降导致的国外矿业公司再投资收益降低。

专栏1.1 UNCTAD FDI 数据:如何对待中转FDI

跨国企业频繁使用特殊目的实体(SPEs)来分流其投资,从而导致大量中转FDI。例如,来自A国的跨国企业投资在B国创立国外子公司就可能通过在C国家的SPE进行。在投资者母国和东道国的资本账户国际收支平衡表上,与SPEs有关的交易和头寸会作为直接投资者(母公司)或直接投资企业(国外子公司)的资产或负债——其无法与其他的FDI交易或头寸相区别。这样的数额是相当可观的,并且会导致FDI数据的失真。尤其是在:

(1)与SPE有关的投资流量可能导致全球FDI流量的重复计算(在上面的例子中,同一个FDI数额被计算了两次:从A到C;从C到B);

(2)与SPE有关的流量可能导致投资来源地的模糊,最终所有权并不被纳入考量(在此例中,B国可能认为流量来自C国,而不是来自A国)。

咨询了若干向投资者提供选择以创建SPEs的国家,以及基于从那些国家直接获得的与SPE相关的FDI信息,UNCTAD将SPE数据从FDI流量和存量中剔除,以最小化重复计算。这些国家包括奥地利、匈牙利、卢森堡、毛里求斯以及荷兰(见专栏表1.1)。

专栏表1.1 2013年UNCTAD公布的有/无SPE的FDI

FDI	奥地利		匈牙利		卢森堡		毛里求斯		荷兰	
	有SPE	无SPE	有SPE	无SPE	有SPE	无SPE	有SPE	无SPE	有SPE	无SPE
FDI流入	11.4	11.1	2.4	3.1	367.3	30.1	27.3	0.3	41.3	24.4
FDI流出	13.9	13.9	2.4	2.3	363.6	21.6	25.1	0.1	106.8	37.4
内向型FDI存量	286.3	183.6	255.0	111.0	3204.8	141.4	312.6	3.5	3861.8	670.1
外向型FDI存量	346.4	238.0	193.9	39.6	3820.5	181.6	292.8	1.6	4790.0	1071.8

注:毛里求斯的存量数据为2012年的数据。
资料来源:UNCTAD,基于各自中央银行的数据。

类似的议题也与英属维尔京群岛和开曼群岛这样的离岸金融中心有关。UNCTAD的FDI数据包括这些经济体,因为没有可获得的官方数据可以像SPEs那样将中转FDI和其他流量区分。然而,在梳理各地区投资趋势的数据时,UNCTAD在很大程度上剔除了流入或来自这些经济体的流量。2013年离岸金融中心占全球FDI流入的8%,其增长率与全球FDI相近,因而其对全球趋势分析的影响很可能是有限的。

资料来源:UNCTAD。

流入非洲的 FDI 增长 4% 至 570 亿美元。南部非洲国家，尤其是南非，经历了 FDI 高流入。持续的政治和社会关系继续抑制 FDI 流入北非，而苏丹和摩洛哥的 FDI 流量稳定增长。尼日利亚较低的 FDI 水平体现了跨国公司（TNCs）从石油产业的撤退。

在发达国家，欧洲的 FDI 流入较 2012 年上升 3%。在欧盟，德国、西班牙和意大利在 2013 年实现了 FDI 流入的大幅回升。在西班牙，更低的劳动力成本引起了制造业 TNCs 的兴趣。最大的流量衰退出现在法国、匈牙利、瑞士和英国。

流入北美的 FDI 增长了 23%，因为亚洲投资者主导的兼并有助于维持该地区的 FDI 流入。最大的交易包括中海油（中国）对加拿大上游石油和天然气公司尼克森 190 亿美元的收购；日本电信集团软银对美国第三大无线网络运营商斯普林特 216 亿美元的兼并，这也是日本公司最大的单笔交易；以及双汇对猪肉生产商史密斯菲尔德 48 亿美元的兼并，这也是目前为止中国对美国公司的最大并购案。流入美国的 FDI 增长了 17%，显示出美国上年经济复苏的迹象。

转型经济体的 FDI 流入上升了 28%，达到 1080 亿美元——大部分受到单个国家的驱动。俄罗斯的 FDI 流入飙升 57% 至 790 亿美元，使其首次成为世界第三大 FDI 接受国（见图 1.3）。这一上升主要源于公司内部债务的增加以及 BP（英国）对俄罗斯石油公司（俄罗斯）18.5% 的并购，这是俄罗斯石油公司以 570 亿美元并购 TNK-BP 交易的一部分（见专栏 2.4）。

2013 年，APEC 国家吸收了一半的全球 FDI 流量——向 G-20 国家看齐；金砖五国接受了超过 1/5 的流量。在主要区域和区域间组织中，两个组织——亚太经合组织（APEC）国家和金砖五国（巴西、俄罗斯、印度、中国和南非）——见证了其在全球 FDI 流入中的占比从危机前的水平急剧上升（见表 1.1）。APEC 现在占全球 FDI 流量的一半以上，与 G-20 类似，而金砖五国的占比跃升至 1/5 强。在东盟和南方共同市场（MERCOSUR），FDI 流入的水平较危机前增长翻倍。发达经济体身处其中的很多区域和区域间组别（如，G-20、NAFTA）均在经历较慢的复苏。

表 1.1　特定区域和区域间组织在 2005~2007 年间的 FDI 平均流入及其在 2008~2013 年间的 FDI 流入（十亿美元）

区域/跨区域组织	2005~2007 年危机前平均	2008 年	2009 年	2010 年	2011 年	2012 年	2013 年
G-20	878	992	631	753	892	694	791
APEC	560	809	485	658	765	694	789
TPP	363	524	275	382	457	402	458
TTIP	838	858	507	582	714	402	458
RCEP	195	293	225	286	337	377	434
BRICS	157	285	201	286	337	332	343
NAFTA	279	396	184	250	287	266	304
ASEAN	65	50	47	99	100	221	288
MERCOSUR	31	59	30	65	85	118	125
占世界 FDI 流量的比重							
G-20	59	55	52	53	52	52	85
APEC	37	44	40	46	45	52	54
TPP	24	29	23	27	27	52	54
TTIP	56	47	41	41	42	30	32
RCEP	13	16	18	20	20	28	30

续表

区域/跨区域组织	2005~2007危机前平均	2008 年	2009 年	2010 年	2011 年	2012 年	2013 年
BRICS	11	16	16	17	17	20	21
NAFTA	19	22	15	18	17	17	20
ASEAN	4	3	4	7	6	9	9
MERCOSUR	2	3	2	5	5	6	6

注：G-20 的数据包括 G-20 中的 19 个成员国，不含欧盟，APEC = 亚洲太平洋经贸合作组织，TTIP = 跨大西洋贸易与投资伙伴关系协定，TPP = 跨太平洋伙伴关系协定，RCEP = 区域全面经济伙伴关系，BRICS = 巴西、俄罗斯、印度、中国和南非，NAFTA = 北美自由贸易协定，ASEAN = 东南亚国家联盟，MERCOSUR = 南方共同市场。按 2013 年 FDI 流量降序排列。

资料来源：UNCTAD FDI-TNC-GVC 信息系统，FDI/TNC 数据库（www.unctad.org/fdistatistics）。

大型区域一体化框架的混合趋势：TPP 和 RCEP 在全球流量中的占比有所增长但 TTIP 的占比减半。这三个大型地区一体化框架——跨大西洋贸易与投资伙伴关系（TTIP）、跨太平洋伙伴关系（TPP）以及区域全面经济伙伴关系（RCEP）——显示出不同的 FDI 趋势（更多细节参见第二章）。美国和欧盟正在就 TTIP 构成进行谈判，其在全球 FDI 流入中的整体占比相较过去七年下降了将近一半，从危机前时期的 56% 下降到 2013 年的 30%。参与 TPP 谈判的 12 个国家的整体占比在 2013 年达到 32%，较其在世界 GDP 中 40% 的占比明显较小。10 个东盟国家和它们的 6 个 FTA 伙伴也在就 RCEP 进行谈判，其近年来在全球 FDI 流量中的整体占比是 24%，大概是危机前水平的两倍。

2. FDI 流出

全球 FDI 流出从 2012 年的 1.35 万亿美元增长 5% 至 14.1 万亿美元。来自发展中和转型经济体的投资者继续其海外扩张，顺应了更快的经济增长与投资自由化（第三章）以及高商品价格带来的收入上升。这些经济体在 2013 年占全球 FDI 流出的 39%；15 年前的占比仅是 7%（见图 1.4）。相反，来自发达经济体的 TNCs 继续其"观望"态度，它们的投资维持在低位，与 2012 年类似。

发达国家的 FDI 流出量继续停滞。来自发达国家的 FDI 流出较 2012 年并未改变——8570 亿美元——依然相当于 2007 年峰值的 55%。发达国

家的 TNCs 继续以留存收益的形式将大量现金储备留在其国外子公司。留存收益是再投资收益的一部分，构成 FDI 流量的要素之一，这一要素达到了 67% 的新高（见图 1.5）。

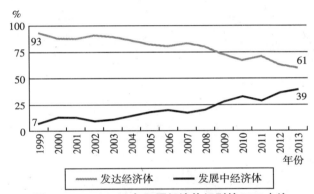

图 1.4　1999~2013 年不同经济体组别的 FDI 占比

资料来源：UNCTAD FDI-TNC-GVC 信息系统，FDI/TNC 数据库（www.unctad.org/fdistatistics）。

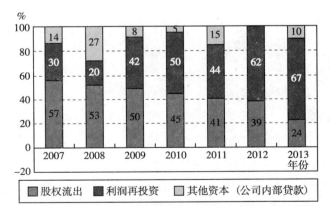

图 1.5　2007~2013 年特定发达国家① FDI 流出的组成

注：①这些经济体包括比利时、保加利亚、捷克、丹麦、爱沙尼亚、德国、匈牙利、日本、拉脱维亚、立陶宛、卢森堡、荷兰、挪威、波兰、葡萄牙、瑞典、瑞士、英国和美国。

资料来源：UNCTAD FDI-TNC-GVC 信息系统，FDI/TNC 数据库（www.unctad.org/fdistatistics）。

　　跨境并购下降和公司内贷款减少导致来自最大投资者——美国——的投资下跌 8% 至 3380 亿美元。美国 TNCs 继续积累海外再投资收益，创下 3320 亿美元新高。从 EU 流出的 FDI 上升 5% 至 2500 亿美元，而欧洲整体的 FDI 流出增长 10% 至 3290 亿美元。受海外再投资收益翻倍与公司内部贷款增加的驱动，瑞士凭借 600 亿美元成为欧洲最大的对外投资者。在 2012 年经历大幅衰退的意大利、荷兰和西班牙等国的 FDI 流出显著回升。相反，来自法国、德国和英国的 TNCs 投资大量减少。来自法国和英国的 TNCs 海外股权撤资明显。尽管货币大幅贬值，来自日本 TNCs 的投资继续扩张，增长 10% 至 1360 亿美元的新高。

　　发展中经济体的流量仍然富有弹性，上升了 3%。来自这些经济体的 FDI 在 2013 年创下 4540 亿美元新高。就发展中地区而言，来自亚洲和非洲的流量有所增加，但来自拉美和加勒比地区的流量呈现衰退（见图 1.6）。亚洲发展中国家仍然是 FDI 的一大来源地，占全球总量的 1/5 强。

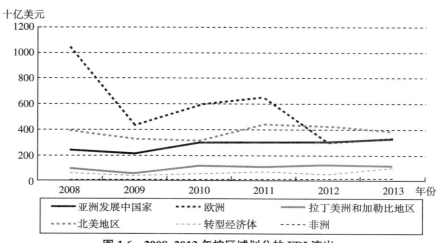

图 1.6　2008~2013 年按区域划分的 FDI 流出
资料来源：UNCTAD FDI-TNC-GVC 信息系统，FDI/TNC 数据库（www.unctad.org/fdistatistics）。

　　来自亚洲发展中国家的流量上升 8% 至 3260 亿美元，各次区域的投资趋势有所区别：东亚和东南亚的 TNCs 分别经历了 7% 和 5% 的增长；来自西亚的 FDI 流量上升了约 2/3；来自南亚的 TNCs 活动下滑近 3/4。在东亚，由于跨境并购案增加（实例包括中海油在加拿大对尼克森 190 亿美元的交易和双汇在美国对史密斯菲尔德 50 亿美元的交易），来自中国 TNCs 的投资攀升 15% 至 1010 亿美元。同时，来自中国香港的投资增长 4% 至 920 亿美元。这两个东亚经济体巩固了它们作为世界 FDI 主要来源的地位（见图 1.7）。来自东亚另外两个主要来源地——韩国和中国台湾——的 FDI 显示出相反的趋势：韩国 TNCs 的投资下降 5% 至 290 亿美元，而中国台湾 TNCs 的投资增长 9% 至 140 亿美元。

　　拉丁美洲和加勒比地区的 FDI 流出量在 2013 年下降 8% 至 1150 亿美元。未包括进入离岸金融中心的流量（见专栏 1.1），其减少 31% 至 330 亿美元。这一下降在很大程度上归因于两个因素：跨境并购的减少以及巴西和智利的海外子公司对母公司贷款偿还的增加。相反，哥伦比亚的 TNCs 与该地区趋势逆势而行，跨境并购不止翻倍。在加勒比地区注册的 TNCs 的投资在 2013 年增长了 4%，占该地区海外投资总额的 3/4。

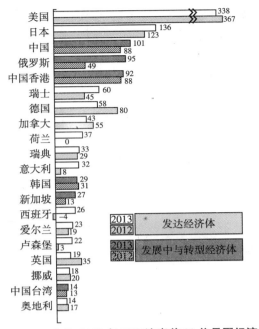

图 1.7　2012 年和 2013 年 FDI 流出前 20 位母国经济体（十亿美元）

注：英属维尔京群岛未在排名之列，因为其本质为离岸金融中心（多数 FDI 为中转 FDI）。

资料来源：UNCTAD FDI–TNC–GVC 信息系统，FDI/TNC 数据库（www.unctad.org/fdistatistics）。

转型经济体的 FDI 流出量显著上升 84%，创下 990 亿美元的新高。正如往年那样，俄罗斯 TNCs 涉及最多的 FDI 项目，其次是哈萨克斯坦和阿塞拜疆。来自这一地区的 TNCs 并购报价在 2013 年显著上升——主要是俄罗斯石油公司对 TNK-BP 公司（英属维尔京群岛）的收购；然而，此类交易的数量有所下降。

（二）按进入模式划分的 FDI

2012 年呈现下降趋势的 FDI 绿地项目[1] 和跨境并购在 2013 年实现逆转，证实了总体投资前景有所改善（见图 1.8）。经披露的绿地投资项目额增长了 9%——仍然大幅低于历史水平——而跨境并购额增加了 5%。

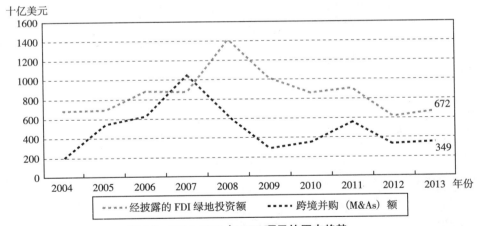

图 1.8　2004~2013 年 FDI 项目的历史趋势

资料来源：UNCTAD FDI–TNC–GVC 信息系统，跨境并购（M&A）数据库，来自金融时报有限公司的信息，以及 www.fDimarkets.com 的绿地项目信息。

2013 年，FDI 绿地项目和跨境并购在不同组别的经济体间呈现出差异化格局。发展中和转型经济体比发达国家表现出色，经披露的绿地项目额增长了 17%（从 3890 亿美元到 4570 亿美元），而跨境并购额大幅上升 73%（从 630 亿美元到

1090 亿美元）。相反，发达经济体的绿地投资项目和跨境并购均有所下降（分别是 4% 和 11%）。因此，发展中和转型经济体在全球绿地投资和并购项目中的占比创历史新高（分别是 68% 和 31%）。

发展中和转型经济体作为收购方其角色的重要性十分明显，它们的跨境并购增长 36% 至 1860 亿美元，占全球跨境并购的 53%。中国企业投资创下 500 亿美元的纪录。若干企业包括那些来自信息技术（IT）和生物技术等新兴产业的企业，开始涉及并购。对于外向型绿地投资而言，发展中和转型经济体占全球总额的 1/3。中国香港凭借 490 亿美元的项目额脱颖而出，占全球总额的 7%。受到总部设在南非、巴西和俄罗斯的 TNCs 驱动，来自金砖五国的绿地投资实现了 16% 的增长。

发展中经济体的 TNCs 并购发达国家位于发展中国家的国外子公司的重要资产。2013 年，跨境并购报价额轻微上浮——上升 5% 至 3490 亿美元——很大程度上基于发展中和转型经济体的投资增长，这些经济体的 TNCs 在全球并购中的占比达到 53%。以跨境并购为标准的全球最大投资者排名体现了这种格局。例如，在前 20 位跨境并购投资者中，12 位来自发展中和转型经济体——并有 7 位居于全球 FDI 流出额的前列。发展中经济体的 TNCs 中超过 2/3 的总跨境并购位于发展中和转型经济体。一半的此类投资涉及发达国家 TNCs 的国外子公司（见图 1.9），并将所有权转移至发展中国家的 TNC 的手中。

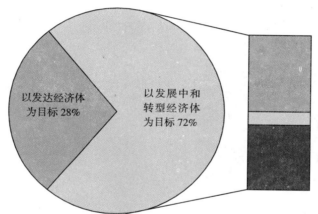

图 1.9　2013 年总部位于发展中和转型经济体的 TNCs 的总跨境 M&As 分布

注："总"指的是所有跨境并购交易。

资料来源：UNCTAD FDI-TNC-GVC 信息系统，跨境并购（M&A）数据库（www.unctad.org/fdistatistics）。

这一趋势在采掘业尤其明显，发达国家 TNCs 对总部设在发展中国家的 TNCs 的出售所涉交易额占该行业内总部设在发展中国家的总并购额的 80%。将非洲作为整体，这些交易占非洲大陆总报价的 74%。在采掘部门内，亚洲 TNCs 尤其努力地保障上游储备以满足日益增长的国内需求。同时，发达国家的 TNCs 在一些领域剥离资产，这给当地或者其他发展中国家的企业创造了投资机会。

南南交易中的领先并购者是中国，其次是泰国、中国香港、墨西哥和印度。这方面的实例包括意大利石油天然气集团埃尼将其位于莫桑比克的旗下业务以 40 亿美元出售给中石油，石油和天然气集团阿帕奇（美国）将其在埃及的旗下业务以 30 亿美元出售给中石化以及康菲石油公司将其位于尼日利亚的分支机构以 18 亿美元出售给一家印度尼西亚国有企业 Pertamina 等几项巨额交易。

银行业也存在相同格局。例如，在哥伦比亚，哥伦比亚银行以 21 亿美元从汇丰银行（英国）处并购汇丰银行（巴拿马）的全部股份；在埃及，由国有卡塔尔投资机构控股的卡塔尔国家银行以 19.7 亿美元从兴业银行（法国）处并购位于开罗的旗下银行 77% 的股份。

这一趋势——发展中国家在对发达国家国外子公司并购中的高占比——似乎会继续下去。2007 年，来自发展中和转型经济体的 TNCs 并购中，仅 23% 的并购以发达国家 TNCs 的国外子公司为目标，而危机后这一比例增长迅速，跃升至 2010 年的 30%、2011 年的 41% 以及 2013 年的 50%。

（三）按部门和行业划分的 FDI

在部门层面，投资类型——绿地投资和跨境并购——有所不同（见图 1.10）。

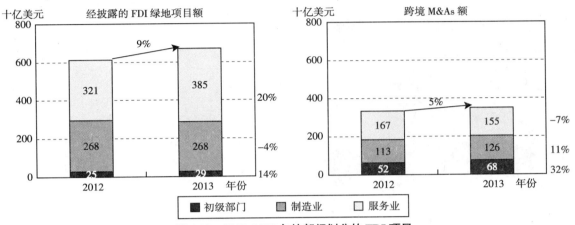

图 1.10　2012~2013 年按部门划分的 FDI 项目

资料来源：UNCTAD FDI-TNC-GVC 信息系统，跨境并购（M&A）数据库，来自金融时报有限公司的信息，以及 www.fDimarkets.com 的绿地项目信息。

初级部门。全球范围内，初级部门的绿地投资和并购项目在 2013 年增长势头强劲（分别上升 14% 和 32%），不同国家组别间存在差异。发达与转型经济体的采掘业绿地投资下降到接近零的水平，几乎将所有活动让位于发展中国家。

在发展中国家，经披露的绿地项目额翻倍增长，从 2012 年的 140 亿美元上升至 2013 年的 270 亿美元；跨境并购额也有所增加，从 2012 年负 25 亿美元的水平上升至 2013 年的 250 亿美元。尽管发展中经济体的绿地项目额仍低于历史水平，但跨境并购已经回到近期历史高位（2010~2011 年）。

制造业。2013 年的制造业投资相对稳定，绿地项目额小幅减少（-4%），而跨境并购额增长更为明显（+11%）。从绿地项目看，纺织品和服装业的投资活动显著提升，经披露的投资总额超过 240 亿美元，创下历史新高并且超过 2012 年的两

倍水平。相反，汽车业连续三年衰退。就跨境并购而言，发达与发展中经济体的地区趋势显著不同。发达经济的跨境并购额下降超过 20%，而发展中经济体增长较快，此类交易额翻倍。增长势头主要源于食品业、饮品及烟草制品业跨境并购额的井喷，从 2012 年的 120 亿美元跃升为 2013 年的接近 400 亿美元。

服务业。服务业在经披露的绿地项目和并购交易中继续占有最大比例。2013 年，它是以绿地项目总额计算增速最快的部门，显著增长 20%，而并购交易额小幅下降。正如在初级部门观察到的那样，绿地项目的增长基于发展中经济体（+40%，而发达经济体和转型经济体分别是 -5% 和 -7%）。发展中经济体绿地投资活动的增长引擎是商务服务（其经披露的绿地项目额较 2012 年增长了 3 倍）和电力、燃气及水的生产和供应业（其绿地项目额翻倍增长）。

对新投资项目过去的部门分布展开的分析显示了一些重要的区域投资格局新兴趋势。尤其是，尽管历史上外国投资在很多贫困发展中国家严重集中于采掘业，过去10年的绿地FDI分析描绘了一幅更加细致入微的图景：采掘业FDI的占比仍然很大但已经不是压倒性的，并且最重要的是，其在快速减少。

就过去10年发展中国家经披露的绿地项目累

计额的分析体现出，初级部门的投资（几乎全部存在于采掘业内）对于非洲和最不发达国家（LDCs）而言更为重要，强于其对发达和发展中经济体（见图1.11）。分析也显示，在非洲和最不发达国家（LDCs），投资在三个部门间的分布也较为平衡。然而以项目数计的绿地投资呈现了不同的图景，初级部门在非洲和最不发达国家的占比微小。

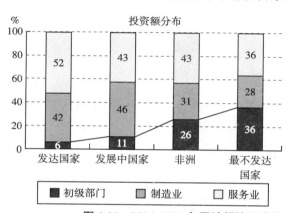
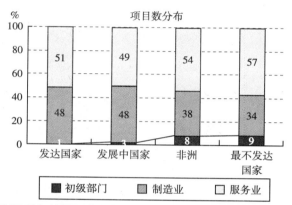

图1.11 2004~2013年累计额按经济体组别划分的经披露绿地投资项目的行业分布
资料来源：UNCTAD，基于来自金融时报有限公司以及 www.fDimarkets.com 的信息。

过去10年绿地项目中初级部门的占比在非洲和最不发达国家均有衰减，而服务业的占比却增长显著（见图1.12）。非洲和最不发达国家的初级部门在经披露的绿地项目额中的占比分别从2004

年的53%和74%下降至2013年的11%和9%。与此相对，服务业部门的占比分别从13%和10%上升至63%和70%。

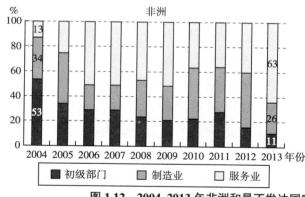
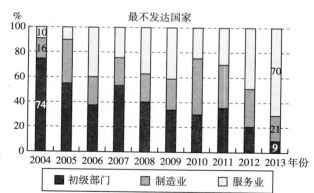

图1.12 2004~2013年非洲和最不发达国家经披露绿地投资项目的行业分布历史演进
资料来源：UNCTAD，基于来自金融时报有限公司以及 www.fDimarkets.com 的信息。

在全球层面，一些行业的FDI格局在面对全球非均衡复苏时经历了剧烈的变动。

● 石油和天然气。美国的页岩气革命是改变能源部门格局的主要力量。尽管有关环境和经济可持续性的问题仍然存在，但其有望影响全球石油和天然气部门以及石化等严重依赖天然气供给的其他部门的 FDI 环境。

● 医药。尽管该行业内的 FDI 仍然集中在美国，但以发展中经济体为目标的投资正在增长。从投资额看，跨境并购是主导模式，使得 TNCs 可以改善其效率和盈利能力并在最短时间内增强其竞争优势。

● 零售业。伴随发展中国家中产阶级的崛起，消费者市场愈加繁荣，特别是零售业正在吸引相当数量的 FDI。

1. 石油和天然气

页岩气的快速发展正在改变北美天然气行业。自 2007 年以来，受到页岩气作业年均增长 50% 的驱动，美国的天然气生产也实现了翻倍增长[2]。页岩气革命也是美国制造业复苏的关键因素。下跌的天然气价格[3] 带来的竞争优势意味着制造业部门的增长机会，尤其是对于严重依赖天然气作为燃料的石化等行业而言。

页岩气革命可能在未来 10 年改变全球能源部门的格局。然而，这一潜在目标的实现取决于若干因素。首先，水平井钻井和水力压裂的环境影响仍然是一个充满争议的议题，并且对该技术的反对声音正在增强。对不确定性有所担忧的另一个因素是美国的成功经验可能被复制到其他拥有丰富页岩气的国家，例如中国和阿根廷。这种成功要求在不久的将来具备必要的推动力，既要"在地下"（高效地提取页岩气的技术能力）也要"在地上"（吸引国外市场参与者分享技术和工艺诀窍的良好商业和投资环境）。此外，新的证据也显示可开采资源可能低于预期（见第二章）。

从 FDI 的视角看待一些有趣的新趋势：

● 在美国石油和天然气行业，伴随页岩气市场的整合以及较小的国内市场参与者需要分担发展和生产成本，主要 TNCs 在外国资本提供方面的作用正在上升。

● 廉价的天然气正在吸引包括外国投资在内的新的产能投资流向以天然气高消耗为特征的美国制造行业，如石化业和塑料业。美国制造业 TNCs "回岸"也是美国天然气市场价格降低预计会带来的影响之一。

● 来自中国等拥有丰富页岩资源的国家的 TNCs 和国有企业（SOEs）存在与美国企业建立合作伙伴关系的强烈动机（尤其是以合资的形式），旨在寻求可以引导自身国家页岩气革命的专业技术。

FDI 对美国石油和天然气行业的影响：一个市场整合的故事。从 FDI 视角看，FDI 对美国石油和天然气行业的影响是一个跨境并购的故事。在设立（绿地投资）阶段，页岩气革命由北美独立生产者而非石油和天然气巨头引领。绿地投资数据证实，尽管存在页岩气革命，美国石油和天然气行业的 FDI 绿地活动在过去五年遭遇崩溃，从 2008 年接近 30 亿美元（相当于美国全部绿地投资额的 5%）降至 2013 年的 5 亿美元（全部绿地投资额的 1%）。[4] 仅仅在第二阶段，石油和天然气巨头才加入竞争，以并购或与越发渴望分担发展成本并缓解融资压力的本地市场参与者建立合作关系，尤其是以合资公司的形式。[5]

基于近年来跨境并购交易的分析（见图 1.13）显示，与页岩气有关的交易是美国石油和天然气行业跨境并购活动的主要驱动力，在该行业内此类交易额中的占比超过 70%。整合浪潮的高峰发生在 2011 年，当年与页岩有关的并购额超过 300 亿美元，相当于美国石油和天然气行业跨境并购总额的 90%

FDI 对美国化工业的影响：一个关于增长的故事。北美天然气价格的崩溃——2008 年来跌落了 1/4~1/3——正在催生美国化工业的新投资。

与石油和天然气行业不同，进入美国化工业

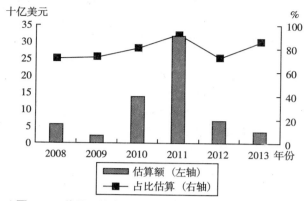

图 1.13 美国石油和天然气行业内页岩气跨境 M&As
交易的估算额及其在全部此类交易①中的占比估算

注：①包括所有权的变更。
资料来源：UNCTAD FDI-TNC-GVC 信息系统，跨境并购
（M&A）数据库以及其他来源。

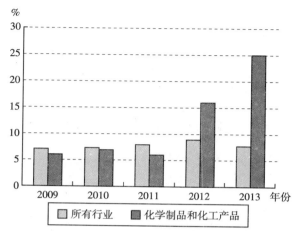

图 1.14 2009~2013 年美国在全球化学制品①和全行业内
绿地投资项目中的占比

注：①不包括医药业。
资料来源：UNCTAD FDI-TNC-GVC 信息系统，跨境并购
（M&A）数据库，以及金融时报有限公司和 www.fDimarkets.com 的
信息。

的很大一部分投资属于绿地投资项目。美国化学
理事会近期的一份报告[6]证实了新产能投资的
趋势。基于 2013 年 3 月前披露的投资项目，报告
估算 2010~2020 年页岩气革命带来的累计资本支
出将达到 717 亿美元。埃克森美孚、雪佛兰和陶
氏化学等美国 TNCs 在此类支出中发挥重要作用，
计划投资已达到几十亿美元。

这些操作也意味着目前外国业务的"回岸"，
对流向西亚或中国等传统廉价生产基地的内向型
投资可能产生潜在负面影响（通过撤资）（见第二
章）。来自其他国家的 TNCs 也在美国积极寻求投
资机会。根据这份理事会报告，累计 17 亿美元的
投资中大约半数来自外国公司，常常以工厂搬迁
的形式进入美国。该投资潮不仅包括来自发达国
家的 TNCs；那些来自发展中和转型经济体的
TNCs 也在日益积极地争夺美国页岩机会。[7]

结果是，最新数据显示全球化工业绿地投资
向美国显著转移：2013 年，美国在化工业绿地项
目（不含医药产品）中的占比从 5%~10% 的历史
水平上升至 25% 的新高——高于美国在其他行业
的平均占比（见图 1.14）。

FDI 对其他拥有丰富页岩资源的国家（如中
国）的影响：一个知识共享的故事。TNCs，包括
来自拥有丰富页岩资源的国家的 SOEs，都存在与
美国和其他国家建立合作关系的激励，以获取如
何将美国的页岩气革命复制到自己母国的技术诀
窍。从 FDI 角度看，很可能产生两方面的影响：

● 流入美国的外向型 FDI 有望增加，因为这
些市场参与者都在积极主动地寻求机会通过美国
页岩项目的共同管理（与国内公司）以获得该领
域的诀窍。中国公司是其中最为积极的参与者。
例如，2013 年，中国石油化工集团公司与美国先
锋自然资源建立了 17 亿美元的合资企业以获取得
克萨斯州 Wolfcamp 页岩油气田的股权。

● 美国之外页岩项目中的外国资本有望继续
增长，因为来自拥有丰富页岩资源的国家的公司
正在与外国公司寻求建立合作关系以开发其国内
的页岩项目。中国的两大国有石油和天然气巨头
中石油和中海油已经与包括壳牌在内的主要的西
方 TNCs 签订了若干协议。在一些情形下，这些
协议只涉及技术援助和支持；在其他情形下也涉
及实际的外国资本投资。壳牌与中国石油天然气

集团公司在四川盆地建立的合作关系正是如此，其中 10 亿美元投资来自壳牌。阿根廷和澳大利亚等其他页岩资源丰富的国家的格局也很类似，存在若干国内公司和国际市场参与者建立的合资企业。

2. 医药

若干因素引发医药行业的重组浪潮和新的市场寻求型投资。这些因素包括一些大型 TNCs [8] 面临的"专利悬崖"，对仿制药的需求增长以及新兴国家的成长机遇。若干来自发达国家的 TNCs 正在剥离其非核心业务部门和外包研发（R&D）活动，[9] 同时并购来自发达和发展中经济体的企业以保证新的收入来源并实现成本最优化。该行业内的全球市场参与者热衷于进入高品质低成本的仿制药制造领域。[10] 为了节约时间和资源，TNCs 正在就成功的研发初创公司和仿制药工厂寻求兼并机会而非从头开发新产品（UNCTAD，2011b）。一些 TNCs 关注对许可活动和协作持开放态度的较小的生物技术工厂。其他则寻求交易机会以开发仿制药品。[11] 另外两个因素——基于调配大量海外持有的留存收益储备的需求以及对节约税收的渴望——也在驱动发达国家的 TNCs 获取海外资产。过去 20 年来一系列的大型交易对该产业进行了重塑。[12]

医药业 FDI [13] 集中在发达国家，尤其是美国这一最大的 FDI 医药市场。[14] 尽管经披露的绿地 FDI 项目数量与跨境并购数量相当，[15] 整个周期内并购交易额（见图 1.15）相较于经披露的绿地项目额高得多（见图 1.16）。生物制品并购交易对总体交易额的影响在 2009 年越发明显。在经历 2011 年的上升后，这些跨境并购活动——以交易额和交易数计——在 2012~2013 年均有所下降。这一放缓也体现在发达国家内涉及大型 TNCs 的巨额交易数量减少方面。

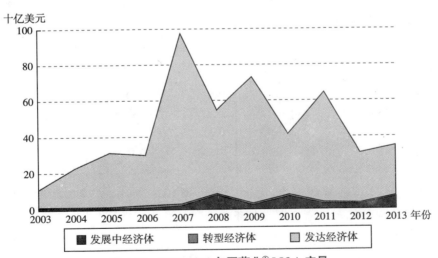

图 1.15　2003~2013 年医药业① M&A 交易

注：①包括生物产品。发达国家内很大一部分制药产品被归为生物产品。
资料来源：UNCTAD FDI-TNC-GVC 信息系统，跨境并购（M&A）数据库。

自 2009 年以来发展中经济体经披露的绿地投资相较于发达国家的项目更为重要，前者在 2009 年创下 55 亿美元的纪录（见图 1.16）。2013 年，发达经济体的绿地 FDI 停滞（38 亿美元），而发展中经济体经披露的绿地投资（43 亿美元）占到全球医药业绿地 FDI 的 51%（2003~2012 年的平均占比是 40%）。

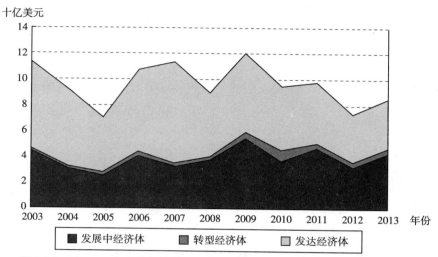

图 1.16   2003~2013 年按经济体组别划分的医药业内经披露绿地投资项目额
资料来源：UNCTAD，基于来自金融时报有限公司以及 www.fDimarkets.com 的信息。

医药业 TNCs 很可能继续通过兼并寻求成长机会，追求新兴市场增长以及新产品开发与营销的机会。[16] 发达国家的 TNCs 重组势头强劲，可以高度预见全球仿制药市场的更深整合。[17] 在2014 年第一季度，跨境并购交易额（55 个交易合计 228 亿美元）已经超过 2013 年全年的记录。[18] 潜在交易的披露强烈暗示了巨额交易的回归，[19] 以现金充裕的 TNCs 为首，这些公司在其国外子公司持有创纪录的现金储备。[20]

医药业 TNCs 对新兴市场的兴趣渐增也体现在跨国并购的趋势上。在发展中经济体，包括生物产品在内的医药业跨境并购交易额在 2008 年飙升（从 2007 年的 22 亿美元增长至 79 亿美元），[21] 其中也受到第一三共株式会社（日本）对兰伯西实验室（印度）50 亿美元并购 [22] 的驱动。以在印度进行的 37 亿美元的交易为首，[23] 并购交易额在 2010 年再创新高（75 亿美元）。如图 1.15 所示，发展中和转型经济体的交易量在该行业内全球跨境并购活动中的占比仅是一小部分，但呈现扩大趋势。2013 年，凭借 66 亿美元，[24] 其在全球医药交易中的占比创下历史最高纪录（见图1.17）。[25]

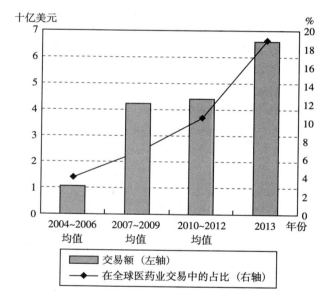

图 1.17   2004~2013 年以发展中和转型经济体为目标的医药业① 跨境并购交易
注：①包括生物产品。
资料来源：UNCTAD FDI-TNC-GVC 信息系统，跨境并购（M&A）数据库。

医药业 TNCs 对新兴市场作为成长新平台的兴趣不断增加也给发展中和转型经济体吸引投资带来了更多机会。例如，非洲中产阶级的成长促使其市场对该行业而言更具吸引力，制造业与研发投资的规模和范围很可能会持续扩大，以满足对用于治疗非传染性疾病的药物的需求。[26] 同时，由于面临仿制药的利润缩水[27]和行贿调查、[28]对品牌药物专利保护的担忧,[29]以及被兼并的发展中国家工厂在满足质量和遵从法规要求等方面存在不足,[30]TNCs可能对其在新兴市场的运营和前景更为谨慎。

对于一些发展中和转型经济体而言,该行业内不断变化的全球环境也提出了新的挑战。例如,随着印度和其他仿制药制造国开始向发达国家出口更多药物,一个可能的结果是贫穷国家的供给短缺,进而导致价格上行压力,这反过来会影响到有需要的人获取价格低廉且高质量的仿制药(UNCTAD,2013a)。在孟加拉国,国内仿制药制造基地通过限制FDI和从TRIPS豁免中受益得以发展起来,政府不得不就政治以及与制药业有关的发展战略做出改变以实现可持续增长。[31]

3.零售业

变化的产业内涵。全球零售业正处于产业重组的过程中,受到三个重要变化的驱动。首先,电子商务的崛起正在改变消费者购买行为并对传统零售业施以强大压力,尤其是在发达国家和高收入的发展中国家。其次,强势经济增长和中产阶级迅速扩张,在大型新兴市场和相对小的发展中国家创造出重要的零售市场。最后,伴随着市场增长速度的降低,竞争会愈加激烈而利润会缩减。例如,在一些大型新兴市场,外国零售商现在因不断增加的国内零售商和电子商务公司以及更高房地产价格带来的运营成本上升而面临困境。

这些变化显著影响着全球零售商的国际化战略和实践。总部位于发达国家的一些大型零售连锁已经开始优化业务规模,以减少门店和简化规格。它们首先在自己的母国和其他发达国家市场进行此类尝试,但现在重组也影响到了其在新兴市场的运营。此外,它们的国际化战略变得更加具有选择性:若干全球最大零售商已经减缓其在一些大型市场(如巴西和中国)的扩张速度,并将注意力集中在拥有更大增长潜力的其他市场(如撒哈拉以南非洲)。

全球零售商在大型新兴市场的扩张放缓。高度国际化的五大顶尖零售TNCs(见表1.2)在世界250家最大零售商总销售额中的占比接近20%,其在全部外海销售中的占比超过30%。[32]它们的海外投资最新趋势显示了整个行业重组对企业国际化运营的影响,例如,沃尔玛(美国)在巴西和中国的扩张放缓。在数年快速增长后,沃尔玛在中国拥有将近400个门店,在中国大型超市销售中的占比为11%。2013年10月,该公司宣布其即将关闭25个业绩不佳的门店,其中一些通过被好又多(中国)并购而得以生存。[33]

表1.2 2012年按境外资产排名的零售业前五大跨国公司(十亿美元,雇员数量)

公司	母国	销售额		资产		就业		经营国家	跨国化指数①
		境外	总量	境外	总量	境外	总量		
Wal-Mart Stores Inc	美国	127	447	84	193	800000	2200000	28	0.76
Tesco PLC	英国	35	103	39	76	219298	519671	33	0.84
Carrefour SA	法国	53	98	34	61	267718	364969	13	0.57
Metro AG	德国	53	86	27	46	159344	248637	33	0.62
Schwarz Group②	德国	49	88	..	..	..	..	26	0.56

注:①跨国化指数由以下三个比率的均值计算得出:境外资产/总资产、境外销售额/总销售额、境外雇员人数/总雇员人数,但德国施瓦茨集团的跨国化指数基于境外销售/总销售额。

②2011年数据。

资料来源:UNCTAD,基于Thomson ONE的数据。

若干公司从海外撤资以筹集现金和充实资产负债表,[34]一些区域性和国内的零售商看似也已相应地争取机会以扩张其市场份额,包括通过并购 TNCs 出售的资产。家乐福(法国)在 2012 年出售了 36 亿美元资产,从希腊、哥伦比亚和印度尼西亚等地撤出。2013 年,这家法国零售商继续缩减规模并在全球撤资。4 月,其向土耳其的一个合作伙伴萨班哲控股以 7900 万美元出售了在当地的一家合资企业 12% 的股权;5 月,其将另一家位于中东的合资企业 25% 的股权以 6.8 亿美元出售给当地合作伙伴 MAF。家乐福也关闭了若干位于中国的门店。

新增长市场(New Growth Market)作为国际投资焦点脱颖而出。一些在南美、撒哈拉以南非洲以及东南亚相对收入较低的国家日益吸引着来自世界顶级零售商的 FDI。在全球金融危机爆发后,美国和欧洲大型零售商的全球扩张随着经济衰退及其对世界各地消费者支出的影响而放缓。零售商在大型新兴市场的扩张也有所减缓。然而,鉴于新增长市场强劲的经济增长、崛起的中产阶级、上升的购买能力以及年轻的人口数量庞大,西方零售商继续在新增长市场建立并扩张其势力。

非洲拥有这个世界上成长最快的中产阶级:据非洲发展银行数据,非洲大陆的中产阶级人数现在约为 1.2 亿人,并且将在 2060 年增长至 11 亿人。沃尔玛计划未来三年在撒哈拉以南非洲开设 90 个新门店,其目标是尼日利亚和安哥拉这样的增长型市场。家乐福从其他国外市场撤出,其目标是 2015 年在科特迪瓦开设其在非洲的第一个门店,并相继在其他 7 个国家(喀麦隆、刚果共和国、刚果民主共和国、加蓬、加纳、尼日利亚和塞内加尔)开设门店。在奢侈品行业也是如此,一些世界顶级公司正在投资非洲的门店和分销网络(见第二章)。

跨境并购日益增加,包括电子商务领域。全球零售商通过绿地项目和跨境并购在全球投资,有时它们也通过非股权模式在国外市场运营,最

值得注意的是特许经营。数据显示,2009 年以来,零售业的国际绿地投资在近期回升前连续三年下降;相反,该部门内跨境并购额持续增长。2012 年,受到一些大型 TNCs 全球积极扩张的驱动,跨境并购全球总销售额超过危机前水平,并在 2013 年继续上升。

过去几年若干巨额交易在工业化经济体完成。[35] 同时,世界顶尖零售商也通过越来越多的跨境并购进入新兴市场。例如,2009 年,沃尔玛(美国)凭借 15 亿美元的投资取得了智利最大食品零售商 DYS 58% 的股权;2012 年,其以 24 亿美元兼并了南非的迈氏玛。国际并购也将一些核心市场的电子商务公司作为目标,尤其是在中国,中国的线上零售几乎达到与美国一样的水平。除了国外电子商务公司,贝恩资本和 IDG 资本(均来自美国)等国际私人股权投资者以及淡马锡(新加坡)等主权财富基金(SWFs)都对中国领先的电子商务公司进行了投资,包括计划赴美上市(IPO)前的阿里巴巴和京东(见表 1.3)。

表 1.3　2010~2012 年中国电子商务领域五大跨境国际私人股权投资

公司	外国投资者	投资额(百万美元)	年份
阿里巴巴	红杉资本,银湖,淡马锡	3600	2011,2012
京东	老虎基金,高瓴资本	1500	2011
优购网	百丽国际	443	2011
国美电器	贝恩资本	432	2010
凡客	淡马锡,IDG 资本	230	2011

资料来源:UNCTAD,基于投资中国(www.chinaventure.com.cn)的数据。

(四) 按投资者类型划分的 FDI

这个部分讨论按照私募股权基金、SWFs 以及 SOEs 划分的 FDI 的近期趋势。

1. 私募股权企业

2013 年,私募股权企业(所谓的 dry power)未使用的优秀基金继续增长至 1.07 万亿美元的历

史水平，较上年增长 14%。可见企业并不使用基金来投资，尽管存在量化宽松和低利率能够筹集更多现金的事实。这也反映在此类企业低水平的 FDI 上。2013 年，其新的跨境投资（虑及企业性质通常以并购方式进行）仅仅是 1710 亿美元（830 亿美元的净撤资），占跨境并购总额的 21%。

这比 2007 年的峰值低了 10 个百分点（见表 1.4）。私募股权市场仍然疲弱。此外，私募股权企业正面临来自监管和税务机关日益增加的审查，以及在运营和投资组合企业内寻求节约成本方面渐长的压力。

表 1.4 1996~2013 年私募股权企业跨境并购（交易数和交易额）

年 份	交易数量		总 M&As		净 M&As	
	数 量	占比（%）	金额（十亿美元）	占比（%）	金额（十亿美元）	占比（%）
1996	989	16	44	16	18	12
1997	1074	15	58	15	18	10
1998	1237	15	63	9	29	8
1999	1466	15	81	9	27	5
2000	1478	14	83	6	30	3
2001	1467	17	85	11	36	8
2002	1329	19	72	14	14	6
2003	1589	23	91	23	31	19
2004	1720	22	134	25	62	31
2005	1892	20	209	23	110	20
2006	1898	18	263	23	118	19
2007	2108	17	541	31	292	28
2008	2015	18	444	31	109	17
2009	2186	24	115	18	70	25
2010	2280	22	147	19	68	20
2011	2026	19	161	15	69	12
2012	2300	23	192	23	67	20
2013	2043	24	171	21	83	24

注：按净额基准计算的交易额包含了私募股权基金的撤资。它的计算方式如下：以私募股权基金购买的境外公司—私募股权国外子公司的销售额。表中包括对冲基金和其他基金（不包括主权财富基金）的 M&As。私募股权企业和对冲基金是指作为"未分类投资者"的并购方。这种分类方法基于关注 M&As 的 Thomson ONE 数据库。

资料来源：UNCTAD FDI-TNC-GVC 信息系统，跨境并购数据库（www.unctad.org/fdistatistics）。

私募股权企业在新兴市场相对更加积极（见图 1.18）。尤其是在亚洲，它们兼并更多的公司，提振了并购交易额。实例包括来自泰国的一组投资者以 94 亿美元对中国平安保险公司的并购以及 Giovanna Acquisition（开曼群岛）以 36 亿美元对分众传媒控股（中国）的并购。在亚洲之外，巴西等新兴经济体也为私募股权活动的增长提供了机会。例如，在拉丁美洲设立总部的私募股权企业在 2013 年投资了 89 亿美元，其中 35 亿美元流向基础设施建设、石油和能源。[36] 此外，外国私募股权企业同年度的 FDI 是 60 亿美元。相反，在欧洲等地区并购的缓慢增长意味着私募股权企业拥有较少的机会来获取通常在并购过程中或之后售卖的资产。并且，房地产等领域的大量廉价信贷和尚佳的资产表现也使得私募股权不那么具有吸引力。

2013 年，私募股权基金因所涉及的亨氏和戴尔（均来自美国）等主要上市公司退市以及上文

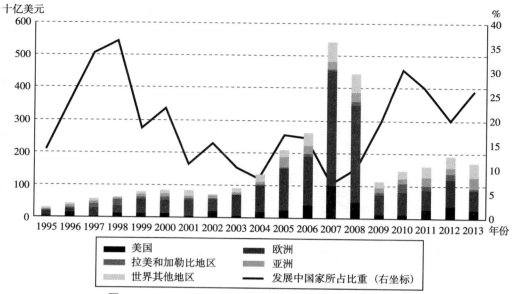

图 1.18　1995~2013 年主要东道国私人股权基金的 FDI

注：数据是指私募股权企业的 M&As 总额，并未调整以剔除主权财富基金的 FDI。

资料来源：UNCTAD FDI-TNC-GVC 信息系统，跨境并购（M&A）数据（www.unctad.org/fdistatistics）。

提及的分众传媒控股等大型跨境并购而引人注目。并且，俱乐部交易——涉及若干私募股权基金的交易——以及二次收购（投资从一家私募股权基金转手至另一家）的增加，可能是私募股权企业在普遍较低的投资活动背景下旨在提升公司价值的多样化策略的信号。

二次收购作为一个退出机制在 2013 年愈加受到欢迎，尤其是在西欧。该年度最大私募股权交易中的一些也涉及其他收购公司。例如，殷拓集团（美国）和新加坡政府投资公司（GIC）以 44 亿美元将其拥有的施普林格科学＋商业媒体（德国）出售给 BC Partner（英国）。然而，仍然存在金融危机前尚未实现预期价值或未被出售的资产过剩的情况。

尽管新兴市场经济体看似拥有更具潜力的增长，但发达国家仍然提供了投资目标，尤其是就中小企业（SMEs）而言，这些企业对经济复苏和缓解失业至关重要。在欧洲，一个与中小企业有关的主要问题是融资渠道——这一问题在危机期间更加明显[37]——私募股权基金是资金的重要替代来源。

2. 主权财富基金

主权财富基金继续增长，在地域方面有所扩张，但其 FDI 规模仍然较小。70 家包括撒哈拉以南非洲在内的全球各国主要的主权财富基金项下资产达到 6.4 万亿美元。除 1500 亿美元的南非公共投资公司以外，SWFs 最近也在安哥拉、尼日利亚和加纳得以建立，其石油收益分别达到 50 亿美元、10 亿美元和 5 亿美元。2010 年以来，SWFs 项下资产较私募股权和对冲基金等其他机构投资者的资产增长更快。例如，在欧盟，上市公司中的 15%~25% 拥有 SWF 股东。2013 年，危机后仍然疲弱的 SWFs 的 FDI 流量达到 67 亿美元，累计流量为 1300 亿美元（见图 1.19）。

SWFs 的 FDI 规模仍然很小，不到其项下资产总额的 2%，且几乎只由几个主要的 SWFs 进行。然而，其投资的地理范围近期已扩张至撒哈拉以南非洲等市场。2011 年，中国投资公司（CIC）以 2.5 亿美元收购了 Shanduka 集团（南非）25% 的股份，淡马锡（新加坡）也在 2013 年末以 13

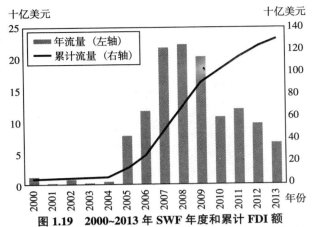

图1.19 2000~2013年SWF年度和累计FDI额

注：数据包括跨境并购和绿地FDI项目以及SWF作为单独且直接投资者的投资项目。数据不包括由SWF设立或与其他投资者合资成立的实体进行的投资。2003~2013年，跨境并购占总量的约80%。

资料来源：UNCTAD FDI-TNC-GVC信息系统，跨境并购（M&A）数据库，金融时报有限公司的信息，以及www.fDimarkets.com的绿地项目信息。

亿美元收购了位于坦桑尼亚的一个气田20%的股份。

SWFs的投资组合正在零售与消费品等数个部门间扩张，淡马锡在2014年初以57亿美元收购屈臣氏（中国香港）25%的股权即是例证。SWFs也在发达国家的房地产市场扩大投资。例如，阿布扎比投资局和新加坡政府投资公司在2014年初以13亿美元购买了位于纽约的办公楼，而中国的CIC也为伦敦的一个办公区斥资8亿欧元。2013年12月，GIC和科威特政府的房地产公司以17亿欧元购买了位于伦敦的办公楼。全球最大的SWF挪威政府养老基金在2013年也开始在欧洲以外的房地产行业投资，占比达到其全部基金的5%。SWFs进行的全球房地产投资有望在2014年超过1万亿美元，相当于七年前的危机前水平。[38]

SWF投资目标的动机和类型各异。例如，海湾地区在SWFs投资中的占比已经有所上升，部分源于欧元危机等外部因素，也为提高母国公共投资提供了支持。设在海湾地区的SWFs对国内公共服务（健康、教育和基础设施建设）的投资日益增加，这可能会进一步降低其FDI水平。对于拥有SWFs的国家而言，公共投资越发被认为较海外组合投资而言（金融的和社会的）回报更佳。第四章将探讨没有SWFs的国家获取公共服务投资专业知识的可能路径。

相反，与其他许多的SWFs类似。[39]马来西亚的SWF国库控股更倾向于将自身视为一个战略发展基金。其35%的资产被用于海外投资，它的目标是将大部分国内投资引向公用事业、电信以及其他基础设施行业等战略发展部门，这与可持续发展以及试图挤入私人部门投资息息相关。[40]

为了努力拓宽资金来源并为公共投资吸引私人投资，一些SWFs开始公开募股。例如，2013年，多哈全球投资公司（受到来自卡塔尔SWF的支持）决定启动IPO。IPO仅向卡塔尔国民和私人公司提供股票，因此也将卡塔尔主权投资的部分收益直接与这个国家的民众和企业分享。

SWFs与私募股权基金经理和管理公司展开更多的联合活动，以作为对危机以来私募股权投资活动衰减的回应。随着传统投资（例如，政府债券）收益下降，SWFs也在私募股权企业中占有更大的股份以寻求更大的回报。SWFs也可能与私募股权企业建立有利的伙伴关系，将此作为完善管理经验以便更加直接地参与收购的路径。例如，挪威政府养老基金即是Eurazeo（法国）、Ratos（瑞典）、Ackermans en Van Haaren（比利时）以及其他公司的股东，而阿拉伯联合酋长国的穆巴达拉是凯雷投资集团（美国）的股东。SWFs为进一步投资而使用和筹集资金的方式也给其他为发展而融资的金融企业提供了有用的经验。

3. SOEs

国有TNCs（SO-TNCs）只占全球TNCs的一小部分，[41]但其国外子公司的数量和国外资产的规模十分显著。根据UNCTAD的估算，至少存在550家SO-TNCs，其国外资产估计超过2万亿美元。[42] 发达国家和发展中国家都存在 SO-TNCs, 其中一些更是处于世界最大 TNCs 行列（见表 1.5）。丹麦、法国和德国等若干欧洲国家以及金砖五国都是最重要的 SO-TNCs 来源国。

表 1.5　2012 年按外国资产排序的前 15 位非金融国有跨国公司①（十亿美元）

国有跨国公司	母国	所属行业	国有比重	资产		销售额		雇员		跨国化水平②
				境外	总量	境外	总量	境外	总量	
法国燃气苏伊士集团	法国	公用事业	36	175	272	79	125	110308	219330	0.59
大众汽车集团	德国	汽车	20	158	409	199	248	296000	533469	0.58
埃尼石油公司	意大利	石油天然气	26	133	185	86	164	51034	77838	0.63
意大利国家电力公司	意大利	公用事业	31	132	227	66	109	37588	73702	0.57
法国电力公司	法国	公用事业	84	103	331	39	93	30412	154730	0.31
德国电信	德国	通信	32	96	143	42	75	113502	232342	0.58
中国国际信托投资公司	中国	多元经营	100	72	515	10	52	30806	140028	0.18
挪威国家石油公司	挪威	石油天然气	67	71	141	28	121	2842	23028	0.29
通用汽车	美国	汽车	16	70	149	65	152	108000	213000	0.47
瑞典瀑布能源公司	瑞典	公用事业	100	54	81	19	25	23864	32794	0.72
Orange S.A.	法国	通信	27	54	119	24	56	65492	170531	0.42
空中客车集团	法国	飞机	12	46	122	67	73	88258	140405	0.64
淡水河谷公司	巴西	金属采矿	3③	46	131	38	48	15680	85305	0.45
中国远洋运输集团	中国	运输仓储	100	40	52	19	30	7355	130000	0.50
马来西亚国家石油	马来西亚	石油天然气	100	39	150	43	73	8653	43266	0.35

注：①这些跨国公司至少 10% 由国家或公共实体所有，或者国家/公共实体是其最大股东。
②跨国化指数由以下三个比率的均值计算得出：境外资产/总资产、境外销售额/总销售额、境外雇员人数/总雇员人数。
③国家拥有 12 只黄金股，这使其就某些决策行使否决权。
资料来源：UNCTAD。

与通常情形下 SOEs 的产业特征一致，SO-TNCs 在资本密集、需要垄断地位以实现必要的经济规模或被视为对国家具有重要战略意义的行业更为积极。因此，其全球势力在采掘业（石油和天然气开采以及金属采矿）、基础设施行业和公用事业（电力、电信、运输和水）以及金融服务业内十分可观。石油和天然气行业为凸显 SOEs 提供了典型事例，尤其是在发展中国家，SOEs 控制着超过 3/4 的全球原油储备。此外，石油和天然气行业内一些世界最大的 TNCs 由发展中国家的政府拥有或控制，包括中国的石油天然气集团公司、中国石油化工股份有限公司以及中国海洋石油总公司，俄罗斯联邦的天然气工业股份公司，马来西亚的国家石油股份有限公司，巴西的石油股份有限公司以及沙特阿拉伯的国家石油公司。

由于具备不同所有权特征的公司的 FDI 数据普遍欠缺，与 SO-TNCs 有关的 FDI 流量规模难以评估。然而，包括跨境并购和经披露的绿地投资项目在内的 FDI 额可以为此类 FDI 流量及其近年来的波动提供一个粗略的图景（见图 1.20）。总体上，SO-TNCs 的 FDI 在全球金融危机爆发后每年都在衰减，但此类投资在 2013 年开始回升，但由于在一定程度上受到采掘业投资增加的驱动，该上升趋势很可能在 2014 年得以持续。

来自新兴经济体，尤其是金砖五国的 SO-TNCs FDI 上升有助于 2013 年 FDI 流量的增长。中国 SOEs 的国际化进程加快，提升了来自中国的 FDI 流出。中国 SO-TNCs 在采掘业跨境并购中非常活跃，例如，中海油斥资 150 亿美元并购加拿大的尼克森公司，这是中国石油和天然气公司

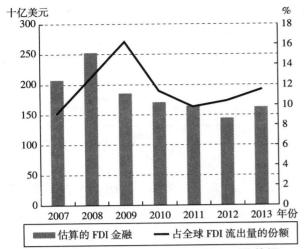

图 1.20　2007~2013 年 SO-TNCs 的 FDI 估算额

注：估算的 FDI 是绿地投资和 M&A 的总和。这里的总额只是对 SO-TNCs 总投资额规模的一种体现。

资料来源：UNCTAD FDI-TNC-GVC 信息系统，跨境并购（M&A）数据库，金融时报有限公司的信息，以及 www.fDimarkets.com 的绿地项目信息。

迄今为止最大的单笔海外交易；中国五矿集团公司以 60 亿美元购买了位于秘鲁的拉斯班巴斯铜矿。并且，来自中国制造业和服务业，尤其是金融和房地产业的 SOEs 海外投资日益增加。印度采掘业 SO-TNCs 的海外投资也更加积极。例如，ONGC Videsh 有限公司是印度国家石油和天然气公司负责海外业务的子公司，计划重金投资莫桑比克鲁伍马区块。

在俄罗斯联邦，随着俄罗斯最大的石油和天然气公司 Rosneft 在 2013 年 3 月以 280 亿美元（部分以现金形式，部分以 Rosneft 股票形式）并购了 BP 拥有的 TNK-BP 50% 的股权，国家所有权得到增长。这笔交易使得俄罗斯石油公司成为以产量计全球最大的上市石油公司。同时，俄罗斯石油公司也通过积极投资海外扩大其全球势力：其子公司 Neftegaz America Shelf LP 并购了埃克森美孚公司（美国）在墨西哥湾的 20 个深水勘探区块 30% 的股份。12 月，俄罗斯石油公司与埃克森美孚公司合作建立了一个合资企业，以开发西西伯利亚的页岩油储备。

相较于来自金砖五国的同行，发达国家的 SO-TNCs 在海外投资方面不那么积极，而且其国际投资仍然滞缓。这部分是因为欧元区内其母国疲弱的经济表现。然而，EDF（法国）和 Vattenfall（瑞典）等企业开展的若干大型并购项目在基础设施建设领域均有记录。此外，欧洲公用事业和运输业的新兴投资机会可能增加这些行业内 SO-TNCs 的 FDI。

二、前景

宏观经济条件逐步完善，公司利润回升以及股票市场的强劲表现将提振 TNCs 的商业信心，这可能促使 FDI 在未来三年间上升。基于 UNCTAD 对 TNCs 和投资促进机构（IPAs）投资前景的调查，UNCTAD 的 FDI 预测模型结果以及 2014 年跨境并购和绿地活动的初步数据，UNCTAD 预测 FDI 流量将在 2014 年、2015 年和 2016 年分别上升至 1.62 万亿美元、1.75 万亿美元和 1.85 万亿美元。

世界经济有望在 2014 年和 2015 年分别增长 3.6% 和 3.9%（见表 1.6）。固定资本形成总额和贸易预计会在 2014~2015 年较 2013 年上升更快。这些起色可以促使 TNCs 逐渐将其持有的创纪录的现金转化为新的投资。TNC 的利润在 2013 年小幅上升（见图 1.21）也将对其产能投资产生正面影响。

表 1.6　2008~2015 年全球 GDP、贸易、GFCF 和就业的年增长率（%）

变量 ＼ 年份	2008	2009	2010	2011	2012	2013①	2014②	2015②
GDP	2.8	−0.4	5.2	3.9	3.2	3.0	3.6	3.9
贸易	3.1	−10.6	12.5	6.0	2.5	3.6	5.3	6.2
GFCF	2.0	−4.6	5.6	4.6	4.3	3.1	4.4	5.1
雇员	1.1	0.5	1.3	1.5	1.3	1.3	1.3	1.3

注：①估算。②预测。其中，GFCF = 固定资本形成总额。
资料来源：UNCTAD，GDP、贸易和 GFCF 基于 IMF 的数据，就业基于 ILO 的数据。

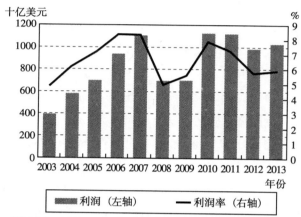

图 1.21　2003~2013 年跨国公司的利润率① 和利润水平
注：①利润率按净收入/总销售额计算。
资料来源：UNCTAD，基于 Thomson ONE 的数据。

UNCTAD 的计量模型（WIR 2011）预测 FDI 流量将在 2014 年回升，上升 12.5%至 1.62 万亿美元（见表 1.7），主要源于全球经济活动更加强劲。大部分动力来自发达国家，其 FDI 流量有望上升 35%。

未来三年流入发展中国家的 FDI 将维持在高位。关于经济增长的担忧以及量化宽松的退出提升了流入新兴经济体的 FDI 增长缓慢的风险。随着近期流入发展中国家的 FDI 减缓（2013 年增长 6%，而过去 10 年的平均增速是 17%），这些国家的 FDI 有望在 2014 年持平并在 2015 年和 2016 年小幅增长（见表 1.7）。

表 1.7　按组别划分的 FDI 流量计量经济学意义上的中期基准线概况（十亿美元、%）

	平　均		增长率		预　测		
	2005~2007 年	2009~2011 年	2012 年	2013 年	2014 年	2015 年	2016 年
全球 FDI 流量	**1493**	**1448**	**1330**	**1452**	**1618**	**1748**	**1851**
发达经济体	978	734	517	566	763	887	970
发展中经济体	455	635	729	778	764	776	799
转型经济体	60	79	84	108	92	85	82
	平均增长率		增长率		增长率预测		
	2005~2007 年	2009~2011 年	2012 年	2013 年	2014 年	2015 年	2016 年
全球 FDI 流量	**39.6**	**1.0**	**−21.8**	**9.1**	**11.5**	**8.0**	**5.9**
发达经济体	46.5	−0.4	−41.3	9.5	34.8	16.3	9.5
发展中经济体	27.8	4.4	0.6	6.7	−1.8	1.6	2.9
转型经济体	47.8	−1.9	−11.3	28.3	−15.0	−7.6	−3.9

资料来源：UNCTAD。

有鉴于此，不同经济组别间的 FDI 格局可能向发达国家倾斜。发展中和转型经济体的占比可能在未来三年间有所下降（见图 1.22）。

然而，模型结果主要基于经济基本面——预测结果可能面临波动的风险。并且，这一模型并没有考虑政策不确定性和区域性冲突等难以被量化的风险。它也没有考虑威讯（美国）在2014年以1300亿美元回购沃达丰（英国）股份这样的巨额交易，而该交易将会减少流入美国的FDI的股权部分并影响全球FDI流入水平。

尽管量化宽松的介绍看似对发展中国家的FDI流量影响甚小，但这可能不适用于那些措施退出时的情形。虽然发达国家宽松的货币政策与流入新兴经济体的组合投资资本间看似存在很强的关联，量化宽松并未对FDI流量产生显而易见的影响（见图1.23）。FDI项目存在更长的酝酿期，因而不易受到短期汇率和利率波动的影响。FDI通常涉及对东道国的长期承诺。相反，当对

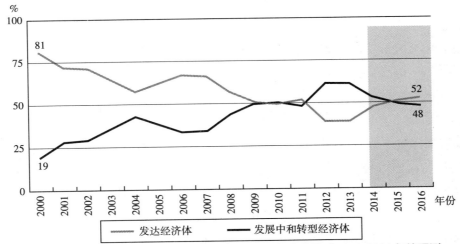

图1.22　FDI流入：2000~2013年各主要经济组别所占比重及对2014~2016年的预测

资料来源：UNCTAD FDI-TNC-GVC信息系统，FDI数据库（www.unctad.org/fdistatistics）；UNCTAD的估算。

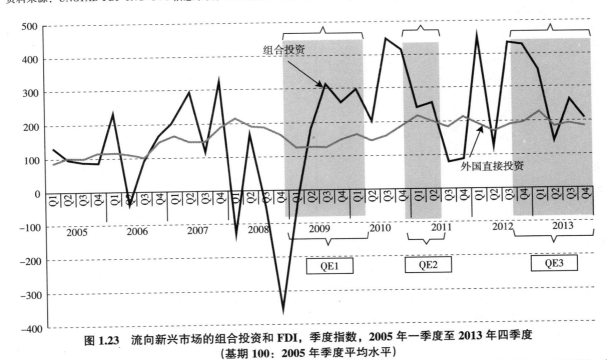

图1.23　流向新兴市场的组合投资和FDI，季度指数，2005年一季度至2013年四季度
（基期100：2005年季度平均水平）

注：2013年第四季度数据为估算值。这些国家/地区包括阿根廷、巴西、保加利亚、智利、哥伦比亚、厄瓜多尔、中国香港、匈牙利、印度、印度尼西亚、哈萨克斯坦、韩国、马来西亚、墨西哥、菲律宾、波兰、俄罗斯、南非、泰国、土耳其、乌克兰和委内瑞拉。

资料来源：UNCTAD FDI-TNC-GVC信息系统，FDI/TNC数据库（www.unctad.org/fdistatistics）；组合投资数据来自IMF。

货币、经济以及政府的信心下降时，组合投资和其他投资者可能会对投资进行清算。

虽然量化宽松对 2009~2013 年的 FDI 流量影响甚微，但从宣布缩减量化宽松和开始实施的事态发展判断，这一情形可能随着非常规措施的退出而发生改变。从 2013 年上半年至 2014 年初，有证据表明外部私人资本流急剧下降并且经济体货币有所贬值。

在国内企业债务沉重且获得流动资金的途径减少的情形下，受到缩减量化宽松影响的国家的 FDI 流入可以感受到更多公司资产被出售所产生的影响。2013 年底和 2014 年初新兴市场的跨境并购增加可能反映了这一现象。外国投资者也可能将此危机视为契机而以较低的成本搜罗资产。并且，一些受到影响的发展中国家（如印度尼西亚）也致力于吸引长期资本流或 FDI 以弥补短期流量带来的损失。这些努力本质上集中在进一步促进 FDI 流入方面（第三章）。缩减量化宽松对 FDI 流量的影响可能因 FDI 类型而呈现不同的演变。

● 出口导向型 FDI：借由生产成本降低和出口竞争力上升，货币继续贬值会增加受到影响的新兴经济体对外国投资者的吸引力。

● 国内市场导向型 FDI：在最受影响的国家，需求减少和增长缓慢可能导致部分 FDI 规模下降或延期。这对不同部门和行业的国内市场导向型子公司的影响有所不同。位于服务业的国外子公司尤其容易受到本地需求条件的影响。

并购活动在 2014 年初复苏。2014 年初公布的跨境并购额明显体现出 FDI 流入的整体增长和发达国家作为 FDI 东道国的崛起。在 2014 年的前 4 个月，跨境并购的全球市场达到 5000 亿美元（包括撤资），处于 2007 年以来的最高水平并且超过 2013 年同时段的双倍交易额（见图 1.24）。该时段的交易主要通过股票或以海外留存收益形式持有的现金来融资。2014 年第一季度经披露的十大交易全部以发达国家的公司为目标（见表 1.8）；2013 年十大交易中只有五项投资位于发达国家。

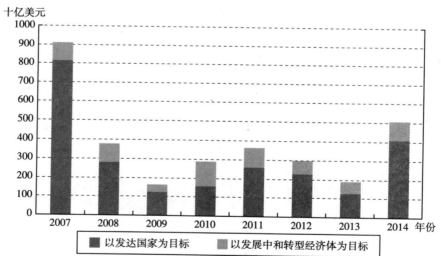

图 1.24　按经济体组别划分的全球市场跨境 M&As，基于 2007~2014 年每年 1~4 月的公告
资料来源：UNCTAD FDI-TNC-GVC 信息系统，跨境并购数据库。

表 1.8　按交易额排序前十大跨境 M&As 公告（2014 年 1~4 月）

公告日	目标公司	目标行业	目标国	并购方名称	交易额（百万美元）	并购方最终母公司	并购方最终母国
04/28/2014	AstraZenecaPLC	医药制剂	英 国	Pfizer Inc	106863	Pfizer Inc	美 国
04/04/2014	Lafarge SA	水泥、液压油	法 国	Holcim Ltd.	25909	Holcim Ltd.	瑞 士
02/18/2014	ForestLaboratories Inc	医药制剂	美 国	Actavis PLC	25110	Actavis PLC	爱尔兰
04/30/2014	AlstomSA-Energy Businesses	涡轮机和发电机组	法 国	GE	17124	GE	美 国
04/22/2014	GlaxoSmithKline PLC–Oncology	医药制剂	英 国	Novartis AG	16000	Novartis AG	瑞 士
01/13/2014	Beam Inc	葡萄酒，白兰地和白兰地烈酒	美 国	Suntory Holdings Ltd.	13933	Kotobuki Realty Co Ltd.	日 本
03/17/2014	GrupoCorporativo ONO SA	除无线电话外的电话通信	西班牙	VodafoneHoldings Europe SLU	10025	Vodafone Group PLC	英 国
02/21/2014	Scania AB	汽车和乘用车身	瑞 典	Volkswagen AG	9162	Porsche Automobil Holding SE	德 国
04/22/2014	NovartisAG –Vaccines Business	除诊断物质外的生物产品	瑞 士	GlaxoSmithKline PLC	7102	GlaxoSmithKline PLC	英 国
03/16/2014	RWE Dea AG	原油和天然气	德 国	L1 Energy	7099	LetterOneHoldings SA	卢森堡

资料来源：UNCTAD FDI-TNC-GVC 信息系统，跨境并购数据库。

该年度世界投资前景调查（WIPS）所得回复对乐观前景提供了支持。该年度的调查在 2014 年 2~4 月收到来自 164 家 TNCs 以及来自 74 个国家的 80 个 IPAs 的回复。回复显示，2014 年的投资前景仍然存在不确定性，但预测其后两年前景光明（见图 1.25）。就 2016 年而言，半数回复持积极预期并且几乎没有回复对投资环境持悲观态度。

当问及 FDI 支出打算，半数回复者预测在 2014~2016 年每年均会较 2013 年水平有所增长。在未来三年积极影响 FDI 的众多因素中，回复者最为频繁地提到美国、金砖四国（巴西、俄罗斯、印度和中国）等经济体以及 28 个国家组成的欧盟。负面因素仍然是悬而未决的主权债务议题以及对贸易和投资领域保护主义上升的恐惧。

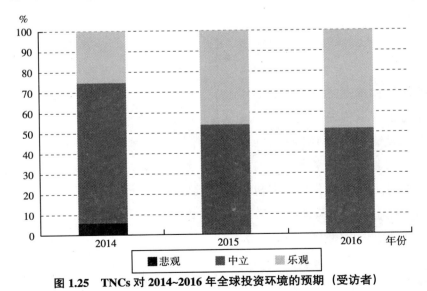

图 1.25　TNCs 对 2014~2016 年全球投资环境的预期（受访者）

注：根据 164 份公司问卷得出。
资料来源：UNCTAD 调查。

就中期而言，FDI 有望在所有部门取得增长。然而，低技术制造业内的 FDI 预计会在 2014 年下降。根据 WIPS 的回复，所有部门的 TNCs 将会在 2015 年和 2016 年维持或增加 FDI。相反，投资者对 2014 年表达了一些计划方面的不确定性，一些低技术制造业的回复者预计支出将会减少。来自纺织业、木材及木制品、建筑产品以及金属和机械等制造业的回复者指出投资会在 2014 年下降。所有部门几乎半数 TNCs 的 FDI 支出有望在 2016 年前增加，与其对全球投资环境上升的乐观预期一致。

与 TNCs 的预估前景相呼应，IPAs 也认为服务业的投资机会多于制造业。确实，只有极少数 IPAs 选择制造业并将其作为颇有前途的三大产业之一。然而，IPAs 对区域内向型 FDI 的观点有所不同（见图 1.26）。来自发达经济体的 IPAs 预测机械、电脑编程和咨询等商业服务以及运输和通信，尤其是电信业内的 FDI 前景良好。非洲 IPAs 预计更多的投资流入采掘业和公用事业，而拉丁美洲的 IPAs 强调金融和旅游服务业。亚洲 IPAs 认为建筑、农业和机械业前景乐观。来自转型经济体的 IPAs 对建筑、公用事业和纺织业期待较高。

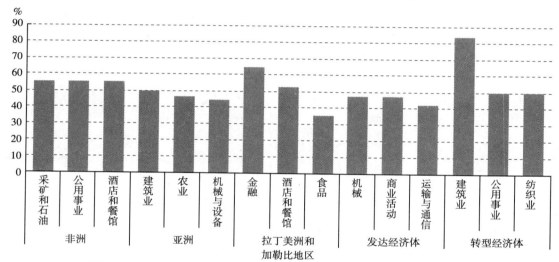

图 1.26 IPA 选出的自身所在国对 FDI 最具吸引力的行业（IPA 受访者）

注：基于 80 份 IPA 的回复，由其所属的地区或经济组别汇总得出。

资料来源：UNCTAD 调查。

FDI 规模，尤其是来自发展中国家的 FDI 有望增长，并且更多地流向其他发展中国家。虑及投资支出，该年度的调查结果显示不同组别的经济体间存在不同趋势。超过半数来自发展中和转型经济体的回复者预计 FDI 支出会在短期和中期分别上升 57% 和 63%。相反，来自发达国家的 TNCs 预计投资预算在短期和中期均只增长 47%。

发达经济体仍然是 FDI 的重要来源地，但现在与金砖四国、阿拉伯联合酋长国、韩国以及土耳其等主要发展中国家同列。确实，中国始终与美国一起位列最具前景的 FDI 来源国（见图 1.27）。在众多发达经济体内，美国、日本、英国、德国和法国位列最具前景的发达经济体投资者，表明其对全球 FDI 流量的作用继续扩大。对于东道国而言，该年度的排名在很大程度上与过去一致，仅仅存在一些微小差异。越南、马来西亚和新加坡等东南亚国家以及英国、澳大利亚、法国和波兰等发达经济体地位有所提升，而日本和墨西哥的地位有所下降（见图 1.28）。

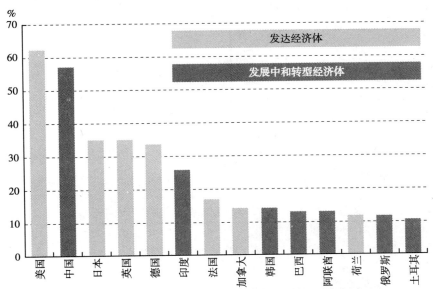

图1.27 IPA 选出的 2014~2016 年最具 FDI 潜力的投资者母国经济体

注：基于 80 份 IPA 的回复。
资料来源：UNCTAD 调查。

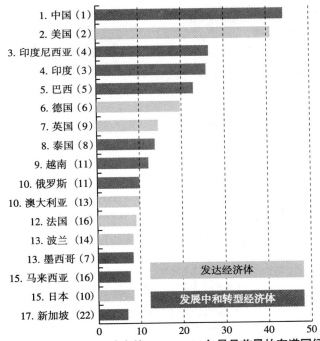

图1.28 TNCs 选出的 2014~2016 年最具前景的东道国经济体
（选择某经济体为最佳东道国的受访者百分比，（X）=2013 年的排名）

注：基于 164 家受访公司的回复。
资料来源：UNCTAD 调查。

三、国际生产趋势

国际生产在 2013 年继续加强，国外子公司经营活动的所有指标均体现出不同增长率的上升（见表 1.9）。销售上升最多，达到 9.4%，主要受到发展中和转型经济体相对较高的经济增长和消费驱动。国外资产 7.9% 的增长率反映出股票市场的强劲表现，这与外向型 FDI 存量的增长率一致。

表 1.9   2013 年及特定年份的 FDI 和国际生产的若干指标

项　　目	以当前价格计算（十亿美元）				
	1990 年	2005~2007 年（危机前平均）	2011 年	2012 年	2013 年
FDI 流入	208	1493	1700	1330	1452
FDI 流出	241	1532	1712	1347	1411
内向型 FDI 存量	2078	14790	21117	23304	25464
外向型 FDI 存量	2088	15884	21913	23916	26313
内向型 FDI 收入①	79	1072	1603	1581	1748
内向型 FDI 收益率②	3.8	7.3	6.9	7.6	6.8
外向型 FDI 收入①	126	1135	1550	1509	1622
外向型 FDI 收益率②	6.0	7.2	6.5	7.1	6.3
跨境并购	111	780	556	332	349
国外子公司销售额	4723	21469	28516	31532③	34508③
国外子公司（产品）增值	881	4878	6262	7089③	7492③
国外子公司总资产	3893	42179	83754	89568③	96625③
国外子公司出口额	1498	5012④	7463④	7532④	7721④
国外子公司员工数（千人）	20625	53306	63416	67155③	70726③
备忘					
GDP	22327	51288	71314	72807	74284
固定资本形成总额	5072	11801	16498	17171	17673
版税和执照费收入	29	161	250	253	259
商品与服务出口	4107	15034	22386	22593⑤	23160⑤

注：①基于 2013 年 179 个国家内向型 FDI 的收入数据和 145 个国家外向型 FDI 的收入数据，在两种情况下都分别代表了超过 90% 的全球内向型和外向型 FDI 存量。

②只计算同时具有 FDI 收入和存量数据的国家的指标。

③2012 年和 2013 年的预测基于各变量对 1980~2010 年外向型 FDI 存量和滞后因变量的固定效应面板回归的估算结果。

④1995~1997 年的数据基于国外子公司的出口对 1982~1994 年内向型 FDI 存量的线性回归。就 1998~2013 年而言，1998 年国外子公司出口在全球出口中的份额（33.3%）被用于表示获取值。

⑤数据来自 IMF：《世界经济展望》，2014 年 4 月。

表中未包括与母公司有关的国外子公司通过非股权关系实现的全球销售额以及这些母公司自身的销售额。国外子公司的全球销售、生产总值、总资产、出口和就业数据通过下述国家的 TNCs 的国外子公司全球数据推算得出。销售额数据包括：澳大利亚、奥地利、比利时、加拿大、捷克、芬兰、法国、德国、希腊、以色列、意大利、日本、拉脱维亚、立陶宛、卢森堡、葡萄牙、斯洛文尼亚、瑞典和美国；增值数据包括：捷克、法国、以色列、日本、葡萄牙、斯洛文尼亚、瑞典和美国；总资产数据由以下国家计算得出：奥地利、德国、日本、美国；出口数据包括：捷克、日本、葡萄牙、斯洛文尼亚、瑞典和美国；就业数据包括：澳大利亚、奥地利、比利时、加拿大、捷克、芬兰、法国、德国、意大利、日本、拉脱维亚、立陶宛、卢森堡、中国澳门、葡萄牙、斯洛文尼亚、瑞典、瑞士和美国，基于这些国家在世界外向型 FDI 存量中的三年平均占比。

资料来源：UNCTAD。

国外子公司的就业和增值与 FDI 流出的增长率一致，均为 5%，而国外子公司的出口仅仅上升了 2.5%。就国外就业而言，5% 的增长率代表一个积极的趋势，是对国外和国内层面劳动力增长停滞数年后在 2012 年有所增长的巩固。相反，5.8% 的增长表明自 2011 年实现金融危机后的反弹以来增值趋势放缓。这些格局意味着国际生产相较于危机前更为缓慢的增长。

5000 家最大 TNCs 的现金持有在 2013 年仍然很高，在其总资产中的占比超过 11%（见图 1.29），与危机后的 2010 年水平相当。2013 年末，来自发达国家的顶级 TNCs 包括短期投资在内的

现金持有量估计达到 3.5 万亿美元，而来自发展中经济体和转型经济体的相应值大抵是 1.0 万亿美元。然而，发展中国家的 TNCs 将其现金资产率维持在相对恒定的 12% 的水平，而危机以来发达国家的 TNCs 的现金资产率从 2006~2008 年平均 9% 上升至 2010 年的超过 11%，2013 年该比率也维持在这一水平。这种转变可能反映出发达经济体的公司存在更大的风险规避，这些公司采用与发展中国家普遍水平相当的现金持有率。以 2006~2008 年的平均现金资产率作为参照标准，2013 年发达国家的 TNCs 的额外现金持有量达到 6700 亿美元。

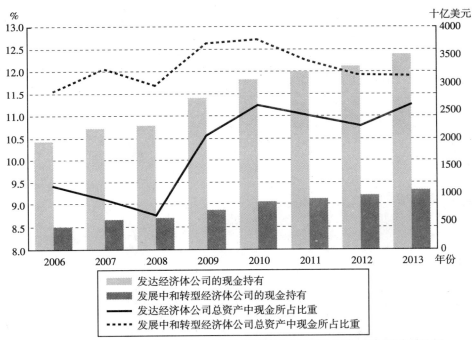

图 1.29　2006~2013 年前 5000 家跨国公司的现金持有量及其在总资产中的比重

注：数据基于 5309 家公司的记录，其中 3472 家来自发达国家。这些样本不包括许多发展中国家的 SO-TNCs 这样的非上市公司。

资料来源：UNCTAD，基于 Thomson ONE 的数据。

由于危机后中央银行的干预，大型企业融资变得相对容易，因而金融约束可能不是投资复苏缓慢的唯一原因。然而，宽松的货币措施并不会促使债务融资完全回升至其危机前水平（见图 1.30）。2013 年，债券发行量在 5000 亿美元以下，

几乎不到 2008 年相应水平的 1/3。同时，公司也确实增加了股份回购和红利发放，在 2013 年产生了大约 1 万亿美元的总现金流出量。这一行为背后存在两个因素：一方面，公司在充满不确定性的经济环境中通过偿还债务和回报股东实现更大

的稳定；另一方面取决于在哪个行业运营，需求　　　疲软促使它们对投资采取非常谨慎的态度。

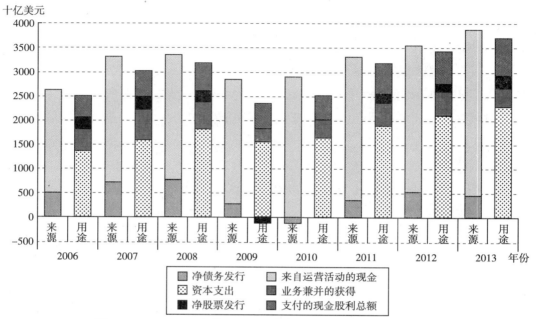

图 1.30　2006~2013 年前 5000 家 TNCs：主要现金来源及用途
注：基于 5108 家公司的记录，其中 3365 家来自发达国家。本国和外国公司均包括在内。这些公司不包括 SOEs 这样的非上市公司。
资料来源：UNCTAD，基于 Thomson ONE 的资料数据。

　　图 1.30 从总体水平展示了最大的公共 TNCs 的现金来源和使用情况，其中隐藏了重要的特定　　　行业动态。事实上，整体的资本支出（包括国内和国外活动）就绝对量而言在过去三年取得增长；

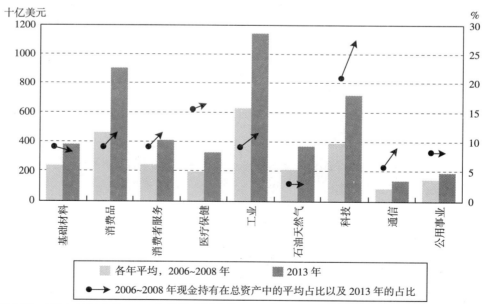

图 1.31　2006~2008 年和 2013 年按行业划分前 5000 家公司的现金持有及其在总资产中的占比
注：数据基于 5309 家公司，其中 3472 家来自发达国家。
资料来源：UNCTAD，基于 Thomson ONE 的数据。

同时，并购业务的支持有所减少。然而，行业间存在巨大差别。石油和天然气、电信以及公共事业领域的 TNCs 均显著增加了其支出（资本支出加上并购），尤其是在 2013 年。相反，在消费者产品这样的行业，以及工业（运输、航天和国防、电子和电器设备）的投资在危机以来有所下降并维持在低位。这在很大程度上与分行业观察到的现金持有水平相一致。上述两类行业在危机前阶段和 2013 年的现金累计持有量分别达到 4400 亿美元和 5110 亿美元（见图 1.31）。这表示两者分别从超过 3% 和 2% 跃升至 12.8% 和 11.5%。这也意味着这些行业内的公司受经济复苏缓慢以及发达国家相关持续性需求疲软的影响最大。

另一个持有大量现金的行业是计算机服务和软件业（以技术行业为代表），其在 2013 年实现了高于危机前水平的增长，现金持有达到 3190 亿美元（见图 1.31）。一方面，研发活动的回报具有高风险性和不可预见性，具有更多成长机会和更高研发支出的企业，其现金持有高于平均水平，因而企业倾向于依赖内部产生的现金而非外部来源。另一方面，这些技术行业——以及医疗保健行业——常常向低税收管辖区转移知识产权和药品专利，以使这些资产的离岸收益免征高额国内税收。这会显著增加公司现金存量。例如，苹果公司（美国）的现金持有自 2009 年以来增加了 1030 亿美元。微软、谷歌、思科以及辉瑞等其他位于这些行业的美国公司拥有的现金储备也创下了新高。

因而这些行业的现金资产率通常也会高得多，并且在过去几年增幅最大，技术业和医疗保健业的相应比率分别从 22% 和 15% 上升至 26% 和 16%。相反，石油和天然气生产、基础材料、公用事业以及电信业的现金持有在观察期内有所下降（平均现金资产率为 6%~8%）。过去几年间，石油和天然气行业出现了大型投资，美国石油和天然气生产以及为生产进行的资本支出也受到页岩气革命的驱动而继续上升。类似地，大型投资也出现在电信业（如 4G 无线网络、智能电视以及互联网服务）。

世界最大 TNCs 的国际化程度仍然与过去持平。100 家顶尖 TNCs 的数据显示，这些 TNCs 大部分来自发达经济体，其国内生产——以国内资产、销售和就业衡量——比国外生产增长更快。特别是，其海外就业占全部就业的比重连续两年下降（见表 1.10）。这些 TNCs 的在岸生产以及将生产回迁至母国也许可以对较低的国际化水平做出部分解释（WIR 2013）。

表 1.10　全球以及来自发展中和转型经济体的 100 家最大非金融 TNCs 的国际化统计数据

变量	全球 100 家最大跨国公司					发展中和转型经济体 100 家最大跨国公司		
	2011 年	2012 年①	2011~2012 年变动（%）	2013 年②	2012~2013 年变动（%）	2011 年	2012 年	变动（%）
资产（十亿美元）								
国外	7634	7888	3	8035	2	1321	1506	14
国内	4897	5435	11	5620	3	3561	4025	13
共计	12531	13323	6	13656	2	4882	5531	13
国外比重（%）	61	59	-2③	59	0③	27	27	0③
销售额（十亿美元）								
国外	5783	5900	2	6057	3	1650	1690	2
国内	3045	3055	0	3264	7	1831	2172	19
共计	8827	8955	1	9321	4	3481	3863	11
国外比重（%）	66	66	0③	65	-1③	47	44	-4③

续表

变量	全球 100 家最大跨国公司					发展中和转型经济体 100 家最大跨国公司		
	2011 年	2012 年①	2011~2012 年变动（%）	2013 年②	2012~2013 年变动（%）	2011 年	2012 年	变动（%）
雇员（千人）								
国外	9911	9821	-1	9810	0	3979	4103	3
国内	6585	7125	8	7482	5	6218	6493	4
共计	16496	16946	3	17292	2	10197	10596	4
国外比重	60	58	-2③	57	-1③	39	39	0③

注：①修正结果。②初始结果。③以百分点表示。

自 2009 年起，数据为基年 4 月 1 日到转年的 3 月 31 日的财年数据。2013 年发展中和转型经济体 100 家最大 TNCs 的数据尚不完整。

资料来源：UNCTAD。

类似地，位于发展中经济体和转型经济体的 100 家最大 TNCs 的国际化水平也保持稳定。然而，这不是源于国际业务的撤资或迁址，而是因为更高的国内投资。因此，来自这些经济体的 TNCs 的国外资产在 2012 年上升了 14%——相较于世界 100 家最大 TNCs 而言速度更快，而这一上升与国内资产的增加（13%）更为相似（见表 1.10）。国内销售和外国员工本土就业的增长超过了国外销售。特别是，国内销售 19% 的增长证明了发展中经济体和转型经济体的实力。

注释

[1] 绿地投资项目数据根据已披露的项目而得。一个绿地投资项目的交易额是指投资者在披露该交易时所计划的资本支出。数据可能与官方数据存在很大不同，因为公司可以在当地筹集资金和分阶段调整投资，并且该项目可能被取消或者可能并不在其被披露的当年启动。

[2] 美国能源信息署。

[3] 美国天然气价格从 2008 年的接近 13 美元每百万英热下降至 2013 年的 4 美元每百万英热（欧洲天然气价格是其 2~3 倍的水平，日本液化天然气价格是其 4 倍的水平）。

[4] 根据 UNCTAD 数据库，基于来自金融时报有限公司以及 www.fDimarkets.com 的信息。

[5] 美国和国外公司均从这些交易中受益。美国运营商获得资金支持，而外国公司取得可被转让给其他地区的水平钻井和水力压裂经验。这些合资企业中的大部分外国投资都包括以预付现金的形式购买邀请公司一定比例的页岩田，并承诺承担部分钻井成本。合资企业中的外国投资者在商定的时间框架内（通常是 2~10 年）预付现金和承担钻探新井的成本。

[6] 美国化学理事会：《页岩气竞争力，以及新的美国化工投资：基于已披露项目的分析》，2013 年 5 月。

[7] 例如，南非沙索公司正在以大约 200 亿美元投资可将天然气转化为塑料制品的路易斯安纳州的工厂，这是有史以来外国直接投资者在美国制造业的最大项目；来自中国台湾的台塑集团计划在得克萨斯州建立两个新工厂以制造塑料和地毯的核心原料——乙烯和丙烯；一家制造肥料的俄罗斯公司 EuroChem 正在路易斯安纳州建造合成氨厂，接近密西西比河可以使其轻易通往中西部农场。近日，以市值计全球最大的石化制造商沙特基础工业公司（SABIC）的 CEO 公布了公司拟进入美国页岩市场的计划。

[8] 随着企业一项或多项主导产品的专利过期且仿制药进入市场，其潜在收入将急剧下降。

[9] 创新通常会驱动行业发展，但是研发活动外包作为大型 TNCs 转移其研发工作以应对专利悬崖和成本压力的结果已成为过去十年重要的行业趋势之一。

[10] 《印度批准迈兰公司以 16 亿美元并购 Agila Specialties》，2014 年 9 月 4 日，http://www.ft.com。

[11] 《医药与生物科技股前景展望——2013 年 12 月——行业展望》，2013 年 12 月 3 日，http://www.nasdaq.com。

[12] 《大型医药交易重回议事日程》，《金融时报》，

2014 年 4 月 22 日。

[13] 由于缺乏医药行业层面的全球 FDI 数据，跨境并购交易和绿地 FDI 项目的趋势往往体现该行业的全球 FDI 趋势。并购交易的子行业涉及医药制造、医药化工产品、植物产品以及生物产品。在绿地 FDI 项目中，子行业涉及制药和生物科技。

[14] 在美国，流入这一行业的 FDI 占 2010~2012 年制造业 FDI 的 1/4（《美国的 FDI》，2013 年 10 月 23 日，http：//www.whitehouse.gov）。

[15] 在 2003~2013 年，绿地 FDI 项目数为 200~290，年均项目数是 244，而跨境并购项目数为 170~280，年均项目数是 234。

[16] PwC（2014），《医药和生命科学交易季度报告》，引自《据 PwC 称，第四季度强劲的医药和生命科学并购势头有望在 2014 年继续》（PwCUS，媒体发布，2014 年 2 月 10 日）。

[17]《为什么世界上最大的仿制药营销者之一退出中国？》，《福布斯》，2014 年 2 月 3 日，http：//www.forbes.com。

[18] 2014 年第一季度报道的最大交易是阿斯利康（英国）通过其瑞典子公司以 43 亿美元对施贵宝（美国）的并购，其次是希雷（爱尔兰）和 ViroPharma（美国）间 42 亿美元的兼并。

[19] 其中，辉瑞（美国）对阿斯利康（英国）的报价是迄今为止最大的交易（见表 1.8）。但最终辉瑞放弃交易，阿斯利康可能向较小的美国公司寻求另一个并购机会（《大型医药交易重回议事日程》，《金融时报》，2014 年 4 月 22 日）。

[20]《企业并购：大型交易的回归》，《经济学人》，2014 年 5 月 3 日。

[21] 2008 年转型经济体的交易额信息无法获得。

[22] 第一三共株式会社计划在 2014 年撤资。

[23] 雅培实验室（美国）收购皮拉马尔保健（印度）的医疗保健解决方案业务。在转型经济体内，2010 年仅有 700 万美元记录在案。

[24] 最大交易是迈兰（美国）以 19 亿美元从 Strides Arcolab（美国）收购位于班加罗尔的医药制造商 Agila Specialties。

[25] 剔除生物产品的交易后，发展中经济体和转型经济体在 2013 年的占比超过了 30%。

[26] 葛兰素史克（英国）宣布其计划未来五年在撒哈拉以南非洲投资超过 2 亿美元以扩大其在肯尼亚、尼日利亚和南非的现有制造产能并在埃塞俄比亚、加纳和/或卢旺达建立新工厂，以及在非洲建立全球第一个开放的非传染性疾病研发实验室，创造 500 个新工作机会（《制药商 GSK 将投资 2 亿美元在非洲建厂和开展研发活动》，2014 年 3 月 31 日，http：//www.reuters.com）。

[27]《2014 全球制药公司——系列化，法规，以及上升的 API 成本》，2014 年 1 月 23 日，http：//www.thesmartcube.com。

[28] IMAP：《2014 全球医药与生物科技并购报告》，http：//www.imap.com，2014 年 4 月 2 日。

[29] 例如，《贫穷国家的低成本药物获得印度法庭支持》，《纽约时报》，2013 年 4 月 1 日。

[30] 例如，《迈兰将从 16 亿美元中获得什么？一个疫苗制造商和一个陷入困境的工厂》，2013 年 9 月 24 日，http：//www.forbes.com；《美国药物监管者批评兰伯希工厂运营不佳》，2014 年 1 月 27 日，http：//indiatoday.intoday.in。

[31] 更多细节参见 UNCTAD（2013a）。

[32] 有关全球前 250 家零售商的数据显示，这些公司 1/4 的利润来自国外（德勤，2013）。

[33] Laurie Burkitt 和 Shelly Banjo：《沃尔玛在中国步伐停滞》，《华尔街日报》，2013 年 10 月 16 日。

[34] 路透社：《家乐福以 6.83 亿美元出售其在中东的企业股权》，Al Arabiya News，2013 年 5 月 22 日。

[35] 例如，2011 年，阿尔迪（德国）收购了美国的沃尔德林和家得宝。

[36] 拉丁美洲私人股权和风险投资联合会，引自《拉丁美洲投资再创六年新高》，Private Equity International-al，2014 年 2 月 20 日，以及《PE 驱动拉丁美洲基础设施建设》，《金融时报》，2013 年 12 月 16 日。

[37] 欧洲中央银行，2013 中小企业融资渠道调查，http：//ec.europa.eu。

[38] 高维环球的预测。

[39] 正如对 Kazanah 常务董事的采访所披露的那样："我们对经济的某些方面承担着催化的任务，因此我们倾

向于在那些拥有战略利益的领域找到我们的安身立命之本，这些战略利益可能体现在提供必要的服务和关键基础设施，以及那些存在高进入壁垒的私人部门，包括长期投资视野和大量资产负债表要求。"

［40］参见 http：//blogs.cfainstitute.org/investor/2013/07/30/malaysias –khazanah –not –just –a –swf –but –a –nation –building–institution/。

［41］按照 UNCTAD 的定义，SO–TNCs 是指那些至少10%的股权被国家或公共实体所拥有的TNCs，或者国家或公共实体作为其最大股东或拥有"黄金股"。

［42］UNCTAD 严格适用定义，由此也缩减了SO–TNCs 名录以更新 SO–TNC 数据库。此外，即使国家通过金融投资取得大量股权，一些私人控股的 TNCs 也不再被视为国有。参见 Karl P. Sauvant 和 Jonathan Strauss：《国家控制的实体掌握近 2 万亿美元国外资产》，《哥伦比亚 FDI 展望》，第 64 号，2012 年 4 月 2 日。

FDI 地区趋势

第二章

引　言

2013 年，三大经济体——发达经济体、发展中经济体与转型经济体 FDI 流入量均有所增加（见表 2.1），但增长速度各不相同。

表 2.1　2011~2013 年按地区划分的 FDI 流量（十亿美元、%）

地　区	FDI 流入量			FDI 流出量		
	2011 年	2012 年	2013 年	2011 年	2012 年	2013 年
世界	**1700**	**1330**	**1452**	**1712**	**1347**	**1411**
发达经济体	880	517	566	1216	853	857
欧盟	490	216	246	585	238	250
北美	263	204	250	439	422	381
发展中经济体	725	729	778	423	440	454
非洲	48	55	57	7	12	12
亚洲	431	415	426	304	302	326
东亚及东南亚	333	334	347	270	274	293
南亚	44	32	36	13	9	2
西亚	53	48	44	22	19	31
拉丁美洲及加勒比地区	244	256	292	111	124	115
大洋洲	2	3	3	1	2	1
转型经济体	95	84	108	73	54	99
结构脆弱、易受冲击的小型经济体①	**58**	**58**	**57**	**12**	**10**	**9**
最不发达国家	22	24	28	4	4	5
内陆型发展中国家	36	34	30	6	3	4
小岛屿发展中国家	6	7	6	2	2	1
全球 FDI 流量占比						
发达经济体	51.8	38.8	39.0	71.0	63.3	60.8
欧盟	28.8	16.2	17.0	34.2	17.7	17.8
北美	15.5	15.3	17.2	25.6	31.4	27.0
发展中经济体	42.6	54.8	53.6	24.7	32.7	32.2
非洲	2.8	4.1	3.9	0.4	0.9	0.9
亚洲	25.3	31.2	29.4	17.8	22.4	23.1
东亚及东南亚	19.6	25.1	23.9	15.8	20.3	20.7
南亚	2.6	2.4	2.4	0.8	0.7	0.2
西亚	3.1	3.6	3.0	1.3	1.4	2.2
拉丁美洲及加勒比地区	14.3	19.2	20.1	6.5	9.2	8.1
大洋洲	0.1	0.2	0.2	0.1	0.1	0.1
转型经济体	5.6	6.3	7.4	4.3	4.0	7.0
结构脆弱、易受冲击的小型经济体①	**3.4**	**4.4**	**3.9**	**0.7**	**0.7**	**0.7**
最不发达国家	1.3	1.8	1.9	0.3	0.3	0.3
内陆型发展中国家	2.1	2.5	2.0	0.4	0.2	0.3
小岛屿发展中国家	0.4	0.5	0.4	0.1	0.2	0.1

注：①不包含重复计算。
资料来源：UNCTAD，FDI-TNC-GVC 信息系统，FDI/TNC 数据库（www.unctad.org/fdistatistics）。

发展中经济体 FDI 流入量创新高，达到 7780 亿美元，占世界总流入量的 54%。多数发展中经济体 FDI 流入量上升。发展中的亚洲仍是最大的 FDI 接受地。转型经济体 FDI 流入量创纪录增长 28%，达到 1080 亿美元。发达国家 FDI 流入量增长了 9% 至 5660 亿美元——仅为危机前 2005~2007 年平均水平的 60%。流入到结构脆弱、易受冲击的小型经济体的 FDI 下降了 3%，从 2012 年的 580 亿美元下降至 2013 年的 570 亿美元，这源于流入最不发达国家（LDCs）的 FDI 增长不足以抵消小岛屿发展中国家（SIDs）和内陆型发展中国家（LLDCs）的 FDI 下降（见表 2.1）。其在世界 FDI 流入总量中所占的份额也有所下降，从 2012 年的 4.4% 降到 3.9%。

发达经济体 FDI 流出量与 2012 年持平，为 8570 亿美元，在全球 FDI 流出总量中所占份额创新低，为 61%。与此相比，发展中经济体 FDI 流出量继续增长，增速为 3%，达到了历史新高 4540 亿美元。发展中的亚洲和非洲 FDI 流出量均有所上升，而拉丁美洲和加勒比地区 FDI 流出量则出现下降。亚洲国家仍是最大的 FDI 来源地，占全球总量的份额超过 1/5。转型经济体 FDI 流出量显著上升——增加了 84%，达到历史新高 990 亿美元。

一、地区趋势

（一）非洲

表 A　2013 年按范围① 划分的 FDI 流量在各经济体间的分布

范　围	流入国	流出国
高于 30 亿美元	南非、莫桑比克、尼日利亚、埃及、摩洛哥、加纳和苏丹	南非
20 亿~29 亿美元	刚果民主共和国和刚果	安哥拉
10 亿~19 亿美元	赤道几内亚、坦桑尼亚、赞比亚、阿尔及利亚、毛里塔尼亚、乌干达、突尼斯和利比里亚	尼日利亚
5 亿~9 亿美元	埃塞俄比亚、加蓬、马达加斯加、利比亚、纳米比亚、尼日尔、塞拉利昂、喀麦隆、乍得和肯尼亚	苏丹和利比里亚
1 亿~4 亿美元	马里、津巴布韦、布基纳法索、科特迪瓦、贝宁、塞内加尔、吉布提、毛里求斯、博茨瓦纳、塞舌尔、马拉维、卢旺达和索马里	刚果民主共和国、摩洛哥、埃及、赞比亚、利比亚、喀麦隆和毛里求斯
低于 1 亿美元	多哥、斯威士兰、莱索托、厄立特里亚、圣多美和普林西比、冈比亚、几内亚、佛得角、几内亚比绍、科摩罗、布隆迪、中非和安哥拉	加蓬、布基纳法索、马拉维、贝宁、多哥、科特迪瓦、塞内加尔、津巴布韦、突尼斯、莱索托、卢旺达、马里、加纳、塞舌尔、肯尼亚、毛里塔尼亚、佛得角、几内亚、斯威士兰、几内亚比绍、圣多美和普林西比、博茨瓦纳、莫桑比克、乌干达、尼日尔、纳米比亚和阿尔及利亚

注：①各经济体依据其 FDI 流量规模列出。

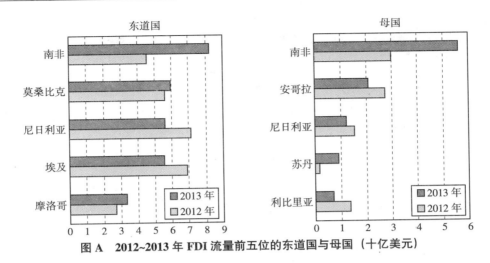

图 A　2012~2013 年 FDI 流量前五位的东道国与母国（十亿美元）

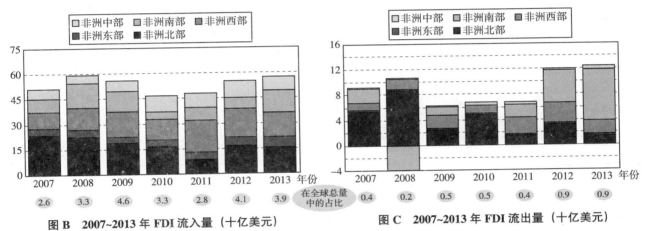

图 B　2007~2013 年 FDI 流入量（十亿美元）

图 C　2007~2013 年 FDI 流出量（十亿美元）

表 B　2012~2013 年跨国并购的行业分布（百万美元）

产业/行业	出售额		购买额	
	2012 年	2013 年	2012 年	2013 年
总量	**−1254**	**3848**	**629**	**3019**
第一产业	**−1125**	**135**	**308**	**289**
采掘业与石油业	−1148	135	286	289
制造业	**231**	**3326**	**1518**	**1632**
食品、饮料与烟草业	634	1023	185	244
化学与化工产品	17	16	−162	—
药品、药用化学和植物制品	42	567	502	1310
非金属矿物制品	−25	1706	81	—
服务业	**−360**	**387**	**−1197**	**1098**
运输和仓储业	2	27	2	27
通信产业	−750	−207	−11	105
金融和保险业	335	240	−1688	653
商业服务业	24	104	374	135

表 C　2012~2013 年跨国并购的地区/国家分布（百万美元）

地区/国家	出售额		购买额	
	2012 年	2013 年	2012 年	2013 年
全球	**−1254**	**3848**	**629**	**3019**
发达经济体	**−3500**	**−8953**	**635**	**2288**
欧盟	841	−4831	1261	1641
北美	−1622	−5196	19	−17
澳大利亚	−1753	141	−645	664
发展中经济体	**2172**	**12788**	**−7**	**731**
非洲	126	130	126	130
亚洲	2050	13341	145	596
中国	1580	7271	—	78
印度	22	419	410	233
印度尼西亚	—	1753	212	—
新加坡	271	543	−615	167
转型经济体	**—**	**—**	**—**	**—**

表 D 2012~2013 年绿地投资项目的行业分布
（百万美元）

产业/行业	非洲作为投资目的地		非洲作为投资者	
	2012 年	2013 年	2012 年	2013 年
总量	47455	53596	7764	15807
第一产业	7479	5735	455	7
采掘业与石油业	7479	3795	455	7
制造业	21129	13851	4013	7624
食品、饮料与烟草业	2227	1234	438	373
纺织品、服装和皮革	206	1750	34	128
非金属矿物制品	1067	3616	674	2896
机动车与其他运输设备	2316	1593	—	108
服务业	18847	34010	3296	8177
电力、燃气与水	6401	11788	60	—
建筑业	3421	3514	—	1005
运输、仓储与通信产业	3147	7652	1221	2558
商业服务业	1892	7096	889	2662

表 E 2012~2013 年绿地投资项目的国家/地区分布
（百万美元）

伙伴地区/经济体	非洲作为投资目的地		非洲作为投资者	
	2012 年	2013 年	2012 年	2013 年
全球	47455	53596	7764	15807
发达经济体	17541	27254	1802	2080
欧盟	8114	16308	370	960
美国	4844	2590	1362	1076
日本	708	1753	39	—
发展中经济体	29847	26234	5962	13652
非洲	4019	12231	4019	12231
尼日利亚	711	2261	161	2729
南非	1397	4905	396	344
亚洲	25586	13807	1474	1337
中国	1771	303	102	140
印度	7747	5628	149	68
转型经济体	67	108	—	76

非洲 FDI 流入量 2013 年上升 4%，达到 570 亿美元，这源于国际与区域间市场寻求型 FDI 的流入以及基础设施投资。对经济和人口持续增长的预期继续吸引市场寻求型 FDI 进入消费者导向型行业。由南非、肯尼亚和尼日利亚公司所带动的区域间投资不断增加。大部分的 FDI 流出都进入了非洲大陆的其他国家，为投资驱动型的区域一体化奠定了基础。

消费导向型行业开始带动 FDI 增长。对经济和人口持续增长的预期，使得投资者对采掘业和以正在崛起的中产阶级为目标的消费导向行业的投资兴趣不断增加（《世界投资报告 2013》）[1]。中产阶级的人数在过去的 10 年中增长了 30%，达到 1.2 亿人。为应对此变化，FDI 开始扩展进入消费市场导向型行业，包括诸如食品、信息技术（IT）、旅游业、金融业和零售业等消费产品。同样，基础设施 FDI 由于受到不断增长的贸易和消费市场的驱动，在运输业与信息和通信技术行业（ICT）表现出强劲的增长态势。

绿地投资项目（见表 D）的数据表明服务业正吸引 FDI 的流入（见第一章）。值得注意的是，投资主要针对建筑业、公用事业、商业服务业和通信业。制造业绿地投资项目的价值有所下降，这源于资源导向型行业 FDI 流入的急剧下降，例如焦炭和石油制品、金属和金属制品，两者都下降了约 70%。与此相反，纺织业的绿地投资项目则有所增加，而汽车行业的绿地投资也表现出高收益。跨国并购（M&A）交易额的数据表明，制造业的跨国并购增长强劲，主要针对食品加工业、建筑材料（非金属矿物制品）和制药行业（见表 B）。

部分外国跨国公司（TNCs）开始投资于非洲大陆农业的研发（R&D），这源于投资收益的下降、全球变暖、对供给短缺的担忧以及行业对较高水平技术发展的需要。例如 2013 年通过承诺到 2017 年投入 620 万美元在南非建立研发中心以研发新的种子技术，杜邦公司（美国）获得了 Panner 种子公司的多数股权。同样，百乐嘉利宝（瑞士）在世界上最大的可可生产国科特迪瓦建立了卓越可可研究中心，以促进当地先进农业技术的发展。该投资约为 110 万美元。

科技公司在非洲也开始进行创新方面的投资。2013 年 11 月，IBM 于内罗毕的郊区设立了其在非洲的首个研究实验室，前两年的投资超过 1000 万美元。该设施反映出 IBM 对于智能手机日益普及的非洲大陆的投资兴趣。肯尼亚已经成为全球手机支付的领先者，这激起了人们新的希望，即非洲可以利用技术超越更成熟的经济体。2013 年 10 月，微软宣布和非洲三大技术创新中心建立伙伴关系，以发展基于云计算系统的业务。在过去的几年里，谷歌一直为尼日利亚、肯尼亚和南非建立的研究中心提供资助，作为推动非洲创新投资的一部分。

FDI 流入量所呈现的趋势因区域而变化。北非地区的 FDI 流入量下降了 7%，至 155 亿美元（见图 B）。然而，由于相对较高的 FDI 水平，投资者似乎准备回归该地区。埃及的 FDI 流入量下降了 19%，但仍以 56 亿美元保持该地区的最高水平。事实上，许多外国投资者，尤其是消费品生产商，依旧被埃及庞大的人口（该地区最大）及低成本劳动力所吸引。多数周边国家 FDI 流入量却有所增加。摩洛哥吸引了 34 亿美元的新增投资，尤其是制造业，仅尼桑就计划投入 5 亿美元建立新生产基地，此外，还有房地产、食品加工和公用事业。阿尔及利亚政府正加紧进行市场改革，以吸引更多的外国投资者。例如，阿尔及利亚的国有控股公司 Société de Gestion des Participations Industries Manufacturières（SGP-IM）与土耳其纺织品公司 Taypa 签订了一份数百亿美元的协定，以建设一个纺织—服装工业中心。其工业部部长称，该合作的目标之一是旨在促进阿尔及利亚公共—私营合资企业的发展，并提供超过 10000 个就业岗位。

西非的 FDI 流入量下降了 14%，至 142 亿美元，这很大程度上是由于尼日利亚 FDI 流入量减少造成的。迟迟未定的石油工业法案和安全问题的不确定性引发了一系列的跨国公司撤资。国内优秀企业和其他发展中国家的跨国公司正在接管这些撤资跨国公司的资产。例如两笔还未确定的大型接管交易，Total（法国）和 ConocoPhillips（美国）将它们在尼日利亚的资产分别以 25 亿美元和 18 亿美元的价格出售给中石化集团（中国）和当地的 Oando PLC。与此相反，加纳和科特迪瓦在 2013 年开始生产石油，以期从外国公司吸引大量投资，如荷兰皇家壳牌石油公司（英国）、埃克森美孚公司（美国）、中国海洋石油总公司（CNOOC）和中国石油天然气集团公司（CNPC），以及来自泰国和印度的国有石油公司。

中非在 2013 年吸引了 82 亿美元的 FDI，同比下降 18%。中非共和国不断加剧的政治动荡和刚果民主共和国持续的武装冲突可能会对外国投资者造成负面影响。东非的 FDI 流入量攀升了 15%，至 62 亿美元，这源于肯尼亚和埃塞俄比亚 FDI 流入量的增加。肯尼亚正打造成为有力的商业枢纽，不仅要在该地区进行石油和天然气的开采，而且要发展工业生产和交通运输。该国的目标是在未来 10 年内进一步发展为地区能源、服务和制造业枢纽。埃塞俄比亚的产业战略是吸引亚洲的资金来发展自己的生产基地。2013 年，华锦集团（中国）在埃塞俄比亚建立了首个鞋生产厂，并计划投资 20 亿美元建立一座轻工业制造园。2013 年初，海湾药业（阿拉伯联合酋长国）联合当地的合作伙伴迈特科技公司，正式宣布在亚的斯亚贝巴建立其首家非洲药品制造厂。海湾药业建造该工厂的预计投资为 850 万美元。乌干达、坦桑尼亚联合共和国和马达加斯加维持了较高水平的 FDI 流入量，这得益于其天然气和矿产部门的发展。

南部非洲的 FDI 流入量翻了一番，从 2012 年的 67 亿美元攀升至 2013 年的 132 亿美元，这主要源于流入南非和莫桑比克的 FDI 创新高。这两个国家的基础设施是吸引 FDI 的主要行业。在莫桑比克，对天然气部门的投资也起到了重要的作用。安哥拉继续遭遇净撤资，尽管撤资幅度小于往年。该国要求外国投资者与当地企业进行合作，然而尽管需求强劲，但由于合作伙伴的缺乏，部分项目仍未能实现。[2]

2013 年，非洲 FDI 流出量稍有上升，为 120 亿美元。南非、安哥拉和尼日利亚是主要的投资者，大多数投资都流向了邻国。南非的 FDI 流出量几乎增加了一倍，至 56 亿美元，这源于通信业、矿业和零售业的投资。尼日利亚的 FDI 流出主要集中在建材和金融服务业。一些新兴跨国公司在非洲大陆的投资不断扩张。除了著名的南非投资者（Bidvest, Anglo Gold Ashanti, MTN, Shoprite, Pick'n'Pay, Aspen Pharmacare 和 Naspers），一些其他国家的企业也开始在邻国进行跨国经营，然后逐步扩张到整个大陆。例如，Sonatrach（阿尔及利亚）在非洲多个国家的石油和天然气行业均有涉足。包括 Dangote 和 Simba 集团（尼日利亚）在内的其他公司也都活跃在水泥、农业和炼油行业。活跃于建材和化工行业的 Orascom（埃及），正加大对北非国家的投资。Sameer 集团（肯尼亚）的投资涉及农业、制造业、分销、高科技、建筑、交通运输和金融等行业。Comcraft 集团（肯尼亚），活跃于服务业，正在进军非洲之外的亚洲市场。

更加致力于促进区域一体化。非洲领导人不断寻求加快区域一体化，1991 年签订的《阿布贾条约》最先达成一致。该条约赞同非洲经济共同体的成立是一个循序渐进的过程，将通过协调、统一和逐步整合区域性经济共同体（RECs）的活动加以实现。[3] 这方面的最新努力包括 2012 年 1 月召开的非洲联盟首脑峰会，会议达成了关于建立非洲自由贸易区的新计划。此外，一些区域性经济共同体计划建立货币联盟作为进一步推动区域一体化的组成部分。

致力于区域一体化的另一个例子是 2011 年 COMESA-EAC-SADC 自由贸易区谈判的启动，在东南非共同市场（COMESA）、东非共同体（EAC）和南部非洲发展共同体（SADC）之间建立自贸区。该三方自由贸易协定（FTA）包括 26 个非洲国家，其战略目标是巩固区域经济共同体（RECs），以建立共同市场和单独的投资区域。根据自贸区建设线路图，第一阶段包括自贸区内货物贸易的实施。[4] 第二阶段将会讨论基础设施和工业发展，并解决投资问题以及服务、知识产权、竞争政策、贸易发展和竞争等问题。

尽管第二阶段计划解决投资问题，但其对 FDI 的主要影响很可能通过关税和非关税措施发挥作用，尤其是非关税壁垒，它是实现非洲大陆货物和服务自由竞争流动的主要障碍。

区域内 FDI 的增加促进非洲领导人致力于实现更深层次的区域一体化。过去十年经济的快速发展为非洲企业提供了上升的动力，尤其是贸易和外国投资两个方面。[5] 由非洲主要经济体的跨国公司的跨境经营所主导的这一上升趋势，支持了非洲领导人致力于区域一体化的努力。非洲区域内投资呈上升趋势，这源于南非的 FDI 持续增长，并且自 2008 年以来自肯尼亚、尼日利亚和北非国家的 FDI 也逐渐增加。[6]

2009~2013 年，来自非洲其他国家的跨境绿地投资项目所占的份额——非洲最主要的投资类型——已经上升为 18%，而 2003~2008 年此份额仅为 10%（见图 2.1）。所有主要投资者——南非（7%）、肯尼亚（3%）以及尼日利亚（2%）——的份额都增加超过了一倍。在此期间，非洲内部跨境并购的总价值占总投资的比重从 2003~2008 年的少于 3% 上升为 2009~2013 年的超过 9%。不断增长的消费市场是促成这些趋势的主要因素，因为流入非洲的不断增加的 FDI——来自于海外和跨地区——通常都流向了由银行业和电信业主导的消费导向型行业。

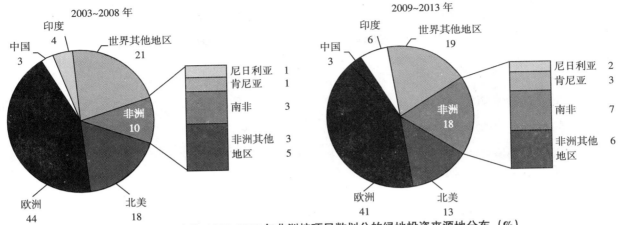

图 2.1　2003~2008 年和 2009~2013 年非洲按项目数划分的绿地投资来源地分布（%）
资料来源：UNCTAD，以及来自金融时报有限公司和 www.fDimarkets.com 的信息。

与其他 FDI 相比，非洲内部的投资项目通常集中于制造业和服务业；而采掘业则扮演非常边缘的角色（见图 2.2）。通过比较资源的行业分布，可以发现非洲内部投资的 97% 都是针对非初级行业，而世界其他地方的该比例仅为 76%，制造业份额的差异尤其明显。非洲对制造业的投资集中在农业加工、建材、电器和电子设备以及纺织品方面。然而在服务业，非洲的跨国公司通常被吸引到电信业和零售业，尤其是像尼日利亚、加纳、乌干达和赞比亚等高速增长的经济体。对于内部投资来说，其他非常活跃的行业有金融（尤其是银行业）和商业服务业，来自南非、肯尼亚、多哥和尼日利亚的投资者正在这些行业向其邻国扩张。在金融、低技术含量的消费品和木质家具领域，非洲内部的投资约占整个绿地投资项目数的40%。在住宅建筑、酒店和饭店服务等领域，按照跨境并购交易的数量来算，来自南非、肯尼亚和埃及的跨国公司已经成为领军投资者。非洲内部对于制造业的高投资份额与贸易统计数据保持一致，该统计数据表明区域内贸易最多的工业品是制成品——特别是那些中低加工水平的产品（UNCTAD，2013b）。这些行业可能从区域一体化措施中受益最多，扩大的市场可以为企业提供充分的发展空间，并且创造新的投资激励。

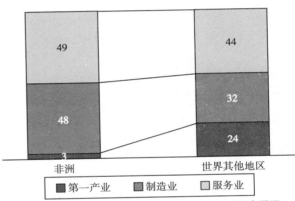

图 2.2　2009~2013 年按来源地划分的 FDI 绿地项目价值的行业分布（%）
资料来源：UNCTAD，以及来自金融时报有限公司和 www.fDimarkets.com 的信息。

非洲区域内 FDI 在制造业和服务业中所占的比重随不同区域经济共同体（RECs）而呈现较大差异。在一些 RECs，如西非国家经济共同体和东非共同体，上述行业的区域内 FDI 约占总投资的36%；其他的 RECs，如阿拉伯马格里布联盟，该比重极其微小（见图 2.3）。此外，除了南部非洲发展共同体，来自整个非洲的投资占 FDI 总额的比重通常比 RECs 区域内投资更高。

非洲内部 FDI 和 RECs 区域内 FDI 的差异表明跨 RECs 的投资流动是比较常见的，同时也表明视 RECs 为构建非洲大陆 FTA 基石的重要性。由于 RECs 的市场规模有限，同时并非所有的

RECs 都拥有能够吸引 FDI 的一流跨国公司，因此把 RECs 整合为统一的非洲大市场，将使小型经济体和诸如中部非洲国家经济共同体（ECCAS）的工业多元化不发达群体受益颇多。

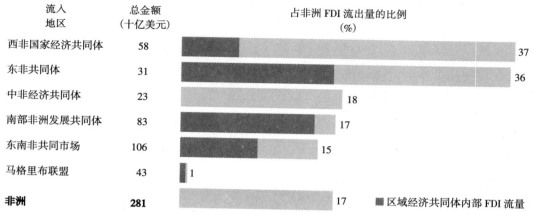

图 2.3　2009~2013 年累计制造业和服务业 FDI 绿地项目的金额

资料来源：UNCTAD，金融时报和 fDi 市场（www.fDimarkets.com）。

区域间 FDI 是促使非洲小型国家融入全球生产过程的一种方式。非洲小型经济体更多地依赖于区域间 FDI（见图 2.4）。对于许多小国（通常为内陆型国家和非石油输出国）来说，区域间 FDI 是重要的外资来源。

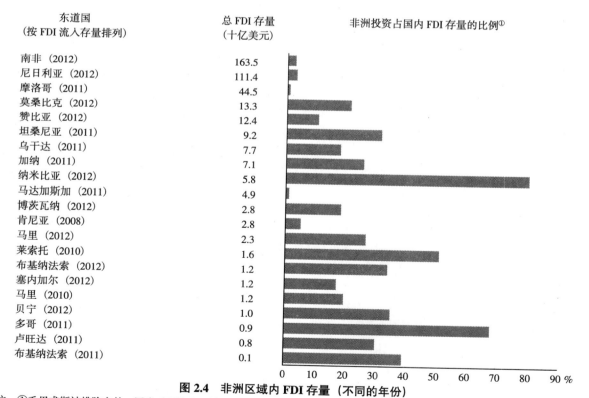

图 2.4　非洲区域内 FDI 存量（不同的年份）

注：①毛里求斯被排除在外，因为对于许多区域外投资者来说它仅是一个投资平台。

资料来源：UNCTA，双边 FDI 统计（http://unctad.org/en/Pages/DIAE/FDI%20Statistics/FDI-Statistics-Bilateral.aspx）。

对于诸如贝宁、布基纳法索、几内亚比绍、莱索托、卢旺达和多哥等小国来说，来自其他非洲国家的投资至少占到其 FDI 存量的 30%。同样，诸如马拉维、莫桑比克、纳米比亚、乌干达和坦桑尼亚联合共和国等南部非洲国家的大量FDI 也来自于其他非洲国家（除毛里求斯外），其中大部分来自于南非。与此相反，非洲对北非国家诸如摩洛哥的投资却是最小的，北非的大量投资都来源于欧洲和中东的邻国。

区域内投资是最重要的机制之一，通过此机制，非洲可以更好地利用自身的资源来满足其日益增加的需求。此外，非洲区域内投资能够通过扩大企业规模、提高企业生产技术以及提供质优价廉的投入要素等方式提高企业的竞争力。几家

已经走向全球的著名非洲跨国公司，如英美资源集团和南非啤酒厂（现为南非米勒），就是先通过地区扩张提升了自身的国际竞争力。

日益增加的非洲区域内投资并未引发区域价值链的整合。从全球价值链（GVCs）参与度来看，非洲在国际上的排名相当高：2011 年非洲的全球价值链参与度是 56%，而同期发达经济体国家的全球价值链参与度平均水平为 52%，全球平均水平为 59%（见图 2.5）。然而，对全球价值链参与度构成的分析表明，非洲在下游部分（合并出口及转口）的参与度比上游部分（出口的国外附加值）高出许多。这一高份额反映出非洲的自然资源对其他国家出口的重要贡献。

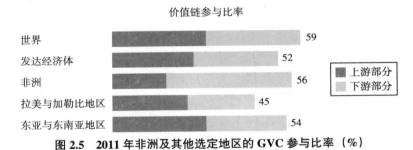

价值链参与比率

世界 59
发达经济体 52
非洲 56
拉美与加勒比地区 45
东亚与东南亚地区 54

上游部分
下游部分

图 2.5　2011 年非洲及其他选定地区的 GVC 参与比率（%）

注：GVC 参与比率指一个国家的出口份额，是多阶段贸易过程的一部分；它是用一国出口（上游部分）中的外国附加值（FVA）加上提供给其他国家的出口的附加值（下游部分，或者 DVX）除以总出口。
资料来源：UNCTAD-EORA GVC 数据库。

自然资源是非洲与区域外国家进行贸易的主要产品，并不需要太多加工（也不需要太多外国投入），因此它对非洲工业发展的贡献不足，并且难以满足非洲日益增长的内部需求。该地区商品出口的高份额与运输、能源和通信设施的不足已经成为阻碍非洲区域价值链发展的关键因素。在世界范围内，在 GVCs 的发展过程中非洲对于区域间的交互作用依赖程度最低。无论是上游环节（外国附加值）还是下游环节（包含在外国出口中的国内附加值），与其他区域相比，非洲区域内价值链环节所占的份额都是非常有限的（见图 2.6）。

从行业的角度看，制造业和服务业似乎比初级行业的区域一体化程度高。区域一体化程度最高的行业是农业加工业，其受益于规模经济——源于区域一体化措施，尤其是在原材料加工过程中。然而，如果非洲区域内投资仍是当地市场导向型FDI 的话，该行业区域价值链的进一步发展和提升依然面临困难。

在所有的 RECs 中，有三个 RECs 的区域价值链发展程度最高，这三个 RECs 正计划建立一个三方自由贸易区（COMESA、EAC 和 SADC）。这表明该区域的经济体走在区域一体化进程的前列。

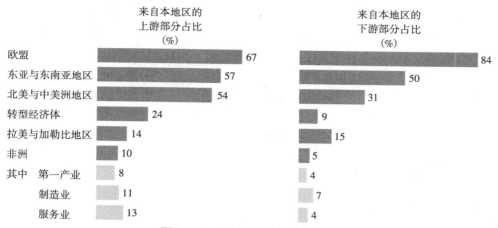

图 2.6 2011 年区域价值链参与率

注：上游部分定义为一个国家出口商品中的外国附加值；下游部分定义为提供给其他国家出口的本国附加值。

资料来源：UNCTAD–EORA GVC 数据库。

UMA 中的北非国家在区域价值链中的参与程度最低，而 ECCAS 和 ECOWAS 的区域价值链参与度相当于非洲大陆的平均水平。

区域一体化和产业发展的未来展望。三方 FTA（COMESA、EAC 和 SADC 成员国）旨在建立一种适用于其他区域经济体的模式，以通过自身的努力使非洲小而分散的经济体整合为统一的大市场。通过深化区域一体化，可以集中资源、扩大当地市场，从而刺激生产和投资，提升非洲大陆经济增长和发展的前景。非洲一体化和区域价值链发展的一大障碍是基础设施不足并且落后。运输和能源服务的不足与匮乏是影响所有在非洲经营的企业的常见难题。[7] 为解决基础设施存在的差距，使经济得到进一步发展，国际支持是必要的。特别地，可持续发展目标（SDGs）（第四章）为增加针对非洲大陆主要需求的 FDI 提供了机遇。

进入非洲的亚洲企业数量猛增（通过贸易和 FDI），来自北美和欧洲的在研发和消费行业的新投资也急剧增加，这为区域价值链和 GVCs 的发展提供了外部区域推动力。随着工资竞争力的下降，例如中国，可能会将其劳动密集型产业转移到低收入国家，同时推动产业升级，以生产更多具有高附加值的先进产品（林，2011；Brautigam，2010）。[8] 甚至中国劳动密集型产业的小规模转移都能支持非洲工业的发展，并为迅速增加的劳动人口提供急需的就业岗位。[9]

（二）亚洲

亚洲仍然是世界上最受关注的 FDI 热点地区，约占全球 FDI 总流入量的 30%。由于跨国并购的显著增加，2013 年该地区的 FDI 总流入量达到 4260 亿美元，比 2012 年增加 3 个百分点。东亚、东南亚和南亚 FDI 流入量的增长率为 2%~10%，而西亚 FDI 流入量则下降了 9%（见图 2.7）。亚洲地区 FDI 流出量呈现多种趋势：东亚和东南亚 FDI 流出量分别增长了 7% 和 5%；西亚 FDI 流出量增加了约 2/3；南亚 FDI 流出量骤降，几乎为零（见图 2.7）。

对于该地区的低收入国家来说，基础设施薄弱长期以来都是其吸引 FDI 和促进产业发展面临的一大挑战。如今，基础设施行业的区域内 FDI 不断增加，这源于区域一体化的努力以及各区域之间建立通道后联系的增强，这很可能会加快基础设施建设、改善投资环境并促进经济发展。

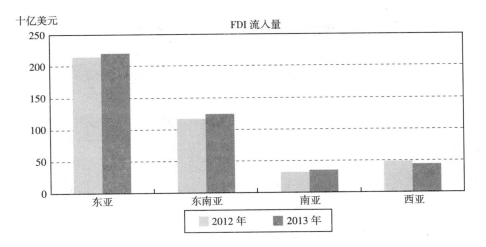

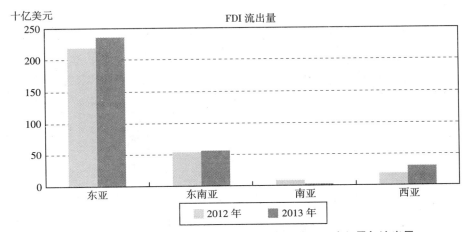

图 2.7 2012~2013 年按地区划分的亚洲 FDI 流入量与流出量

资料来源：UNCTAD FDI-TNC-GVC 信息系统，FDI/TNC 数据库（www.unctad.org/fdistatistics）。

1. 东亚和东南亚

表 A 2013 年按范围① 划分的 FDI 流量在经济体间的分布

范 围	流入国	流出国
高于 500 亿美元	中国、中国香港、新加坡	中国、中国香港
100 亿~490 亿美元	印度尼西亚、泰国、马来西亚、韩国	韩国、新加坡、中国台湾、马来西亚
10 亿~99 亿美元	越南、菲律宾、中国台湾、缅甸、中国澳门、蒙古、柬埔寨	泰国、印度尼西亚、菲律宾、越南
1 亿~9 亿美元	文莱、老挝、朝鲜	
低于 1 亿美元	东帝汶	蒙古、中国澳门、柬埔寨、东帝汶、老挝、文莱

注：①各经济体根据其 FDI 流量规模列出。

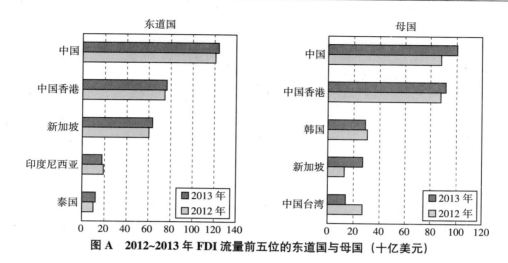

图 A　2012~2013 年 FDI 流量前五位的东道国与母国（十亿美元）

图 B　2007~2013 年 FDI 流入量（十亿美元）

全球占比：12.6　13.5　17.1　22.0　19.6　25.1　23.9

图 C　2007~2013 年 FDI 流出量（十亿美元）

全球占比：8.3　8.8　15.4　18.0　15.8　20.3　20.7

表 B　2012~2013 年跨国并购的行业分布（百万美元）

部门/行业	出售额		购买额	
	2012 年	2013 年	2012 年	2013 年
总量	**22377**	**40655**	**78736**	**98217**
第一产业	**831**	**−3489**	**10578**	**10902**
采掘业与石油业	421	−3492	11982	10845
制造业	**12702**	**19017**	**12956**	**6376**
食品、饮料与烟草业	7197	13411	4820	5701
碱性金属与金属制品业	281	919	2822	−2339
计算机、电子光学产品与电气设备制造业	712	1239	2878	1635
机器设备制造业	1830	196	1525	1897
服务业	**8844**	**25128**	**55203**	**80939**
电力、天然气、水及废弃物管理业	858	1216	2761	4873
信息与通信业	4379	104	4827	2827
金融与保险业	709	14977	46321	66826
商务服务业	1056	10149	452	3704

表 C　2012~2013 年跨国并购的国家/地区分布（百万美元）

地区/国家	出售额		购买额	
	2012 年	2013 年	2012 年	2013 年
全球	**22377**	**40655**	**78736**	**98217**
发达经济体	**5357**	**6065**	**54514**	**50844**
欧盟	2686	−5814	24286	8927
英国	−2958	721	15364	3033
加拿大	−290	−32	7778	20805
美国	−1149	5038	7608	11289
澳大利亚	580	−270	11050	6861
日本	3821	9005	2969	1676
发展中经济体	**16040**	**32148**	**23966**	**45213**
非洲	−386	334	1861	9728
亚洲和大洋洲	16339	30619	16614	32610
拉美和加勒比地区	87	1194	5491	2875
转型经济体	**—**	**597**	**256**	**2160**

表 D　2012~2013 年绿地 FDI 投资项目的行业分布
（百万美元）

部门/行业	东亚和东南亚国家作为东道国		东亚与东南亚国家作为投资国	
	2012 年	2013 年	2012 年	2013 年
总量	147303	146465	110393	106067
第一产业	363	593	3022	2195
采掘业与石油业	363	372	3022	2195
制造业	70298	76193	43738	22285
食品、饮料与烟草业	6260	5012	4028	2181
化学品与化工产品业	9946	13209	10770	3301
电子与电气设备制造业	9361	7571	11562	5492
汽车与其他运输设备制造业	17212	16855	4844	3293
服务业	76641	69679	63632	81588
电力、天然气与水的生产供应业	4507	17925	14392	7979
建筑业	19625	11179	29147	13388
金融业	13658	9080	6109	4951
商务服务业	9611	9553	2184	42666

表 E　2012~2013 年绿地 FDI 投资项目的国家/地区分布
（百万美元）

伙伴地区/经济体	东亚和东南亚国家作为东道国		东亚和东南亚国家作为投资国	
	2012 年	2013 年	2012 年	2013 年
全球	147303	146465	110393	106067
发达经济体	98785	100261	35998	15789
欧盟	38453	41127	19012	8230
德国	12036	13189	468	401
英国	8433	7632	15003	4079
美国	27637	23173	13417	3943
日本	24252	27191	677	1728
发展中经济体	47849	45721	69027	88723
亚洲	47327	44652	59632	36904
东亚	23966	17753	25144	21185
东南亚	19728	14094	18549	10662
南亚	2386	2627	8211	3016
转型经济体	1247	10178	7728	2041

在全球经济低迷和地区增长放缓的背景下，2013 年东亚和东南亚的 FDI 总流入量达到 3470 亿美元，比 2012 年增加了 4%。流入东亚的 FDI 增加了 2%，至 2210 亿美元，而流入东南亚的 FDI 则增加了 7%，至 1250 亿美元。这两个地区的 FDI 流出量上升了 7%，至 2930 亿美元。2012 年底，东南亚国家联盟（ASEAN）的 10 位成员国联合其 6 位 FTA 伙伴（澳大利亚、中国、印度、日本、韩国和新西兰）发起区域全面经济伙伴关系协定（RCEP）的谈判。2013 年，这 16 个谈判国的 FDI 流入量达到 3430 亿美元，占全球 FDI 总流入量的 24%。自由贸易区在区域内外的扩张能够进一步提升 FDI 增长的活力，实现经济发展效益。

中国的 FDI 流出量增速快于流入量。中国的 FDI 流入自 2012 年底就已经恢复增长。2013 年中国的 FDI 流入量为 1240 亿美元，再次排名世界第二位（见图 1.3），并且与最大的 FDI 东道国美国之间的差距也有所缩小。2013 年中国 2% 的 FDI 流入量增长源于服务业，尤其是贸易和房地产 FDI 流入的上升。随着跨国公司越来越多地以并购的方式在中国投资，中国跨国并购的交易额大幅上升，从 2012 年的 100 亿美元升至 2013 年的 270 亿美元。

在此期间，中国巩固了其作为 FDI 主要来源地之一的地位，其 FDI 流出量有望在两年内超过流入量。2013 年中国 FDI 流出量猛增 15%，达到预计的 1010 亿美元，是世界第三大 FDI 来源国。中国企业在发达国家进行了大量的大型收购交易，例如中海油以 150 亿美元收购加拿大 Nexen（尼克森）公司，双汇集团以 50 亿美元收购美国 Smithfield（史密斯菲尔德）公司，这分别是中国石油天然气和食品行业海外收购交易中最大的两笔。随着中国继续放宽外向型 FDI，[10] 其对发展中国家和发达国家的 FDI 预计进一步增长。例如，中石化——中国第二大石油企业，计划未来五年在非洲投资 200 亿美元，[11] 而联想最近对 IBM 的 X86 服务器的收购（23 亿美元）以及对摩托罗拉手机的收购（29亿美元）都将推动中国对美国FDI的增长。

该地区的高收入经济体在吸引FDI方面表现良好。流入韩国的FDI达120亿美元，创2005年以后的历史新高，这源于韩国造船和电子产业外商投资的增加——该国在这两个行业具有强劲的国际竞争力——以及公用事业外商投资的增加。2013年，流入中国台湾的FDI增加了15%，达到40亿美元，这是因为与中国大陆的经济合作改善了岛内经济的商业机遇。[12] 2013年韩国FDI流出量下降了5%，为290亿美元，而中国台湾的FDI流出量则上升了9%，为140亿美元。

中国香港和新加坡——该地区的另两个高收入经济体——FDI流入量增长相对缓慢。流入中国香港的FDI上升了2%，为770亿美元。虽然该数量仍低于2011年创纪录的960亿美元，但高于金融危机前（490亿美元）和危机后（680亿美元）的三年平均水平。2012年，流入新加坡的FDI首次超过了600亿美元。2013年的许多大型收购，如TCC资产管理公司以70亿美元收购星狮集团，使新加坡FDI流入达到640亿美元的历史新高。作为亚洲第二大和第三大FDI东道国，近年来中国香港和新加坡一直为争当跨国公司地区总部而相互竞争，中国的一些大型城市也是如此（见专栏2.1）。

专栏2.1 吸引跨国公司地区总部：亚洲经济体之间的竞争

中国香港和新加坡是很具吸引力的跨国公司地区总部选址。这两个经济体在吸引跨国公司地区总部的某些关键具体标准方面非常相似（欧盟商会，2011）。作为高度开放的经济体、强大的金融中心和区域商业枢纽，两者在吸引跨国公司总部方面都非常成功。例如，截至2013年底跨国公司在中国香港所设地区总部达1380家。毗邻中国内地或许可以部分解释中国香港的竞争优势。这些总部的大量存在使这两个经济体成为各自所在区域的FDI主要接受者：中国香港是东亚仅次于中国内地的第二大FDI接受者，新加坡是东南亚最大的FDI东道国。

目前这两个经济体面临来自中国内地大型城市的竞争，如北京和上海。截至2013年10月底，已经有超过430家跨国公司在上海建立了地区总部以及360个研发中心。[13] 然而，跨国公司设立这些总部主要是针对中国市场，而中国香港和新加坡仍然是针对亚太地区广大市场的跨国公司总部的主要选址地区。

2014年3月，中国政府决定将CIFIT集团的总部从北京迁到香港，CIFIT集团是中国以境外资产衡量的最大跨国公司。该决定表明了中国政府对香港经济的支持，并且很有可能提升香港吸引一流跨国公司投资的竞争力优势，包括来自中国内地的投资。

资料来源：UNCTAD。

东南亚国家联盟（ASEAN）的FDI增长放缓，尤其是一些低收入国家。2013年流入东盟的FDI上升了7%，为1250亿美元。过去三年东盟FDI流入的高速增长——从2009年的470亿美元升至2012年的1180亿美元——似乎有所放缓，但东亚与东南亚之间的平衡持续朝着有利于后者的方向转变（见图B）。

在东盟成员国中，印度尼西亚是2013年中期新兴经济体中受金融危机影响最大的国家。然而，其FDI流入量依然保持稳定，为180亿美元。东盟另一大 FDI 接受国马来西亚，其 FDI 流入量上涨了 22%，至 120 亿美元，这源于服务业 FDI 的增加。流入泰国的 FDI 上升为 130 亿美元；然而由于该国持续的政治动荡，约 400 个 FDI 项目被搁置，其 FDI 流入前景并不明朗。[14] 尽管如此，日本对泰国制造业的投资在过去几年里已显著上升，并可能继续推动该国的 FDI 流入。流入菲律宾的 FDI 并未受 2013 年台风"海燕"的影响，相反，其 FDI 总流入量上升了 1/5，至 40 亿美元，创历史新高。东盟低收入经济体在 FDI 流入方面的表现各异：缅甸 FDI 流入量增加了 17% 至 26 亿美元，但柬埔寨、老挝人民民主共和国和越南 FDI 流入量仍保持在和上年相同的水平。

东盟的 FDI 流出量增长了 5%。作为该地区主要投资者的新加坡，其 FDI 流出量翻了一番，从 2012 年的 130 亿美元上升为 2013 年的 270 亿美元。该显著增长源于新加坡企业的大型海外并购以及由此引发的大量交易。东南亚的另外两个重要投资者——马来西亚和泰国，其 FDI 流出量分别下降了 21% 和 49%，为 140 亿美元和 70 亿美元。

该地区的 FDI 前景仍然保持乐观。由于经济增长持续强劲，新的自由化措施也相继出台，如中国（上海）自由贸易试验区的成立。因此，东亚的 FDI 流入量在将来很可能继续增加。东南亚的 FDI 前景也有望改善，部分源于区域一体化进程的加快。然而，地缘政治的紧张局势已经成为该地区的一个重要问题，并可能增加投资前景的不确定性。

作为推动经济改革和开放的最新努力部分，新成立的中国（上海）自由贸易试验区相继推出了贸易、投资和金融领域的新政策。在 FDI 准入管理方面，自贸区采取了基于准入前国民待遇的新模式，并公布了"负面清单"。六大具体服务业领域——金融服务、航运服务、商贸服务、专业服务、文化服务以及社会服务面向外国投资者开放（第三章）。因此，流入自贸区和上海的 FDI 有望增加。[15]

区域一体化的加速促使 FDI 流量增加

近年来，东亚和东南亚的区域经济一体化进程不断加快，这有助于提升不同行业吸引 FDI 和跨国公司活动的竞争力。特别地，主要经济体之间的投资合作促进了邻国区域性跨国公司进行国际投资和经营的便利化，为更多的区域间 FDI 和更强大的区域生产网络做出了贡献。该地区的低收入国家很大程度上受益于流入本国基础设施和生产能力建设的 FDI。而自由贸易区在区域内外的地域扩张能够进一步提升 FDI 增长的活力，提高经济发展效益。

全面区域经济伙伴关系正在推进。东盟是东亚和东南亚区域经济一体化的起点，也一直是一体化进程的中心。东盟成立于 1967 年，初始成员国包括印度尼西亚、马来西亚、菲律宾、新加坡和泰国。随后，文莱、越南、老挝人民民主共和国、缅甸和柬埔寨加入。东盟自成立起，一直致力于拓展和深化区域一体化进程，促进区域的联系和互动。它和世界其他地区的经济联系日益紧密，其区域内联系也同样加强。

随着时间的推移，东盟通过东盟 10 + 3 的合作模式[16] 不断与其主要的合作伙伴（中国、韩国和日本）扩大区域经济一体化的范围。东亚峰会也涵盖了以上三国，此外还包括澳大利亚、印度和新西兰。[17] 东盟已与上述六国签订了自由贸易协定。2012 年 11 月，东盟十国与其六位 FTA 合作伙伴发起了 RCEP 谈判，目的是建立涵盖人口最多的全球最大自贸区。2013 年，这 16 国的 FDI 流入量达 3430 亿美元，占全球 FDI 总流入量的 24%。

积极主动的投资合作。投资合作是区域经济一体化的重要努力成果。1998 年，东盟成员国签署了《东盟投资区框架协议》(AIA)。2009 年，东盟国家又签署了《东盟全面投资协议》(ACIA)，以巩固 1998 年的 AIA 协定和 1987 年的《东盟投资保护和促进协议》(又称《东盟投资担保协议》)。2011 年 8 月在东盟经济部长会议上，各成员国同意加快实施进度以在 2015 年建成东盟经济共同体，并重点聚焦于能够改善投资促进和便利化的举措。

此外，在总的 FTA 框架下，东亚和东南亚已签署了多种类型的投资协议。近年来，亚洲领先经济体的区域一体化进程取得了显著进展，包括中国、印度、日本和韩国。例如，2009 年 8 月，中国与东盟签署了投资协定。2012 年 5 月，中国、日本和韩国签署了一项三方投资协定，该协定被认为是这三个东亚国家建立自由贸易区最重要的一环。

在区域一体化的总体框架下，这些投资协定通常旨在使国际投资便利化，但也会促进区域跨国公司的跨境投资。此外，东盟还建立了投资便利化高效制度机制，旨在协调区域内各国的努力，并与其他国家在吸引 FDI 方面进行有效竞争。

区域内 FDI 流量不断上升。东亚和东南亚积极的区域投资合作努力已经促使该地区总体 FDI 流入的增加，尤其是区域内 FDI 流量的增加。在过去的 10 年中，东盟经历了区域内 FDI 流量的上升，对一些东盟成员国来说，来自邻国的 FDI 流入显著增加。在 2010~2012 年，RCEP 谈判国家（或称东盟+6 国）平均贡献了东盟 FDI 流量的 43%，而 1998~2000 年该比例仅为 17%（见图2.8）。

中国、印度、日本、韩国、新加坡、马来西亚和泰国作为东盟 FDI 的来源国，其进入东盟的 FDI 已经取得了相当大的进展。这种情况的发生似乎以牺牲美国和欧盟 (EU) 的东盟 FDI 流入量为代价。新加坡是东盟其他国家以及其主要亚

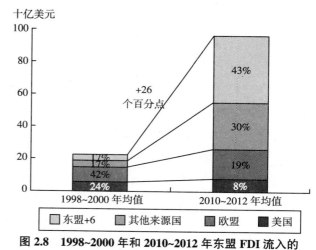

图 2.8　1998~2000 年和 2010~2012 年东盟 FDI 流入的主要来源

资料来源：UNCTAD，双边 FDI 统计（http://unctad.org/en/Pages/DIAE/FDI%20Statistics/FDI-Statistics-Bilateral.aspx）。

洲经济体 FDI 的重要来源，如中国和印度。[18] 日本一直是东南亚的主要投资者之一，东盟作为一个整体占日本 2012 年对外直接投资存量的 1/10 以上。2013 年，日本对东盟投资约 80 亿美元，东盟正在取代中国成为日本对外直接投资的重要目标。近年来，从中国流向东盟国家的 FDI 也迅速增加，截至 2012 年底中国对东盟的对外直接投资存量已经超过 250 亿美元（见图 2.9）。2010 年初成立的中国—东盟自由贸易区加强了区域经济合作，并促进了 FDI 的双向流动，尤其是中国流向东盟的 FDI。因此，东盟占中国对外直接投资存量的份额在 2012 年上升为 5.3%。

新兴产业格局和发展的影响。不断上升的区域内 FDI 日益集中于基础设施和制造业。该地区的低收入国家因此获益最多。

● 制造业。制造业区域内 FDI 的上升有助于东南亚国家在资本和劳动密集型产业均建立起自己的生产能力。来自日本的跨国公司纷纷投资于资本密集型制造业，如汽车和电子产品。例如，丰田公司近年来加大了对泰国的投资，使泰国成为其第三大生产基地。被低成本劳动力和良好的发展前景所吸引，2011 年日本企业在越南投资约

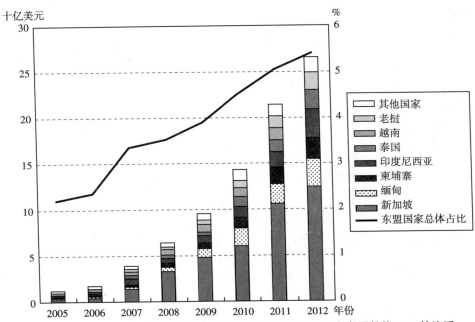

图 2.9　2005~2012 年中国对东盟成员国 FDI 输出的存量及占东盟整体 FDI 的比重

资料来源：UNCTAD，双边 FDI 统计（http://unctad.org/en/Pages/DIAE/FDI%20Statistics/FDI-Statistics-Bilateral.aspx）。

18 亿美元，2012 年在越南获批的日本投资为 44 亿美元。流入其他东盟成员国的日本 FDI 也有望增加，尤其是缅甸。中国对东盟制造业的投资涵盖多个行业，劳动密集型制造业尤为显著。

● 基础设施。新加坡跨国公司已经成为该地区基础设施行业的重要投资者，占绿地投资的 20%左右。近几年，中国企业纷纷进入印度尼西亚和越南。[19] 在交通运输业，中国对该地区铁路的投资有望增加，包括在老挝和缅甸的投资。2013 年 11 月，中国和泰国签署了一份大型项目谅解备忘录，该项目是拟建的连接中国和新加坡的高速铁路局域网的组成部分。在此期间，其他东盟成员国已经开始向外国投资者开放部分运输业，这将可能促使更多的区域间 FDI（包括来自中国企业的投资）。例如，印度尼西亚最近允许外资进入服务业，如港口管理。[20] 随着更多的东南亚国家公布其 FDI 准入方面的宏大长期计划，该地区的基础设施总投资预计在 2011~2020 年将突破 1.5 万亿美元。[21] 实现这一巨额投资要求调动

不同来源的资金，其中东亚与东南亚的 TNCs 和金融机构应当发挥重要作用，同时以股权和非股权投资的模式。

对于该区域的大多数低收入国家来说，区域内投资占到其 FDI 流入的很大一部分，这促成了基础设施和生产能力的快速建设。例如，印度尼西亚和菲律宾的基础设施行业就有着更高的资本流入，如电力生产及其传输行业，这些资本流入大多是通过不同的合同安排实现的。柬埔寨和缅甸，东南亚的两个最不发达国家，最近已经成为具有吸引力的劳动力密集型产业投资目的地，包括纺织品、服装和鞋类。东南亚的低收入国家受益于中国生产成本的上升和生产设备的后续转移。

展望。RCEP 谈判始于 2013 年 5 月，预计 2015 年完成。它能够通过改善投资环境、扩大市场、建设基础设施和生产能力促进东亚和东南亚的 FDI 流入、提升不同发展阶段的相关经济发展效益。RCEP 并不是覆盖亚太地区广泛经济体的唯一整合机制。由于亚太经合组织（APEC）和跨

太平洋伙伴关系（TPP）（第一章）都超出了该区
域的地理范围，因此发展效益涉及日益增加的贸

易和投资。

2. 南亚

表 A　2013 年按范围^①划分的 FDI 流量在经济体间的分布

范围	流　　入	流　　出
高于 100 亿美元	印度	
10 亿~99 亿美元	伊朗、孟加拉国和巴基斯坦	印度
1 亿~9 亿美元	斯里兰卡和马尔代夫	伊朗和巴基斯坦
低于 1 亿美元	尼泊尔、阿富汗和不丹	斯里兰卡和孟加拉国

注：①各经济体根据其 FDI 流量规模列出。

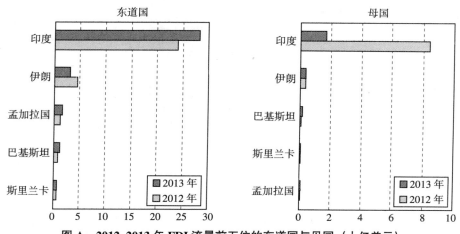

图 A　2012~2013 年 FDI 流量前五位的东道国与母国（十亿美元）

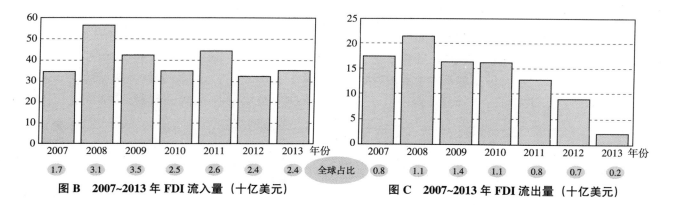

图 B　2007~2013 年 FDI 流入量（十亿美元）　　　　　图 C　2007~2013 年 FDI 流出量（十亿美元）

表 B　2012~2013 年跨国并购的行业分布（百万美元）

部门/行业	出售额		购买额	
	2012 年	2013 年	2012 年	2013 年
总量	**2821**	**4784**	**3104**	**1621**
第一产业	**130**	**28**	**−70**	**1482**
采掘业与石油业	130	2	−70	1482
制造业	**1232**	**4608**	**718**	**920**
食品、饮料与烟草业	355	1173	−2	−34
化学与化工产品业	−207	3620	12	246
药物、医药化学品与植物药材制造业	138	3148	502	551
碱金属与金属制品业	124	−4068	116	65
服务业	**1459**	**148**	**2456**	**−781**
电力、天然气、供水及废物管理业	40	−677	—	—
信息与通信业	−430	−209	414	85
金融与保险业	1597	−298	675	−691
商业服务业	−59	621	56	350

表 C　2012~2013 年跨国并购的国家/地区分布（百万美元）

地区/国家	出售额		购买额	
	2012 年	2013 年	2012 年	2013 年
全球	**2821**	**4784**	**3104**	**1621**
发达经济体	**1350**	**3367**	**2421**	**1883**
欧盟	467	1518	669	1734
法国	1051	144	—	108
英国	−791	1110	62	510
美国	627	1368	1759	387
日本	1077	382	7	387
瑞士	−1011	−62	357	—
发展中经济体	**1456**	**1212**	**683**	**−262**
非洲	431	233	22	419
亚洲和大洋洲	1026	979	542	−1240
拉丁美洲与加勒比地区	—	—	119	559
转型经济体	**—**	**—**	**—**	**—**

表 D　2012~2013 年绿地 FDI 投资项目的行业分布（百万美元）

部门/行业	南亚作为投资目的地		南亚作为投资国	
	2012 年	2013 年	2012 年	2013 年
总量	**39525**	**24499**	**27714**	**15789**
第一产业	**165**	**23**	**4602**	**47**
采掘业与石油业	165	23	4602	47
制造业	**16333**	**11220**	**11365**	**6842**
化学与化工产品业	1786	1161	1668	900
金属与金属制品业	3317	896	2178	886
机动车辆及其他运输设备制造业	4248	1969	2941	2386
其他制造业	1089	1008	103	509
服务业	**23027**	**13256**	**11747**	**8900**
电力、天然气及水的生产供应业	6199	2044	4236	3069
运输、仓储与通信业	7210	3265	1442	2121
金融业	3264	1906	726	722
商业服务业	2805	2389	2048	2021

表 E　2012~2013 年绿地 FDI 投资项目的国家/地区分布（百万美元）

伙伴地区/经济体	南亚作为投资目的地		南亚作为投资国	
	2012 年	2013 年	2012 年	2013 年
全球	**39525**	**24499**	**27714**	**15789**
发达经济体	**23579**	**17495**	**8598**	**4115**
欧盟	12962	6543	2895	2593
德国	4291	1137	847	500
英国	2748	2386	1765	1733
美国	5559	4718	829	1308
日本	3147	2801	84	45
发展中经济体	**15694**	**6928**	**18736**	**10802**
非洲	149	871	9315	5799
亚洲和大洋洲	15511	6031	8815	4717
东亚和东南亚	8211	3016	2386	2627
西亚	4972	2293	4100	1367
转型经济体	**252**	**76**	**380**	**872**

2013 年流入南亚的 FDI 上升了 10%，为 360 亿美元。FDI 流出下跌了近 3/4，为 20 亿美元。面临着旧挑战和新机遇，南亚国家在吸引 FDI 方面有着不同的表现。在区域层面，增强与亚洲其他地区联系的最新努力有助于建设基础设施，并改善投资环境。印度已采取多种措施向外国投资者开放其服务业部门，尤其是零售业。印度 2006 年单一品牌零售业的开放已经促使 FDI 流入的增加；而 2012 年多品牌零售业的开放迄今为止却并未产生预期的效果。

跨国并购和已公布的绿地投资项目存在趋势上的差异。2013 年，南亚公布的绿地投资总量下跌了 38%，为 240 亿美元（见表 D）。制造业方面，金属和金属制品以及汽车行业的绿地投资项目经历了大幅下跌；服务业方面，大幅下降发生在基础设施行业和金融服务业。该地区除了斯里兰卡仍维持在 13 亿美元的高水平外，大多数主要的 FDI 接受国都经历了绿地投资项目的显著下滑。

与绿地投资项目的下跌相反，跨国并购交易的总额上升了 70%，为 50 亿美元。制造业跨国并购价值迅速增加，尤其是食品和饮料、化工产品以及药品行业（见表 B）。许多大型交易都发生在上述行业。例如，在食品和饮料业，Relay（荷兰）以 10 亿美元取得了 United Sprits（印度）27% 的股权；在药品行业，Mylan（美国）以 19 亿美元收购了 Agila（印度）。南亚其他国家也有一些小规模的交易，包括孟加拉国、巴基斯坦和斯里兰卡。

印度 FDI 流入量有所上升，但宏观经济的不确定性仍是主要问题。南亚占主导地位的 FDI 接受国——印度，其 2013 年的 FDI 流入量上升了 17%，为 280 亿美元（见表 A）。制造业和服务业跨国公司绿地投资项目的价值急剧下降。来自英国和美国的并购形式的 FDI 有所上升，而日本则大幅下降。同时，来自这些国家的绿地项目价值均有所下降，但是幅度较小。外国投资者最青睐的印度制造业是食品和饮料、化工产品以及药品行业。

印度宏观经济的不确定性仍然是外国投资者面临的一大难题。该国的年度 GDP 增长率下降至约 4%，并且经常账户赤字达到了前所未有的水平——约占 GDP 的 5%。印度卢比在 2013 年中期大幅贬值。尽管政府制定了促进外国投资的宏伟计划，但高通胀和其他宏观经济问题使人们对印度 FDI 的前景产生了疑虑。从中短期来看，对宏观经济问题的政策应对在决定 FDI 的前景方面起着重要作用。[22]

对印度企业来说，国内经济问题似乎阻碍了其国际扩张，2013 年印度 FDI 流出量骤减，仅为 17 亿美元。该下滑主要源于其反向投资——从 22 亿美元降至 –26 亿美元，其中大部分撤资来自印度跨国公司。面对国内经济疲软和高利率，部分有着高财务杠杆的印度企业通过出售股权或资产的方式来提高现金流。[23]

面临传统挑战和新的机遇，其他国家也表现各异。孟加拉国的 FDI 流入量显著上升，从 2012 年的 13 亿美元上升至 2013 年的 16 亿美元。制造业是 FDI 流入的主要部门，并创造了大量的就业机会（UNCTAD，2013a）。该国已成为重要的成衣（RMG）制造和出口国，并以其低生产成本和产能优势成为热门外包国（《世界投资报告 2013》）。然而，孟加拉国的工业却面临严峻的挑战，包括劳工标准和技术发展方面（见专栏 2.2）。

专栏 2.2   孟加拉国成衣制造业面临的挑战：国内外企业的角色

孟加拉国被公认为"下一个 11 国"的成员之一，它是继金砖五国（巴西、俄罗斯、印度、中国和南非）后的新兴经济体，此外，孟加拉国还与哈萨克斯坦、肯尼亚、尼日利亚、越南一起被称为"边界五国"。近几十年来，成衣制造业一直都是该国经济发展的主要驱动力，是孟加拉国经济发展的基础。该行业被认为是从中国撤离的发达国家跨国公司的"下一站"。这样的机遇对其发展来说是至关重要的，因为孟加拉国需要为不断增长的劳动力创造就业机会（国际劳工组织，2010）。

由于预测该行业将进一步发展且发达国家企业也有从该国采购的意愿，其需求似乎有着良好的发展前景。然而，要实现这一前景，该国需要解决供给方面的约束。在国家层面，该国落后的基础设施仍旧阻碍总投资，尤其是 FDI（UNCTAD，2013a）。在企业层面，需要解决的一个问题是更好地遵守劳工法律，该国服装业的几个惨剧说明了该问题。除了加强合规性，该行业还要提高产能，不仅要巩固基本服装生产的优势，还要拓展 RMG 价值链中的高附加值活动。

当前，孟加拉国的服装企业主要在价格和产能上进行竞争。熟练技能的缺乏仍是主要制约因素，国内和外商投资企业都需要加强这方面的努力。联合国贸发会议的最近一项研究表明了企业基础和在职培训的优势，这直接关系到企业已建立的学习曲线。然而，企业员工的高流动性在企业层面阻碍了技术的发展。可以通过雇主组织实施的多种举措来完善在职培训，雇主组织一般有培训中心，但通常也与政府和非政府组织进行合作。

近年来，FDI 在孟加拉国成衣制造业的投资项目中所占比重相对较小。2003~2011 年，该行业登记的投资项目中仅有 11% 是外商投资。然而，由于这些项目的规模庞大，它们在孟加拉国就业和资本构成中占有相当大的比重，并且可能成为劳动力技能发展的重要催化剂。

资料来源：UNCTAD，2014a。

2013 年巴基斯坦 FDI 流入量上升为 13 亿美元，这源于服务业 FDI 流入的增加。最近，该国首次对其 3G 和 4G 移动通信网络进行拍卖。中国移动成为本次竞拍的最大赢家，并计划在未来四年对巴基斯坦投资 15 亿美元。

伊朗的 FDI 流入主要集中于石油勘探与生产。经济制裁对 FDI 流入产生了负面影响，2013 年 FDI 流入量下降了约 1/3，至 30 亿美元。

随着新的投资领域开放，服务业吸引了越来越多的跨国公司。然而，正如印度零售业所表现的那样，这些促进自由化的最新努力并未如政府所预期的一样刺激 FDI 流入，原因之一是不确定的政策环境。例如，外国投资者对印度政府自由化努力的回应是喜忧参半的。

区域联系的增强使南亚的 FDI 前景看好。长期以来落后的基础设施都是该地区吸引 FDI 和促进工业发展的一大瓶颈。与东亚区域联系增强相关联的政策发展，尤其是拟建的孟加拉国—中国—印度—缅甸经济走廊和中国—巴基斯坦经济走廊（见专栏 2.3），将会刺激南亚的基础设施投资，同时改善总体的投资环境。由于区域间的努力，中国已经显露出其作为南亚 FDI 重要来源地的潜力，特别是在基础设施和制造业。中国政府已经开始同印度政府协商在印度建立工业园区，以承接来自中国企业的投资。中国是继日本和韩国之后第三个考虑在印度建立国别工业园区的国家（《世界投资报告 2013》）。

专栏 2.3　国际经济走廊及南亚 FDI 展望

连接南亚、东亚和东南亚的两大国际经济走廊正在规划建设当中，分别是孟加拉国—中国—印度—缅甸（BCIM）经济走廊和中国—巴基斯坦经济走廊。这两大经济走廊所涉及的国家已经制定了具体的实施计划表。例如对于 BCIM 经济走廊来说，四国已经同意建立交通、能源和通信网络以连接各方。[24]

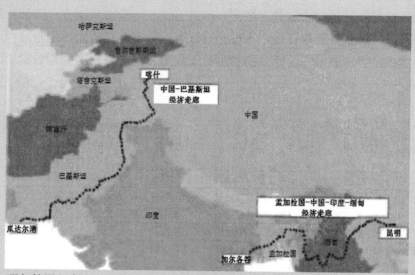

专栏图 2.1　孟加拉国—中国—印度—缅甸（BCIM）经济走廊和中国—巴基斯坦经济走廊：地理范围
资料来源：UNCTAD。

这两大走廊有助于增强亚洲各子区域之间的联系，并促进区域经济合作。特别地，这些举措将会使国际投资便利化，增加各参与国的 FDI 流量，并使南亚的低收入国家受益。走廊沿线预计有大量投资进入基础设施尤其是陆地运输领域，使三个子区域之间的连通性进一步增强。此外，工业园区将沿这两大经济走廊建设，以促进参与国的制造业投资增长。这将有助于南亚国家从中国正在进行的产业转移中获益。

资料来源：UNCTAD。

新一轮零售业自由化并未给印度带来预期的 FDI 流入

有组织的零售商，如超市和零售连锁店，在新兴市场进行了迅速的扩张。[25] 在印度，有组织的零售业已经成为价值 280 亿美元的产业，据波士顿咨询集团的预测，该行业有望在 2020 年成长为高达 2600 亿美元的大市场。作为整体改革计划的一部分，为促进投资、提高行业效率，印度政府分别在 2006 年和 2012 年开放了单一品牌和多品牌零售业。然而，这两轮自由化举措对跨国公司的投资决策产生了不同的影响，最新一轮的自由化并未产生预期的效果。

两轮零售业自由化。印度的零售业自由化遭遇了来自国内利益集团的巨大政治压力，如当地零售商和小型供应商（巴特查利亚，2012）。对此，政府采取了循序渐进的方式开放零售业——先开放单一品牌部分，后开放多品牌部分。2006 年政府向外资开放单一品牌零售业时，允许外资持有 51% 的股权；5 年之后，允许外资持股比例达到 100%。2012 年 9 月，政府开始允许外商投资印度多品牌零售企业的最高持股比例可达 51%。

然而，为保护国内的利益相关者并提升 FDI 潜在的发展效益，印度政府同时也出台了具体的监管条例。这些条例涵盖了许多重要的问题，如投资的最低额度、公司经营的地点、进入的模式以及当地采购的份额。例如，投入外资的单一品牌零售商 30% 的商品必须向当地中小企业采购。多品牌零售企业的最低投资规模不得少于 1 亿美元，且只能在人口多于 100 万以上的城市开设零售店。此外，印度政府最近明确规定，外资多品牌零售商不得收购现有的国内零售商。

2006 年单一品牌零售业的开放促使 FDI 流入量增加。自零售业开放之日起，一些全球领先的零售商，如沃尔玛（美国）和乐购（英国），就已经开始采取缜密措施进驻印度市场。这些跨国公司开始从事批发和单一品牌的零售业务，并部分通过当地合资企业进行。例如，通过与巴蒂集团的合作，沃尔玛在印度十几个主要城市开设了约 20 家零售店。乐购的经营范围包括采购和服务中心，以及与 Tata 集团的特许代理安排。它还签署了一份协议为 Star Bazaar 提供批发供应专营服务，及提供当地供应链 80% 的零售产品。

由于 2006 年的政策改革，贸易部门的年度 FDI 流入量总体上从 2003~2005 年的年均 6000 万美元上升为 2007~2009 年的年均 6 亿美元。最近几年的 FDI 流入量一直在 3.9 亿美元和 5.7 亿美元之间波动（见图 2.10）。该行业占 FDI 总流入量的比重从 2005 年的不到 1% 上升为 2008~2009 年的 3%。然而，随着第一轮投资自由化所引起的投资鼓励失去动力，近几年该比重也有所下降。

2012 年多品牌零售业的开放并未产生预期的效果。相关政策的不确定性阻碍了外国连锁店的扩张。虽然单一品牌零售业继续保持外资流入，但多品牌零售业并没有新投资项目注册登记，而且事实上撤资事件不断发生。在第一轮零售业自由化后进驻印度市场的主要跨国公司已经开始采取措施撤出印度。例如，沃尔玛（美国）最近决

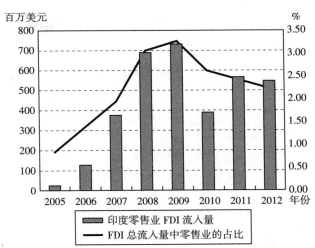

图 2.10　2005~2012 年印度批发和零售行业贸易部门 FDI 流入量

资料来源：UNCTAD FDI-TNC-GVC 信息系统，FDI/TNC 数据库（www.unctad.org/fdistatistics）。

定放弃在印度开设综合大型零售卖场的计划，并终止与 Bharti 的合作。

跨国公司对印度第二轮零售业自由化表现出消极和负面的回应，部分原因是印度严格的管理要求以及持续的政策不确定性。由于两轮政策变革都遭遇了巨大的政治阻力，因此通过管理诸如经营地点、进入模式和当地采购份额要求等问题，国家和地方层面都做出了让步以保护地方利益。

未来展望。为更好地利用外资促进印度零售业的发展，可以考虑采取一种不同的政策方法。例如，在进入模式上，可以选择特许经营以及跨国公司其他非股权形式的参与。通过这种安排，东道国可以从外国资本和技术中获益，同时最小化外国投资者和本国利益相关者之间的潜在冲突。

3. 西亚

表 A　2013 年按范围① 划分的 FDI 流量在经济体间的分布

范　围	FDI 流入量	FDI 流出量
高于 100 亿美元	土耳其、阿拉伯联合酋长国	
50 亿~99 亿美元	沙特阿拉伯	科威特、卡塔尔
10 亿~49 亿美元	伊拉克、黎巴嫩、科威特、约旦、阿曼	沙特阿拉伯、土耳其、阿拉伯联合酋长国、阿曼、巴林
低于 10 亿美元	巴林、巴勒斯坦、也门、卡塔尔	黎巴嫩、伊拉克、也门、约旦、巴勒斯坦

注：①各经济体根据其 FDI 流量规模列出。

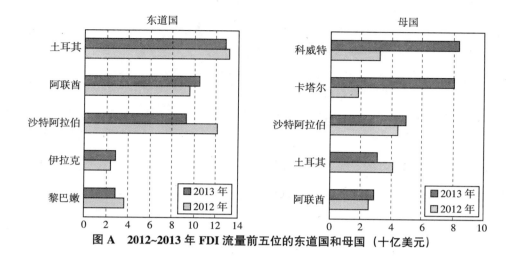

图 A　2012~2013 年 FDI 流量前五位的东道国和母国（十亿美元）

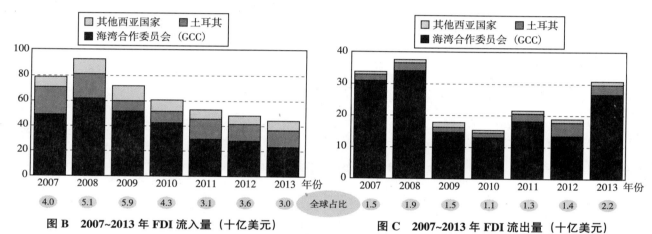

图 B　2007~2013 年 FDI 流入量（十亿美元）　　　　图 C　2007~2013 年 FDI 流出量（十亿美元）

表 B　2012~2013 年跨国并购的行业分布（百万美元）

部门/行业	出售额		购买额	
	2012 年	2013 年	2012 年	2013 年
总量	**8219**	**2065**	**11390**	**8077**
第一产业	**233**	**357**	**21**	**476**
采掘业与石油业	233	344	21	466
制造业	**2568**	**451**	**1668**	**61**
食品、饮料与烟草业	1019	186	1605	—
药物、医药化学品与植物药材制造业	700	40	27	—
服务业	**5419**	**1257**	**9700**	**7540**
电力、天然气及水的生产与供应业	284	140	—	1908
建筑业	125	14	1126	−47
交通运输与仓储业	874	55	−132	483
信息与通讯业	3357	21	2803	1137
金融与保险业	−298	465	6543	3972
商业服务业	1039	371	73	184

表 C　2012~2013 年跨国并购的国家/地区分布（百万美元）

国家/地区	出售额		购买额	
	2012 年	2013 年	2012 年	2013 年
全球	**8219**	**2065**	**11390**	**8077**
发达经济体	**−1083**	**406**	**5223**	**2739**
欧盟	−3007	714	5319	1312
德国	72	3456	−584	−654
英国	−214	390	1318	1527
美国	1700	−573	−244	67
发展中经济体	**4228**	**1160**	**4585**	**4913**
埃及	—	—	9	3150
西亚	3855	1039	3855	1039
伊拉克	−14	—	1503	630
卡塔尔	3357	449	—	—
转型经济体	**4023**	**3**	**1582**	**425**
俄罗斯	3873	3	1582	425

表 D　2012~2013 年绿地 FDI 投资项目的行业分布
（百万美元）

部门/行业	西亚作为投资目的地		西亚作为投资国	
	2012 年	2013 年	2012 年	2013 年
总量	44668	56527	35069	39240
第一产业	2	5990	37	1701
采掘业与石油业	2	5990	37	1701
制造业	20249	18692	12401	17880
焦炭、成品油与核燃料	5002	3769	5768	9666
化学品及化工产品	6181	4178	103	202
机动车辆与其他运输设备制造业	1019	5750	130	111
服务业	24417	31845	22630	19659
电力、天然气及水的生产与供应业	2608	13761	601	1777
建筑业	6693	3253	5105	4313
酒店餐饮业	3809	3555	3302	3142
金融业	2226	1641	3993	2305
商务服务业	2038	6155	588	3953

表 E　2012~2013 年绿地 FDI 投资项目的国家/地区分布
（百万美元）

伙伴地区/经济体	西亚作为投资目的地		西亚作为投资国	
	2012 年	2013 年	2012 年	2013 年
全球	44668	56527	35069	39240
发达经济体	15652	27253	2054	4572
欧洲	9883	15801	1640	2509
北美	5102	10009	342	1976
发展中经济体	25860	16496	30874	31016
北非	1047	109	10511	3906
埃及	1047	86	7403	1552
东亚	4901	1058	820	500
东南亚	2827	984	427	9678
南亚	4100	1367	4972	2293
西亚	12746	12729	12746	12729
转型经济体	3156	12779	2140	3653
俄罗斯	122	12710	313	1345

2013 年，流入西亚的 FDI 下降了 9%，为 440 亿美元，这已是自 2009 年开始连续五年下滑，下滑至接近 2005 年的水平。这一年，该地区持续的政治不稳定使外国直接投资者持谨慎态度。自 2009 年起，流入沙特阿拉伯和卡塔尔的 FDI 就呈下降趋势。在此期间，尽管复苏过程较为坎坷，一些其他西亚国家的 FDI 流入也已经开始恢复。该地区的 FDI 流入量仍远低于前几年的水平，除科威特和伊拉克分别于 2012 年和 2013 年达到历史最高水平外。

土耳其仍是西亚 2013 年主要的 FDI 接受国，虽然 FDI 流入略有下降，但基本和上年持平——接近 130 亿美元（见图 A）。这源于 2013 年土耳其跨国并购出售额下降了 68%，至 8.67 亿美元，这是自 2004 年以来的最低水平。尽管制造业 FDI 流入量减少了一半以上，降至 20 亿美元，仅占总流入的 16%，但电力、燃气与供水（176%，为 26 亿美元）、金融（79%，为 37 亿美元）以及房地产（16%，为 30 亿美元）等行业的 FDI 流入都增加了。流入这三个行业的 FDI 约占该国 FDI 总流入量的 3/4。

流入阿拉伯联合酋长国的 FDI 自 2009 年出现急剧下降后继续复苏，2013 年实现连续四年的增长，使该国成为西亚继土耳其之后的第二大 FDI 接受国。这一年，其 FDI 流入增加了 9%，为 105 亿美元，但仍低于 2007 年的历史高位（142 亿美元）。该国 FDI 的复苏恰逢经济从 2009 年债务危机中回升，这是受到石油和非石油行业的驱动。在非石油行业中，由诸如铝和石油化工产品的重工业所率领的制造业不断扩张；旅游和运输业从两个当地的航空公司所提供的额外路线和载客量中获益；房地产市场逐渐复苏，源于银行愿意继续向房地产项目提供贷款，这将为建筑业带来新的发展契机，阿拉伯联合酋长国的建筑业是受金融危机影响最大的行业，需要很长的时间来复苏。2013 年 11 月迪拜获得了 2020 年世界博览会的举办权，使得该行业有了进一步发展的动力。

沙特阿拉伯的 FDI 流入量连续五年下滑，

2013 年下降了 24%，为 93 亿美元，使该国由地区第二大 FDI 接受国变为第三大 FDI 接受国。尽管基础设施行业以及石油和天然气行业的下游环节，主要是精炼厂和石油化工产品，正在实施大型资本项目，但 FDI 流入的下降趋势不可避免。然而，沙特政府仍是重要战略行业的最大投资者，许多私营企业（包括外国企业）的活动都依赖政府合同（非股权模式），或与国有企业成立合资企业。2013 年超过 100 万名外籍工人的离职加剧了私人就业市场的供需不平衡，该不平衡自 2011 年"沙特化"政策推出后使私人部门受到了挑战（《世界投资报告 2013》）。

伊拉克 FDI 流入量创下新高。尽管伊拉克地区极不稳定，主要影响巴格达的中心区域，但是 2013 年其 FDI 流入预计增加约 20%，为 29 亿美元。该国庞大的油气资源支撑了经济的复苏。经济增长受益于显著增加的政府支出，主要用于补偿战后重建、制裁、基础设施和基本服务领域的投资不足。此外，自大型油田开采权归属外国石油跨国公司后，几个大型油田项目已经加快了进度。2013 年该行业的重要进展是巴士拉天然气公司（国有南方天然气公司（51%）、壳牌（44%）、三菱（5%））推迟已久的天然气开采项目开始了第一阶段的经营。该项目对伊拉克南部三块油田的相关油气进行开采，并为国内市场获取液化石油气（LPG）、天然气凝析液和冷凝物。

2013 年科威特的 FDI 流入量在 2012 年由于一笔价值 18 亿美元的一次性收购交易达到历史高位后预计将下降 41%（《世界投资报告 2013》）。尽管地区动荡以及经济增长乏力，约旦的 FDI 流入量仍然增加了 20%，为 18 亿美元。由于约旦的地缘政治地位，许多国家和外国企业都在以援助、资助、担保、放松信贷和投资的方式在当地扩建大量的新基金。[26] 黎巴嫩的 FDI 流入量预计下降了 23%，大部分的 FDI 流入仍集中于房地产市场，其中来自海湾合作委员会（GCC）国家的投资显著减少。

西亚地区的 FDI 流入前景依然暗淡，这源于日益加剧的政治动荡已经成为 FDI 流入的强大制约因素，即使是在并未直接受到动荡影响以及经济增长强劲的国家。鉴于该地区丰富的烃资源储备，在没有政治动荡的情况下，一些国家 FDI 流入的缓慢复苏最近可能会加速。

2013 年西亚的 FDI 流出飙升了 64%，为 310 亿美元，这源于 GCC 国家 FDI 输出的猛增。GCC 国家因出口盈余的积累而有着高额的外汇储备。尽管每个国家的 FDI 输出都有所增加，但卡塔尔增加了四倍的 FDI 流出和科威特 159% 的 FDI 输出增幅是主要原因。鉴于这些国家高额的外汇储备和相对较小的经济规模，GCC 国家可能会继续扩大其海外直接投资。

GCC 石化工业面临着新的挑战。通过利用自身丰富的油气资源和资本上的优势，来提高工业能力并创造就业机会，以达到经济多元化的目的，GCC 政府自 2005 年左右就开始在与国际石油公司成立的合资企业中开展大规模的石化项目（《世界投资报告 2012》）。这些努力使该地区的石化产能显著提高。[27] 并且努力还在继续，许多项目都正在开发当中，包括分布在沙特阿拉伯、阿拉伯联合酋长国、卡塔尔和阿曼的七个大型项目（见表 2.2）。但是该行业一直以来都面临着新挑战，其中之一就是北美正在进行的页岩气生产（见第一章），它影响了石化跨国公司的全球战略。

跨国公司开始聚焦美国。北美的页岩气革命和 GCC 地区天然气的短缺，[28] 减少了 GCC 石化国家的成本优势并引入了新竞争。通过降低美国的天然气价格，[29] 页岩气革命正在振兴该国的石油化工行业。[30] 由于美国提供了庞大的消费群体和分散公司经营风险的机会，部分公司开始寻求再次回归美国。过去 10 年参与过 GCC 国家的几

表 2.2　GCC 国家在建大型石化项目节选

项目/公司名称	合作伙伴	地　点	年　份	资本支出（百万美元）
萨达尔	阿美石油公司（65%）、陶氏化学（35%）	朱拜勒，沙特阿拉伯	2016	20000
化学公司	阿布扎比投资委员会（40%）、国际石油投资公司（IPIC）（40%）、阿布扎比国家石油公司（ADNOC）（20%）	阿拉伯联合酋长国西部地区	2018	11000~20000
佩特罗拉比库 2	阿美石油公司（37.5%）、住友商事（37.5%）	拉比赫，沙特阿拉伯	2016	7000
Al Karaana	卡塔尔石油公司（80%）、壳牌（20%）	拉斯拉凡，卡塔尔	2017	6400
Al-Sejeel	卡塔尔石油公司（80%）、卡塔尔石化（Qapco）（20%）	拉斯拉凡，卡塔尔	2018	5500
Liwa Plastics	阿曼石油精炼和石油工业公司（Orpic）	索哈尔，阿曼	2018	3600
Kemya	沙特基础工业公司（50%）、埃克森美孚（50%）	朱拜勒，沙特阿拉伯	2015	3400

资料来源：UNCTAD，基于多种新闻报道。

个数十亿美元大型项目的全球石化公司——包括雪佛龙菲利普斯化工有限公司、陶氏化学公司以及埃克森美孚公司——已经考虑在美国进行重大项目投资了。例如，雪佛龙菲利普斯正计划在得克萨斯州建立一个大型的乙烷裂解装置和两个聚乙烯装置。[31] 陶氏化学已经重启了它在路易斯安纳州闲置的圣查尔斯工厂，并且其在得克萨斯州的工厂正在进行一项重大的聚乙烯和乙烯扩建项目。[32] 2014 年 3 月，美国化工行业公布了高达 700 亿美元的投资项目，这些项目与国内页岩地层的丰富充足的天然气有关。大约一半的已公布投资来源于美国以外的企业（见第三章）。

页岩技术正通过跨国并购转移到亚洲的跨国公司。美国的技术已经通过跨国并购转移到了拥有丰富页岩气的亚洲国家，最终会使这些地区成为更具竞争力的化工产品生产商和出口商。政府担保的中国和印度企业一直在积极寻求或收购美国和加拿大的相关合作伙伴，以获取所需的生产技术，发展国内的页岩气资源。[33]

GCC 石化和能源企业也纷纷投资于北美。北美页岩气的快速发展也吸引了西亚石化公司的投资：诺瓦化学（由阿布扎比国际石油投资公司全资控股）是北美最早建立工厂以开采低成本的乙烯的企业之一。[34] 沙特基础工业公司（SABIC）（沙特阿拉伯）也正加入到美国页岩开采的浪潮中。该公司已经通过 SABIC 美国公司进入美国，拥有一家化学品和化肥生产商以及石油化工研究中心，正寻求达成一项石化项目投资的交易。[35] 这一热潮也驱使国有卡塔尔石油公司（QP）在北美的上游行业建立小据点。由于 QP 很大程度上依赖于卡塔尔北部油田，因此它要通过投资来分散地域风险。2013 年 4 月，其附属子公司卡塔尔石油国际（QPI）与埃克森美孚签署了一份关于联合投资美国非常规天然气和天然气液体的备忘录，这表明了一种战略，即加强与在卡塔尔半岛投资的跨国公司的联系，[36] 同时反映出扩大国内与国际合作伙伴的共同意愿。QPI 联合森特理克集团（英国）以 10 亿美元收购了油砂生产商森科尔能源（加拿大）的石油和天然气资产，以及其在阿尔伯塔省的区域勘探权。然而，新证据表明页岩气产业的前景并不如想象的那样乐观。[37]

随着资源优势的减弱，中东地区的石化生产商应当积累这方面的经验，制定发展为重点成长型市场的战略。他们要做的不是扩大产能，而是利用与石化跨国公司的合作关系从技术、研发和高效经营方面提高自身的知识和技能基础，并与使用自身产品的全球制造业跨国公司建立联系。诸多努力已经朝着这一目标迈进，如已在沙特阿拉伯、中国和印度建立研发中心的 SABIC，正在制定一项向国际制造业巨头推广其化学产品的战略。

（三）拉丁美洲与加勒比地区

表 A   2013 年各经济体 FDI 流量分布①

范 围	流入国	流出国
100 亿美元以上	英属维尔京群岛、巴西、墨西哥、智利、哥伦比亚、开曼群岛、秘鲁	英属维尔京群岛、墨西哥、开曼群岛、智利
50 亿~99 亿美元	阿根廷、委内瑞拉	哥伦比亚
10 亿~49 亿美元	巴拿马、乌拉圭、哥斯达黎加、多米尼加共和国、玻利维亚、特立尼达和多巴哥、危地马拉、巴哈马、洪都拉斯	委内瑞拉、阿根廷
1 亿~9 亿美元	洪都拉斯、厄瓜多尔、牙买加、巴拉圭、巴巴多斯、圭亚那、海地、阿鲁巴、萨瓦尔多、安提瓜和巴布达、圣文森特和格林纳丁斯、苏里南、圣基茨和尼维斯	特立尼达和多巴哥、巴拿马、巴哈马、哥斯达黎加、秘鲁
1 亿美元以下	伯利兹、圣卢西亚、格林纳达、荷属圣马丁、安圭拉岛、库拉索岛、多米尼加、蒙特塞拉特岛	尼加拉瓜、厄瓜多尔、危地马拉、洪都拉斯、圣卢西亚、阿鲁巴、安提瓜和巴布达、荷属圣马丁、圣基茨和尼维斯、伯利兹、蒙特塞拉特岛、多米尼克、圣文森特和格林纳丁斯、苏里南、牙买加、乌拉圭、库拉索岛、多米尼加、巴西

注：①各经济体按 FDI 流量大小分类列出。

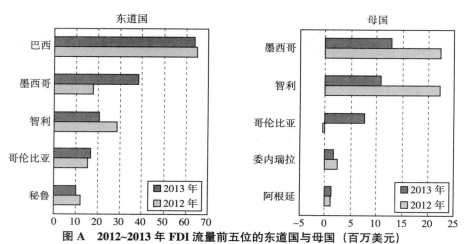

图 A   2012~2013 年 FDI 流量前五位的东道国与母国（百万美元）

注：未包含离岸金融中心。

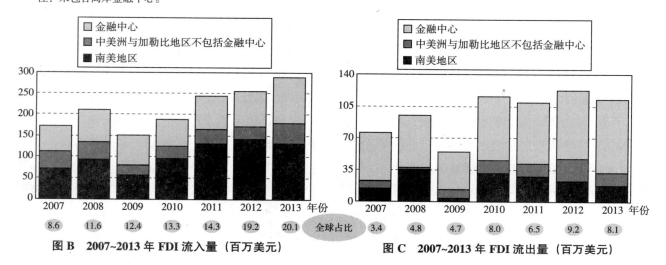

图 B   2007~2013 年 FDI 流入量（百万美元）

图 C   2007~2013 年 FDI 流出量（百万美元）

表 B　2012~2013 年跨国并购的行业分布（百万美元）

部门/行业	出售额		购买额	
	2012 年	2013 年	2012 年	2013 年
总量	24050	61613	33673	18479
第一产业	-2550	28245	823	309
采掘业与石油业	-2844	28238	868	309
制造业	9573	25138	4849	7153
食品、饮料与烟草业	3029	23848	235	4644
碱性金属与金属制品业	4367	-34	1326	39
非金属矿物制品业	—	—	66	1936
服务业	17027	8230	28001	11017
电力、天然气、水及废物管理业	-73	3720	398	85
交通运输与仓储业	4550	1520	3443	628
信息与通信业	1146	252	-10	345
金融与保险业	5121	2189	19586	9931
商务服务业	3043	-488	960	-23

表 C　2012~2013 年跨国并购的国家/地区分布（百万美元）

地区/经济体	出售额		购买额	
	2012 年	2013 年	2012 年	2013 年
全球	24050	61613	33673	18479
发达经济体	1699	-7188	17146	7274
比利时	1237	15096	—	-60
西班牙	-1996	-7083	1109	422
英国	-4592	-30530	932	-213
美国	8717	6299	4642	2250
发展中经济体	22011	14168	16705	10818
巴西	1138	21	8555	2909
智利	9445	2769	608	617
哥伦比亚	2277	4815	4260	1500
墨西哥	-134	2700	448	214
转型经济体	—	53916	-178	387
俄罗斯	—	53916	-178	370

表 D　2012~2013 年绿地投资项目的行业分布（百万美元）

部门/行业	拉美和加勒比地区作为东道国		拉美和加勒比地区作为投资国	
	2012 年	2013 年	2012 年	2013 年
总量	69731	145066	9508	18257
第一产业	5557	12485	159	4000
采掘业与石油业	5557	12485	159	4000
制造业	32236	34630	3745	4292
食品、饮料与烟草业	3605	3844	692	1493
化学品与化工产品制造业	1790	3038	157	362
金属与金属制品业	5226	3913	823	89
汽车与其他运输设备制造业	12409	11794	523	114
服务业	31939	97952	5605	9966
电力、天然气及水的生产与供应业	11802	17454	1040	809
交通运输、仓储与通信业	4150	14205	560	4703
金融业	2138	5770	413	923
商务服务业	9553	49961	1993	1501

表 E　2012~2013 年按绿地投资的国家/地区分布（百万美元）

地区/经济体	拉美和加勒比地区作为东道国		拉美和加勒比地区作为投资国	
	2012 年	2013 年	2012 年	2013 年
全球	69731	145066	9508	18257
发达经济体	56709	80412	2172	1249
欧洲	27786	37739	385	653
意大利	8106	6013	—	—
西班牙	6799	11875	62	121
北美地区	22852	30687	1780	585
日本	3250	6420	—	—
发展中经济体	12684	63790	7336	16912
东亚	4582	45538	99	693
拉美和加勒比地区	6576	15730	6576	15730
巴西	2706	5926	1895	3022
墨西哥	1260	4144	790	1113
转型经济体	337	855		96

2013 年，拉丁美洲和加勒比地区 FDI 流入量达到 2920 亿美元（见图 B）。除离岸金融中心外，本地区 FDI 流入量增长 6%，达到 1820 亿美元。得益于墨西哥的一个大型并购项目，中美洲和加勒比地区 FDI 流量增长 64%，达到 490 亿美元。往年本地区 FDI 的增长主要由南美国家拉动，但

2013 年南美 FDI 流入量下降了 6%，降至 1330 亿美元，这主要是因为金属价格下降抑制了部分国家金属采矿业 FDI 的增长。2013 年本地区 FDI 流出量达到 1150 亿美元。除离岸金融中心外，其他地区 FDI 流出量下降 31%，降至 330 亿美元。

中美洲和加勒比地区推动了本地区 FDI 的增

长。比利时百威英博啤酒公司（AB InBev）以180亿美元的价格收购莫德罗集团（Grupo Modelo）剩余股份，使其对墨西哥的投资增长超过一倍，达到380亿美元（见图A），这在很大程度上推动了中美洲和加勒比地区FDI的强劲增长。巴拿马FDI流入量增长迅速（增长61%，达到47亿美元），成为仅次于墨西哥的中美洲第二大东道国，这主要得益于大规模基础设施建设的实施，包括巴拿马运河拓宽与首都地铁系统扩展项目，这是墨西哥建设地区物流中心、扩大组装业务能力的宏伟发展目标的一部分。哥斯达黎加的FDI流入量增长了14%，达到27亿美元，主要由增长近三倍的非居民房地产收购推动，仅此一项就占该国FDI流入量的43%。2013年危地马拉和尼加拉瓜FDI增长放缓，在近年持续增长后2014年仅增长5%。危地马拉FDI的增长主要由采矿业和银行业FDI推动，尼加拉瓜则主要由自由贸易区和海上装配制造业推动。

在加勒比地区，多米尼加共和国结束了连续两年的强劲复苏局面，2013年FDI下降了37%，降至20亿美元；而其在2012年曾达到31亿美元。这是2013年可预测的跨国并购量下降。在2012年外资对该国最大的啤酒商价值高达12亿美元的一次性收购之后，以及随着巴里克黄金公司（Barrick Gold）矿业投资的完成，这一项目已于2012年开始生产。特立尼达和多巴哥的FDI高度集中于石油和天然气开采业，这两个行业吸引了该国2001~2011年FDI流入总量的70%。FDI流量下降了30%，降至17亿美元，主要是天然气价格持续低迷使得再投资收益减半。

在连续三年强劲增长之后，南美洲的FDI开始下降（见图B）。主要东道国中，巴西的FDI略微回落——比2012年下降了2%，降至640亿美元（见图A），但部门之间很不平衡。第一产业FDI流入量上升86%，达到170亿美元，这主要

是由于石油和天然气开采业的推动（上升144%，至110亿美元）。制造业和服务业FDI分别下降17%和14%；同时汽车业和电子行业趋势与制造业相反，分别上升85%和120%。智利FDI流入量下降29%，降至200亿美元，主要是由于采掘业FDI流入量的下降，该行业占全国2006~2012年FDI流入量的一半以上。采掘业投资的下降主要是由于大量投资项目已经完成并于2013年开始生产，同时加拿大巴里克（Barrick）黄金公司对帕斯夸—拉马（Pascua-Lama）价值85亿美元的黄金开采项目无限期中止，这一项目位于智利与阿根廷交界地带。[38] 项目中止的原因在于低迷的黄金价格以及巴里克（Barrick）黄金公司的财政紧张，这也使得阿根廷FDI流入量下降了25%。秘鲁的FDI流入量下降了17%，降至100亿美元，这主要是由于再投资收益下降了41%，降至49亿美元，以及股本权益下降了48%，降至24亿美元，也在一定程度上抵消了公司内部贷款的增加。委内瑞拉的FDI流入量增长一倍以上，达到70亿美元。哥伦比亚的FDI流入量增长8%，达到170亿美元（见图A），主要由于电力和银行业的跨境并购推动。

跨境并购的下降和偿还贷款的增加造成本地区FDI流出量下降。2013年，本地区FDI流出量为1150亿美元（见图C）。除离岸金融中心外，FDI流出量下降31%，降至330亿美元。这主要由于跨境并购从2012年的高值（310亿美元）回落了47%，同时巴西和智利的子公司对母国的贷款偿还增加。[39] 哥伦比亚跨国公司的跨境并购逆势上涨，国外净购入量增长超过一倍，达到60亿美元，主要有银行、石油与天然气以及食品行业。

本地区的FDI前景将可能由基础产业的发展来带动。对跨国公司来说，本地区石油和天然气行业有新的机遇，尤其是阿根廷和墨西哥。

阿根廷巨大的页岩石油天然气资源[40]和主

要国有能源公司 Yacimientos Petroliferos Fiscales (YPF) 对技术以及融资的需求，均希望跨国公司开创该行业 FDI 的新局面。2014 年 YPF 与西班牙雷普尔索公司 (Repsol) 达成协议，对其在 YPF 中被国有化的主要股份实施补偿。[41] 这对 YPF 与页岩气开采行业的其他公司建立合资型企业扫除了障碍。YPF 已经获得了一些投资，包括与美国雪佛龙公司 (Chevron) 建立价值 12 亿美元的合资企业，用于对瓦卡穆尔塔 (Vaca Muerta) 页岩石油天然气资源的开发。法国道达尔石油公司 (Total) 也将投资一个价值 12 亿美元的上游合资企业。

在墨西哥，在长期有争议的能源改革方案获批之后，石油天然气行业的 FDI 很可能实现强劲增长。这结束了长达 75 年的国家石油垄断局面，使得墨西哥石油行业更加开放，提高了上游、中游和下游国际能源公司的参与程度（见第三章）。

拉丁美洲和加勒比地区 FDI 存量的部门构成显示，该地区国家和次区域之间既存在相似性，也存在差异性。在南美洲、中美洲和加勒比地区，尽管加勒比地区服务业占比相对较高，但服务业均是 FDI 进入的主要行业（见图 2.11）。服务业的支配地位源于两地区 20 年来不断私有化以及对 FDI 限制的放开。制造业 FDI 的重要性位居其次，同时在中美洲和加勒比地区比例较高。第一产业 FDI 在南美地区相对重要，而其他地区占比很小。巴西和墨西哥——这两大最重要经济体的 FDI 主要流向制造业，其 FDI 发展由两种不同的战略推动，即墨西哥的出口导向型战略（效率寻求型 FDI）和巴西的国内市场导向型战略（市场寻求型 FDI）。

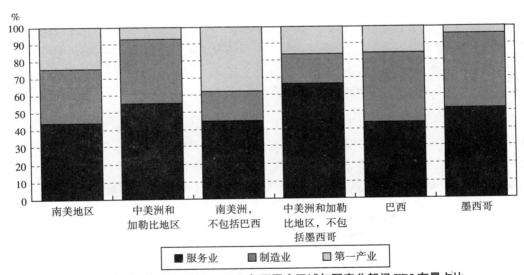

图 2.11　拉美与加勒比地区：2012 年不同次区域与国家分部门 FDI 存量占比
资料来源：联合国贸易发展会议 FDI-TNC-GVC 信息系统，FDI/TNC 数据库。

FDI 发展模式和跨国公司战略的差异形成了两个次区域不同的出口结构，即以初级产品和基础工业品为主的南美国家商品出口和以工业制成品为主的中美洲和加勒比地区的出口结构，这也产生了两地区不同的价值链参与方式。仔细分析各行业发展水平，会发现由于各国不同的工业化战略，同一行业内部价值链参与程度也存在差异。

不同的价值链整合模式。2011 年，拉丁美洲出口的价值链参与度为 45%，但不同次区域差异很大。在中美洲和加勒比地区，价值链参与主要来自出口产品有相对较高的外国进口附加值（上游部件），但其下游部件的附加值很低。这是因为大多数出口由中等或高技术密集型产品（如汽车、电子产品）组成，也包括接近价值链低端的低技术产品（如纺织品）。与此相反，南美洲各国有较低的上游价值链参与度和较高的下游价值链参与度（见图 2.12）。这是由于出口中初级产品和初级工业品占主导地位，外国投入较少，而且这些产品位于价值链底端，本身可作为第三国出口的中间产品。

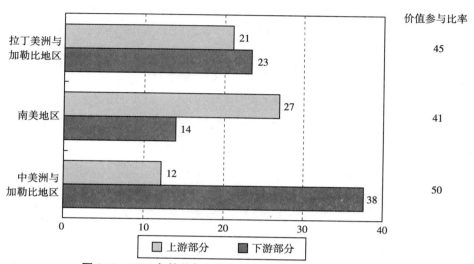

图 2.12 2011 年拉美与加勒比地区价值链参与比率 （%）

注：价值链参与比率表示一国出口占多阶段贸易过程的份额大小，即本国出口（上游部分）中的外国增加值（FVA）与外国出口（下游部分）中的本国增加值（DVA）之和除以本国总出口值。

由于 UNCTAD-EORA 数据未计算美墨联营公司产品的高进口含量，因此低估了中美洲和加勒比地区出口的外国增加值比率。

资料来源：UNCTAD-Eora GVC 数据库。

工业部门的出口附加值也有相同现象。2010 年南美洲工业部门的价值链参与程度为 34%——进口增加值与出口的下游利用比例大致相同（均为 17%），中美洲和加勒比地区的参与程度高得多（50%），而且上游参与程度（本国出口中的进口增加值）较高（44%），下游参与比例（外国出口中的本国增加值）仅为 6%（见图 2.13）。这两个次区域之间的差异在电子、汽车、机械设备和纺织服装业更为突出（见表 2.3）。

这两个次区域在价值链参与程度和模式上的差异源于其在价值链中的位置、最终产品市场的性质、出口活动与当地经济的联系、工业政策的性质以及区域内一体化的程度。中美洲和加勒比地区严重依赖美国市场，不管是作为工业品出口市场（所有出口的 76%）（见图 2.14）还是价值链合作者方面，尤其在价值链的上游部分，在这些

国家的出口产品中，55% 的进口增加值来自美国（见表 2.4）。然而，这些国家的区域内贸易联系与价值链的相互作用十分薄弱：区域内国家只吸收了各国制造业出口的 5%（见图 2.14），仅占制造业部门上游和下游价值链活动的一小部分（分别为 2% 和 4%）（见表 2.4）。

相反，南美各国区域内贸易联系要强得多，区域内贸易占各国工业品出口的 49%、上游制造业价值链的 24% 以及下游价值链的 13%（见表 2.4）。最后，南美制造业出口的进口增加值比例（17%）比中美洲地区（44%）更低（见表 2.4）。

特别是在制造业，南美洲和中美洲的价值链参与程度差异有两大来源：不同的工业化战略以及拉美两大最主要的经济体——巴西和墨西哥——不同的国际贸易一体化模式。[42] 例如，在汽车产业，两国由几乎相同的汽车装配跨国公司

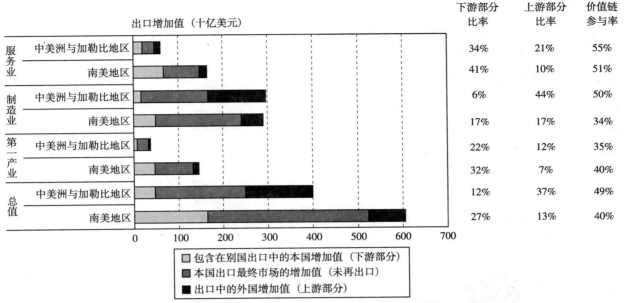

图 2.13　拉美与加勒比地区：按阶段、部门和次区域划分的出口增加值

注：价值链参与比率表示一国出口占多阶段贸易过程的份额大小，即本国出口（上游部分）中的外国增加值（FVA）与外国出口（下游部分）中的本国增加值（DVA）之和除以本国总出口值。

价值链计算的总出口（三个部分之和）与国民核算账户中的商品服务出口数据有可能不相等。

资料来源：UNCTAD–Eora GVC 数据库。

表 2.3　2010 年拉美和加勒比地区制造业：按行业分类的价值链参与程度、参与阶段和占制造业出口增加值的比例（%）

行　业	南美地区				中美洲和加勒比地区			
	价值链参与比率	上游比率	下游比率	占制造业出口总值比例	价值链参与比率	上游比率	下游比率	占制造业出口总值比例
制造业部门	**34**	**17**	**17**	**100**	**50**	**44**	**6**	**100**
电气与电子设备	40	24	16	4	63	59	4	33
汽车与其他运输设备制造业	34	25	9	12	50	47	4	25
食品饮料与烟草制品业	20	13	8	17	25	21	4	6
化学品及化工产品业	42	22	20	16	38	20	18	5
纺织、服装与皮革制品业	27	16	11	8	41	38	2	10
金属与金属制品业	43	16	27	12	55	29	26	4
机械设备制造业	27	16	12	7	41	38	4	5
木材及木材产品制造业	35	13	22	8	45	31	14	2
焦炭、石油产品及核燃料业	40	9	31	5	42	31	11	3
橡胶及塑料制品业	42	21	21	3	56	42	14	1
非金属矿物制造业	29	11	18	3	27	12	15	2

注：价值链参与比率表示一国出口占多阶段贸易过程的份额大小，即本国出口（上游部分）中的外国增加值（FVA）与外国出口（下游部分）中的本国增加值（DVA）之和除以总出口值。

资料来源：UNCTAD–Eora GVC 数据库。

主导，但却有不同的价值链参与模式。

巴西和墨西哥是全球第七和第八大汽车生产国，也是位居第四和第十六位的汽车消费市场。[43] 两国几乎所有汽车生产都由全球汽车制造商承担，绝大多数汽车公司——如福特（Ford）、通用（General Motors）、本田（Honda）、尼桑（Nissan）、雷诺（Renault）、丰田（Toyota）和大众（Volkswagen）——在两国均有组装厂。尽管有共同的特点，但两国汽车产业仍存在明显不同。其中最大的不同在于，巴西汽车业价值链将国内市场视作主要产品市场，而墨西哥为出口导向型，将美国作为其最终产品市场。例如，2012 年墨西哥汽车产品出口比例为 82%，[44] 其中的 64% 进入美国市场。相比之下，巴西汽车产品只有 13% 用于出口，其中南方共同市场占其出口值的 67%。[45]

两国内向型和外向型的汽车工业战略也反映在出口的价值链参与程度上——巴西汽车业为 26%，而墨西哥为 58%。这一不同主要是因为巴西出口商品的进口增加值要低得多（巴西为 21%，墨西哥为 47%），而且巴西汽车业对其他国家出口的参与程度也较低——虽然差距较小（5%，其他国家为 11%）（见表 2.5）。

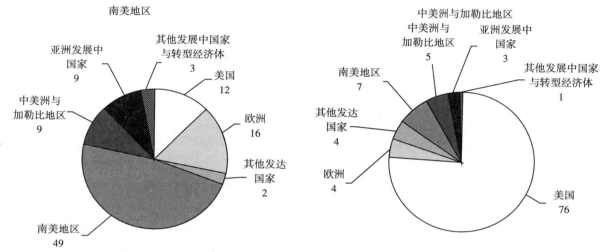

图 2.14　拉美与加勒比地区：制造业产品出口地区分布（2010 年）（%）

资料来源：UNCTAD GlobStat。

表 2.4　拉美与加勒比地区：2010 年制造业部门价值链上下游参与比率（按次区域和地理位置原产地与目的地分类）（%）

伙伴国/地区	外国增加值比率（原产地）		本国增加值比率（目的地）		价值链参与比率（原产地与目的地）	
	南美地区	中美洲与加勒比地区	南美地区	中美洲与加勒比地区	南美地区	中美洲与加勒比地区
发达国家	**55**	**76**	**64**	**76**	**59**	**76**
北美地区	23	54	14	35	19	52
欧洲	27	16	46	38	36	19
其他发达国家	5	6	4	3	5	6
发展中国家与转型经济体	**45**	**24**	**36**	**24**	**41**	**24**
拉丁美洲与加勒比地区	26	7	18	10	22	7
南美地区	24	5	13	4	19	5
中美洲与加勒比地区	2	2	5	6	3	2
亚洲与大洋洲	15	15	15	11	15	15
其他发展中与转型经济体	4	2	3	3	4	2
世界	**100**	**100**	**100**	**100**	**100**	**100**
总值（十亿美元）	50	130	48	19	98	149
占制造业出口增加值比率	17	44	17	6	34	50

注：价值链参与比率表示本国出口占多阶段贸易过程份额的大小，即本国出口中的外国增加值（FVA，上游部分）与外国出口中的本国增加值（DVA，下游部分）之和除以出口总值。

数据来源：UNCTAD-Eora GVC 数据库。

另一区别是巴西汽车工业与拉美国家有相互作用机制，主要是阿根廷，因为巴西与阿根廷签有共同汽车政策协定。[46] 墨西哥汽车工业严重依赖发达国家，尤其是美国，而与其他拉美国家联系较少，主要联系也仅侧重于汽车工业欠发达的邻国。事实上，在墨西哥汽车业出口的价值链参与比率方面，拉美与加勒比地区仅占 4%；而在巴西这一比例为 12%。更具说服力的是，巴西汽车业出口成为阿根廷汽车业价值链的重要环节：巴西汽车产品占阿根廷汽车业出口价值链参与比率的 34%（见表 2.5），同时占其出口总值的 77%。[47]

不同的跨国公司战略与政府产业政策导致了差异化的价值链整合模式，这对各国的商业联系、技术与创新等有不同影响。墨西哥实施了出口导向型战略，允许公司在 IMMEX 计划[48] 下暂时进口商品与服务，在加工、改造或修理后再出口，这一过程免税、免配额，还有其他特殊收益。[49] 这一战略基于其国内大量的低成本劳动力，是实现比较优势和价值链整合的基础。这也导致生产装配网络的发展，包括汽车制造、汽车零部件供应，其中绝大多数为外资企业，使墨西哥变为重要的出口中心。然而，这一生产网络并未形成与当地供应商的强有力联系（Sturgeon 等，2010）。[50] 在汽车业价值链中，出口产品中较高的外国增加值也证明了其与当地供应商的联系较为薄弱（见表 2.5）。

表 2.5　拉丁美洲：2010 年汽车业价值链上游和下游参与比率（按原产地和目的地分类）（%）

伙伴国/地区	外国增加值比率（原产地）			本国增加值比率（目的地）			价值链参与比率（原产地与目的地）		
	巴西	墨西哥	阿根廷	巴西	墨西哥	阿根廷	巴西	墨西哥	阿根廷
发达国家	**79**	**89**	**43**	**70**	**81**	**50**	**72**	**83**	**48**
美国	36	72	18	24	56	17	27	59	17
欧洲	33	10	20	37	16	27	36	15	26
其他发达国家	9	7	5	9	9	6	9	8	6
发展中和转型经济体	**21**	**11**	**57**	**30**	**19**	**50**	**28**	**17**	**52**
拉美与加勒比地区	12	4	49	12	4	37	12	4	40
南美地区	11	4	49	11	4	36	11	4	39
阿根廷	9	0	0	6	0	0	7	0	0
巴西	0	3	42	0	2	31	0	2	34
中美洲与加勒比地区	1	0	1	1	0	1	1	0	1
墨西哥	1	0	1	1	0	1	1	0	1
亚洲与大洋洲	9	7	7	14	13	12	13	12	11
中国	4	3	4	6	5	6	6	5	5
其他发展中与转型经济体	1	0	0	3	2	2	3	1	1
世界	**100**	**100**	**100**	**100**	**100**	**100**	**100**	**100**	**100**
总值（十亿美元）	5.7	33.2	2.2	1.4	8.1	0.7	7.0	41.2	2.9
占汽车业出口增加值比率	21	47	50	5	11	15	26	58	65

注：价值链参与比率表示一国出口占多阶段贸易过程份额的大小，即本国出口中的外国增加值（FVA，上游部分）加外国出口中的本国增加值（DVA，下游部分）之和除以出口总值。

UNCTAD-Eora 数据估计墨西哥出口的本国与外国价值增加值未包括美墨联营加工厂与保税加工出口计划（PITEX）项目的大量进口商品，有可能导致低估其出口品中的外国增加值比例。UNCTAD-Eora 数据依据一国投入产出表，假定出口产品和国内销售产品对进口中间品的投入强度是相同的。这一假定对墨西哥并不适用，因为墨西哥对出口加工实行税收优惠政策，有大量进口品用于出口品生产。这表明墨西哥的出口加工品与正常出口商品以及国内销售商品在进口中间品投入强度方面有很大差异。用投入产出表对 2003 年美墨联营企业的计算显示，交通运输业（NICS 336）外国增加值占比为 74%（De la Cruz 等，2001），据 UNCTAD-Eora 估计，汽车、拖拉车及半拖挂车及其他交通运输设备制造业（ISIC D34 D35）的外国增加值为 41%。

资料来源：UNCTAD-Eora GVC 数据库。

与此相反，巴西汽车业价值链得益于国内和本地区重要的市场优势，发展为更加复杂和多样化的增值活动，实现了本地研发。跨国公司的巴西分公司通过寻求满足当地需求的方案，如材料的技术差异、燃油和道路状况或差异化的消费者偏好等方面提升其技术水平。因此，巴西的汽车公司通过学习和适应过程形成了自身的技术能力，最近又设计与研发了适应当地条件的新型汽车。这一过程形成了整合当地供应商、研究与工程服务机构和其他较小零部件生产商的机会，这些企业可能拥有适合当地的技术知识，而这正是跨国公司研发部门所欠缺的（Quadros，2009；Quadros等，2009）。[51]

尽管巴西较大的汽车市场规模是 20 世纪 90 年代投资热潮和巴西子公司及供应商创新活动发展的重要原因，但政府政策也是吸引汽车装配公司以及创新研发活动发展的决定性因素。相反，20 世纪 90 年代以来，墨西哥政府的政策转向自由贸易与投资规则，而巴西保持了对来自南方共同市场以外地区的汽车产品的高关税。巴西同时实行了对出口和新建投资的一系列刺激政策。2011 年，面对国内市场扩张引起的进口增长、本地高估以及发达国家市场的衰退，墨西哥政府实行了国内购车税。同时，它免除了占总量至少65%的来自于墨西哥或南方共同市场的汽车制造商的税收（巴西与墨西哥签有汽车行业协定）。结果是，汽车进口从 2011 年 12 月的 27%降至 2013年 10 月的 19%。2012 年，巴西政府与墨西哥重新签署双边协议，实行进口配额。2012 年巴西制定了 2013~2017 年的汽车政策，新的条款将促进本地生产、提高能源利用效率以及创新研发水平。在生产过程中有特定目的以及投资于产品研发的相关企业将享受额外的税收优惠。[52]

巴西和墨西哥的汽车行业吸引了大量外资。在巴西，由于新的管理制度和巴西与阿根廷的汽车市场不断扩大，促使外国投资者扩张投资，增加本地生产比例。[53] 在墨西哥，低廉的劳动力成本、日益密集且由外商控制的供应链、全球的FTA 网络带动国内汽车生产激增，其中绝大多数来自日本和德国制造商。[54]

尽管两国政府政策和跨国公司战略存在明显差异，但从增长潜力来看，两国汽车业都有良好的发展前景。墨西哥成功利用其接近美国市场以及与超过 40 个国家签有贸易协定的优势，吸引了大量汽车业外国投资，使墨西哥变成了主要出口基地，创造了大量就业机会。然而，其竞争优势仍来源于低廉的工资，国内工业，有很强的出口导向倾向，与当地供应商联系较弱。在巴西，汽车产品出口率较低，但广阔的国内和地区市场吸引了汽车工业的大量外资。为适应市场特殊性的需求以及 2000 年政府鼓励创新、研发以及提升国内生产能力的政策，当地生产者与汽车业价值链实现了更好的整合，当地企业创新与研发能力实现了提升。

（四）转型经济体

表 A　2013 年 FDI 流量在各经济体的分布①

范围	流入国	流出国
50 亿美元以上	俄罗斯、哈萨克斯坦	俄罗斯
10 亿~49 亿美元	乌克兰、土库曼斯坦、阿塞拜疆、白俄罗斯、阿尔巴尼亚、乌兹别克斯坦、塞尔维亚、格鲁吉亚	哈萨克斯坦、阿塞拜疆
5 亿~9 亿美元	吉尔吉斯斯坦	—
5 亿美元以下	黑山、亚美尼亚、马其顿、波黑、摩尔瓦多、塔吉克斯坦	乌克兰、白俄罗斯、格鲁吉亚、阿尔巴尼亚、摩尔多瓦、黑山、亚美尼亚、塞尔维亚、吉尔吉斯斯坦、马其顿、波斯尼亚、黑塞哥维那

注：①各经济体以 FDI 流量大小分类列出。

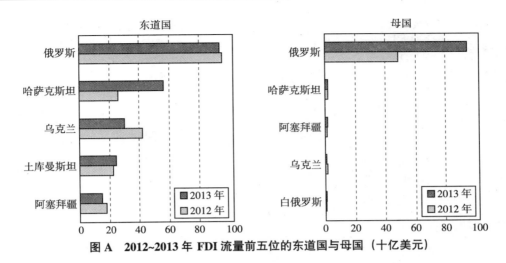

图 A 2012~2013 年 FDI 流量前五位的东道国与母国（十亿美元）

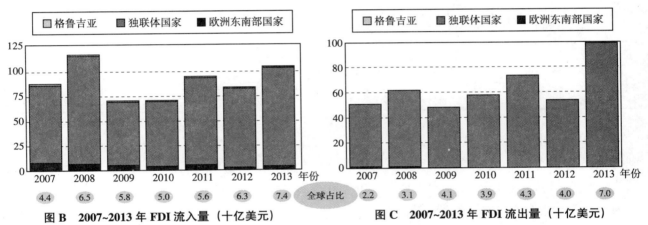

图 B 2007~2013 年 FDI 流入量（十亿美元）

图 C 2007~2013 年 FDI 流出量（十亿美元）

表 B 2012~2013 年跨国并购的行业分布（百万美元）

部门/行业	出售额		购买额	
	2012 年	2013 年	2012 年	2013 年
总量	6852	−3820	9296	56970
第一产业	−1193	−3726	2173	55687
采掘业与石油业	−1212	−3726	2173	55687
制造业	340	2813	−547	−24
食品、饮料及烟草制品业	6	189	−40	4
化学品及化工产品业	281	2000	—	30
碱性金属及金属制品业	5	425	−182	−59
汽车与其他运输设备制造业	−390	60	—	—
服务业	7705	−2907	7669	1307
电力、天然气、水及废弃物管理业	−451	857	—	597
运输与仓储业	2148	348	1291	652
信息与通信业	6714	−4106	23	—
金融及保险业	−168	−164	6314	−17

表 C 2012~2013 年跨国并购的国家/地区分布（百万美元）

国家/地区	出售额		购买额	
	2012 年	2013 年	2012 年	2013 年
世界	6852	−3820	9296	56970
发达经济体	4746	−7591	4848	1682
欧盟	3709	−3987	5164	243
塞浦路斯	7988	−234	—	—
瑞典	−1747	−3384	—	15
美国	−212	−3580	−283	30
发展中经济体	1661	2972	4023	54516
非洲	—	—	—	—
拉丁美洲与加勒比地区	−178	387	—	53916
西亚	1582	425	4023	3
东亚、南亚、东南亚	256	2160	—	597
中国	200	2000	—	—
转型经济体	424	771	424	771

表 D　2012~2013 年绿地投资项目的行业分布
（百万美元）

部门/行业	转型经济体作为东道国		转型经济体作为投资国	
	2012 年	2013 年	2012 年	2013 年
总量	39389	27868	9950	18611
第一产业	2604	560	145	3146
采掘业及石油业	2604	560	145	3146
制造业	18134	10041	6496	2462
食品、饮料与烟草业	2348	725	201	248
焦炭、石油与核燃料业	424	501	3747	714
化学品与化工制品业	5316	995	186	396
汽车与其他运输设备制造业	4229	2027	1682	673
服务业	18651	17267	3310	13003
电力、天然气及水的生产与供应业	3984	5076	594	10389
建筑业	2908	3069	31	—
交通运输、仓储与通信业	4051	2698	893	676
金融业	2056	2359	1134	1330

表 E　2012~2013 年绿地投资项目的国家/地区分布
（百万美元）

国家/地区	转型经济体作为东道国		转型经济体作为投资国	
	2012 年	2013 年	2012 年	2013 年
全球	39389	27868	9950	18611
发达经济体	29092	19633	3060	2327
欧盟	20338	14719	2337	2186
德国	4329	2767	29	157
英国	2538	563	540	80
美国	4610	2570	279	41
发展中经济体	7888	6253	4481	14302
非洲	—	76	67	108
东亚与东南亚	5368	1556	668	483
南亚	380	872	252	76
西亚	2140	3653	3156	12779
拉美与加勒比地区	—	96	337	855
转型经济体	2409	1982	2409	1982

2013 年，转型经济体 FDI 流入和流出量均达到历史最高水平。得益于单笔大宗交易，俄罗斯成为世界第三大 FDI 流入国和第四大 FDI 流出国。在欧洲东南部国家，服务业国有企业的私有化政策有力推动了 FDI 流入的增长。转型经济体的 FDI 可能会受到与地区冲突有关的不确定性因素的影响，转型经济体和欧盟之间的 FDI 更是如此。

2013 年，转型经济体 FDI 流入量增长 28%，达到 1080 亿美元（见图 B）。其中两个次区域业绩显著：在欧洲东南部国家，FDI 流量增长 43%，从 2012 年的 26 亿美元增长到 2013 年的 37 亿美元，反映出服务业部门投资的上升；由于俄罗斯 FDI 流入量增长，独联体国家 FDI 增长率达到 28%，这也使俄罗斯首次成为世界第三大 FDI 流入国。地区内的大国继续占有 FDI 流入的最大份额，前两大投资目的地（俄罗斯与哈萨克斯坦）占据了地区 FDI 流量的 82%（见图 A）。

俄罗斯 FDI 流量增长 57%，达到 790 亿美元，国内市场发展及生产率持续强劲增长推动了外国投资者对俄罗斯投资，其主要融资途径为从母公司获得的内部贷款融资。投资者青睐能源以及自然资源相关项目的高回报率，但由于石油类项目提供税收减免，投资者很难获得此类项目的合作协议。作为 BP 公司（英国）与 Rosneft 公司（俄罗斯）大额交易的一部分，BP 公司收购了 Rosneft 公司 18.5% 的股权，这也促进了俄罗斯 FDI 的激增（见专栏 2.4）。因此，2013 年英国首次成为俄罗斯的最大投资国，占俄罗斯 FDI 流入量的 23%。

哈萨克斯坦的 FDI 流入量下降了 29%，降至 100 亿美元，原因在于金融服务部门的投资放缓，部分外国银行剥离资产。例如，意大利联合信贷银行（Unicredit）向哈萨克斯坦投资者出售了其子公司 ATF 银行。自 2013 年以来，乌克兰的政治不确定性使其 FDI 流量下降一半，降至 38 亿美元，这在一定程度上是因为外国投资者资产的大量剥离，尤其在银行业。

专栏 2.4　Rosneft–BP 的交易

2013 年 5 月，俄罗斯国有石油公司，也是俄罗斯最大的石油公司——Rosneft 公司完成了对英国 TNK–BP 公司的兼并。Rosneft 公司对两个所有者支付 550 亿美元，分别是英国 BP 公司和 A.A.R. 财团，后者为位于英属维尔京群岛代表 TNK–BP 的俄罗斯所有者。Rosneft 对 A.A.R.用现金支付，而 BP 公司获得了 125 亿美元的现金与 Rosneft 18.5% 的股权，价值 150 亿美元。Rosneft 的支付显示出俄罗斯利用直接股权投资方式平衡国际收支，而 BP 对 Rosneft 的并购表现为直接股权的流入。并购的其余金额通过从外国银行借款（295 亿美元）以及国内银行借款支付。这一并购使俄罗斯 2013 年第一季度 FDI 流入量上升了 150 亿美元，同时增加了大约 295 亿美元的外国借款，使英属维尔京群岛 FDI 流出量上升了 550 亿美元。

资料来源：UNCTAD，基于与俄罗斯中央银行的会谈；国际金融协会：《私人资本流入新兴市场国家》，2013 年 6 月。

在欧洲东南部国家，服务部门的私有化推动了 FDI 流入，占 FDI 流入总量的绝大部分。在阿尔巴尼亚，FDI 流入量达到 12 亿美元，主要由于四个水电站的私有化以及阿塞拜疆希尼（Heaney）资产公司获得了阿尔巴尼亚主要石油提炼公司 ARMO 公司 70% 的股权。在塞尔维亚，FDI 的快速增长可归因于一些重要收购，如私人股本集团 KKR（美国）以 10 亿美元的价格收购付费电视和宽带集团 SBB/Telemach；阿布扎比 Etihad 航空公司收购 Jat 航空公司 49% 的股份，后者为塞尔维亚国家航空公司，是该国出售的亏损国有企业之一。

尽管发达国家是本地区主要投资者，但发展中国家的投资也在不断上升。例如，中国投资者以收购国内或国外资产的方式扩大了其在独联体国家的投资。Chengdong 投资公司（中国）获得了 Uralkai（俄罗斯）公司 12% 的股份，后者为世界最大的钾肥生产商。在哈萨克斯坦卡沙干油田的开发项目中，中国中石油集团以 50 亿美元的价格收购了康菲石油公司的股权。

2013 年，本地区 FDI 流出量增长 84%，达到 990 亿美元。与往年相同，俄罗斯跨国公司占据了绝大多数 FDI 项目，其次是哈萨克斯坦和阿塞拜疆的跨国公司。本地区跨国公司的跨境并购价值增长逾 6 倍，主要是因为俄罗斯石油公司对 TNK–BP 公司的收购活动（见专栏 2.4）。2013 年，本地区绿地投资增长 87%，达到 190 亿美元。

前景。由于与地区冲突相关的不确定性会阻碍投资者——尤其是发达国家投资者，2014 年转型经济体 FDI 可能出现下降。然而，地区不确定性尚未影响发展中国家的投资者。例如，在俄罗斯，政府直接投资基金——一项总额 100 亿美元，用以促进外国投资的基金——一直积极部署与外国投资者的合作，它将为与阿布扎比财务部门达成协议的项目提供融资，这一项目总额达 50 亿美元，投资于俄罗斯基础设施建设。在欧洲东南部国家，FDI 可能会上升，尤其能源行业的管道工程项目 FDI 可能上升。在塞尔维亚，价值 20 亿欧元的 South Stream 项目计划将俄罗斯的天然气运往欧洲。在阿尔巴尼亚，跨亚得里亚海管道项目将成为该国最大的 FDI 项目之一，多个产业将因此受益，包括制造业、公共事业和运输业。这一管道项目将为欧洲提供新的天然气来源，加强欧洲能源的安全性与多样性。[55]

直至 2013 年，欧洲东部（转型经济体）和西部（欧盟）之间的双向投资关系仍十分强劲，但是欧盟与俄罗斯在乌克兰问题上不断深化的对峙可能影响到双方的投资关系。

十年来，转型经济体各国是 FDI 增长最快的东道国，超过了发达国家和发展中国家的所有经济体（见图 2.15）。2000~2013 年，本地区经济体

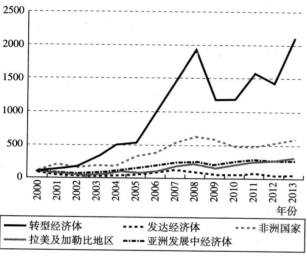

图 2.15　2000~2013 年各地区 FDI 流入指数
（2000 年=100）

资料来源：UNCTADFDI-TNC-GVC 信息系统，FDI/TNC 数据库（www.unctad.org/fdistatistics）。

总 FDI 流入量——包括存量和流量——增长速度大致为全球平均速度的 10 倍。同样，2000~2013 年转型经济体 FDI 流出量为全球平均速度的 17 倍，其他任何地区均难以望其项背。在这一过程中，不管作为投资国还是东道国，欧盟国家一直是其重要的合作伙伴。

在转型经济体的 FDI 流入存量中，欧盟所占份额最大，欧盟投资占其 FDI 流入总量的 2/3 以上。北美地区对转型经济体的投资占比较低（3%），同时发展中国家所占比重上升至 17%。在独联体国家，欧盟投资者的动力是获取自然资源和当地消费市场，从特定行业的自由化中获得商业机会。在欧洲东南部国家，绝大多数欧盟投资的动力是国有企业的私有化和大项目的组合收益，这种收益来自这些国家的低生产成本以及欧盟会员国或与欧盟保持经济关系的预期国家。在对本地区投资的欧盟国家中，德国 FDI 存量比例最大，其他依次是法国、奥地利、意大利和英国（见图 2.16）。

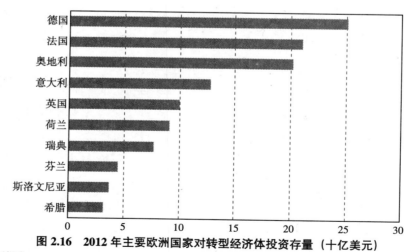

图 2.16　2012 年主要欧洲国家对转型经济体投资存量（十亿美元）

注：数据由各投资国报告。

资料来源：UNCTADFDI-TNC-GVC 信息系统，FDI/TNC 数据库（www.unctad.org/fdistatistics）。

微观 FDI 项目数据也显示出类似模式：在跨境并购中，荷兰跨国公司是最大的并购商（31%），其次分别是德国和意大利跨国公司。在绿地投资项目中，德国投资者享有最大份额（19%），其次是英国和意大利投资公司。在目标国方面，本地区约60%的并购与合同绿地投资项目发生在俄罗斯，其次是乌克兰。

跨境并购数据表明欧盟在转型经济体的投资集中于金融业，电力、天然气及水的生产与供应业，信息及通信业，采矿业（见图2.17）。欧盟投资者合同绿地投资项目集中的行业主要有建筑业，交通运输、仓储及通信业，汽车及其他运输设备制造业，焦炭、石油产品及核燃料产品业以及电力、天然气及水的生产与供应业。这些行业 FDI 的突出趋势如下：

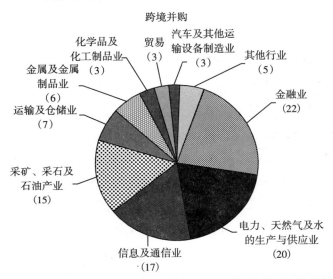

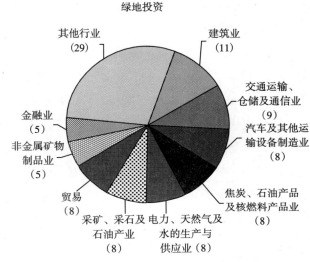

图 2.17　欧洲跨国公司对转型经济体跨境并购与绿地投资的行业分布，2003~2013 年累计（%）
注：并购数据仅包括涉及并购股权的10%以上的交易。绿地投资指投资的估计金额。
资料来源：UNCTADFDI-TNC-GVC信息系统，FDI/TNC数据库（www.unctad.org/fdistatistics）。

● 金融服务行业对外国所有权限制的放宽以及一些转型经济体加入世界贸易组织促进了欧盟投资者进入该行业。这也反映出欧洲银行更加青睐机会不断增加的新兴市场。例如，意大利联合信贷银行（Unicredit）以21亿美元的价格收购了乌克兰 Uksotsbank 银行，法国兴业银行集团（Société Générale Group）以17亿美元的价格收购了 Rosbank 银行 20% 的股份，后者为俄罗斯最大的银行之一。在欧洲东南部，主要来自欧盟的外国经济实体持有的银行资产上升到90%。外国银行（主要是奥地利、意大利和希腊银行集团）的投资方式主要是收购当地银行、在当地建立分行或地区分支机构。

● 在俄罗斯，为满足不断增长的电力需求，电力行业结构改革的需要促进了对国有能源系统的拆分与重组。这一重组和资产出售为外国投资者进入该行业提供了机会。欧洲跨国公司收购了其大量股份，主要公司有 Fortum（芬兰）、Enel（意大利）、E.ON（德国）、CEZ 集团（捷克）、RWE 集团（德国）和 EDF（法国）。

● 受高期望收益的驱使，欧盟跨国公司通过两个渠道增加了其在能源和自然资源相关项目的投资。首先，欧洲公司通过资产互换交易进入转型经济体的石油与天然气市场，以此获得少量勘探和开采项目的参与权，交换条件为允许转型国家的公司进入欧盟的下游市场。例如，Wintershall

公司（德国）获得了位于西伯利亚的南俄罗斯气田的股份；同时，Gazprom 公司（俄罗斯）可以获得 Winterahall 公司在碳氢化合物运输、储存、分配相关产业的部分欧洲资产。其次，在一些"难以进入"的需要尖端技术的石油和天然气项目，如 Yamal 天然气项目和 Shtokman 天然气项目领域，转型国家主动邀请欧洲跨国公司前往投资。

● 在合同绿地投资项目中，由于欧盟汽车制造商寻求低成本、高技术的劳动力以及不断发展的市场，转型经济体汽车行业活动不断增加。许多欧盟汽车制造商——如菲亚特（Fiat）、欧宝（Opel）、大众（Volkswagen）、标致（Peugeot）和雷诺（Renault）——在转型国家（主要是俄罗斯）投资建设了大量生产设施。转型经济体已经拥有足够数量的汽车组装厂，可以允许多种零部件供应商进入本地市场。

对欧盟国家的直接投资占转型经济体对外直接投资存量的较大比例。几乎所有（95%）欧洲东南部国家和独联体国家的对外直接投资均来自俄罗斯跨国公司的海外扩张。这些投资者越来越重视寻求欧盟市场的战略资产，包括能源行业的下游产业和冶金行业的价值增值活动，希望通过垂直整合来构建区域和全球价值链。出口量较大的少数主要跨国公司占据了对外直接投资的大部分份额，其目的在于通过投资加强海外的商业活动。俄罗斯石油与天然气行业的跨国公司在欧洲实施了一些市场寻求型并购，涉及加工活动、分销网络以及储存和运输设备等。例如，俄罗斯天然气股份公司（Gazprom）与奥地利 OMV 公司达成协议，购买后者在中欧最大的天然气分销终端和存储设备 50% 的股权；Lukoil 石油公司以 21 亿美元的价格获得了意大利 ISAB 公司 Priolo 炼油厂的 49% 的股权（见表 2.6）。钢铁行业的跨国公司对俄罗斯向发达国家投资的增长亦有贡献。跨国并购方面，英国以占俄罗斯对外总投资约 1/3 的份额成为其对外投资的最大目标国；在绿地投资项目中，德国占据了转型经济体对外投资总额的 36%。

欧盟与转型经济体相互投资的前景。金融危机以来，由于资产价值下降，一些俄罗斯跨国公司出售了并购的外国公司（例如 Basic Element 公司出售了其在机械和建筑行业的欧洲资产）。

地区冲突可能影响转型经济体 FDI 的流入和流出量。发达国家跨国公司对该地区的投资前景表现出悲观态度。对于俄罗斯跨国公司的对外投资，一个重要问题是失去外国贷款的风险，因为发达国家的银行可能不再提供新的融资。虽然一些俄罗斯国有银行可能会填补外国银行的缺口，但仍有一些跨国公司依赖发达国家的贷款。此外，对俄罗斯投资欧洲的额外审查，包括对俄罗斯天然气股份公司 Gazprom 和德国 BASF 公司资产互换的审查，可能减缓俄罗斯跨国公司努力构建的垂直一体化进程。[56]

表 2.6　2005~2013 年转型国家跨国公司对欧盟 20 项金额最大的并购交易

年份	金额（百万美元）	被收购公司	东道国	被收购公司所处行业	收购公司	母国	收购公司所处行业
2008	2098	ISAB Srl	意大利	原油与天然气行业	NK LUKOIL	俄罗斯	原油与天然气行业
2005	2000	Nelson Resources Ltd.	英国	金矿开采业	NK LUKOIL	俄罗斯	原油与天然气行业
2009	1852	MOL Magyar Olaj es Gazipari Nyrt	匈牙利	原油与天然气行业	Surgutneftegaz	俄罗斯	原油与天然气行业
2007	1637	Strabag SE	奥地利	工业建筑和仓储业	KBE	俄罗斯	Investors，nec
2011	1600	Ruhr Oel GmbH	德国	石油精炼业	Rosneftegaz	俄罗斯	原油与天然气行业
2009	1599	Lukarco BV	荷兰	管道业，nec	NK LUKOIL	俄罗斯	原油与天然气行业

续表

年份	金额（百万美元）	被收购公司	东道国	被收购公司所处行业	收购公司	母国	收购公司所处行业
2008	1524	Oriel Resources PLC	英国	铁合金矿物业（不包括钒）	Mechel	俄罗斯	钢铁铸件行业
2007	1427	Strabag SE	奥地利	工业建筑和仓储业	KBE	俄罗斯	Investors, nec
2006	1400	PetroKazakhstan Inc	英国	原油和天然气行业	NK KazMunaiGaz	哈萨克斯坦	原油与天然气行业
2010	1343	Kazakhmys PLC	英国	铜矿开采业	Kazakhstan	哈萨克斯坦	本国政府
2009	1200	Rompetrol Group NV	荷兰	原油与天然气行业	NK KazMunaiGaz	哈萨克斯坦	原油与天然气行业
2012	1128	BASF Antwerpen NV – Fertilizer Production Plant	比利时	含氮化肥行业	MKHK YevroKhim	俄罗斯	化学品肥料矿物开采
2012	1024	Gefco SA	法国	长途货车运输业	RZhD	俄罗斯	铁路、长途运输业
2009	1001	Sibir Energy PLC	英国	原油与天然气行业	Gazprom	俄罗斯	原油与天然气行业
2008	940	Formata Holding BV	荷兰	食品商店行业	Pyaterochka Holding NV	俄罗斯	食品商店行业
2012	926	Bulgarian Telecommunications Co AD	保加利亚	电话通信行业（不包括无线电话）	Investor Group	俄罗斯	Investors, nec
2011	744	Sibir Energy PLC	英国	原油与天然气行业	Gazprom	俄罗斯	原油与天然气行业
2012	738	Volksbank International AG (VBI)	奥地利	银行业	Sberbank Rossii	俄罗斯	银行业
2009	725	Total Raffinaderij Nederland NV	荷兰	原油与天然气行业	NK LUKOIL	俄罗斯	原油与天然气行业
2006	700	Lucchini SpA	意大利	钢铁厂、高炉与轧钢设备行业	Kapital	俄罗斯	钢铸件行业

注：并购数据仅包括涉及并购股权的 10%以上的交易。
资料来源：UNCTADFDI–TNC–GVC 信息系统，FDI/TNC 数据库（www.unctad.org/fdistatistics）。

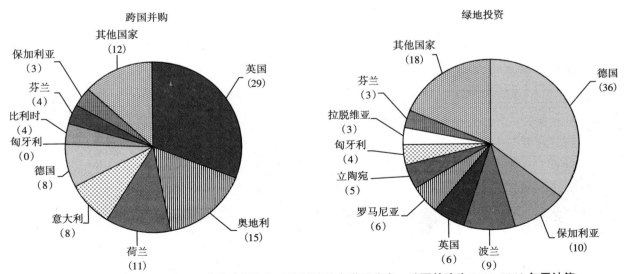

图 2.18　转型经济体对欧盟国家绿地投资与跨国并购的东道国分布，跨国并购为 1990~2013 年累计值，
绿地投资为 2003~2013 年累计值（%）

注：并购数据仅包括涉及并购股权的 10%以上的交易。
资料来源：UNCTAD FDI–TNC–GVC 信息系统，跨国并购数据库（www.unctad.org/fdistatistics），跨国并购数据源于金融时报有限公司跨国并购数据，绿地投资数据源于 fDi Markets（www.fDimarekts.com）。

（五）发达国家

表 A 2013 年 FDI 流量在各经济体的分布①

范围	流入国	流出国
1000 亿美元以上	美国	美国、日本
500 亿~990 亿美元	加拿大	瑞士、德国
100 亿~490 亿美元	澳大利亚、西班牙、爱尔兰、卢森堡、德国、荷兰、意大利、以色列、奥地利	加拿大、荷兰、瑞典、意大利、西班牙、爱尔兰、卢森堡、英国、挪威、奥地利
10 亿~90 亿美元	挪威、瑞典、捷克、法国、罗马尼亚、葡萄牙、匈牙利、希腊、日本、丹麦、保加利亚	丹麦、澳大利亚、以色列、芬兰、捷克、匈牙利、葡萄牙
10 亿美元以下	新西兰、爱沙尼亚、拉脱维亚、斯洛伐克、克罗地亚、塞浦路斯、立陶宛、冰岛、直布罗陀、百慕大、斯洛文尼亚、芬兰、马耳他、比利时、瑞士、波兰	新西兰、冰岛、爱沙尼亚、拉脱维亚、塞浦路斯、保加利亚、罗马尼亚、立陶宛、斯洛文尼亚、百慕大、马耳他、克罗地亚、希腊、法国、波兰、比利时

注：①各经济体以 FDI 流量大小分类列出。

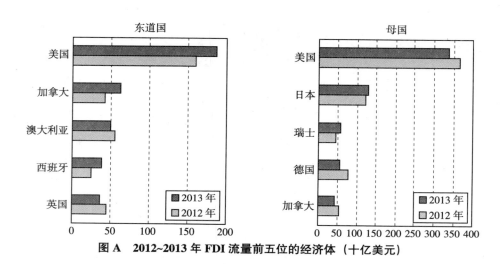

图 A 2012~2013 年 FDI 流量前五位的经济体（十亿美元）

图 B 2007~2013 年 FDI 流入量（十亿美元）

图 C 2007~2013 年 FDI 流出量（十亿美元）

表 B　2012~2013 年跨国并购的行业分布（百万美元）

部门/行业	出售额		购买额	
	2012 年	2013 年	2012 年	2013 年
总量	**268652**	**239606**	**183914**	**151752**
第一产业	**50161**	**39346**	**−10406**	**−41903**
采掘业与石油产业	43032	37906	−10411	−42154
制造业	**109481**	**86617**	**117068**	**79993**
食品、饮料与烟草业	20616	19708	24945	25231
化学品与化工制品业	16411	21132	19705	4822
药物、医药化学品与植物性药品生产业	11638	742	17951	20443
计算机、电子光学产品和电气设备制造业	22061	10776	23909	11808
服务业	**109010**	**113643**	**77252**	**113662**
贸易	12581	7406	19537	−2067
信息与通信业	22395	29374	9372	22476
金融与保险业	9905	9081	27461	64741
商务服务业	31406	35965	16865	22220

表 C　2012~2013 年跨国并购的国家/地区分布（百万美元）

国家/地区	出售额		购买额	
	2012 年	2013 年	2012 年	2013 年
全球	**268652**	**239606**	**183914**	**151752**
发达经济体	**175408**	**165650**	**175408**	**165650**
欧洲	45246	34225	93865	112545
北美洲	103729	85138	67732	40618
其他发达国家	26432	45287	13811	12487
日本	32276	44872	−1548	2576
发展中经济体	**79982**	**65035**	**3760**	**−6307**
非洲	635	2288	−3500	−8953
拉美和加勒比地区	17146	7274	1699	−7188
亚洲和大洋洲	62201	55473	5561	9833
中国	27009	37405	3251	6201
新加坡	−1039	2745	6004	4386
转型经济体	**4848**	**1682**	**4746**	**−7591**

表 D　2012~2013 年绿地投资项目的行业分布（百万美元）

部门/行业	发达国家作为东道国		发达国家作为投资国	
	2012 年	2013 年	2012 年	2013 年
总量	**224604**	**215018**	**413541**	**458336**
第一产业	**9222**	**1687**	**16979**	**17878**
采掘业与石油业	9220	1683	16977	15712
制造业	**88712**	**92748**	**186278**	**197086**
纺织、服装与皮革业	6579	13711	10080	18269
化学品及化工制品业	13165	15651	26090	32542
电子与电气设备制造业	10604	13853	15108	20716
汽车及其他运输设备制造业	21423	15944	52736	49247
服务业	**126670**	**120584**	**210285**	**243372**
电力、天然气及水的生产与供应业	27023	25463	41758	69487
交通运输、仓储与通信业	17070	19436	40067	41630
金融业	11120	10260	23106	21309
商务服务业	31316	33689	50188	56767

表 E　2012~2013 年绿地投资项目的国家/地区分布（百万美元）

国家/地区	发达国家作为东道国		发达国家作为投资国	
	2012 年	2013 年	2012 年	2013 年
全球	**224604**	**215018**	**413541**	**458336**
发达经济体	**170919**	**184887**	**170919**	**184887**
欧洲	107093	112784	109572	107921
北美洲	47082	54615	45010	57582
其他发达国家	16744	17488	16337	19383
日本	9818	11212	4317	7920
发展中经济体	**50625**	**27804**	**213530**	**253816**
非洲	1802	2080	17541	27254
亚洲与大洋洲	46650	24475	139280	146140
中国	6232	9171	50451	48894
印度	8553	3530	21249	13571
拉美与加勒比地区	2172	1249	56709	80421
转型经济体	**3060**	**2327**	**29092**	**19633**

经历了 2012 年的急剧下降之后，39 个发达经济体 [57] FDI 总量在 2013 年开始回升，尽管 FDI 流出量仅有少量增长。2013 年 FDI 流入量增长 9%，达到 5660 亿美元（见图 B）；流出量为 8570 亿美元，与前一年的 8520 亿美元几乎持平（见图 C）。2013 年发达国家 FDI 流入量和流出量均为 2007 年峰值的一半。在全球份额方面，发达国家占据总体 FDI 流入的 39% 和总体 FDI 流出量的 61%——均为历史最低水平。

尽管 FDI 流入量有所增长，但复苏只局限于少量经济体，在 39 个经济体中仅有 15 个 FDI 流入量出现了增长。欧洲 FDI 流入量达到 2510 亿美元（比 2012 年增长 3%），其中欧盟国家占据了绝大部分，达到 2460 亿美元。意大利和西班牙 FDI 流入量出现强劲上升，后者成为 2013 年欧洲最大的 FDI 流入国（见图 A）。北美地区 FDI 流入量增长 23%，达到 2500 亿美元，美国和加拿大成为 2013 年发达国家中最大的 FDI 流入国（见图 A）。北美的增长主要源于日本对美国投资以及美国对加拿大的双倍投资。澳大利亚和新西兰的 FDI 流入量下降了 12%，降至 510 亿美元。

更多发达国家的对外投资有所回升，有 22 个国家实现了增长。2013 年欧洲对外投资增长 10%，达到 3280 亿美元，其中 250 亿美元来自欧盟国家。瑞士成为欧洲最大的对外投资国（见图 A）。相比之下，北美地区对外直接投资下降 10%，降至 3810 亿美元。回流到欧洲的资金转移（如减少公司内部贷款）不断增加，抵消了美国跨国公司海外现金积累（例如增加再投资收益）的影响。日本的对外投资连续三年增长，达到 1360 亿美元。除对美国投资之外，向东南亚地区的市场寻求型投资也不断增长，这对日本确立世界第二对外投资国的地位起了重要作用（见图 A）。

欧洲主要国家的不同趋势。欧洲 FDI 流量每年均有剧烈波动。在主要经济体中，德国 FDI 流入量增幅超过 1 倍，从 2012 年的 130 亿美元增长到 2013 年的 270 亿美元。相比之下，法国 FDI 流量下降了 80%，降至 50 亿美元；英国下降了 19%，降至 370 亿美元。在各种因素中，公司内部贷款的大幅波动是一个重要原因。德国公司的内部贷款在 2012 年下降了 390 亿美元，2013 年上升了 200 亿美元。法国公司的内部贷款从 2012 年的 50 亿美元下降到 2013 年的 -140 亿美元，这显示出外国公司从法国子公司撤资的趋势。与此类似，英国公司内部贷款从 -20 亿美元降至 -100

亿美元。在内部贷款流入方面，与 2012 年相比有较大变动的国家还包括卢森堡（增加了 220 亿美元）与荷兰（增加了 160 亿美元）。

公司内贷款出现减少，降低了美国 FDI 流出量。2013 年，有两种类型的交易对美国对外投资起到了相反作用。一方面，2013 年美国最大的跨国公司增加了估计超过 2000 亿美元的海外现金持有量，使其现金持有总量达到近 2 万亿美元，比 2012 年增长 12%。另一方面，非欧洲的债券发行者（绝大多数是美国公司，也有部分亚洲公司）出售了价值 1320 亿美元（比 2011 年增长三倍）的以欧元计价的公司债券，将部分收益转移到美国以满足资金需求。[58] 为了推迟缴纳企业所得税，美国公司更倾向于通过外部借款而不是遣返留存收益来满足融资需求。[59] 同时，有利的利率水平使这些公司增加了在欧洲的资金持有量。因此，这导致 2013 年美国公司内贷款流出量出现负值（-61 亿美元），而 2012 年这一数字为 210 亿美元。

谈判中的 TTIP。跨大西洋贸易与投资伙伴协定（TTIP）是欧盟与美国提议建立的自由贸易区（FTA）。谈判于 2013 年 7 月启动，有望于 2015 年或 2016 年初完成。如果这一协议能够达成，TTIP 将产生世界最大的自由贸易区。TTIP 的主要目标在于协调监管机制，降低贸易和投资的非关税壁垒，[60] 其中很多方面均可能对 FDI 产生影响。

欧盟和美国贡献了全球 GDP 的 45% 以上。2004~2012 年，TTIP 内的 FDI 流量平均占全球 FDI 流量的一半左右（见图 2.19）。欧盟内部的 FDI 流量变动较大，但欧盟与美国的 FDI 流量近年来一直保持相对稳定的态势。

从美国的角度来看，欧盟 GDP 总量占据了除美国外世界 GDP 的 30%。在作为美国对外投资的目的地方面，欧盟的地位更为重要，因为其占美国 FDI 流出量比例在 2004~2012 年从 41% 上升至 59%，占美国对外投资存量比例目前已超过

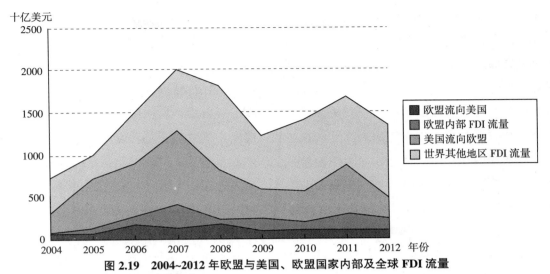

图 2.19 2004~2012 年欧盟与美国、欧盟国家内部及全球 FDI 流量

资料来源：UNCTAD，根据 Eurostat 相关数据整理。

50%[61]。相比之下，欧盟占美国出口比例在相同时期只有 25%。美国对外投资的主要东道国见表 2.7。

美国对欧洲投资的行业分类显示，美国对欧洲投资存量的 4/5 在服务业，其中"控股公司（非银行）"占 60%，"金融业（不包括存款机构）和保险业"占 20%，制造业占 12%。

从欧盟角度来看，大部分欧盟国家的 FDI 来自其他欧盟国家。2004~2012 年，本地区 FDI 流入量的 63% 来自欧盟内部，15% 来自美国。截至 2012 年底，欧盟 FDI 存量的 76% 来自欧盟内部和美国。鉴于欧盟是一个整体，美国是其最大的投资伙伴，美国的投资占欧盟以外国家对欧盟投资总和的 1/3。

表 2.7 2012 年美国在主要东道国的投资存量

东道国	FDI 存量（百万美元）	比例（%）
荷　兰	645098	14.5
英　国	597813	13.4
卢森堡	383603	8.6
加拿大	351460	7.9
爱尔兰	203779	4.6
新加坡	138603	3.1
日　本	133967	3.0
澳大利亚	132825	3.0
瑞　士	130315	2.9
德　国	121184	2.7
欧　盟	2239580	50.3
各国总和	4453307	100.0

注：不包括百慕大与英属加勒比群岛（包括安的列斯群岛、英属维尔京群岛、开曼群岛、蒙特塞拉特岛）。

资料来源：UNCTAD，Bilateral FDI Statistics，http://unctad.org/en/Pages/DIAE/FDI%20Statistics/FDI–Statistics–Bilateral. aspx。

表 2.8 2012 年按投资来源国划分的美国外资存量

投资国	FDI 存量（百万美元）	比例（%）
英　国	486833	18.4
日　本	308253	11.6
荷　兰	274904	10.4
加拿大	225331	8.5
法　国	209121	7.9
瑞　士	203954	7.7
卢森堡	202338	7.6
德　国	199006	7.5
比利时	88697	3.3
西班牙	47352	1.8
澳大利亚	42685	1.6
欧　盟	1647567	62.2
各国总和	2650832	100.0

注：不包括百慕大与英属加勒比群岛（包括安的列斯群岛、英属维尔京群岛、开曼群岛、蒙特塞拉特岛）。

资料来源：UNCTAD，Bilateral FDI Statistics，http://unctad.org/en/Pages/DIAE/FDI%20Statistics/FDI–Statistics–Bilateral. aspx。

对美国来说，2004~2012 年，来自欧盟的投资占美国 FDI 流入量的比例从 45%上升到 75%。在 FDI 存量方面，欧盟所占比例 2012 年底已达到 62%（见表 2.8）。其中最大的投资者包括欧盟主要经济体，如法国、德国及英国。在对美国投资的母国中，卢森堡和荷兰也位居前列。这些经济体占比较高的原因在于它们已经成为跨国公司整合全球公司的首选地区。2013 年，两家最大的芯片制造商——美国 Applied Materials 公司和日本 Tokyo Electron 公司——的兼并体现了这一点。为了实现兼并，两家公司在荷兰成立控股公司，通过股权交换，它们分别成为荷兰控股公司位于美国和日本的分公司。

以色列 FDI 增长迅速。跨国公司不断增长的现金持有量使以色列从中受益，因为以色列是风险资本创业公司充满活力的聚集地，尤其在知识密集型产业。这些公司已经成为全球跨国公司并购的重要目标。据估计，2013 年外国跨国公司在收购以色列公司方面已投入 65 亿美元，[62] 使以色列 FDI 流入量达到创纪录的 120 亿美元。引人注目的例子包括 Google 公司以 9660 万美元的价格收购 Waze 公司，NCR 公司以 7350 万美元的价格收购 Retalix 公司以及 Cisco 以 4750 万美元的价格收购 Intucell 公司。Berkshire Hathaway 公司斥资 20.5 亿美元获得了对以色列子公司 IMC 的完全控制权。穆迪（Moody）的一份报告指出，截至 2013 年末，美国非金融类公司最大规模的公司现金储备（包括国内和离岸现金储备）出现在科技行业，其规模占现金储备总量的 39%，其次是医疗保健业和制药业。[63] 这种知识密集型行业的资金积聚预示着以色列将有更多的此类交易。

投资转向消费导向型行业。由于发展中国家在全球经济中的比重逐渐上升，发展中国家对发达国家 FDI 流入和流出的影响日益明显。发展中经济体的居民更加富裕，城市化水平更高，市场潜力更大，因此全球跨国公司都热衷于占领这一市场。例如，中国经济由投资导向型向消费拉动型转变，也将使外国投资更多地流向消费导向型产业，如食品行业（见图 B 和图 D）。

一方面，发达国家跨国公司正在进入迅速发展的中国食品市场。在经中国竞争监管机构批准之后，日本丸红（Marubeni）贸易公司作为中国最大的大豆来源商，斥资 27 亿美元收购了美国谷物贸易公司 Gavilon 公司。另一方面，这也影响了中国的对外投资进程：在中国公司对美国公司最大的收购案例中，双汇集团（Shuanghui）以 47 亿美元的价格收购美国猪肉生产商 Smithfield 公司；双汇集团的战略是将肉制品从美国出口到中国及其他国家。中国农产品加工业对外投资的另一案例为上海鹏欣集团（Pengxin）推出了收购新西兰 Synlait 农场计划，后者拥有 4000 公顷农田，价值 7300 万美元。[64] 此前，鹏欣集团（Pengxin）已于 2012 年斥资 1.63 亿美元收购了拥有 8000 公顷土地的 Crafar 农场。

采掘业投资增度放缓。在采矿业，受中国激增的需求而产生的乐观情绪已被更加谨慎的态度所取代。Rio Tinto 公司（美国/澳大利亚）宣布其资本支出将从 2012 年的 170 亿美元降低至 2015 年的 80 亿美元。澳大利亚必和必拓公司（BHP Billton）也有意降低其资本支出和勘探预算。瑞士 Glencore Xstrata 公司宣布于 2013~2015 年将资本支出降低 35 亿美元。采矿业投资放缓已影响到自然资源丰富的发达国家，在跨境并购方面尤其明显（见图 B）。发达国家在采矿业的净并购销售额（类似于输入型 FDI）于 2011 年达到 1100 亿美元的顶峰，这也是大宗商品最繁荣的时期，但在 2013 年骤降至 380 亿美元。例如，美国这一并购额从 2011 年的 460 亿美元降至 2013 年的 20 亿美元；澳大利亚则从 2011 年的 240 亿美元降至 2013 年的 50 亿美元。与此类似，发达国家采矿业跨境并购净买入量（类似于输出型 FDI）2011 年为 580 亿美元，而 2013 年出现了-42 亿美元的净撤资局面。

快速发展的市场受到跨国公司关注。新兴经济体不断发展的消费市场仍是发达国家跨国公司的主要目标。日本饮料公司 Kirin 控股集团于 2011 年收购了巴西 Schincariol 公司，其计划是 2014 年投资 15 亿美元，以提升在巴西的啤酒酿造能力。日本食品饮料公司 Suntory 集团以 136 亿美元的价格收购了美国 Beam Inc.公司，以 21 亿美元的价格收购了饮料品牌 Lucozade 和葛兰素史克公司（GlaxoSmithKline）的 Ribena 公司。这些并购对日本公司在美国和英国的发展具有重要意义，同时有助于借助 Beam Inc.公司构建在印度、俄罗斯和巴西的分销网络，借助 Lucozade 和 Ribena 公司构建在尼日利亚和马来西亚的分销网络。

新兴经济体城镇人口不断增加，发电需求快速上升，促进了发达国家跨国公司的投资。2013 年 10 月，一个包括土耳其发电公司、日本伊藤忠商事株式会社（Itochu）、法国燃气苏伊士集团（GDF Suez）在内的国际财团与土耳其政府签署一项框架协议，旨在研究在土耳其锡诺普地区（Sinop）建立核电站的可行性。[65] 法国燃气苏伊士集团（GDF Suez）也与日本贸易公司三井公司（Mitsui）、摩洛哥能源控股集团 Nareva 合作，组成合资企业 Safi 能源公司。此公司已于 2013 年 9 月成功签署协议，获准经营一个位于摩洛哥的火力发电站。[66] 另一个欧洲电力公司——德国 Eon 公司获得了土耳其电力公司 Enerjisa 50%的股权，同时于 2013 年增加了对巴西电力公司 MPX 的持股份额，以期在新兴市场开展业务。

对"下一个新兴市场"的角逐也使跨国公司把低收入国家作为目标市场。例如，日本日清食品制造商（Nissin Food）与肯尼亚乔莫肯雅塔农业技术大学（Jomo Kenyatta University of Agriculture and Technology）合作建立合资企业，首先为进口包装面条打开市场，2014 年开始在肯尼亚本土生产业务。这一合资企业旨在利用东非共同体（EAC）内部的自由贸易便利条件，以当地农业产品为投入原料，将包装面条出口到邻国。

为非洲投资提供便利措施。2013 年 6 月，美国政府宣布一项旨在使撒哈拉以南非洲人口翻倍的建设项目——"非洲电力"项目已具备发电能力。在第一阶段即 2013~2018 年，美国政府承诺提供超过 70 亿美元的金融支持与贷款担保，这将带动私人合作伙伴的投资承诺，其中许多是跨国公司，它们在东道国电力部门的投资将超过 147 亿美元。同时，日本政府宣布为本国的跨国公司提供一项 20 亿美元的支持机制，鼓励其在非洲自然资源开发项目中的投资。[67] 其中一个项目用于支持三井公司（Mitsui）投资莫桑比克天然气项目，预期价值为 30 亿美元。

2014 年的 FDI 数据可能不会普遍乐观。联合国贸易发展会议基于经济基本面的预测显示，2014 年发达国家 FDI 流入量将可能增长 35%（第一章）。2014 年初有迹象表明，并购活动在 2014 年第一季度显著加快。此外，"股东积极主义"可能在北美地区加剧，增加了消费累积盈余的额外动力。然而，对 FDI 流量下降的预期仍然存在。例如，英国 Vodafone 公司撤走其在美国 Verizon Wireless 公司 45%的股份，总价值达 1300 亿美元，这在美国统计数据中将显示为负向 FDI 流入量。

二、结构脆弱的小型经济体趋势

（一）最不发达国家

表 A   2013 年各经济体 FDI 流量分布①

范　围	流入国	流出国
20 亿美元以上	莫桑比克、苏丹、缅甸、民主刚果	安哥拉
10 亿~19 亿美元	赤道几内亚、坦桑尼亚、赞比亚、孟加拉国、柬埔寨、毛里塔尼亚、乌干达、利比里亚	—
5 亿~9 亿美元	埃塞俄比亚、马达加斯加、尼日尔、塞拉利昂、乍得	苏丹、利比里亚
1 亿~4 亿美元	马里、布基纳法索、贝宁、塞内加尔、老挝、吉布提、海地、马拉维、卢旺达、索马里、所罗门群岛	民主刚果、赞比亚
1 亿美元以下	多哥、尼泊尔、阿富汗、莱索托、厄立特里亚、瓦努阿图、圣多美和普林西比、萨摩亚、冈比亚、几内亚、不丹、东帝汶、几内亚比绍、科摩罗、基里巴斯、布隆迪、中非、也门、安哥拉	布基纳法索、也门、马拉维、贝宁、柬埔寨、多哥、孟加拉国、塞内加尔、莱索托、卢旺达、东帝汶、马里、毛里塔尼亚、所罗门群岛、几内亚、瓦努阿图、几内亚比绍、圣多美和普林西比、萨摩亚、基里巴斯、莫桑比克、乌干达、尼日尔、老挝

注：①各经济体按 FDI 流量大小分类排列。

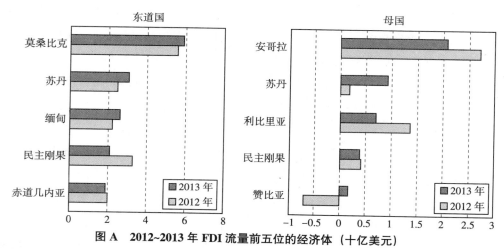

图 A   2012~2013 年 FDI 流量前五位的经济体（十亿美元）

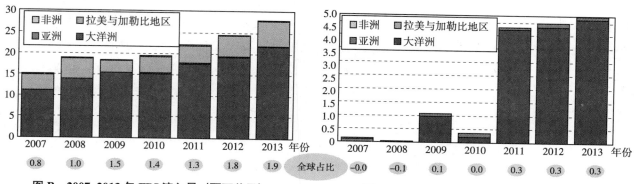

图 B   2007~2013 年 FDI 流入量（百万美元）

图 C   2007~2013 年 FDI 流出量（百万美元）

表 B　2012~2013 年跨国并购的行业分布
（百万美元）

部门/行业	出售额		购买额	
	2012 年	2013 年	2012 年	2013 年
总量	**374**	**26**	**−102**	**−12**
第一产业	**11**	**16**	**—**	**−12**
采掘业与石油业	11	16	—	−12
制造业	**342**	**37**	**−185**	**—**
食品、饮料与烟草制品业	351	20	—	—
纺织、服装与皮革业	—	2	—	—
化学品与化工产品业	—	—	−185	—
制药、药用化学品与植物性药品业	—	15	—	—
非金属矿物制品业	90	—	—	—
服务业	**22**	**−27**	**83**	**—**
信息与通信业	18	3	—	—
金融与保险业	1	−42	83	—
商务服务业	–	12	—	—

表 C　2012~2013 年跨国并购交易的国家/地区分布
（百万美元）

国家/地区	出售额		购买额	
	2012 年	2013 年	2012 年	2013 年
全球	**374**	**26**	**−102**	**−12**
发达经济体	**−1217**	**−4020**	**88**	**2**
塞浦路斯	—	−155	—	—
意大利	—	−4210	—	—
瑞士	—	761	—	—
加拿大	−1258	−353	—	—
澳大利亚	−115	−36	—	—
发展中经济体	**1591**	**4046**	**−190**	**−14**
尼日利亚	—	—	−185	—
巴拿马	—	−430	—	—
中国	1580	4222	—	−14
马来西亚	—	176	—	—
转型经济体				

表 D　2012~2013 年绿地投资项目的行业分布
（百万美元）

部门/行业	最不发达国家作为东道国		最不发达国家作为投资国	
	2012 年	2013 年	2012 年	2013 年
总量	**21923**	**39943**	**1005**	**1528**
第一产业	**4390**	**3461**	**—**	**7**
农林牧渔业	—	1940	—	—
采矿、采石与石油业	4390	1520	—	7
制造业	**6727**	**8100**	**91**	**395**
焦炭、石油产品与核燃料产品业	1970	1764	—	—
非金属矿物制品业	1265	3379	—	262
汽车与其他交通设备制造业	397	812	—	—
服务业	**10806**	**27482**	**914**	**1126**
电力、天然气及水的生产与供应业	3905	17902	—	—
交通运输、仓储与通信业	2234	4819	168	92
金融业	1920	1523	327	593
商务服务业	725	1224	418	37

表 E　2012~2013 年绿地投资项目的国家/地区分布
（百万美元）

国家/地区	最不发达国家作为东道国		最不发达国家作为投资国	
	2012 年	2013 年	2012 年	2013 年
全球	**21923**	**39043**	**1005**	**1528**
发达经济体	**8822**	**24806**	**32**	**122**
芬兰	18	1942	—	—
英国	1289	2152	—	—
冰岛	—	4000	—	—
美国	3251	1194	—	—
日本	1371	11332	—	—
发展中经济体	**13072**	**14237**	**973**	**1366**
尼日利亚	691	1833	—	17
南非	786	2360	8	—
马来西亚	342	1059	1	2
印度	4383	3479	—	41
转型经济体	**30**	**—**	**—**	**39**

2013 年，最不发达国家（LDCs）的 FDI 流入量增至 280 亿美元。受服务部门已公布的投资项目驱动，这些国家的绿地投资规模回升至三年来的最高点。外来资金成为这些国家基础设施项目融资的重要组成部分，但是已公布的投资项目中有相当部分不会产生实际的 FDI 流入。虽然不断增长的官方发展资金对其基础设施具有积极的支持作用，但是这些国家的预期投资需求更大。在

最不发达国家，调动所需资源以完善基础设施仍然存在挑战。

LDCs 的 FDI 流入量增长 14%，达到 280 亿美元。尽管一些大型 LDCs 的 FDI 流入量减小或不变（见图 A），但其他 LDCs 的 FDI 流入量则呈增长态势。安哥拉一笔 26 亿美元的撤资（负流入）对这一趋势起到决定作用，对此产生重要影响的还有埃塞俄比亚（7 亿美元或者增长 242%）、缅甸（4 亿美元或者增长 17%）、苏丹（6 亿美元或者增长 24%）和也门（4 亿美元或者 75% 的撤资）。LDCs 的 FDI 流入量占全球的比例仍旧很小（见图 B），其 FDI 流入量在发展中经济体中的份额由 2012 年的 3.4% 增长到 2013 年的 3.6%。

与 2012 年一样，发达经济体的跨国公司仍在向其他的外国投资者出售其在 LDCs 的资产。在 LDCs 跨境并购的净交易额（见表 B）掩盖了这样的事实，即此类交易中有超过 60 起发生在 2013 年。2013 年，尽管发达国家投资者的投资额继续下降（见表 C），表明这些经济体的投资者从 LDCs 的撤资达到了历史最高点，但发展中经济体投资者的净销售额却也同时达到一个历史高位，这主要是通过收购发达经济体撤资的资产来实现。例如，中石油获得了意大利埃尼公司在莫桑比克的油气开发项目公司的部分股权。其他类似案例包括嘉能可（瑞士）在乍得和刚果共和国的一系列并购，而这些股权来自加拿大和巴拿马各 4 亿美元的撤资（见表 C）。[68]

大规模能源项目推动了已公布绿地投资规模的回升。已公布的绿地投资项目数量达到历史新高，[69] 并且总交易额也达到三年来的最高点。服务业绿地投资的强劲增长（见表 D）贡献了绿地投资总额的 70%，并推动了绿地投资的最终增长。2013 年，能源（11 个项目）和运输、仓储和物流（59 个项目）领域的绿地投资都达到了各自的历史最高点。在日本与冰岛对 LDCs 投资的引领下，来自发达经济体的绿地投资处于 10 年来的最高水平（见表 E）。这些国家的投资者对单一大型电力项目的投资促成了对 LDCs 绿地投资规模的迅速上升。

日本投资的最大规模化石燃料发电项目（见表 2.9）是缅甸新成立的经济特区（SEZ）的重要开发项目（见专栏 2.6）。冰岛在埃塞俄比亚的 40 亿美元地热能源项目（见表 2.9）投资则受到了美国政府的支持，并作为美国"六个国家点亮非洲"计划的一部分。这一 70 亿美元的援助计划旨在使非洲能够使用电能的人数翻一番。[70] 雷克雅未克地热（冰岛）将在未来 8~10 年建立和生产高达 1000 兆瓦的地热能源，并使该项目成为 LDCs 历史上规模最大的可替代能源项目。

在对 LDCs 进行投资的发展中经济体中，印度继续保持领先，南非和尼日利亚位列第二位和第三位。在发展中国家投资者中，尽管 LDCs 已公布的投资额占比较上一年降低了 21%（见表 E），但印度仍然保持领先。印度在 LDCs 的绿地投资大多集中在能源项目（以金达尔钢铁和能源公司为首）和电信项目（以巴蒂集团为首）。2013 年，孟加拉国是亚洲唯一有来自印度绿地投资记录的 LDCs。[71] 南非和尼日利亚对 LDCs 的绿地投资也表现出强劲的增长（见表 E）。其中，莫桑比克的第四大投资项目占南非对 LDCs 绿地投资额的 2/3（见表 2.9），尼日利亚对 LDCs 的绿地投资额也创造了历史纪录，其重要贡献来自丹格特集团在五个非洲 LDCs 和尼泊尔水泥项目的投资（总计 18 亿美元）。来自尼日利亚的绿地投资项目也促进了 LDCs 在非金属矿产品行业绿地投资规模的迅速发展（见表 D）。

表 2.9　2013 年最不发达国家五项最大的绿地投资项目

东道国	行业分类	投资公司	母　国	预计投资额（百万美元）
缅甸	矿物燃料发电业	Mitsbishi	日本	9850
埃塞俄比亚	地热发电业	Reykjavik Geothermal	冰岛	4000
莫桑比克	林业与采伐业	Forestal Oriental	芬兰	1940
莫桑比克	石油与煤炭制品业	Beacon Hill Resources	南非	1641
柬埔寨	生物能源发电业	Wah Seong	马来西亚	1000

资料来源：UNCTAD，根据金融时报 fDi Markets 有关资料整理（www.fDimarkets.com）。

在日渐增长的 LDCs 已公布基础设施项目中，外部融资已成为重要的融资渠道。在能源、运输、仓储和电信行业（见表 D）已公布绿地投资的迅速增长表明，越来越多的外国投资者已经参与到 LDCs 的基础设施项目中来。2003~2013 年，LDCs 共公布了近 290 个基础设施项目[72]——包括国内投资和非股权投资方式，[73] 累积投资额达3320 亿美元（年均 300 亿美元），[74] 其中的 142 个项目，占项目总额的 43%（1440 亿美元），其全部或部分资金来自外国投资者（包括公共实体，如双边或多边发展机构）。如果包括投资者不确定的 110 个项目，投资额几乎达到总投资额的一半（1640 亿美元）。能源项目成为主导，占所有外国投资者参与项目预计投资额的 61%（如果包括未确定来源投资者，该比例可达 71%）。[75]

在过去 10 年中，对 LDCs 基础设施项目的投资数量从 2003~2005 年的年均 15 项增加到 2011~2013 年的年均 34 项，项目投资额几乎翻了两番（从 2003~2005 年的年均 110 亿美元增长到 2011~2013 年的 430 亿美元）。基础设施项目投资额于 2008 年和 2012 年两次冲顶（见图 2.20）。这两次冲顶都与单一的巨型投资项目有关，其一是 2008 年在刚果民主共和国的投资项目（能源方面 800 亿美元），[76] 另一个则是 2012 年在缅甸的（500 亿美元）投资项目。不仅是项目数量在 2013 年达到前所未有的高度，而且项目投资总额在 2012~2013 年也经历了显著增长（见图 2.20）。这是由于非洲交通运输项目的显著增长造成的，如坦桑尼亚 100 亿美元的油气自由港区项目、莫桑比克 40 亿美元铁路项目和 30 亿美元铁路港口联运项目等。[77]

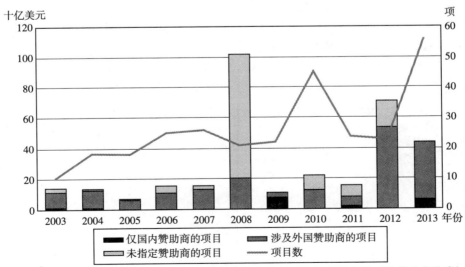

图 2.20　2003~2013 年最不发达国家基础设施建设项目数与项目金额（按赞助商分类）

资料来源：UNCTAD。

相当一部分（已公布的）基础设施投资并没有产生 FDI 的实际流入。从 LDCs 现有 FDI 存量水平（见附表 2）和 LDCs 年均 FDI 流入量（2003~2013 年 167 亿美元）来看，有相当一部分外资和未确定来源的基础设施投资项目（每年约290 亿美元，其中未确定来源投资者 150 亿美元）并没有带来 FDI 的流入。由于项目可以由不同类型投资者合资完成，所以并不是所有项目都是外商独资项目。同样的，FDI 统计数据也没有统计外商投资的很多重要组成成分，如 TNCs 通过非

股权投资（参见 WIR2008 和 WIR2011）、负债、结构型融资，或者双边或多边捐款基金形式。[78] 还有一种可能是，一些已公布的项目被取消或未能实现。另一种可能的解释是，项目公布的时间与 LDC 东道国收到 FDI 的时间并不一致。[79] 2008年和 2012 年公布的两个巨型项目（见专栏 2.5 和专栏 2.6）反映了这种差异及其对流入额的影响。到目前为止，这两个项目都没有带来那么高的外商或国内投资水平。

专栏 2.5　大因加水电站项目：第一阶段开发的外资来源尚未落实

2008 年，当达 800 亿美元的大因加水电项目启动时，刚果民主共和国等五个非洲国家（其他四个国家分别是安哥拉、博茨瓦纳、纳米比亚和南非）同意在西部电力走廊公司管理下联合进行这一项目，西部电力走廊是五国国有控股公司的合资公司，五国各占 20% 股权。东道国已经与必和必拓（澳大利亚）公司达成协议，利用来自该项目第一阶段"因加III"产生的 2000 兆瓦电力，共同开发价值 30 亿美元的铝熔炼厂。[80] 但是，在 2009 年，为了获得该项目更大的控股权，刚果民主共和国政府撤回协议，并准备独立完成因加III。[81] 必和必拓其后又中标建设 50 亿美元熔炼厂和 35亿美元 2500 兆瓦发电项目。不过在 2012 年初，由于经济困难，该公司放弃了这两个项目，并从因加III撤资。

2013 年 5 月，这个停滞的项目迎来了转机，预计将花费 120 亿美元建设 4800 兆瓦发电项目，并由艾斯康（南非）和国家电力公司（刚果民主共和国）共同管理。2013 年末，刚果民主共和国和南非达成了一项合作协定，约定南非将购买至少一半该项目生产的电能。由于获得了非洲发展银行（3300 万美元）和世界银行（7300 万美元）的资金和技术援助，[82] 基础性开发的可行性研究已经开展起来。尽管其他双边发展机构和区域性银行对资助该项目表现出兴趣，但是并未达成确定的承诺。

三个财团，包括来自加拿大、中国、韩国和西班牙的跨国公司，已经获准对这一 120 亿美元的项目进行投标，投标结果将于 2014 年夏季公布。[83] 尽管确切数额要看最终哪个财团中标以及项目的结构，但这次招标仍将扩大 TNCs 的 FDI 活动和非股权投资活动。项目预计在 2016 年初开始建设，并在 2020 年投入运营。

资料来源：UNCTAD 基于 "Grand Inga Hydroelectric Project: An Overview", www.internationalrivers.org, 和 "The Inga 3 Hydropower Project", 27 January 2014, www.icafrica.org 整理。

专栏 2.6　土瓦 (Dawei) 经济特区：已确认 100 亿美元投资

正在为剩余 400 亿美元继续寻找新的投资者

缅甸的土瓦经济特区是一个预期投资达 500 亿美元的建设—运营—拥有项目，该项目注册时归入交通运输项目类别，但事实上是一个多部门基础设施项目：包含一条缅甸与泰国之间的双向公路、一个海港、多个钢厂、石油精炼厂、化工厂、发电厂、通信线路、供水系统、一个废水处理系统、以及住房和商业设施。

项目于 2012 年底公布，由泰国最大的建筑集团——意大利—泰国发展 (ITD) 负责建设，并拥有 75 年的特许权。ITD 有责任完成第一阶段 80 亿美元的项目，并于 2014 年 4 月开工建设。[84] 但是，由于 ITD 不能保证项目的资金需求并且未获得能源基础设施开发许可，缅甸和泰国政府于 2013 年通过建立一个联合特殊目的实体 (SPV) 接管了该项目。[85]

泰国—缅甸 SPV 与日本政府接触，后者已经参与了缅甸的另一个经济特区（位于台拉瓦）的开发建设，[86] 并力图使土瓦成为东盟地区新的制造中心。2013 年 11 月，泰缅 SPV 引进了一家日本跨国公司参与一个位于土瓦的 7000 千瓦电站项目，预计投资额 99 亿美元。为了管理这一项目，日本三菱集团 (30%) 与两家泰国企业泰国发电管理局 (50%) 与 ITD (20%) 联合成立了一家泰日合资企业。[87]

为了落实土瓦经济特区的其余 6 个基础建设部分，泰缅 SPV 继续寻求新的投资者。特区的可行性依赖于成功地实施预定的基础设施建设。直到其余的 400 亿资金到位后，其前景才会明朗。

资料来源：UNCTAD。

LDCs 基础设施项目的融资规模增长较快，但预计的投资需求缺口仍然较大。除了 FDI 和非股权投资方式外，OECD 发展援助委员会 (DAC) 的政府开发援助 (ODA) 一直是 LDCs 基础设施项目的重要外部资金来源。由于 ODA 可以作为促进 FDI 流向 LDCs 基础设施的催化剂（WIR, 2010)，因而应当加强 ODA 资金来源与 FDI 流入之间的协同作用，以提高 LDCs 的生产能力。[88]

在运输和仓储业的引领下，LDCs 的部分基础设施建设行业吸纳的官方发展融资 (ODF) 金额稳步增长（见图 2.21)。[89] 其中包括 ODA 和来自多边发展银行的非优惠性融资。[90] 不过，流向 LDCs 基础设施项目的累积 ODF 资金已经达到 410 亿美元，[91] 或年均 40 亿美元，占 2003~2012 年

平均 GDP 的 0.9%。

DAC 捐助对基础设施融资的贡献较小，这不仅存在于 LDCs。[92] 但是，考虑到低收入国家每年不得不拿出 GDP 的 12.5%（或者大约 600 亿美元）来满足千年发展目标 (MDGs)，[93] ODF 每年 40 亿美元（预期 600 亿美元的 7%）就显得落后于 LDCs 的相应投资需求。考虑到这些国家面临的结构性难题，其国内私人部门很不发达，要实现千年发展目标，弥补 ODF 与投资需求之间的缺口（参见第四章）就成为一个艰巨的任务。

例如，在供水和卫生领域，过去 10 年里公布的项目中很少有外商投资项目，以 ODF 资助水平最高的 2012 年来看，对 LDCs 的 ODF 支付总额（18 亿美元）还不及相关投资目标需求的 10%，

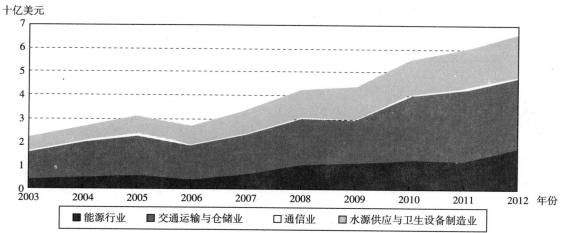

图 2.21 2003~2012 年最不发达国家特定部门的 ODF 金额

注：不包括这四个部门与金融相关的培训、保险、行政与管理等方面的支出。
资料来源：UNCTAD，OECD 债权人报告系统分部门数据。

这些目标需求包括 MDG 供水和卫生目标（80 亿美元）与全民医保目标（120 亿美元）融资需求（2011~2015 年年均 200 亿美元）。[94] 因此，按照现有的外部融资水平，剩余的 180 亿美元资金就只能依靠非常有限的 LDCs 内部资金来源。

展望。已公布的项目表明，LDCs 基础设施项目的 FDI 流入量正在增长，并对这些国家的可持续经济增长产生着积极的作用。在东盟地区 LDCs，通过吸引大型基础设施建设项目和制造业与服务的 FDI 项目，FDI 的流入量还将继续上升。由于基础设施投资倾向于流向资源丰富的大型国家，而不是资源稀缺的小国，FDI 在 LDCs 分布不均衡的风险仍会加剧。

在保证 LDCs 基础设施建设的可用资源调动方面仍然存在着很大的困难。除了对 LDCs 的国际援助目标外，推动私人资金进行发展中经济体的基础设施投资的捐助行为也可以为 LDCs 带来更多的发展资金——例如，一些 DAC 援助者对公私合营组织（PPPs）提供明确支持，[95] 欧盟的混合组织[96]——G-20 希望协调行动来提升低收入国家的基础设施投资（OECD，2014）。为了实现 SDGs 的目标（见第四章），在经济和社会基础设施领域推动影响力投资和私人投资将为这些 LDCs 带来机遇。FDI 重要性的提升和来自发展中国家发展的资金流入，[97] 对于这些 LDCs 的影响也相当重要。

在 LDCs，FDI 增长和可持续发展很大程度上依赖于尚处于筹备期的基础设施项目的成功开发和运营。从这个角度看，东道国和投资者的资源需要更加有效的动员。尽管国际开发伙伴已经采取了更有效的努力来获得更好的发展效果，LDCs 也应强化在基础设施领域的国内投资。[98]

（二）内陆发展中国家

表 A 2013 年 FDI 流量在各经济体的分布①

范　围	流入国	流出国
10 亿美元以上	哈萨克斯坦、土库曼斯坦、阿塞拜疆、蒙古、赞比亚、玻利维亚、乌干达、乌兹别克斯坦	哈萨克斯坦、阿塞拜疆
5 亿~9.99 亿美元	埃塞俄比亚、吉尔吉斯斯坦、尼日尔、乍得	—

续表

范　围	流入国	流出国
1 亿~4.99 亿美元	津巴布韦、巴拉圭、马里、布基纳法索、亚美尼亚、马其顿、老挝、摩尔多瓦、博茨瓦纳、马拉维、卢旺达、塔吉克斯坦	赞比亚
0.1 亿~0.99 亿美元	尼泊尔、阿富汗、斯威士兰、莱索托、不丹	布基纳法索、蒙古、马拉维、摩尔多瓦、津巴布韦、莱索托、亚美尼亚、卢旺达
0.1 亿美元以下	布隆迪、中非	马里、斯威士兰、吉尔吉斯斯坦、博茨瓦纳、乌干达、马其顿、尼日尔、老挝

注：①各经济体按 FDI 流量大小分类排列。

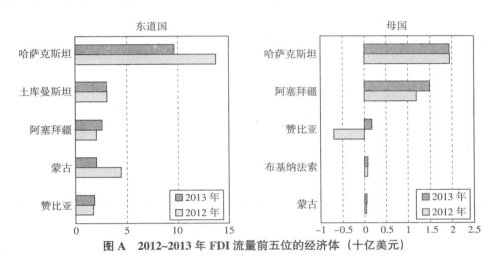

图 A　2012~2013 年 FDI 流量前五位的经济体（十亿美元）

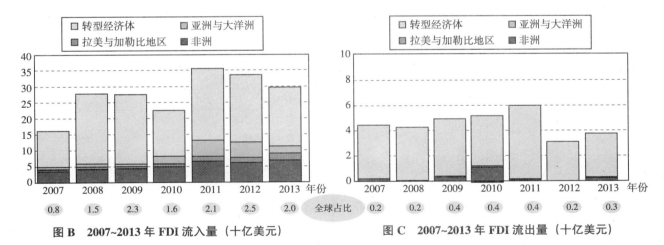

图 B　2007~2013 年 FDI 流入量（十亿美元）　　　图 C　2007~2013 年 FDI 流出量（十亿美元）

表 B　2012~2013 年跨国并购的行业分布
（百万美元）

部门/行业	出售额		购买额	
	2012 年	2013 年	2012 年	2013 年
总量	**−574**	**258**	**544**	**6**
第一产业	**−2612**	**−22**	**160**	**2**
采掘业与石油业	−2614	−22	160	2
制造业	**468**	**257**	**−183**	**—**
食品、饮料与烟草业	377	177		
化学品与化工产品业	—	5	−185	
汽车与其他交通设备制造业	—	60		
非金属矿物制品业	90	—		
服务业	**1570**	**23**	**566**	**3**
贸易	—	—	20	
信息与通信业	1542	20		
金融与保险业	17	3	598	3
公共管理与国防，强制性社会保障	—	—	−52	

表 C　2012~2013 年跨国并购的国家/地区分布
（百万美元）

国家/地区	出售额		购买额	
	2012 年	2013 年	2012 年	2013 年
全球	**−574**	**258**	**544**	**6**
发达经济体	**−804**	**99**	**445**	**2**
欧盟	−823	72	435	2
其他欧洲发达国家	−5	331	—	—
加拿大	2	−298	10	
美国	−22			
其他发达国家	44	−6		
发展中经济体	**191**	**160**	**−35**	**3**
非洲	106	—	−185	3
拉美与加勒比地区	−150	—		
西亚		6	150	
东亚、南亚与东南亚	235	154	—	
转型经济体	**23**	**—**	**133**	

表 D　2012~2013 年绿地投资项目的行业分布
（百万美元）

部门/行业	内陆发展中国家作为东道国		内陆发展中国家作为投资国	
	2012 年	2013 年	2012 年	2013 年
总量	**17931**	**17211**	**4005**	**1033**
第一产业	**1443**	**1207**	**—**	**—**
采掘业与石油业	1443	1207	—	—
制造业	**8931**	**5273**	**3276**	**407**
化学品与化工产品业	4781	128	—	92
非金属矿物制品业	66	1624	18	75
金属与金属制品业	1784	279	—	70
电子电气设备制造业	246	587	—	—
服务业	**7558**	**10730**	**729**	**626**
电力、天然气及水的生产与供应业	2300	5213	—	—
贸易	400	467	197	133
交通运输、仓储及通信业	1823	2349	168	139
金融业	1306	1301	240	332

表 E　2012~2013 年绿地投资项目的国家/地区分布
（百万美元）

国家/地区	内陆发展中国家作为东道国		内陆发展中国家作为投资国	
	2012 年	2013 年	2012 年	2013 年
全球	**17931**	**17211**	**4005**	**1033**
发达经济体	**5279**	**9879**	**178**	**188**
欧盟	3109	3618	128	150
其他欧洲发达国家	12	4346		
美国	1131	502	50	3
其他发达国家	431	1060	—	35
发展中经济体	**11853**	**6163**	**3587**	**507**
非洲	679	2872	308	174
东亚与东南亚	5561	1249	244	36
南亚	3643	776	—	116
西亚	1962	582	3034	114
拉美与加勒比地区	10	684	—	66
转型经济体	**799**	**1168**	**240**	**338**

　　2013 年，内陆发展中国家（LLDCs）的 FDI 流入下降 11%，达 297 亿美元，而 2012 年经过小幅下调修正后的流量数据为 335 亿美元。对这类国家的投资仍旧集中于转型经济 LLDCs，约占当年这类国家 FDI 流量的 62%。在非洲 LLDCs，FDI 流量上涨 10%，但其内部的流量差异很大：15 个国家中有 7 个出现了下降，另外 8 个国家，主要是矿产品出口经济体，则增长明显。与 2012

年相比，当时是韩国与西亚经济体引领投资，2013 年发达国家的投资者（特别是来自欧洲的投资者）处于领先地位，它们在 LLDCs 的投资份额从 2012 年的 29%增长到 2013 年的 57%。服务领域，特别是电力、供水供气部门与交通运输部门，继续成为吸引投资者兴趣之所在。

2013 年，流向这一地区的 FDI 总体上出现 11%的下降，达 297 亿美元。而 2012 年（经过调整后）的相应数据则小幅下降，从而使这类国家出现连续两年的 FDI 流量下降。LLDCs 中，亚洲国家的降幅最大，降幅近 50%，这主要是因为蒙古 FDI 流入量的急剧下降。UNCTAD 蒙古投资政策评论报告（UNCTAD，2014）认为，其下降与 2012 年初推出的投资法有关，并认为许多投资者，特别是那些已经非常谨慎的投资者，对蒙古的政策变化存有疑虑。[99] 2013 年该法又进行了修订。转型经济体 LLDCs 的 FDI 流入也下降了超过 12%，这主要是由于哈萨克斯坦的 FDI 流入下降，虽然有阿塞拜疆共和国的强劲表现（2013 年的 FDI 流入量增长了 31%），但仍无法扭转下降的趋势。

2013 年，其他次区域的 FDI 表现积极。流向拉丁美洲 LLDCs 的 FDI 流量增长了 38%，这是由于外国投资者对于玻利维亚投资兴趣的稳步上升。非洲 LLDCs 占总 LLDCs 流入量的份额也从 18%提高到了 23%，其中赞比亚的表现突出，其 FDI 流入量冲顶至 18 亿美元。然而，2013 年流向 LLDCs 的 FDI 仍旧较少，占全球 FDI 流量的比重只有约 2%，而且这一比例自 2012 年以来还在继续萎缩，说明此类国家仍处在经济边缘化地位。

LLDCs 的 FDI 流出量在 2011 年达到 61 亿美元的最高点，2012 年出现下降，2013 年又上涨 44%，达到 39 亿美元。从历史上看，哈萨克斯坦一直占 LLDCs 对外直接投资的大部分，如果包括阿塞拜疆，它们几乎就占了 LLDC 流出量的全部。

绿地投资与并购数据显示，投资格局在投资部门与来源国方面都出现了变化。2012 年，LLDCs 的主要投资者是发展中经济体，主要来自于韩国与印度。可是，2013 年发展中经济体的投资者对 LLDCs 的投资下降了近 50%，从 2012 年的 119 亿美元下降到 2013 年的 62 亿美元，但是也存在一些例外，如尼日利亚是 2013 年对 LLDCs 的第二大投资者。欧洲是 LLDCs 的主要投资来源国，约占 46%；在 LLDCs 进行投资的投资者中，发达经济体的份额由 2012 年的 29%提升至 2013 年的 57%。

就投资者的部门分布看，服务业仍旧很强。2013 年，服务业已公布的绿地投资增长了 42%。基础设施的投资翻了一番，特别是其中的发电、供水与供气部门，如雷克雅未克地热在埃塞俄比亚地热行业的 40 亿美元绿地投资项目（可参见前文）；运输部门的 FDI 流入上升了 29%。至于并购活动，主要领域的撤资行为，特别是欧洲投资者的撤资延续了 2012 年的情况，但撤资速度更加缓慢，2013 年，欧洲仍旧在并购活动中处于净购买者的角色。

1. 在 LLDCs 的 FDI，自阿拉木图第一次会议（2003）以来的盘点

2003 年达成的 LLDCs 的阿拉木图行动方案，旨在通过运输与交通领域的合作，促进 LLDCs 融入全球经济。联合国有关内陆发展中国家的第二轮会议将在 2014 年 11 月召开，届时将考察 LLDCs 在完成第一阶段目标中的表现，评估它们的基础设施需求，特别是那些可以促进贸易联系、降低运输成本和带来经济发展的投资需求。由于私人部门的重要作用，因而对于 LLDCs 来讲，采取措施促进投资活动，特别是运输、通信与公用事业的投资是十分重要的。

对过去 10 年 FDI 指标（见表 2.10）的分析表明，LLDCs 的表现喜忧参半。就 FDI 的增长而言，

它们的表现好于全球平均水平，但又低于发展中国家整体水平。在 LLDCs 国家内部，拉丁美洲与非洲地区的 FDI 增长比转型经济体与亚洲子区域要强劲。而从 FDI 对 LLDCs 经济体的重要性而言，以 FDI 存量占 GDP 的比重来衡量，LLDCs 比其他发展中国家平均高出 5 个百分点，这说明了

FDI 对 LLDCs 经济增长的重要意义。就 FDI 占经济发展的重要基石——资本形成（GFCF）的比例而言，过去 10 年 FDI 在 LLDCs 的重要性同样高于其他发展中国家。并且，就发展中国家或全球平均水平来讲，LLDCs 也以更加强劲的增长率参与到全球价值链之中。

表 2.10　2004~2013 年 FDI 与价值链的相关指标（%）

指　标	内陆发展中国家	发展中国家	世　界
FDI 流入量年增长率	10	12	8
FDI 流入存量与 GDP 比值，10 年均值	34	29	30
FDI 流入量占 GFCF 比值，10 年均值	21	11	11
价值链参与比率年增长率	18	12	10

注：年增长率为这一时期内的年复合增长率。

价值链参与比率表示一国出口占多阶段贸易过程的份额大小，即本国出口中（上游部分）的外国增加值（FVA）与外国出口（下游部分）中的本国增加值（DVA）之和除以本国总出口值。

资料来源：UNCTAD FDI-TNC-GVC 信息系统，FDI/TNC/database（www.unctad.org/fdistatistics），UNCTAD-Eora GVC 数据库。

2. 过去 10 年间 FDI 流入量的变化

自 2004 年以来，流向 LLDCs 的 FDI 基本上沿着一个上行的路径发展，下降年份有 2005 年以及

全球金融危机发生后的 2009 年与 2010 年。2012 年与 2013 年的流入量也出现了下降，但是与前三年的平均水平比，已经渐趋稳定（见图 2.22）。

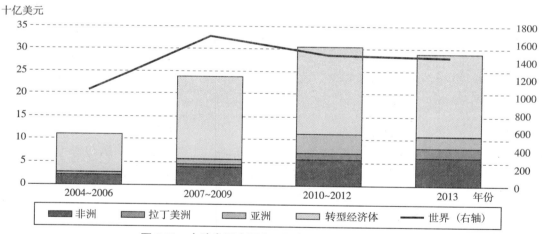

图 2.22　内陆发展中国家不同年份 FDI 流入均值

资料来源：UNCTAD FDI-TNC-GVC 信息系统，FDI/TNC/database（www.unctad.org/fdistatistics）。

流向 LLDCs 的 FDI 以 10% 的复合增长率（CAGR）上升，这一速度高于 8% 的世界平均水平，但低于发展中国家总体的 12%（见表 2.10）。虽然就投资额看，转型经济体 LLDCs 占 FDI 流入的大部分，但这一子区域的年均复合增长率却是

所有 LLDCs 子区域中最低的（见表 2.11）。亚洲与拉丁美洲经济体的 FDI 年均复合增长率是最高的，这大大降低了 FDI 流量的波动性影响。但是，拉丁美洲的情况却由于两个内陆国家而被扭曲，在亚洲则因蒙古自然资源类投资的繁荣而受到影

响，后者在过去 10 年时间里吸引了新增 FDI 中的很大份额。

表 2.11　2004~2013 年内陆发展中国家 FDI 流入量
（百万美元）

次区域	2004 年	2013 年	增长率（%）
内陆发展中国家总体	12290	29748	10
非洲	2464	6800	12
拉美与加勒比地区	113	2132	39
亚洲和大洋洲	305	2507	26
转型经济体	9408	18309	8

注：年增长率为这一时期内的年复合增长率。

资料来源：UNCTAD FDI-TNC-GVC 信息系统，FDI/TNC/database（www.unctad.org/fdistatistics），UNCTAD-Eora GVC 数据库。

另一个扭曲因素涉及矿产品出口经济体的权重，后者构成了转型经济体子区域的主要组成部分，特别是哈萨克斯坦。总体来看，转型经济体 LLDCs 在 2004~2013 年的流量占 LLDCs 的 FDI 流入总量的大部分，平均份额接近 70%。事实上，仅 6 个矿产品出口国，即哈萨克斯坦、土库曼斯坦、阿塞拜疆，再加上非转型经济体的蒙古、乌干达与赞比亚，就占到所有 LLDCs 流入量的近 3/4。虽然过去 10 年情况大致相同，有些国家吸引的 FDI 流量增长却更加明显，这很大程度上是自然资源部门发展的结果。这些国家包括蒙古、土库曼斯坦与乌干达，这三个国家在过去 5 年间

吸引了大量的 FDI 流入。在高峰时期的 2006~2008 年，哈萨克斯坦占全部 LLDCs 吸引 FDI 流入量的比重高达 60% 以上，随后其份额降低至 41% 左右，到 2013 年只有 1/3。

但是，LLDCs 流量占全球 FDI 流入量的比重仍旧很小，由 2004 年的 1.7% 到 2012 年的 2.5%，随后减至 2013 年的 2%。

3. FDI 对经济增长与资本形成的贡献

尽管 LLDCs 的 FDI 趋势仍旧被中亚的矿产品出口经济体的支配地位所扭曲，不过很明显，FDI 对 LLDCs 的经济发展具有重要的贡献。就其占 GDP 的比重看，其比重明显高于全球平均水平或者发展中国家总体水平。FDI 占 GDP 的比重在 2004 年达到了超过 6% 的高点，随后在 2012 年仍保持 5%。即使不考虑哈萨克斯坦及随后的蒙古，FDI 占 GDP 的比例在 LLDCs 仍旧高于世界平均水平与发展中国家的平均水平（过去 10 年，如果不包括哈萨克斯坦，该比例高出发展中国家平均水平 1.04 个百分点；如果不包括哈萨克斯坦与蒙古，则高出 0.53 个百分点）。

如果使用 FDI 存量数据而不是流量数据，这一结论不变（见图 2.23）。虽然其比重在 2007 年落后于发展中国家与世界平均水平，但在随后年

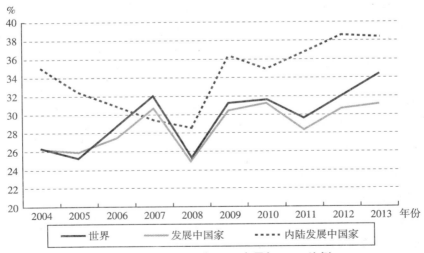

图 2.23　2004~2013 年 FDI 存量与 GDP 比例

资料来源：UNCTAD FDI-TNC-GVC 信息系统，FDI/TNC/database（www.unctad.org/fdistatistics）。

份，FDI 存量占 GDP 的比重快速上升，现已达到 38%，而发展中国家整体的平均水平仅为 31%。

FDI 在固定资本形成中（GFCF）的重要作用也证实了这一点，后者是长期投资与发展的基本因素之一。在 LLDCs，FDI 可以促进固定资本的形成，其促进作用明显高于全球平均水平及发展中国家平均水平（见图 2.24）。FDI 占固定资本形成的比重在 2004 年达到 27% 的峰值，2005 年急剧下降，到 2012 年又稳步攀升到 20% 以上。然而，重要的是 FDI 对于固定资本形成的相对重要性差异，其比重接近其他发展中国家及所有经济体相应比例的两倍；后两者在过去五年里一直徘徊在 10% 左右。

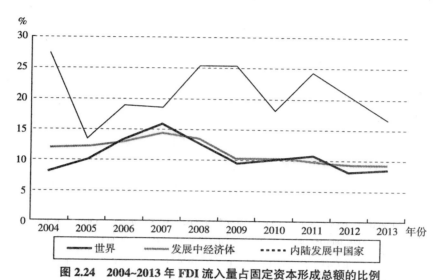

图 2.24　2004~2013 年 FDI 流入量占固定资本形成总额的比例

资料来源：UNCTAD FDI–TNC–GVC 信息系统，FDI/TNC/database（www.unctad.org/fdistatistics），IMF 固定资本形成数据。

4. FDI 投资在进入 LLDCs 全球价值链模式方面的作用

《世界投资报告 2013》提醒我们关注投资与贸易之间的联系，特别是当其通过跨国公司的全球价值链进行时。值得注意的是，虽然存在结构性约束，LLDCs 与其他发展中国家在参与全球价值链方面没有明显的差异：作为一个总体，其出口的 50% 左右是多个贸易环节的组成部分，并不明显低于发展中国 52% 的平均水平（见图 2.25）。

LLDCs 在 GVC 中上游环节的份额更少一些，体现了部分国家的出口中自然资源类产品的地位。因此，LLDCs 在上游环节的比重在 2011 年为 18%，这一比例低于发展中国家的平均水平（25%）。不过，在过去 10 年，LLDCs 的各个子区域在参与 GVCs 方面的表现非常突出：2004~2011 年参与 GVC 的复合增长率平均在 18% 以上，这一比率高于 10% 的全球增长率水平与 12% 的发展中国家增长率水平。考虑到在过去 10 年里，这一地区 FDI 流入速度的不断上升，可以推断 FDI 流入（特别是跨国公司引发的 FDI 流入）与参与 GVC 程度的迅速增长之间存在着某种联系。

5. LLDCs 的并购与绿地投资：一个更加细微的图景

就像 FDI 流入的总体结构一样，在 LLDCs 发生的并购活动中，哈萨克斯坦占据很大的份额。在过去 10 年已经完成的并购交易中，超过 1 亿美元的交易有 73 项，大约半数发生在哈萨克斯坦，其中包括 8 项超过 100 亿美元的交易。在这些交

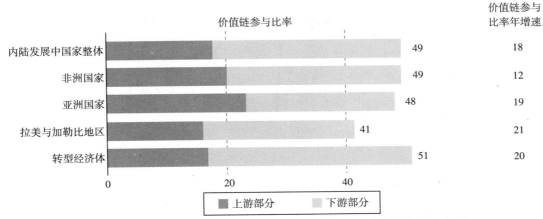

图 2.25 2011 年 GVC 参与比率及 2004~2011 年 GVC 参与比率增速（%）

注：价值链参与比率表示一国出口占多阶段贸易过程的份额大小，即本国出口（上游部分）中的外国增加值（FVA）与外国出口（下游部分）中的本国增加值（DVA）之和除以本国总出口值。

资料来源：UNCTAD-EORA GVC 数据库。

易中，除 2 项外，都发生在矿产与天然气部门。不过，电信部门也出现了许多大型并购交易，不仅出现在哈萨克斯坦，也出现在赞比亚、乌干达与乌兹别克斯坦。

2004~2013 年，已公布的绿地投资额要高于并购额，而且其分布也更为分散。在投资额超过 5 亿美元的 115 个最大的绿地投资项目中，只有略超过 1/4 的项目在哈萨克斯坦，明显低于其在并购中的份额。哈萨克斯坦在总额为 420 亿美元的投资流量中的比重也大致相仿。不过，从部门分布看，绿地投资项目比并购活动更加集中于矿业与天然气部门。

而从基础设施领域的投资看（主要指发电、通信与运输行业）——LLDCs 对这一领域的投资需求更加迫切——过去 10 年绿地投资的区域分布更加分散。虽然哈萨克斯坦仍占投资额超过 1 亿美元的基础设施类绿地投资项目的 9%，但是这一比例低于它在基础设施类并购中的份额，也低于它在大型绿地类 FDI 投资项目的份额（见图 2.26）。在 133 项投资额超过 1 亿美元的基础设施类绿地投资项目中，有 99 个项目是在亚洲与转型经济体 LLDCs，29 个在非洲，5 个在南美。

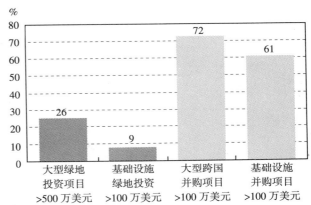

图 2.26 哈萨克斯坦：2004~2013 年跨国并购、绿地投资与绿地投资基础设施项目占内陆发展中国家的比例

资料来源：跨国并购数据源于 UNCTAD FDI-TNC-GVC 信息系统，绿地投资数据源于金融时报有限公司 fDiMarkets（www.fDimarkets.com）。

并购与绿地投资的数据描绘了一个 LLDCs 更加细微的外商投资交易与投资项目图景。例如，它们并不全部发生在哈萨克斯坦，少数还发生在中亚经济体。这些数据也显示投资集中于两个部门：一个在矿业与天然气行业，主要是资源寻求型投资；另一个在电信领域，主要是市场寻求型投资。

而从 2004 年以来 FDI 在 LLDCs 的投资绩效指标（见表 2.10）看，LLDCs 的表现好于其他发展中国家，也好于全球经济的同类指标，即使哈萨克斯坦与蒙古不包括在分析中也是如此。不过，要把 LLDCs 视为一个同质整体仍旧是容易引起误解的，而且掩盖了地区间与国家间的差异。由于 LLDCs 需要为后续的 2014 年全球评估会议作准备，政策制定者与国际社会必须就如下难题寻求解决之道，即如何在相对广泛的行业中有效分配 FDI 收益到其他成员国，又如何吸引 FDI 流向这些 LLDCs 的同时最大限度地降低其负面影响。[100]

（三）小岛屿发展中国家（SIDs）

表 A　2013 年 FDI 流量在各经济体的分布①

范　围	流入国	流出国
10 亿美元以上	特立尼达和多巴哥	—
5 亿~9.99 亿美元	牙买加	特立尼达和多巴哥
1 亿~4.99 亿美元	巴巴多斯、马尔代夫、毛里求斯、塞舌尔、安提瓜和巴布达、圣文森特和格林纳丁斯、圣基茨和尼维斯、所罗门群岛	巴哈马、毛里求斯
5000 万~9900 万美元	圣卢西亚、格林纳达	马绍尔群岛、东帝汶、塞舌尔、斐济、圣卢西亚、安提瓜和巴布达、巴巴多斯、格林纳达、佛得角、所罗门群岛、圣基茨和尼维斯、汤加
100 万~4900 万美元	瓦努阿图、圣多美和普林西比、马绍尔群岛、东帝汶、佛得角、巴布亚新几内亚、多米尼加、科摩罗、汤加、基里巴斯、帕劳	瓦努阿图、圣多美和普林西比、萨摩亚、多米尼加、圣文森特和格林纳丁斯、基里巴斯、牙买加
100 万美元以下	密克罗尼西亚联邦	

注：①各经济体按 FDI 流量大小分类排列。

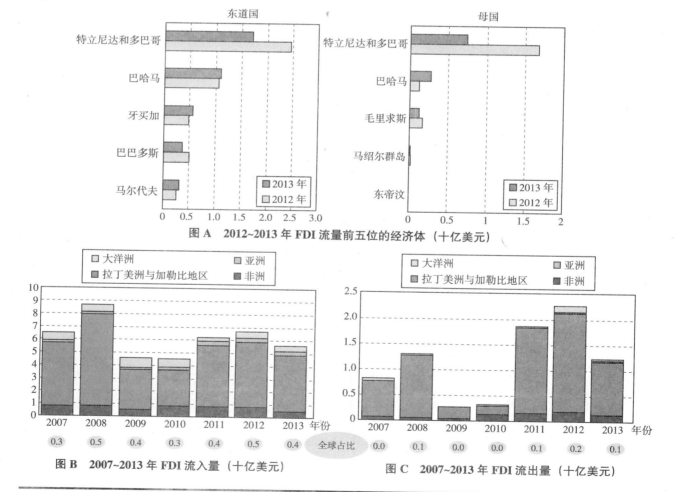

图 A　2012~2013 年 FDI 流量前五位的经济体（十亿美元）

图 B　2007~2013 年 FDI 流入量（十亿美元）

图 C　2007~2013 年 FDI 流出量（十亿美元）

表 B 2012~2013 年跨国并购的行业分布
（百万美元）

部门/行业	出售额		购买额	
	2012 年	2013 年	2012 年	2013 年
总量	97	−596	−2	−266
第一产业	110	−600	25	−14
农业、林业与渔业	—	—	20	—
采掘业与石油业	110	−600	5	−14
制造业	−47	−5	—	10
食品、饮料与烟草业	−47	—	—	—
碱性金属与金属制品业	—	—	—	10
服务业	33	9	−27	−262
电力、天然气、水与废弃物管理业	—	—	228	—
交通运输与仓储业	20	—	—	—
信息与通信业	—	4	—	108
金融与保险业	13	—	−254	−369
商务服务业	—	5	—	—

表 C 2012~2013 年跨国并购的国家/地区分布
（百万美元）

国家/地区	出售额		购买额	
	2012 年	2013 年	2012 年	2013 年
全球	97	−596	−2	−266
发达经济体	−42	−604	5	−219
德国	—	285	—	—
瑞士	—	−285	—	—
美国	−37	−600	—	103
发展中经济体	119	3	−7	−47
拉美与加勒比地区	—	−272	330	−86
危地马拉	—	—	228	—
开曼群岛	—	−272	—	−86
印度	115	—	66	38
印度尼西亚	—	—	189	—
新加坡	7	331	−655	9
转型经济体	—	—	—	—

表 D 2012~2013 年绿地投资项目的行业分布
（百万美元）

部门/行业	小岛屿发展中国家作为东道国		小岛屿发展中国家作为投资国	
	2012 年	2013 年	2012 年	2013 年
总量	2298	6506	205	3809
第一产业	8	2532	—	—
采掘业与石油业	8	2532	—	—
制造业	1169	1986	130	—
焦炭、石油产品与核燃料业	929	1048	—	—
化学品与化工产品业	—	850	—	—
服务业	1121	1988	75	3809
电力、天然气及水的生产与供应业	156	—	—	—
建筑业	—	1350	—	—
酒店餐饮业	505	65	30	—
交通运输、仓储及通信业	116	477	—	1871
金融业	201	22	12	190
商务服务业	77	46	33	1749

表 E 2012~2013 年绿地投资项目的国家/地区分布
（百万美元）

国家/地区	小岛屿发展中国家作为东道国		小岛屿发展中国家作为投资国	
	2012 年	2013 年	2012 年	2013 年
全球	2298	6506	205	3809
发达经济体	1493	2814	26	3
欧洲	307	255	26	3
美国	181	1379	—	—
澳大利亚	1005	316	—	—
日本	—	863	—	—
发展中经济体	805	3691	179	3806
肯尼亚	—	—	—	450
尼日利亚	—	—	—	2296
中国	—	3250	—	164
拉美和加勒比地区	30	13	30	457
小岛屿发展中国家	30	—	30	—
转型经济体	—	—	—	—

2013 年，流向小岛屿发展中国家的 FDI 流量降低了 16%，达 57 亿美元，终结了其两年的回升。FDI 流入量在各个子区域都有所降低，但其分布很不平衡。非洲 SIDs 出现了最大幅度的下降（下降 41%，至 4.99 亿美元），其次是拉丁美洲的 SIDs（下降 14%，至 43 亿美元）。亚太地区的 SIDs 微降 3%，降至 8.53 亿美元。这一趋势是基于长期背景的考察而得出的。

SIDs 面临着独特的发展挑战，这些难题已经成为国际社会的共识。为此，要实现其经济、社会与环境可持续发展，所需的融资需求仍异常庞大，不论从占 GDP 的比重还是与其他发展中国家相比较而言都是如此。通过各种渠道的融资——包括私人的或公共的，国内的或国际的——无疑都是 SIDs 可持续发展所必需的。外部融资包括 ODA 和私人资本流入（包括 FDI、证券组合投资和其他投资，如银行贷款）以及汇款和其他资金流入。

有关 SIDs 的第三次联合国会议将于 2014 年 9 月在萨摩亚岛举行。会议旨在通过识别新的或潜在的挑战与可持续发展的机会，来寻求对 SIDs 发展的新的政治承诺，并形成 2015 年后联合国发展议程需要考虑的行动次序。这一部分回顾了 10 年来 29 个 SIDs 国家——UNCTAD 名单（见专栏 2.7）——的 FDI 流入状况，重点关注其发展趋势、模式、决定因素及其影响。

专栏 2.7 UNCTAD 的 SIDs 名单

联合国已经认识到如果不建立恰当的标准来界定 SIDs 官方名单，可能会出现一些特殊的问题。根据联合国最发达国家、内陆发展中国家与小岛屿发展中国家高级代表处（UN_OHRLLS）的分类，有 52 个国家可以归入 SIDs。UNCTAD 已经选取其中的 29 个国家，并用于分析。本部分将这 29 个国家分为三个地理区域：

● 非洲 SIDs：佛得角、圣多美和普林西比、科摩罗、毛里求斯和塞舌尔。
● 亚太地区的 SIDs：马尔代夫、东帝汶、斐济、基里巴斯、马绍尔群岛、密克罗尼西亚联邦、瑙鲁、帕劳、巴布亚新几内亚、萨摩亚群岛、所罗门群岛、多哥、图瓦卢和瓦努阿图。
● 加勒比地区的 SIDs：安提瓜和巴布达、巴哈马、巴巴多斯、多米尼加、格林纳达、牙买加、圣基茨和尼维斯、圣卢西亚、圣文森特和格林纳丁斯、特立尼达和多巴哥。

资料来源：UNCTAD；UN OHRLLS，"Small Islands Developing States–Small Islands Big（ger）Stakes"，United Nations，New York，2011。

全球经济危机阻止了 FDI 的强劲增长。2005~2008 年，流向 SIDs 的 FDI 增长明显，达到年均 63 亿美元的规模，是 2001~2004 年平均规模的两倍以上。不过，全球金融危机引起这种趋势的逆转，由 2008 年的 87 亿美元降至 2009 年的 46 亿美元，骤然下降了 47%。2011 年与 2012 年有所复苏，随后在 2013 年再度下降，但仍低于 2005~2008 年的平均水平（见图 2.27）。

虽然流向 SIDs 的 FDI 相对规模较小，占 2012~2013 年全球 FDI 流量的比重只有 0.4%，但相对于这些国家的规模而言仍是相当可观的。2001~2013 年，FDI 流入量占当年 GDP 的比例几乎是世界平均水平的三倍，是发展中国家与转型经济体的两倍以上。较高的 FDI 流入程度是由于许多 SIDs 国家对外国投资者提供了财税优势（优惠）措施，另外还有少数采掘行业的大型投资项目的流入也促成了这一结果。

加勒比地区 SIDs 传统上吸引了 SIDs 大部分 FDI 流入，2001~2013 年所占份额为 78%。地理上邻近并且经济上依赖于北美市场，是加勒比地区相对于其他 SIDs 国家更具吸引力的主要原因。

不过，位于非洲与亚太地区的 SIDs 在 2000 年以后也出现了相对强劲的 FDI 流入增长（见图 2.28）。它们的份额由 2001~2004 年的 11% 上升到

2005~2008 年的 20%，再到 2009~2013 年的 29%。亚太地区的 SIDs 在吸引 FDI 流入方面的重要性被低估了，这是因为流向巴布亚新几内亚与东帝汶的 FDI 被低估了。这两个国家自然资源丰富，并在采掘业吸引了重要的 FDI 投资项目（见专栏 2.8），但却没有纳入官方的 FDI 统计（东帝汶）或并没有在官方统计中得到充分体现（巴布亚新几内亚）。

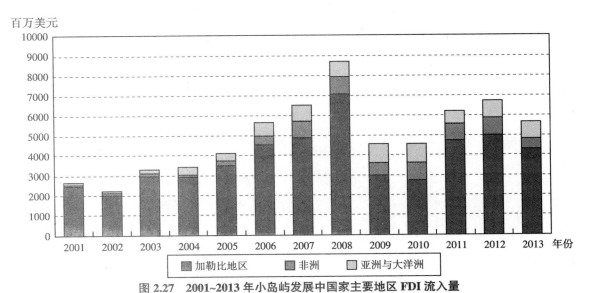

图 2.27　2001~2013 年小岛屿发展中国家主要地区 FDI 流入量

资料来源：UNCTADFDI–TNC–GVC 信息系统，FDI/TNC database（www.unctad.org/fdistatistics）。

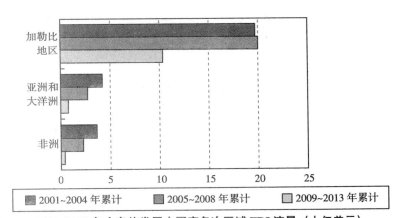

图 2.28　2001~2013 年小岛屿发展中国家各次区域 FDI 流量（十亿美元）

资料来源：UNCTADFDI–TNC–GVC 信息系统，FDI/TNC database（www.unctad.org/fdistatistics）。

矿产开采与下游相关活动、旅游、商务和金融是 FDI 流入的主要目标行业。很少有 SIDs 国家提供分部门的 FDI 数据。只有牙买加、毛里求斯、特立尼达和多巴哥，巴布亚新几内亚提供官方的分行业 FDI 统计数据。这些数据显示，在巴布亚新几内亚与特立尼达和多巴哥的 FDI 流入高度集中于采掘业。[101] 流向毛里求斯的 FDI 则几乎全部进入了服务业，特别是其中的金融、住宿餐饮、建筑与商务服务活动，在 2007~2012 年出现飙升。而流向牙买加的 FDI，过去分布在第一产业、制造业与服务行业，但是在 2007~2012 年则逐渐转向服务行业（见表 2.12）。

专栏 2.8   跨国公司在巴布亚新几内亚与东帝汶采掘行业的投资

巴布亚新几内亚的石油与天然气储量前景乐观（广阔），在其领土内发现了可观的石油与天然气储量。其开发项目中最为重要的投资活动是由埃克森美孚公司牵头的液化天然气（LNG）项目[102]，该项目预计于 2014 年投产。该项目每年将生产 6600 万吨的 LNG，其最终用户是中国台湾、日本与中国的消费者。项目预计投资额为 190 亿美元，远远高于最初 150 亿美元的最高预算限额。第二个重要的项目是由美国 InterOil 公司最初发起的海湾 LNG 项目，该项目目前由道达尔公司（法国）经营，后者在 2013 年持有多数股份。外国公司的石油天然气钻探活动继续进行，拓展至许多未曾涉及的油气储区，甚至每年都会发现更多的石油天然气资源。

巴布亚新几内亚矿产资源丰富，铜与金是其主要矿产品。据估计，它是世界第 11 大黄金生产国，约占全球总产量的 2.6%。其铬、钴、镍和钼的储量也较丰富。一些国际矿业公司是其矿产生产经营活动的主要拥有者或股东，其中包括纽克雷斯特公司（澳大利亚）、和谐金矿公司（南非）、巴里克金业公司（加拿大）、新几内亚黄金公司（加拿大）与 MCC（中国）。

虽然多数石油开发项目在海上进行，但东帝汶在陆上与海岸都有丰富的石油天然气储量。它还有许多有潜力的矿产资源有待开发，其中包括铜、黄金、银、铬铁矿等资源，但由于这些资源位于山区并且基础设施不佳（落后），阻碍了大范围的勘探与开发。1994 年在帝汶海发现的大型油气田推动着其海上石油产业的发展。在那里从事业务活动的国际石油公司主要有康菲石油、埃尼、桑托斯、Inpex 赛德、壳牌与奥萨卡天然气公司。

资料来源：United States Department of the Interior, "2011 Minerals Yearbook Papua New Guinea", December 2012; Revenue Watch Institute, "Timor-Leste; Extractive Industries", www.revenuewatch.org.

表 2.12   小岛屿发展中国家不同部门、国家和年份的 FDI 流量（百万美元）

部门/行业	FDI 流量（每年均值）						FDI 存量	
	牙买加		毛里求斯		特立尼达和多巴哥		巴布亚新几内亚	
	2001~2006 年	2007~2012 年	2001~2006 年	2007~2012 年	2001~2006 年	2007~2012 年	2006 年	2012 年
第一产业	141	71	3	4	768	796	1115	4189
采掘业与石油业	141	71	—	—	768	796	991	4000
制造业	68	36	6	8	10	26	126	184
服务业	169	238	78	363	43	487	61	149
商业活动	67	133	18	146	..	..	..	..
金融业	..	..	37	114	..	..	43	64
酒店餐饮业	99	106	10	46	..	..	3	5
建筑业	..	..	2	31	..	..	..	..
其他服务业	3	—	11	26	..	..	14	80
总计	663	587	87	375	876	1344	1350	4576
未指定行业	285	242	—	—	54	35	48	54

资料来源：UNCTADFDI-TNC-GVC 信息系统，FDI/TNC database（www.unctad.org/fdistatistics）。

由于多数 SIDs 国家缺少分行业的 FDI 数据，　　相关外国投资者公布的 2003~2013 年在 SIDs 绿地投资项目的信息即使不是实际投资额的数据，但仍旧可以作为评估 FDI 流入的行业与国家分布的替代方式。（FDI 的另外一种形式——并购的数据在 SIDs 也是几乎不可获得）石油、天然气与采矿业上下游活动[103]一直是外国投资者公布的绿地投资中资本开支最为集中的领域（约占总投资额的 57%），分布在巴布亚新几内亚、特立尼达和多巴哥、东帝汶、斐济。住宿餐饮业次之（占协议投资额的 12%），其中马尔代夫是他们最偏好的投资目标国。其他服务行业，如建筑、运输、通信、金融、公用事业与商务服务业也是在这一地区进行绿地投资较为普遍的领域（见表 2.13）。

表 2.13 2003~2013 年按行业分绿地投资额前十位的东道国（百万美元）

部门/行业	巴布亚新几内亚	特立尼达和多巴哥	马尔代夫	东帝汶	毛里求斯	牙买加	斐济	巴哈马	塞舌尔	圣多美和普林西比	其他国家	总计
第一产业	8070	3091	—	1000	—	—	792	—	—	—	228	13181
采掘业与石油业	8070	3091	—	1000	—	—	792	—	—	—	228	13181
制造业	7155	3865	78	4010	203	687	59	142	102	351	248	16900
焦炭、石油产品与核燃料业	6650	791	—	4000	1	—	—	—	—	—	—	11442
金属与金属制品业	228	404	—	—	2	384	—	—	—	—	—	1019
化学品与化工产品业	—	2435	—	—	3	10	—	—	—	—	80	2527
食品、饮料与烟草制品业	214	92	—	10	—	258	46	—	59	—	129	808
其他制造业	63	143	78	—	197	35	13	142	43	351	39	1104
服务业	1113	301	5683	116	4344	3147	551	1079	695	161	2337	19527
酒店餐饮业	—	—	3153	—	362	504	206	128	476	—	1171	5999
建筑业	—	—	1997	—	2445	1350	—	—	—	—	—	5792
交通运输、仓储及通信业	70	23	326	116	362	1027	70	837	186	150	446	3613
金融业	162	111	208	—	164	96	248	34	19	11	241	1295
电力、天然气及水的管理业	775	—	—	—	—	—	—	—	—	—	340	1115
商务活动	48	55	—	—	774	43	27	55	14	—	77	1094
其他服务业	59	111	—	—	237	126	—	24	—	—	63	619
总计	16338	7256	5762	5126	4547	3834	1403	1220	797	512	2813	49608

资料来源：UNCTAD，基于金融时报有限公司 fDi Markets（www.fdimarkets.com）相关数据整理。

发达国家的跨国公司已公布的对 SIDs 投资多集中于绿地投资项目（占总投资额的近 2/3）。资源丰富的国家，如巴布亚新几内亚、特立尼达和多巴哥、东帝汶约占此类跨国公司投资额的 63%。来自发展中国家与转型经济体的跨国公司的投资主要集中于四个 SIDs 国家，分别是巴布亚新几内亚、马尔代夫、毛里求斯与牙买加，这四个国家约占这些跨国公司投资额的 89%（见表 2.14）。

表 2.14 2003~2013 年绿地投资金额前十位的母国与东道国（百万美元）

母国	巴布亚新几内亚	特立尼达和多巴哥	马尔代夫	东帝汶	毛里求斯	牙买加	斐济	巴哈马	塞舌尔	圣多美和普林西比	其他小岛屿国家	小岛屿国家总计
美国	3005	3094	206	—	569	1207	554	252	—	—	1161	10046
澳大利亚	3535	316	—	4000	5	—	456	—	—	—	290	8601

续表

母国	巴布亚新几内亚	特立尼达和多巴哥	马尔代夫	东帝汶	毛里求斯	牙买加	斐济	巴哈马	塞舌尔	圣多美和普林西比	其他小岛屿国家	小岛屿国家总计
中国	3528	—	—	—	—	1350	8	—	—	—	98	4983
南非	3000	—	—	1320								4320
印度	932	171	1565	—	419	3	3	—	224	—	—	3307
加拿大	970	1205	617	—	121	38	—	—	241	—	63	3254
英国	139	1412	42	—	119	367	13	328	7	351	367	3145
法国	—	—	13	—	1732	103	41	550	—	—	—	2439
泰国	—	—	1620	10	3	—	—	—	—	—	65	1698
阿拉伯联合酋长国	—	23	715	—	72	—	42	—	265	—	64	1180
意大利	8	—	—	1000	—	—	—	—	—	—	—	1008
韩国	959	4	—	—	11	—	—	—	—	—	—	975
其他国家	272	1032	985	116	178	766	288	90	60	161	707	4653
世界	**16338**	**7256**	**5762**	**5126**	**4547**	**3834**	**1403**	**1220**	**797**	**512**	**2813**	**49608**
发达国家	7705	6967	1302	5108	2686	2441	1115	1131	298	501	2072	31325
发展中国家与转型经济体	8634	289	4460	19	1861	1393	288	89	498	11	741	18283

资料来源：UNCTAD，基于金融时报有限公司 fDi Markets（www.fdimarkets.com）相关数据整理。

SIDs 的主要区位优势以及对可持续发展的机遇与风险。SIDs 的资源禀赋主要在于自然资源与人力资本，由此带来了一系列的区位优势。此外，这些国家至少可以参与一个贸易优惠体系，[104] 这在理论上给予了它们进入发达国家市场的优惠条件。在这些优势的基础上，许多行业得以繁荣：

● 旅游与渔业因丰富的自然资源而繁荣，这些资源包括海洋、成规模的排他性经济区、沿海环境和生物多样性等。旅游业通常被认为是 SIDs 很有增长前景的部门，这一部门可以通过多种关联途径与其他经济部门相联系，并提供经济多元化的发展机会。如果能将其充分纳入国民经济发展规划，则可以促进其他部门的增长，包括农业、渔业与服务业。但是如果缺乏恰当的规划与管理，旅游业会带来负面的社会与环境影响，显著破坏其所依赖的环境并造成生态系统和传统产业如农业和渔业不可逆转的损害（UN OHRLLS，2011）。

● 矿业及相关活动在一些 SIDs 国家有了一定的发展，而这些产业都依赖于不可再生的自然资源。如果加以恰当的管理，矿产资源禀赋就能提供经济发展、消除贫穷的机会，但不可再生资源的开发过程会对当地长期的可持续发展带来一系列经济、社会和环境方面的挑战。经济挑战包括如何利用矿产资源创造价值，如何在当地取得此类价值，以及如何对由此产生的收入进行最有效的利用。社会与环境挑战来自采掘行业可能会带来的环境损害与深远的社会影响（见 WIR，2007）。

● 由于对非居民公司与个人在其辖区内从事总部服务或从事金融与贸易活动提供了强有力的激励措施，一些 SIDs 国家的商务服务与离岸金融服务业得以繁荣。这些激励措施包括优惠的税收制度、高效的商务注册程序、严格的隐私保护规则与宽松的行政管理框架等。东道国发现这些服务是经济增长与经济多元化的重要渠道，而且还可以对其他经济活动产生积极的溢出效应，其中包括旅游业、住宿餐饮业、通信服务业与运输服务业。不过，这些政策也会产生一些负面影响，例如，它可能使一些小型的开放经济体在全球金融动荡的冲击面前更加脆弱，而且会引起其他相关国家的审查与关注（主要是受到优惠税收制度冲击的国家）。[105]

❶ 由于纳入优惠贸易体制，纺织、服装与鱼加工产品的出口在一些 SIDs 国家如佛得角、斐济、牙买加、毛里求斯已经取得了一定发展。不过，在最惠国待遇原则基础上的贸易自由化与世界贸易组织纺织服装协议下纺织服装配额的取消，已经侵蚀了这些 SIDs 国家特别是服装出口 SIDs 国家的特惠待遇优势。

这些部门是 FDI 流入的主要目标行业，并继续提供了巨大的发展机会。这些活动也构成了这些国家外汇收入的主要来源。这些岛国对于外部能源与食品的依赖很大，而这些外汇收入是能源与食品进口不可或缺的资金来源。虽然在这些对当地经济增长与发展至关重要的行业中，FDI 是所需投资资本的重要资金来源，但 FDI 对 SIDs 国家的影响却小之又小，特别是这些影响与经济结构脆弱性之间的相互关系更是如此。

SIDs 国家规模小意味着发展与环境紧密联系且相互依存。在旅游、农业与其他土地使用（如资源丰富国家的采矿活动）中存在着对于土地、水资源的激烈竞争，某个行业的过度发展会对其他行业造成损害。缺乏远见的发展模式对环境所产生的后果不仅会威胁到人们的生存方式，而且会损害小岛自身及其赖以生存的文化。对 SIDs 的挑战在于：要保证 FDI 与它在经济发展中（对环境）的利用不会对土地、水与渔业资源的可持续使用产生永久性的损害。

注释

[1] 对非洲中产阶级的估计因资料来源不同而显著不同。本章的分析与非洲发展银行（AfDB）和渣打银行非洲地区研究总部的分析一致。本章的分析所依据的中产阶级

定义为日均消费 4~20 美元的人群。2010 年，这一群体占非洲人口的比例超过 13%。

[2] "The MPLA sticks to its course", Africa Confidential, Vol. 55, No. 1, 10 January 2014.

[3] 非洲联盟作为一个非洲经济实体，由 8 个 RECs 共同组成，包括：阿拉伯马格里布联盟（UMA）、东南非洲共同市场（COMESA）、萨赫尔—撒哈拉国家共同体（CENSAD）、东非共同体（EAC）、西非国家经济共同体（ECOWAS）、政府间发展组织（IGAD）和南部非洲发展共同体（SADC），非洲还存在其他区域组织，但它们并不构成非洲联盟的基础。此外一些非洲联盟成员 RECs 在参与联盟事务时并不积极。因此，本章的分析仅限于这 8 个主要 RECs：COMESA；SADC；ECOWAS；ECCAS；UMA 和 EAC。

[4] 包括七个主要议题谈判：①原产地规则；②非关税壁垒；③标准化评估和认定（如技术性贸易壁垒）、卫生和动植物检疫措施；④海关合作、文件编制、流程和运输工具；⑤贸易救济措施；⑥争端解决；⑦关税减免。

[5] 尽管占全球贸易比例保持在 11%~14%，但非洲的内部贸易额自 2000 年以来翻了 4 番。

[6] 区域一体化对 FDI 影响的总结性分析需要 FDI 双向流动数据和具体的行业数据，而这些数据在大部分非洲国家是不可获得的。此外，由于存在大量非正式交易，非洲 FDI 流量数据存在很大的不确定性。本章的分析基于已公布的绿地投资数据。

[7] 例如，根据日本贸易振兴机构（JETRO）统计，60% 的在非日资企业认为运输和能源服务缺口是他们在非洲经营面临的最大问题。

[8] 中国的投资结构以及罕见的在非洲建立的贸易和投资区域为该假说提供了一些支持（Brautigam 和 Tang，2011）。

[9] 至 21 世纪中叶，非洲劳动人口将从现在的 5 亿增长到 12 亿，这意味着，与中国工人占世界工人的 1/8 相比，非洲工人将占世界工人的 1/4。

[10] 例如，根据 2013 年 12 月公布的一份政策文件，10 亿美元以下的海外投资项目无须政府许可。

[11] "Sinopec Will Invest $20 Billion in Africa in Five Years", China News Service, 17 December 2013.

[12] 但是，海峡两岸服务贸易协定引起的争论和政治动荡令人怀疑服务 FDI 的前景。于 2013 年 6 月签署的协议旨在实现中国大陆和中国台湾的服务贸易自由化。根据协议规定，服务业如银行、医疗、旅游、电影、电信和出版行业将允许进行双边投资。

[13] 数据来源：上海市政府。

[14] 资料来源：泰国投资促进局（参见 Michael Peel，"Thailand Political Turmoil Imperils Foreign and Domestic investment"，Financial Times，9 March 2014）。

[15] 例如，在 2013 年前 3 个季度，33 个跨国公司在上海建立了地区总部，其中包括 10 个亚太地区总部。此外，该地区还在建设一批大型仓储和物流项目。目前，已经有 600 家外国公司在上海设立分支机构。

[16] 这三个东亚地区经济体各自存在与 ASEAN 的经济合作，并且它们都在进行自贸区谈判。

[17] 东亚峰会是一个由 ASEAN+6 国家（ASEAN+3 和澳大利亚、印度和新西兰）发起的年度论坛，之后其成员国拓展到美国和俄罗斯。该论坛逐步将重心落在成员国经济合作与一体化上。

[18] 亚洲作为一个总体，在 2011 年吸收了新加坡 FDI 流出总额 3500 亿美元的 58%，包括 ASEAN（22%）、中国（18%）、中国香港（9%）、日本（4%）以及印度（3%）。ASEAN 中新加坡 FDI 的最大流入国是马来西亚（8%）、印度尼西亚（7%）和泰国（4%）。东南亚国家 FDI 存量分解数据表明，新加坡是一些国家如马来西亚和泰国的主要投资者。

[19] 例如，在越南，中国南方电网和当地企业共同投资 20 亿美元建立了一座发电厂。

[20] 根据 2014 年 4 月最新通过的调整政策，港口管理的国外投资比重可达 49%。

[21] 资料来源：中国国际金融公司预测。

[22] 例子可参见：Saurabh Mukherjea，"Removing Inflation Distortions Will Bring Back FDI"，The Economic Times，26 May 2014.

[23] 例子可参见："Standard and Poor：Indian Corporates Divesting Stake to Improve Cash Flows"，Singapore：Commodity Online，2014-03-19.

[24] Saibal Dasgupta，"Plan for Economic Corridor Linking India to China Approved"，The Times of India，19 March 2014.

[25] 在印度，有组织零售代表特许零售商的交易行为，如超市和连锁经营，而无组织零售代表低成本零售的传统模式，如街边小店、便利店和地摊。目前，超市和其他有组织零售占全零售市场的 2%~4%。

[26] 2013 年，GCC 国家开始兑现 2011 年做出的 50 亿美元的承诺，美国为一笔 7 年期年利率 2.503% 的 12.5 亿美元欧洲债券提供全额担保。国际金融公司（IMC）宣布牵头组织一个贷款财团，该财团将为约旦西南部 11.7 万千瓦风电场建设提供 2.21 亿美元的资金支持。欧洲复兴开发银行（EBRD）在阿曼开立常驻机构，并被正式授予约旦"接收国"地位。这一举措必将使约旦从 EBRD 定期提供的产品和服务，包括金融工具、软贷款和技术援助（EBRD 已经为首都周边一个风电场提供了 1 亿美元软贷款）中获益。美国国际开发总署（USAID）启动了两项工作：一是约旦竞争性项目，这一高达 4500 万美元的项目旨在未来 5 年内吸引 7 亿美元 FDI 并创造 40000 个工作机会；二是在未来 5 年提供 2.35 亿美元教育资金的协议。欧盟也宣布提供 5400 万美元帮助约旦解决叙利亚难民的安置资金问题（Oxford Business Group，"Jordan Attracts Flurry of Foreign Funds"，Economic Update，19 December 2013）。

[27] 2012 年，GCC 国家掌控了世界 13% 的主要化工产品生产，与世界生产力仅增长 2.6% 相比，它们的生产能力增长了 5.6%，达 1.278 亿吨。在 GCC 国家中，沙特阿拉伯的化工生产能力居首位，占 GCC 国家总生产能力的 68%，达 8640 万吨。预计到 2020 年，该区域的化工生产能力将达 1912 万吨，沙特阿拉伯继续保持领先增长，增长 4060 万吨，卡塔尔和阿拉伯联合酋长国则各自增长 1000 万吨和 8300 万吨。

[28] 廉价天然气推动了工业增长，但是由于天然气的边际成本上升，这种优势正在逐渐减弱。尽管储量丰富，但由于快速增长的能源需求，这一地区的天然气正在迅速成为一种稀缺资源。对工业化的不懈追求和自 2000 年以来能源密集型产业的多样化都给天然气生产带来沉重的负担。因为需求超过了当地的生产能力，不确定的天然气价格为除卡塔尔之外的每个 GCC 国家带来了天然气的物理性短缺。同样的，一种可用作化工原料的天然气副产

品——乙烷的生产预期增长并不显著，但大多数预期供给已经实现（Booz 和 Co，2012）。

［29］2012 年末，美国天然气价格从 2008 年的超过 13 美元每英热单位下降到 3.75 美元每英热单位。美国乙炔价格从 2011 年的 0.9 美元每加仑下降到 2012 年末的约 0.3 美元每加仑。

［30］在 20 世纪 80 年代，美国生产了几乎占世界 1/3 的化工产品，但是在 2010 年，其市场份额缩减到 10%（"GCC Petrochemicals Sector Under Threat From US"，Gulf Business，14 October 2013）。

［31］"Global Shale Revolution Threatens Gulf Petrochemicals Expansion"，Financial Times，13 May 2013，http://www.ft.com.

［32］"Dow Chemical Moving Ahead with Polyethylene Investments"，Plastic News，19 March 2014；"Global Economic Weakness Pares Saudi Petchem Profits"，MEES，15 February 2013.

［33］中国国有石油公司自 2010 年来已经花费了超过 340 亿美元来获得北美地区的上游资产，其中大部分投资于非传统项目。最近的交易是 2013 年中海油对尼克森（加拿大）151 亿美元的收购案，该交易将使中海油控制加拿大关键石油和页岩气资源的开发。同样，2010 年，信诚工业公司（印度）收购了 34.5 亿美元的美国页岩气资产，国有的 GAIL 公司以 6400 万美元从 Carrizo 石油和天然气公司（美国）收购了伊格福特区页岩气开发公司 20% 的股权。

［34］在亚伯达（加拿大）的这一地点建设一个年产 45.4 万吨的线性低密度聚乙烯工厂（"NOVA weighs US Gulf，Canada Ethylene to Supply Possible PE Plant"，Icis.com，7 May 2013，http://www.icis.com）。

［35］美国能源信息管理局将发表的新预测中将淡化国家可再生页岩气储量的数值（"U.S. Officials Cut Eestimate of Recoverable Monterey Shale Oil by 96%"，Los Angeles Times，20 May 2014；"Write-down of Two-thirds of US Shale Oil Explodes Fracking Myth"，The Guardian，22 May 2014）。

［36］"Sabic Eyes Investing in US Petrochemicals"，Financial Times，8 October 2013.

［37］卡塔尔石油公司（QP）（70%）和埃克森美孚（30%）是拉斯拉凡液化天然气公司——卡塔尔的一个液化石油气制造公司的合营方。此外，埃克森美孚还在将于 2014 年启动的 QP 巴尔赞天然气项目中获得 7% 的股份。

［38］巴西和智利的数据分别来源于巴西中央银行和智利中央银行。

［39］2013 年，巴西和智利的公司内部贷款额为负值，表明子公司向母公司偿还的贷款数额高于后者向前者的贷款数额。公司内部贷款净值在巴西达 -180 亿美元（2012 年为 -100 亿美元），智利为 -20 亿美元（2012 年为 80 亿美元）。

［40］据美国能源信息管理局估计，阿根廷的页岩气和页岩油储量分别位居世界第二位和第四位（The Economist Intelligence Unit，"Industry Report，Energy，Argentina"，April 2014）。

［41］根据协议，雷普索尔将获得价值 50 亿美元的债券，并保证以美元计价的债券支付。该债券将于 2017 年到 2033 年到期，市场价值至少为 46.7 亿美元。如果债券的市值不能达到该最低值，阿根廷政府必须再向雷布索尔再支付价值 10 亿美元的债券。协议还规定了所有司法和仲裁程序的终止条件和未来追索权的互免条款（Repsol，"Argentina and Repsol Reach a Compensation Agreement over the Expropriation of YPF"，Press Release，25 February 2014，http://www.repsol.com）。

［42］巴西制造业出口占整个南美洲的比重达 57%，墨西哥占中美洲和加勒比地区的比重达 88%（UNCTAD，GlobalStat）。

［43］近年来，巴西和墨西哥市场规模的差距显著扩大。2005 年巴西和墨西哥的汽车销量分别为 170 万辆和 120 万辆，而 2013 年该数字则变为 380 万辆和 110 万辆。这一数字表明，巴西的汽车人均销量增长了一倍多，从每千人 9.2 辆增长到每千人 18.8 辆；而墨西哥的人均销量则从每千人 10.6 辆下降到每千人 9 辆（据世界汽车工业协会（www.oica.net）汽车销量数据，以及 UNCTAD 全球数据库人口数据）。

［44］包括轿车、轻型商业车辆、大客车、卡车和农业机械。

［45］墨西哥国家统计局（INEGI），"La Industria Automotriz en México"，Serie Estadísticas Sectoriales，2013；

巴西汽车制造商协会（ANFAVEA），http：//www.anfavea.com.br；UNCTAD 全球数据库。

［46］自南方共同市场（MERCOSUR）成立以来，巴西和阿根廷已经建立起一套共同汽车业政策。2002 年，双方签署了"巴西和阿根廷共同汽车政策协议"，建立起双边贸易管理机制，有效期至 2014 年 6 月 30 日，在 2014 年 5 月双方约定有效期延长一年（"Brasily Argentina Prorrogarán su Acuerdo Automotriz Por un Año"，América Economía，5 mayo 2014）。

［47］UNCTAD 全球数据库。

［48］2006 年 11 月 1 日，墨西哥政府颁布了"制造业、组装加工和出口服务业振兴法"（IMMEX Decree）。这一措施整合了加工出口行业的发展经营计划和出口品生产的临时进口计划。受这些法令支持的公司总计占墨西哥出口制造企业的 85%。

［49］墨西哥于 2014 年 1 月 1 日实行的税收改革法包含降低 IMMEX 企业利润的关键条款。但是，为了降低这些改革对 IMMEX 企业的影响，于 2013 年末签署的一项总统法令和决议规定允许IMMEX 可以保有从一般性条款中免除的部分收益。

［50］一般而言，尽管墨西哥的制成品出口的技术含量（19%）高于拉美平均水平（12%），但就研发强度（R&D 占 GDP 比重）而言，墨西哥落后于巴西和阿根廷等国家。2013 年，墨西哥的这一比重为 0.5%，巴西为 1.3%，阿根廷为 0.6%。从长远来看给定现有的资源、优先级和国家行为，人们认为墨西哥基于研发创新的长期发展前景是有限的。可参见 "2014 Global R&D Funding Forecast"，R&D Magazine，December 2013；Economist Intelligence Unit，"Intellectual -Property Environment in Mexico"，2010.

［51］例如，与燃料乙醇有关的防腐蚀技术研究已在巴西的研究中心取得重大进展。此外，国家级供应商如Arteb、Lupatech 和 Sabó 等公司不仅直接参与巴西装配子公司的协同设计工作，而且参与了总部或其他欧洲分公司的相关研发项目。Arteb 和 Lupatech 在巴西为通用汽车公司提供了直接的研发资金，Sabó 通过其欧洲分公司与大众汽车（Volkswagen）在德国沃尔夫斯堡（Wolfsburg）进行合作（Quadros，2009；Quadros等，2009）。

［52］Economist Intelligence Unit，"Industry Report，Automotive"，Brazil，January 2014.

［53］参见 "Brazil's Growing Taste for Luxury"，Economist Intelligence Unit，14 January 2014.

［54］参见 Economist Intelligence Unit，"Industry Report，Automotive"，Mexico，April 2014.

［55］这一输油管道将把阿塞拜疆的沙赫杰尼兹2 号天然气田产出的天然气通过希腊和阿尔及利亚输往意大利，并继续输往西欧和中欧。

［56］俄罗斯天然气工业股份公司（Gazprom）将接管欧洲最大的天然气储存设施之一，这一交易引起了德国新的安全审查。此国有公司与它的德国长期合作伙伴——巴斯夫做了资产互换，使得它在 Wingas——一个德国天然气储存和分销公司的股权从 50% 增长到 100%。作为回报，巴斯夫将获得西西伯利亚地区的天然气田股份。这项交易于 2012 年公布时在德国仅受到了很少的关注，因为天然气工业股份公司已成为过去 10 年中最大的外国供应商和国内能源的重要投资者。但是目前的危机给这一交易造成了很多问题。

［57］与欧盟其他成员一样，克罗地亚现在被认为是一个发达国家。

［58］"Companies Flock to Europe to Raise Cash"，Financial Times，20 January 2014，文章数据来源于 Dealogic。

［59］参见 "Microsoft Favors Europe for Record Bond Sale：Corporate Finance"，Bloomberg，4 December 2013.

［60］引用率高但同时争议广泛的经济政策研究中心的估计显示，如果达成高水平的综合性协定，2027 年欧盟和美国的 GDP 将分别增加 1200 亿欧元和 960 亿欧元，协定的收益将占 2027 年两国GDP 预测值的 0.5%。

［61］例外出现在 2005 年，当时由于美国政府公布的资金回流减税政策，美国在欧洲的 FDI 出现净撤资趋势。

［62］"Cross -border Mergers and Acquisitions Deals Soared in 2013"，Haaretz，9 January 2014.

［63］Moody's Investors Service，"US Non -financial Corporates' Cash Pile Grows，Led by Technology"，Announcement，31 March 2014.

［64］2014 年 2 月，新西兰海外投资办事处批准了这一交易。

〔65〕 如果该计划得到批准，日本三菱重工（Mitsubishi Heavy Industries）与法国阿海珐（Areva）公司组建的位于巴黎的合资公司 ATMEA 将为此项目建设价值 220 亿美元的反应堆。

〔66〕 这一发电站将由韩国大宇工程公司（Daewoo Engineering）和建设公司（Construction）共同建设。

〔67〕 由日本国有石油天然气公司和日本五金国营公司共同提供支持。

〔68〕 在乍得，嘉能可收购了拥有独家开发权的格里菲斯能源国际（加拿大）的部分股权。在刚果民主共和国，嘉能可通过收购 High Grade Minerals 公司（巴拿马）手中 14.5% 的股份，使得其在该国一个铜矿开采企业中的股份提升至 69%。

〔69〕 2013 年项目数量为 408 个，而 2012 年为 357 个。

〔70〕 "Reykjavik Plans to Start \$2 Billion Ethiopian Power Project"，Bloomberg，12 March 2014，http：//www. bloomberg.com.

〔71〕 这些绿地投资项目中，最大项目是马恒达集团在汽车业的 2.27 亿美元投资项目，其次是巴蒂集团在电信业的 1.07 亿美元投资项目和 Hero Cycles 在交通运输业的 6000 万美元投资项目。

〔72〕 本章的"基础设施"代表四个行业：能源、电信、交通运输和给排水。

〔73〕 分析基于 Thomson ONE 数据库项目数据。

〔74〕 但是，在 Thomson ONE 数据库中的 LDCs 相关项目数据并不完善。例如，大约 40% 的已注册项目未发布公告或未预估项目成本。

〔75〕 由于 1/4 的外商参与项目注册信息中没有交易额，外商占比可能更高。

〔76〕 在 Thomson ONE 数据库中，该项目被标记为未指定投资者。

〔77〕 这三个项目均被标记为建设—运营—拥有项目，而没有投资者来源的相关信息。

〔78〕 FDI 流入量包含外国直接投资者投资于 FDI 企业的资金（正流入）和外国直接投资者从 FDI 企业获得的资金（负流入）。因此，以非股权形式流入 LDCs 的外部资金——不包括直接投资——不在 FDI 数据统计范围内。

〔79〕 例如，在大规模项目中，投资者的承诺通常被分为几个部分，并跨越了几年甚至是十几年的时间。由于政治情况变化和社会或环境问题，推迟实行已公布项目也十分普遍。这些趋势也适应于已公布绿地投资额（见表 D），在相同年份，绿地投资额经常（但不一定）大于 FDI 年流入额。

〔80〕 "Agreement to Investigate Development of DRC Aluminium Smelter Using Power from Inga 3 Hydropower Scheme"，23 October 2007，http：//www.bhpbilliton.com.

〔81〕 "Africa's Biggest Electricity Project，Inga 3 Powers Regional Cooperation"，11 October 2013，http：//www. theafricareport.com.

〔82〕 "World Bank Group Supports DRC with Technical Assistance for Preparation of Inga 3 BC Hydropower Development"，20 March 2014，http：//www.worldbank.org.

〔83〕 "US and Chinese Work Together on Inga 3?"，22 January 2014，http：//www.esi-africa.com.

〔84〕 "Myanmar-Thai Dawei Project Likely to Begin Construction in April"，7 November 2012，http：//www.4-traders.com.

〔85〕 "Italian-Thai Ditched as Thailand，Myanmar Seize Dawei Development Zone"，21 November 2013，http：//www.reuters.com；"Burma，Thailand Push Ahead with Dawei SEZ"，Bangkok Post，31 December 2013.

〔86〕 2013 年 10 月，缅甸—日本合资公司成立，用以管理拉瓦港 SEZ 项目。它的资金来自于缅甸（51%）、日本跨国公司（约 40%）以及日本国际协力机构（约 10%）。

〔87〕 "Mitsubishi to Build Massive Power Plant in Myanmar"，22 November 2013，http：//asia.nikkei.com.

〔88〕 从这个角度，UNCTAD 在 LDCs 投资的行动计划推荐加强公共—私人基础设施发展投资（UNCTAD，2011c）。

〔89〕 在 OECD 债权人报告体系中，本章所讲的行业为"能源"（不包括能源政策和行政管理，以及相应的教育和培训）、"运输和仓储"（不包括运输政策和行政管理，以及相应的教育和培训）、"通信"和"供水与卫生"（不包括水资源政策和行政管理）。

〔90〕 非优惠性融资，主要由多边发展银行向发展中

经济体提供，在 OECD 债权人报告体系中并非 ODA，而是以"其他官方流动"（OOF）显示。由于这类融资对基础设施发展的重要支撑作用，OECD（2014）认为 ODF（包括 ODA 和 OOF）应代表从 DAC 成员向发展中经济体的基础设施投资。但是，就 LDCs 而言，2003~2012 年，与 ODA 规模（在选取的四个行业累计投资 397 亿美元）相比，OOF 规模（在选取的四个行业累计投资 11 亿美元）并不重要。

［91］这意味着 2003~2012 年 10% 的累计 ODF 支付流向了 LDCs 各个部门。

［92］OECD（2014）预计，ODF 支付累计额占发展中经济体所有基础设施融资的 5%~8%，剩余部分来自国内公共部门和居民投资（55%~57%）以及私人部门（20%~30%）。ODF 中的大部分流入了高中等收入国家而不是低收入国家。对低收入国家较低水平的支持力度意味着最大化投资收益的困难以及这些国家不利的投资环境（OECD，2014）。

［93］Estache（2010）估计，低收入国家的年基础设施需求（包括 2008~2015 年的开发和资本支出）约为其 GDP 的 12.5%。由于不能获得 LDCs 作为一个整体的估计值，以上述比例 12.5% 论，从 LDCs 2003~2012 年年均 GDP 推测出 LDCs 基础设施需求为 596 亿美元。

［94］计算基于 WHO 数据（2012），见表 C 和表 D，并提取 LDCs 金融资本总成本估计值。

［95］例如，日本政府不仅支持基础设施的 PPPs "将发展与合作置于其中"，还鼓励国内公司通过日本国际协力机构私人投融资部门（PSIF）积极参与援助国的基础设施项目（2014 年，OECD）。

［96］以捐赠、贷款和股权投资形式合资，或公共担保，或私人融资降低了项目的金融风险。通过区域性欧盟合资公司（例如，欧盟—非洲基础设施信托基金），欧盟委员会和欧盟成员国的捐赠就与长期借款或由发展性金融组织提供的股权或私人融资混合在一起（OECD，2014）。

［97］例子可参见 United Nations，"Review of Progress made in Implementing the Buenos Aires Plan of Action，the New Directions Strategy for South-South Cooperation and the Nairobi Outcome Document of the High-level United Nations Conference on South-South Cooperation，Taking into Account the Complementary Role of South-South Cooperation in the Implementation of Relevant Major United Nations Conferences in the Social，Economic and Related Fields"，SSC/18/1，31 March 2014.

［98］从国家层面来说，需要由有能力管理收益的强势政府引导的会计政策和税收管理改革。

［99］2012 年 5 月，战略领域外商投资法（SEFIL）规定了完善的 FDI 进入和包括采矿业在内的很多行业私人和国有企业开发的准许条件。

［100］为达到这一目的，UNCTAD 将于 2014 年底撰写 LLDCs 投资相关的文章。

［101］由于 2008 年一项由加拿大皇家银行对特多皇家银行集团的 22 亿美元收购，2007~2011 年特立尼达和多巴哥的服务业 FDI 流入迅速增长。

［102］其他项目股东为澳大利亚石油勘探公司、桑托斯、Merlin 石油、当地土地所有者和国有石油公司。

［103］汽油、化学和金属产品是最接近石油、天然气和金属矿物产业的下游产业。

［104］SIDs 的地位使其无法获得特殊贸易优惠。但是，每个 SIDs 都可以获得至少一个优惠方案。尽管被划分为 LDC 的 SIDs 从特殊优惠中获益，但占大多数的其他 SIDs 只能通过一些特殊程序获得优惠，如美国的加勒比盆地计划、加拿大的 Caribcan 以及澳大利亚和新西兰的南太平洋区域贸易和经济合作协议（SPARTECA）。欧盟则一方面通过非洲、加勒比和太平洋地区国家的科托努合作伙伴协议，另一方面通过欧盟成员内部来对大量 SIDs 给予特殊贸易优惠。

［105］参见 "Bankers on the Beach"，Finance and Development，Vol. 48，No. 2，June 2011.

近期政策发展和关键问题

第三章

一、国家投资政策

（一）总体趋势

大多数投资政策措施倾向于投资促进与自由化，但是管制或限制措施比重日益增加。

据联合国贸易与发展会议统计，2013年59个国家和经济体颁布了87项外商投资政策措施。其中61项涉及投资的自由化、促进与便利化，23项提出新的限制或管制措施（见表3.1）。新的管制与限制措施所占份额略有上升，从2012年的25%升至2013年的27%（见图3.1）。近一半的政策措施适用于所有领域。大部分行业具体措施适用于服务业（见表3.2）。

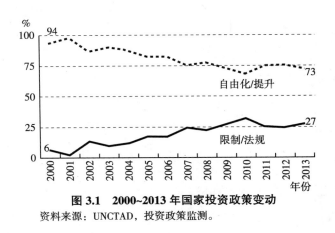

图3.1　2000~2013年国家投资政策变动
资料来源：UNCTAD，投资政策监测。

表3.1　2000~2013年国家投资政策变化（政策措施数量）

项目 \ 年份	2000	2001	2002	2003	2004	2005	2006	2007	2008	2009	2010	2011	2012	2013
有政策变化的国家	46	52	44	60	80	78	71	50	41	47	55	49	54	59
监管变化数量	**81**	**97**	**94**	**125**	**164**	**144**	**126**	**79**	**68**	**88**	**121**	**80**	**86**	**87**
自由化/促进	75	85	79	113	142	118	104	58	51	61	80	59	61	61
限制/管理	5	2	12	12	20	25	22	19	15	23	37	20	20	23
中性①	1	10	3	—	2	1	—	2	2	4	4	1	5	3

注：①某些情况下，政策对投资的预期影响是不确定的。
资料来源：UNCTAD，投资政策监测数据库。

1. FDI投资自由化与促进

新的FDI投资自由化促进措施主要适用于亚洲国家，其中几项涉及电信行业。例如，印度取消了电信业FDI上限。[1] 韩国通过修订《电信事业法》，允许与韩国达成自由贸易协定的外国投资者获得基础电信企业100%的股权，SK与KT电信不在该范围之内。[2] 墨西哥将电信业外资份额的门槛值从一定条件下的49%提升至100%，但广播电视业不在该范围之内。[3]

除开放电信市场的投资外，印度提高了防务部门投资上限，允许超过内阁安全委员会批准的26%。政府批准的规定在一些行业已经放宽，包括石油和天然气、快递服务、单一品牌零售、商品交易所、征信公司、证券市场基础设施公司和电力交易所。[4] 印度尼西亚修订了对外国投资开放的业务领域清单，并提高了部分行业外商投资的上限，包括医药、金融服务业的风险资本运作和能源发电的电站项目等行业。[5] 菲律宾修订了外资参股农村银行法，允许外国个体或企业持有多达60%的农村银行股权。[6]

表 3.2　2013 年按行业划分的国家投资政策变化

部门/行业	自由化/促进（%）	限制/管理（%）	中性/不确定（%）	总政策数量
总计	72	25	3	93
跨行业	80	17	2	41
农业经济	80	20	—	5
采掘业	60	30	10	10
制造业	75	25	—	4
服务业	64	33	3	33

注：由于一些政策措施可归入多种类型，所以政策总数与表 3.1 不同。
资料来源：UNCTAD，投资政策监测数据库。

围绕 FDI 促进措施，古巴国民大会通过一项外商投资新法案，为投资者提供担保与财政激励。[7] 古巴还为外国投资者在玛利尔成立了一个新的经济特区（SEZ）。[8] 韩国出台了一项新制度，降低了设立投资区所要求的最小面积。[9] 为了覆盖外国投资者的全面保险，巴基斯坦商务部最终与国家保险公司签订了保障协议。[10]

2. 面向国内外投资者的投资自由化与促进

2013 年总体投资自由化政策的主要特点是新私有化。至少 10 个国家的完全或部分私有化有利于国内外投资者。例如，秘鲁国会批准国家能源公司 Petroperú 高达 49%的股份私有化，这是私人资本投资第一次被批准。[11] 在塞尔维亚，阿拉伯联合酋长国的阿提哈德航空收购了塞尔维亚的国家航空公司 JAT 航空公司 49%的股份（参见第二章）。[12] 斯洛文尼亚议会表示支持政府出售 15 家国有企业的计划，其中包括最大的电信运营商斯洛文尼亚电信。[13] 另一项重要的自由化涉及墨西哥近期的能源改革。2013 年 12 月，墨西哥国会通过宪法条款修订，增强了对石油行业民营资本的限制（见第二章）。上述改革授权政府颁发许可证，签订关于产品分成、利润分享与服务的合同。[14]

投资激励与便利化措施适用于各国投资者，常见于非洲与亚洲。促进措施主要为财政激励计划，包括一些部门的具体方案。一些政策在 2014 年初获得通过。例如，多米尼加共和国在《旅游发展法》中拓展了对投资者的税收优惠。[15] 马来西亚公布了 2014 年国家汽车政策，提供财政激励，以便将国内汽车产业打造为一个具有竞争力的、可持续发展的行业。[16]

便利化措施集中体现在简化工商登记方面。例如，蒙古通过了一项新的投资法，减少审批要求，简化注册程序，并提供一定的法律担保与激励。[17] 莫桑比克通过一项法案，通过单一业务登记表使新公司的设立更加便利化。[18] 迪拜、阿拉伯联合酋长国推出了一系列的改革措施使新建酒店更加便利化。[19]

许多国家出台了经济特区（SEZs）或现有经济特区的修订政策。例如，中国设立中国（上海）自由贸易试验区，提出涉及贸易、投资与金融方面的各种新政策措施（见第二章）。在引进 FDI 方面，上海自贸区采用新方法，按照免责条款授予成立权限。向外国投资者开放六个具体服务部门——金融、交通、商贸、专业服务、文化服务与公共服务。[20] 南苏丹政府正式启动朱巴经济特区，该特区是进行商业与投资活动的工业区。[21]

3. 新的 FDI 限制与监管

最新提出的 FDI 限制与相关政策主要包括准入规制的修订、审查后驳回投资项目与国有化。2013 年至少有 13 个国家制定了针对外国投资者的新的限制措施。

在修订的准入规制中，印度尼西亚降低了几个行业的外资持股上限，包括陆上石油生产与数据通信系统服务。[22] 斯里兰卡限制外国人购买土地，但允许长期租赁。[23] 加拿大变更《加拿大投资法》，在该法案所规定的"净利益"条件下，使工业部长决定一个企业是否能由单个或多个外国国有企业控股成为可能，即使它符合该法案所规定的加拿大控股资格。[24] 法国颁布了一项法令，为保障社会秩序、社会安全与国防安全，加强对外商投资的控制机制。该项措施涵盖以下战略部门：能源、水、交通、电信、国防与医疗保健。[25] 为统计外商在印度的投资总额，印度政府修订了"控制"一词的定义。[26] 近期，俄罗斯新增了三种与运输相关的外商投资法律程序规定，这类投资适用于在国防与国家安全方面具有战略意义的商业实体。[27]

一些国家对外资收购实行管制。例如，依据加拿大投资法的国家安全规定，加拿大驳回了 Accelero 资本控股（埃及）的曼尼托巴电信服务公司 Allstream 部门的收购要求。[28] 俄罗斯外商投资委员会驳回雅培公司（美国）收购俄罗斯疫苗生产商 Petrovax 医药的要求，理由是保护该国的国家安全利益以及其他相关因素。[29] 此外，欧盟委员会禁止 UPS（美国）收购 TNT 快递（荷兰）。该委员会发现，此项收购可能会限制成员国在小包裹快递业的竞争。[30]

玻利维亚基于公共利益的考虑，将 Abertisy Aena（西班牙）的子公司玻利维亚航空服务公司（SABSA）收归国有。[31]

4. 针对国内外投资者的新监管或限制

许多国家采取的限制或监管措施对国内外投资者均有影响。例如，玻利维亚提出新的《银行法》，允许国有银行利率设定高于商业银行。同时授权政府为特定行业或活动贷款设定配额。[32] 厄瓜多尔宣布，广播与电视频率的归属权应与媒体法的规定相一致，要求 66% 的无线电频率归个人或公共媒体所有（即各自 33%），余下 34% 归社区媒体所有。[33] 委内瑞拉通过了一项法令，以规范汽车行业的生产与销售。[34]

5. 防止撤资与促进回岸 [35]

近期出现了一个值得关注的现象，导致政府部门正在努力防止外资撤出。鉴于金融危机和国内失业率持续较高，一些国家就离职与裁员问题提出新的审批要求。此外，一些母国开始推进其海外投资的跨国公司回岸。

● 法国议会通过了一项法案，如果被认定在经济上仍可维持但却停止运营的企业将给予处罚。该项法案要求拥有 1000 名以上员工的公司，证明其在关闭公司之前已尽力出售厂房。[36]

● 希腊通过了一项法案，使得在希腊证券交易所上市的公司将其总部迁往海外更加困难。希腊资本市场法规定，总部迁移需 90% 的股东同意，而不是以前的 67%。[37]

● 韩国通过法案支持海外韩国企业的回归。政府为此成立回归支持中心，并计划为回归企业提供类似于外商投资企业的激励措施。[38]

● 2011 年以来美国政府一直在经营"选择美国"计划，其目标是吸引并留住在美投资。[39]

（二）投资激励的近期趋势

激励措施广泛应用于吸引投资。对接可持续发展目标并监测其影响有利于促进激励政策的有效性。

政策制定者运用激励措施促进具体行业、活动或贫困地区的投资。然而，这些方案被指出缺乏经济效率并且导致了公共资金的不合理分配。

1. 投资激励：类型和目标

虽然投资激励的构成尚无明确定义，但此类激励措施被认为会影响投资者行为的非市场效益。激励可由国家、区域和地方政府提供，并且有许多形式。上述形式可基于财政效益、金融效益和监管效益的效益类型细分为三大类（见

表 3.3）。

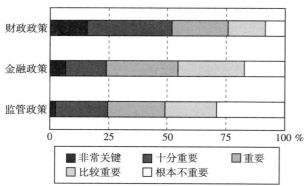

图 3.2　投资激励政策在国家总体战略中引进外资和获得收益的重要性

注：监管激励政策仅指降低投资标准。

资料来源：UNCTAD IPAs 调查（2014）。

2014 年 1~4 月，UNCTAD 对投资促进机构（IPA）展开了全球调查，通过对外国投资者投资激励措施的调查，研究外商投资前景和可持续发展促进。[40] 调查结果显示，财政激励措施是最重要的吸引与利用外商投资的类型（见图 3.2）。[41] 在发展中经济体与转型经济体中尤为明确。金融与监管激励在吸引与利用 FDI 方面的作用次之。除投资激励外，IPAs 认为投资便利化措施在吸引投资方面尤为重要。

投资激励是特定东道国（区位激励）用于吸引或留住 FDI 的政策措施。在此情况下，投资激励措施被认为是投资者与东道国之间信息不对称的补偿，也是对投资环境劣势的弥补，如基础设施薄弱、人力资源欠发达与行政限制。在此背景下，投资激励成为国家间与国内各地区间吸引外商投资竞争的关键政策工具。

表 3.3　按类型和机制划分的投资激励措施

金融激励措施	
投资补贴	对与投资项目有关的全部（或部分）资本、产品或营销成本的"直接补贴"
信贷补贴及信贷担保	贴息贷款 贷款担保 出口信贷担保
利率优惠的政府保险，政府资助的风险资本，以参与高风险商业投资项目	政府以优惠利率提供保险，通常覆盖一定风险类型（如汇率波动、货币贬值；非商业风险，如强行征收和政治动乱），通常通过国际代理组织提供
财政激励措施	
基于利润的政策	降低公司所得税税率标准或利润税率标准、免税期标准
基于资本—投资的政策	加速折旧，投资与再投资补贴
基于劳动力的政策	降低社会保险税 扣除基于雇员人数或其他与劳动支出有关的应纳税收入
基于销售的政策	基于总销售额的公司所得税减免
基于进口的政策	资本货物、设备或原材料、零部件及相关生产工艺的投入关税减免 对于进口的材料或物资支付的关税税收抵免
基于出口的政策	出口税减免、出口退税及出口所得的税收优惠 特殊外汇收入或制造业出口的所得税减免 对出口企业的国内销售税收减免，对出口的本地产品所得税减免 对海外支出和出口行业资本补贴的扣除
基于其他特殊开支的政策	基于例如营销或促销活动的公司所得税减免
基于价值增值活动的政策	基于产出中本地产品的所得税减免 基于净增加值的所得税减免
降低外派人员的税收	税收减免以帮助降低个人税收义务，降低所得税与社会保障缴纳
其他激励措施（包括监管激励）	
监管激励	降低环境、健康、安全或劳工标准 暂时或永久性免除遵守通用标准的义务 管理条款稳定，确保现有政策不会有损害投资者的变动

续表

补贴服务（实物形式）	基础设施专用补贴，包括电力、水、通信、交通运输或指定基础设施，低于商业价格的补贴 补贴服务：协助确定资金来源、实施和管理项目、执行投资前研究活动；关于市场、原料可得性和基础设施供应的相关信息；对生产过程、营销技术的建议；对培训和再培训的协助；对提升专有技术水平或质量管理的技术设施提供支持
市场特权	优惠的政府合同 关闭进一步的市场准入或授予垄断权 保护免受进口竞争的威胁
外汇特权	特殊外汇汇率 特殊外债转股权转换率 消除外债的汇率风险 出口所得的外汇信贷优惠 收益和资本遣返回国的特殊优惠

资料来源：基于 UNCTAD（2004）的资料整理。

投资激励也可作为一种工具，通过外商投资促进公共政策目标，如经济增长，或促使外国子公司从事合理的活动（行为激励）。为达成此目标，激励可重点关注经济增长指标，如创造就业、技术转移、研究开发（R&D）、出口增长以及与当地企业建立联系。

对大多数国家而言，创造就业是投资激励最重要的目标。近 85% 的 IPAs 表示，创造就业位于五大目标之首（见图 3.3），几乎 75% 的排名是首要或次之的目标。就重要性而言，创造就业后面依次是技术转移、促进出口、当地联动与国内增值以及技术发展。超过 40% 的受访者表示，区位决策与国际竞争力位于激励政策目标排行榜前五位。值得关注的是，此类情况下一半以上的 IPAs 来自发达国家，只有不到 1/3 来自发展中经济体或转型经济体。一种可能的解释是，其他目标如技术发展、出口与技能增长，在最发达的国家已经比较先进。最后，两大潜在目标——环境保护和促进地区发展——排名靠后，这说明在激励策略与可持续发展目标的对接上仍具备相当大的提升空间，诸如联合国 2015 年后的发展议程正在讨论这些问题（详见第四章）。

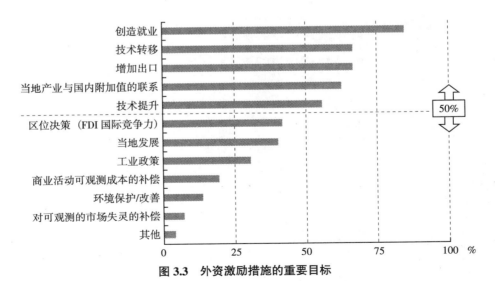

图 3.3　外资激励措施的重要目标

注：基于作为前五位目标的政策出现次数计算。
资料来源：UNCTAD IPAs 调查（2014）。

投资激励通常以投资者完成某些绩效要求为条件。投资促进机构调查显示，此类要求主要涉及创造就业与技术转移，其次是投资最低额、区位要求与出口要求（见图 3.4）。环保及其他政策目标未在重点关注之列。

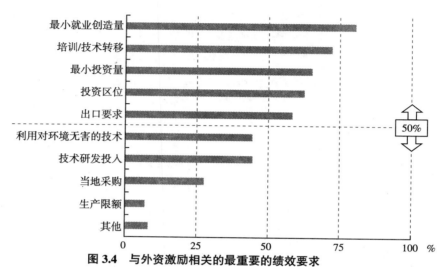

图 3.4　与外资激励相关的最重要的绩效要求

注：基于作为前五位的经营要求出现次数计算。
资料来源：UNCTAD IPAs 调查（2014）。

投资激励也许会针对特定行业。投资促进机构表明，投资激励的重点目标行业是 IT 业与商业服务业。超过 40% 的受访者表示，该行业位于其五大目标行业之首（见图 3.5）。其他主要目标行业包括农业和住宿餐饮业。尽管可再生能源行业属于最大的目标行业之一，但仍有不足 1/3 的促进机构将其列入前五大行业。

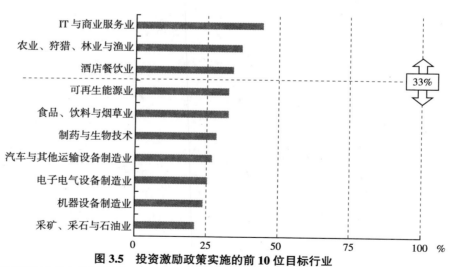

图 3.5　投资激励政策实施的前 10 位目标行业

注：基于作为前五位目标行业的出现次数计算。
资料来源：UNCTAD IPAs 调查（2014）。

具体 FDI 投资激励措施的实施因国家而异。　近 40% 的 IPAs 表明激励措施针对外国投资者目标明确，而 25%的机构则认为并非如此。超过 2/3 的投资促进机构表明，激励计划经常促使其完成目标，而 11%的机构表示它们一直可以完成目标。

2. 与投资激励政策相关的发展

大部分情况下，投资激励规避了系统监测。因此，对投资激励措施的使用趋势与政策目标的变化趋势的统计数据较少，包括对可持续发展的促进。UNCTAD 的投资政策监测数据表明，投资激励在新提出的投资政策措施中占较大比重，此类措施旨在为投资者创建更具吸引力的投资环境。2004~2013 年，投资激励所占比重在 26%~55%波动，且整体重要性不断上升（见图 3.6）。2013 年，超过一半的新自由化与促进措施涉及向投资者提供激励措施。上述激励措施超过一半属于财政激励。

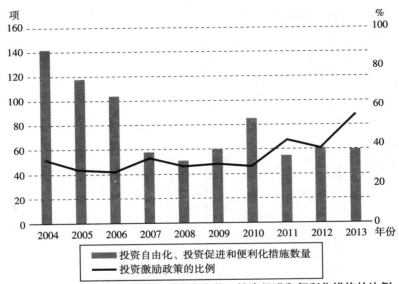

图 3.6　2004~2013 年投资激励占投资自由化、投资促进和便利化措施的比例

资料来源：UNCTAD 投资政策监测。

尽管可持续发展不在激励政策的最重要目标之列，但近期一些措施涵盖了这一领域，诸如医疗、教育、研发与地方发展。例如，安哥拉在 2012 年《赞助法》中界定了税收以及其他对企业有益的激励措施，如为社会倡议、教育、文化、体育、科学、健康与信息技术等项目提供资金与支持。[42] 2010 年，保加利亚通过立法，准予教育与研发活动费用报销高达 50%，并为加工制造业投资提供高达 10%的补贴。[43] 2011 年，波兰通过了"2011~2020 年促进波兰经济高度重视投资计划"，目标是通过促进高科技行业的 FDI 提升经济的创新力与竞争力。[44] 2011 年，俄罗斯在一定条件下免除教育与保健服务行业的企业利润税。[45]

许多国家采取措施促进地方发展。例如，2012 年阿尔及利亚实施的激励制度适用于南部与高地区域（省份）。[46] 中国为投资于中西部地区的外商提供设备、技术与原材料进口方面的优惠税率。[47] 近期日本划定了六个经济特区，试图推动当地经济发展。经济特区位于全国各地，专注于不同行业，包括农业、旅游业与研发产业。[48]

过去 10 年亚洲经历了投资激励的最大政策变化，非洲紧随其后（见图 3.7）。在亚洲，中国与韩国率先进行，非洲的领先者是安哥拉、埃及、利比亚与南非。大多数激励措施（75%）并没有特别针对的行业，而具体行业激励措施则大部分

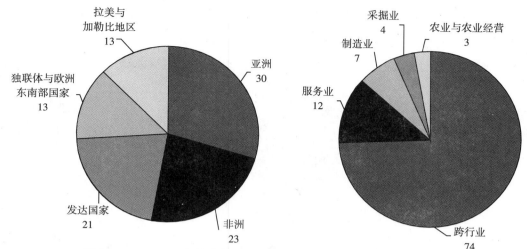

图 3.7 2004~2013 年按地区和行业划分与投资激励相关的政策变化比例 （%）
资料来源：UNCTAD，投资政策监测。

针对服务业，其次是制造业。

3. 政策建议

尽管投资激励不是 FDI 的主要决定因素，并且成本效益具有争议性，但是 UNCTAD 近期数据显示，政策制定者仍将激励措施作为吸引 FDI 的一项重要政策工具。对接投资激励计划与可持续发展目标，可以用更加有效的政策工具纠正市场失灵，也可以就各界对投资激励传统方式的质疑做出回应（见第四章）。

各国政府也应采取一些较好的实践方法：

①投资激励的基本原理源于国家发展战略，措施采纳前应对其有效性进行充分评估。②具体行业的激励措施目标是确保自身的可持续性，避免以整体经济为代价来补贴不能存活的行业。③应基于预先确定的、客观的、明确的与透明的标准，以及非歧视原则提出全部激励措施，并在实施前基于长期成本收益进行详细评估。④应对激励的成本与收益进行定期审查，并全面评估和监测其实现预期目标的有效性。[49]

二、国际投资政策

（一）国际投资协定的发展趋势

1. 国际投资协定总数持续增加

过去几年，投资协定的制定呈现出日益两极化的趋势：退出与"扩大范围"。

2013 年共达成 44 项国际投资协定 （IIAs）（其中 30 项为双边投资协定，或者 BITs，14 项为"其他投资协定"[50]），年末总计达到 3236 项（其中 2902 项为双边投资协定，334 项为"其他投资协定"）[51]（见图 3.8）。2013 年，签署双边投资协定较多的国家包括科威特 （7 项），土耳其和阿拉伯联合酋长国（各 4 项），日本、毛里求斯和坦桑尼亚 （各 3 项）（见附表 7，表中列出了每个国家的双边投资协定和"其他投资协定"总数量）。

2013 年，多项双边投资协定 （BITs） 将终止。[52] 例如，南非在 2013 年终止了其与德国、荷兰、西班牙和瑞士的 BITs；[53] 印度尼西亚在 2014 年终止了其与荷兰的 BIT。由于没有新签 BITs 替代已有协定，一旦这些协定生效，将使现存 BITs 总数略有下降（共减少 43 项，不到 2% 的比例）。然而，在上述 BITs 终止前的投资，将凭借"存续条款"，根据已终止的 BITs 的有关规定，在未来 10~20 年将继续受到保护。[54]

2013 年达成的"其他国际投资协定"也可按照《世界投资报告 2012》划分为三大类：

● 双边投资协定等价条款，共七项。加拿大—洪都拉斯自由贸易协定（FTA），中国—冰岛

FTA，哥伦比亚和哥斯达黎加、以色列、韩国、巴拿马的 FTAs，新西兰和中国台湾的 FTA 均属于第一类协定，即 IIAs 中通常包括 BITs 中规定的义务，包括投资保护的实质标准以及投资者与东道国争端解决条款（ISDS）。

● 限制性投资条款，共两项。中国—瑞士的 FTA 以及欧洲自由贸易联盟（EFTA）—哥斯达黎加—巴拿马的 FTA 属于此类，此类协定含有相关限制性投资条款（例如，关于商业存在的国民待遇，或者涉及直接投资的资本自由流动）。

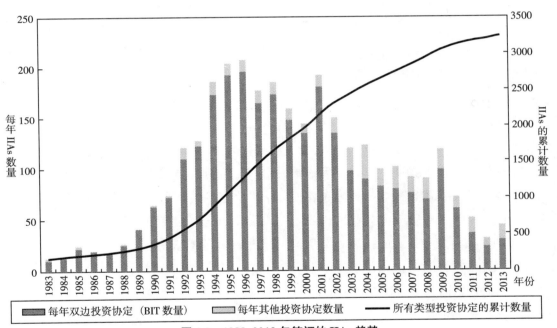

图 3.8　1983~2013 年签订的 IIAs 趋势

资料来源：UNCTAD，IIAs 数据库。

● 投资合作条款以及进一步谈判授权，共五项。智利—泰国 FTA 和欧洲自由贸易联盟（EFTA）—波斯尼亚和黑塞哥维那 FTA，以及美国与加勒比共同体（CARICOM）、缅甸和利比亚签订的贸易和投资框架协议，均包括与投资有关的合作总条款，以及关于投资的进一步谈判条款。

2011 年智利、哥伦比亚、墨西哥和秘鲁成立了太平洋联盟，并于 2014 年初取得了重要进展，

签订了一项综合协议，包括投资保护章节，涉及类似 BITs 的实质性和程序性投资保护标准。

此外，至少有 40 个国家和 4 个区域一体化正在组织修订其 IIAs 范本。正在进行中的"其他投资协定"谈判方面，欧盟（EU）正在谈判的协定超过 20 项，预计将包括投资相关条款（各项协定在广度和深度上都有所不同）[55]。加拿大处于谈判中的 FTAs 有 12 项，韩国有 10 项，日本和新

加坡各有 9 项，澳大利亚和美国各有 8 项（见图   3.9）。其中一些协定是大型区域协定。.

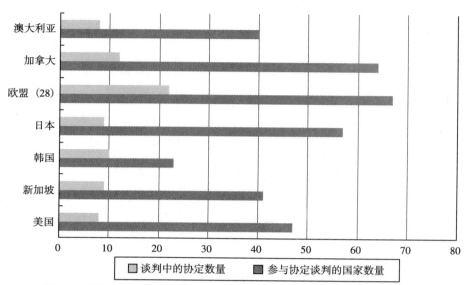

图 3.9 "其他投资协定"最活跃的谈判方：谈判中协定及参与方（数量）
注：图中国家的选择依据是在"其他 IIAs"谈判中"最活跃的"国家。需要说明的是，在不同的协定谈判中，投资条款的覆盖范围和深度有很大差异。
资料来源：UNCTAD，IIAs 数据库。

过去几年达成的与当前正在谈判中的协定，共同促进了全球投资政策环境的"优化"。其影响体现在参与率（即许多国家已经达成或者正在谈判的协定）、谈判进程（其呈现出日益增长的活力）以及协定的实质（现有条约的扩展和新条约的纳入）上。上述情况导致过去几年投资政策方向出现分化，有些国家致力于扩展全球 IIAs 体制而有些则想摆脱原有 IIAs 条款的束缚。

总体来看，加入 IIAs 协定谈判的国家越多（包括大型区域协定谈判），就越能为尚未加入谈判的国家营造参与和行动的氛围。然而，大量"其他 IIAs"、BITs 和大型区域协定能否成功签署尚存在许多不确定性。一个或数个此类谈判停滞或破裂，可能对国际投资政策制定的环境产生负面影响，并且明显削弱双边、区域和多边层面上谈判的动力与氛围。

2. 新国际投资协定日益突出可持续发展属性

新国际投资协议（IIAs）中符合可持续发展目标的条款数量呈现增长趋势。

回顾 2013 年达成的 18 项 IIAs（11 项双边投资协定和 7 项自由贸易协定具有实质性投资条款），可以发现大部分条约呈现出符合可持续发展的特点，这与联合国贸发会议（UNCTAD）的可持续发展投资政策框架（IPFSD）、《世界投资报告 2012》及《世界投资报告 2013》中一致。[56] 在这些协定中，15 项涉及一般免责条款，例如保护人权、动植物生命或健康、保护不可再生资源，13 项在序文中提及保护健康和安全、劳动权利、环境或可持续发展。而正接受审查的 12 项协定明确表明，各方不得为吸引投资而降低健康、安全或环境标准。

许多条约旨在更广泛地保护东道国公共政策监管空间，和/或尽可能减少投资仲裁，这些条约均体现出可持续发展的特征。在 18 项 IIAs 中以不同频率出现的条款具体包括：①限制条约适用范围（例如，投资定义中排除特定类型的资产）；

②明确义务（本着公平公正的原则（FET），和/或在间接征收的基础上制定具体条款）；③为转移资金义务或股权转让设立免责条款，以建立审慎监管措施；④加强对投资者与东道国争端解决条款（ISDS）的监管（例如，通过限制 ISDS 内的条约规定、排除 ISDS 的特定政策领域、设定特定税收机制和审慎措施以及限制在规定时间期限内提交索赔）；⑤省略所谓的保护伞条款（见表3.4）。

表 3.4　2013 年签署的国际投资协定的不同方面

IIAs 常见的各个方面（按出现顺序排列）	政策目标																						
	增强可持续发展的特征	聚焦于有利于发展的投资	保留规范公共利益的权利	避免过度依赖法律诉讼	鼓励负责任的商业活动	塞尔维亚—阿联酋 BIT	俄罗斯—乌兹别克斯坦 BIT	新西兰—中国台湾 FTA	摩洛哥—塞尔维亚 BIT	日本—沙特阿拉伯 BIT	日本—缅甸 BIT	日本—莫桑比克 BIT	EFTA—哥斯达黎加—巴拿马 FTA	哥伦比亚—新加坡 BIT	哥伦比亚—韩国 FTA	哥伦比亚—巴拿马 FTA	哥伦比亚—以色列 FTA	哥伦比亚—哥斯达黎加 FTA	加拿大—坦桑尼亚 BIT	加拿大—洪都拉斯 FTA	贝宁—加拿大 BIT	白俄罗斯—老挝 BIT	澳大利亚—尼日利亚 BIT
协定序言中提到保护健康和安全、劳工权益、环境或可持续发展	×	×	×		×	×		×		×	×	×	×		×		×	×	×	×	×		×
修订投资定义（排除证券投资、主权债务或商业合约中仅有的索赔）		×		×		×		×	×					×	×	×	×		×		×	×	
金融服务部门股权分离的审慎措施				×										×	×				×	×	×		
在国际惯例法下，公平公正的标准和针对外国投资者条款的最低标准				×				×						×	×		×		×		×		
明确哪些构成间接征收				×				×						×	×		×		×	×	×		
资金自由转移的详细免责条款，包括收支平衡问题和/或国家法律的强制执行问题				×			×		×	×	×		×		×		×	×			×	×	×
省略所谓的"保护伞条款"				×		×		×	×	×			×		×		×	×			×		
一般免责条款，例如保护人权、动植物生命与健康，或保护不可再生自然资源	×		×	×				×	×	×			×		×		×		×		×		
明确要求各方不得以吸引外资为目的降低健康、安全或环境标准	×	×				×		×		×		×	×		×				×	×			×

续表

IIAs 常见的各个方面（按出现顺序排列）	政策目标																						
	增强可持续发展的特征	聚焦于有利于发展的投资	保留规范公共利益的权利	避免过度依赖法律诉讼	鼓励负责任的商业活动	塞尔维亚—阿联酋 BIT	俄罗斯—乌兹别克斯坦 BIT	新西兰—中国台湾 FTA	摩洛哥—塞尔维亚 BIT	日本—沙特阿拉伯 BIT	日本—缅甸 BIT	日本—莫桑比克 BIT	EFTA—哥斯达黎加—巴拿马 FTA	哥伦比亚—新加坡 BIT	哥伦比亚—韩国 FTA	哥伦比亚—巴拿马 FTA	哥伦比亚—以色列 FTA	哥伦比亚—哥斯达黎加 FTA	加拿大—坦桑尼亚 BIT	加拿大—洪都拉斯 FTA	贝宁—加拿大 BIT	白俄罗斯—老挝 BIT	澳大利亚—尼日利亚 BIT
通过在 IIAs 中增加特殊条款或在协定序言中作为一般引用，提升企业和社会的责任标准	×												×			×		×		×	×		
限制 ISDS 的使用（例如，限制条款规定 ISDS 主题，排除 ISDS 政策领域，限制提交索赔期限，没有 ISDS 机制）			×	×				×		×	×	×		×	×	×	×	×	×	×			×

注：本表是在 2013 年签订的可获得文本的 IIAs 基础上整理得到，不包括未包含可持续投资条款的"框架协议"。

资料来源：UNCTAD。

除拓展协定的可持续发展维度和保护政策空间外，2013 年达成的大量协定还提高了条约标准。标准的提高体现为条约自由化程度的提升以及投资保护形式的增强（例如，扩大条约范围，或禁止以前在投资条约中不受监管的特定类型的政府行为）。主要实例包括准入前条款、禁止额外业绩要求的规则或要求公布法律法规草案的规则（如，贝宁—加拿大 BIT、加拿大—坦桑尼亚 FTA、日本—莫桑比克 BIT 和新西兰—中国台湾 FTA）。

协定最终所具有的保护性和自由化强度，及其对政策空间和可持续发展的影响，取决于条款整合的程度［可持续发展的投资政策框架（IPFSD）］。协调两大目标——追求高标准投资保护和通过投资自由化，以及与政府保持协调公共利益的权力——是当前 IIAs 谈判者和投资政策制定者面临的最严峻挑战。条约的不同组合表明各国正尝试确定条约内容的"最佳搭配"。

（二）大型区域协定：新兴议题和系统性影响

大型区域协定是由具有重要经济影响的国家签订的广泛经济协定，其中投资只是议题之一。[57] 近两年，此类协定的谈判有所增加，如谈判中的跨太平洋伙伴关系协定（TPP）、欧盟—美国跨大西洋贸易与投资伙伴关系协定（TTIP）以及加拿大—欧盟综合经济贸易协定（CETA）。这些大型区域协定一旦达成，很可能对全球投资规则制定和全球投资模式产生重大影响。

过去几个月，大型区域协定的谈判在公众视野中日渐突出，并引起不同利益相关方的广泛关注，其中既有支持也有批评，主要问题在于协定的潜在经济利益，及其对缔约各方监管空间和可持续发展的可能影响。本部分将重点关注这些大型区域协定对 IIAs 体制的系统性影响。

1. 大型区域协定的数量

大型区域协定因其庞大的规模和巨大的潜在影响而值得关注。

大型区域协定因其庞大规模值得关注（见表 3.5；还可参见第一章的表 1.1）。表 3.5 中列出的

7 项协定共涉及 88 个国家。[58] 就人口而言，最大的协定是区域全面经济伙伴关系（RCEP），其参与国的人口占全球人口的近一半；在 GDP 方面，最大的协定是 TTIP，占全球 GDP 的 45%；在 FDI 流入存量方面，TPP 参与国的 FDI 流入存量位居全球第一。

表 3.5 谈判中的大型区域协定概述

大型区域协定	谈判双方	国家数量	2012 年相关指标			对 IIAs 的影响	数量
			项 目	金额（十亿美元）	在全球占比（%）		
CETA	欧盟（28）加拿大	29	GDP	18565	26.1	与目前 BITs 重叠	7
			出口	2588	17.5	与目前其他 IIAs 重叠	0
			地区内出口	81		建立新的双边关系①	21
			FDI 流入存量	2691	17.6		
			区域内 FDI 流入量	28			
三方协议	东南非共同市场（COMESA）、东非共同体（EAC）和南部非洲发展共同体（SADC）	26②	GDP	1166	1.6	与目前 BITs 重叠	43
			出口	355	2.4	与目前其他 IIAs 重叠	8
			区域内出口	68		建立新的双边关系①	67
			FDI 流入存量	372	2.4		
			区域内 FDI 流入量	1.3			
欧盟—日本 FTA	欧盟（28）日本	29	GDP	22729	32.0	与目前 BITs 重叠	0
			出口	2933	19.9	与目前其他 IIAs 重叠	0
			区域内出口	154		建立新的双边关系①	28
			FDI 流入存量	2266	14.8		
			区域内 FDI 流入量	3.6			
太平洋更紧密经济关系协议（PACER Plus）	澳大利亚、新西兰、太平洋岛屿论坛的发展中国家	15	GDP	1756	2.5	与目前 BITs 重叠	1
			出口	299	2.0	与目前其他 IIAs 重叠	2
			区域内出口	24		建立新的双边关系①	103
			FDI 流入存量	744	4.9		
			区域内 FDI 流入量	1			
区域全面经济伙伴关系协定（RCEP）	东盟国家（ASEAN）、澳大利亚、中国、日本、印度、韩国、新西兰	16	GDP	21113	37.7	与目前 BITs 重叠	68
			出口	5226	29.4	与目前其他 IIAs 重叠	28
			区域内出口	2195		建立新的双边关系①	5
			FDI 流入存量	3618	46.7		
			区域内 FDI 流入量	93			
跨太平洋伙伴关系协议（TPP）	澳大利亚、文莱、加拿大、智利、日本、马来西亚、墨西哥、新西兰、秘鲁、新加坡、美国、越南	12	GDP	26811	37.7	与目前 BITs 重叠	14
			出口	4345	29.4	与目前其他 IIAs 重叠	26
			区域内出口	2012		建立新的双边关系①	22
			FDI 流入存量	7140	46.7		
			区域内 FDI 流入量	136.1			

续表

大型区域协定	谈判双方	国家数量	2012 年相关指标			对 IIAs 的影响	数量
			项 目	金额（十亿美元）	在全球占比（%）		
跨大西洋贸易与投资伙伴协定（TTIP）	欧盟（28）美国	29	GDP	31784	44.7	与目前 BITs 重叠	9
			出口	3680	24.9	与目前其他 IIAs 重叠	0
			区域内出口	649		建立新的双边关系①	19
			FDI 流入存量	5985	39.2		
			区域内 FDI 流入量	152			

注：①"新的双边关系"指通过国家之间签署多区域协定创造新的双边投资协定关系的数量。

②包括在 CIMSEA、EAC 和 SADC 中重叠的成员。

表中未包括谈判中的服务贸易协定（TISA），此协定关注服务业部门。

东南亚国家联盟（ASEAN）包括：文莱、柬埔寨、印度尼西亚、老挝、马来西亚、缅甸、菲律宾、新加坡、泰国、越南。

东南非共同市场（COMESA）包括：布隆迪、科摩罗、民主刚果、吉布提、埃及、厄立特里亚、埃塞俄比亚、肯尼亚、利比亚、马达加斯加、马拉维、毛里求斯、卢旺达、塞舌尔、苏丹、斯威士兰、乌干达、赞比亚、津巴布韦。

东非共同体（EAC）包括：布隆迪、肯尼亚、卢旺达、乌干达、坦桑尼亚。

欧盟（EU）包括：澳大利亚、比利时、保加利亚、克罗地亚、塞浦路斯、捷克、丹麦、爱沙尼亚、芬兰、法国、德国、希腊、匈牙利、爱尔兰、意大利、拉脱维亚、立陶宛、卢森堡、马耳他、荷兰、波兰、葡萄牙、罗马尼亚、斯洛伐克、斯洛文尼亚、西班牙、瑞典、英国。

太平洋岛屿论坛国家包括：澳大利亚、库克群岛、密克罗尼西亚联邦、基里巴斯、瑙鲁、新西兰、纽埃岛、帕劳、巴布亚新几内亚、马绍尔群岛、萨摩亚、所罗门群岛、汤加、图瓦卢、瓦努阿图。

南部非洲发展共同体（SADC）包括：安哥拉、博茨瓦纳、民主刚果、莱索托、马达加斯加、马拉维、毛里求斯、莫桑比克、纳米比亚、塞舌尔、南非、斯威士兰、坦桑尼亚、赞比亚、津巴布韦。

大型区域协定在创造双边 IIAs 关系方面也有重大作用。例如，跨太平洋紧密经济关系协定（PACER）一旦签署，将创造出 103 个此类 IIAs 双边经济关系。

资料来源：UNCTAD。

2. 目前面对的实质性问题

大型区域谈判涵盖了在 BITs 或者"其他投资协定"谈判中通常要解决的问题。在投资内容方面，谈判者需要制定关键的 IIAs 条款，包括设定协定的投资和投资者范围、保护的实质标准（例如国民待遇、最惠国待遇、FET、征收、资金划拨和绩效要求）、自由化程度以及程序保护措施，尤其是 ISDS 机制。

表 3.6 大型区域协定谈判讨论的投资或与投资相关的议题

有关投资条款	与投资相关的条款
适用范围：公共债务的定义（例如，政党或国有企业的债务工具是否被视为投资），受保护的主权财富基金（SWF）的类型（例如，仅包括直接投资或同时包括证券投资）	监管合作：要求提供并交换监管措施方面的数据（例如法律/法规草案），适时审查国际贸易和投资的法规影响以及特定部门双边协定的使用，建立监管合作委员会
经营要求：禁止与贸易有关的投资措施（TRIMs）列表以外的经营活动，例如，禁止使用或购买特定的（国内）技术	知识产权保护（IPRs）：产权保护（例如保密类测试数据），保护类别（例如禁止性权利）和保护水平（例如延长专利保护期限，超过 TRIPs 所要求的水平）
待遇标准：对于间接征收和公平与公正待遇条款（FET），须用不同技术方法明确其内涵	服务贸易：服务业投资的性质（"服务贸易"即商业存在）与协定中投资章节相关
投资自由化：承诺的深度，在企业设立前承诺适用 ISDS 的可能性	金融服务：相关部门中应包含"商业存在"形式的投资，推动更和谐的监管行为
否定性获益：要求投资者在每国进行"持续经营活动"，旨在从保护条款中获益	政府采购：对投标政府合同的外国公司不实行歧视待遇，向外国公司开放政府采购的某些领域
资金转移免责条款：债务自由转让例外条款的广度与深度	竞争：竞争中立条款（例如，确保双方的竞争法适用于 SOEs）
ISDS：ISDS 的内涵与范围（例如，承诺适用于企业建立后或企业建立前），潜在的股权分离或特殊机制适用于敏感问题（例如国债或金融债券），有效地避免争端的途径与上诉机制	公司的社会责任（CSR）：包括 CSR 方面的无约束条款
关键人员：包含因商业目的而入境的国外自然人提供便利条款	一般例外条款：包括 GATT 和 GATS 的一般例外措施，目的在于公共政策目标的合法化

资料来源：UNCTAD。

与"其他 IIAs"谈判遇到的问题一样，大型区域谈判也解决除投资以外具有重要影响的相关内容，例如知识产权保护（IPRs）、服务贸易自由化和雇员工作签证便利化。

除了以前诸多协定中已经考虑过的问题，大型区域协定的谈判者还面临新兴议题的挑战。例如如何解决国有企业和主权财富基金的问题以及如何寻求监管合作。

在所有这些问题中，谈判者必须重点考虑大型区域协定和其他投资协定之间、协定的不同章节之间以及相关协定的投资条款之间可能存在的相互影响。

表 3.6 列出了当前大型区域谈判中的部分关键问题。这一表格并不详尽，列出的问题并不代表所有的大型区域协定都会有所涉及。此外应该注意到，关于投资问题的讨论处在不同阶段（例如，用以解决第二阶段投资问题的三方协议计划谈判还尚未开始）。总之，这一表格大致介绍了其中一部分问题。

应对可持续发展需要而制定新一代投资条约，大型区域协定谈判为其提供了机遇。谈判者必须在最大限度保护投资者和最大政策灵活度之间做出取舍。这也提供了使用经验的空间，而这些经验来自于 IIAs 的实施方式及仲裁庭的解释方式。

3. 整合或深化复杂度

大型区域协定可能有助于巩固 IIAs 体制，也可能造成 IIAs 体制的进一步复杂化和不一致性，这取决于大型区域协定的实施方式。

大型区域协定一旦达成，将会对 IIAs 体系产生重要的系统影响。这些协定有助于巩固当前多方面和多层次的协定网络。然而，这并不会自动实现。它们还可能带来因已有协定重叠而导致的新的不一致性。

大型区域协定有助于巩固当前由近 3240 项 IIAs 组成的网络。六个大型区域协定与 140 项协定重叠（45 项双边和区域的"其他投资协定"，以及 95 项双边投资协定），其中 BITs 类型的条款被列入谈判议程，并能改造当前支离破碎的 IIAs 网络，使之变得更统一、更易于管理，且更具包容性，意义更重大。与此同时，这六大协议将创造近 200 个新的双边 IIAs 关系（见图 3.10）。

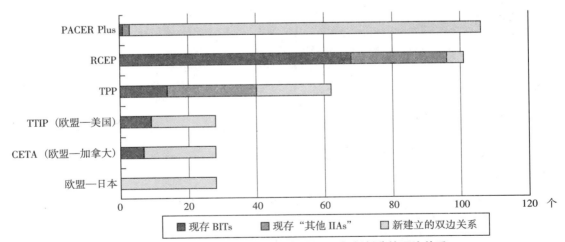

图 3.10 6 个大型区域协定中存在的 IIAs 与新创造的双边关系

注："新创造的双边关系"指通过签署大型区域协定创造的两国新的双边投资协定关系的数量。

资料来源：UNCTAD，IIAs 数据库。

　　然而，大型区域协定对 IIAs 体制的整合程度关键取决于谈判各方是否会以大型区域协定代替现有的双边 IIAs。当前区域主义的盛行已经导致了一定程度的协议并存，这增加了 IIAs 体制的复杂性和不一致性（《世界投资报告 2013》）。大型区域协定与其他投资协定在签约国之间并存的局面也引发了应以哪类协定为主的问题。[59] 然而，随着涉及欧盟的协定日益增加，这种情况有可能改变，其中单个欧盟成员国和大型区域协定缔约方之间的早期 BITs 将被新的泛欧盟条约取代。

　　此外，大型区域协定可能在其成员国与第三方国家达成的 IIAs（双边的或者多边的）基础上，创造新的投资标准。在这些标准变化的范围内，其增加了投资者"滥用条约"的可能，通过运用最惠国待遇（MFN）享受不同协定的最优条款。这可以通过两种方式起作用，即从其他协定引入高标准到大型区域协定（"最佳选择"），或在其他投资关系中受益于大型区域协定的高标准（"免费搭车"）。

　　一些仲裁决议已经将最惠国待遇条款（MFN）解释为，允许投资者从被仲裁国和第三方国家的协定中援引更有利于自身的内容，从而在诉讼的基础上有效规避"基础"条约（即投资者的母国和东道国签订的条约）。因此在起草最惠国待遇条款时，需要尤其注意"最佳选择"问题（联合国贸发会议，2010；还可参见可持续发展的投资政策框架）。

　　在"免费搭车"和排除大型区域协定有关的其他收益方面，除去区域经济一体化组织从最惠国条款的应用中享有的投资者待遇之外，还可以运用此类条约规定（最惠国条款即所谓的区域经济一体化组织，或者 REIO 条款）（联合国贸发会议，2004）。

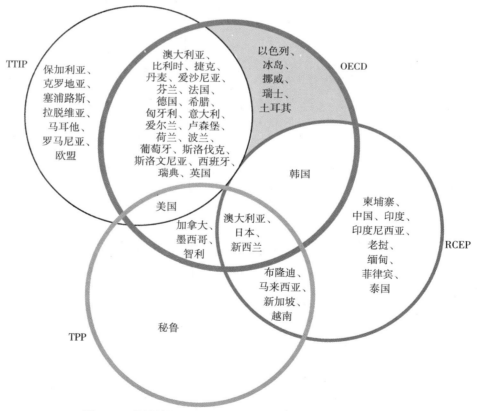

图 3.11　关键性跨区域协定参与国与 OECD 成员国的关系

资料来源：UNCTAD。

4. 对当前多边合作的影响

大型区域协定能对现存的多边合作产生影响。

在多边层面上，存在大型区域协定和当前投资规则的未来关系问题，如 OECD 协定（即关于资本流动自由化和当前无形业务自由化的 OECD 规则）和能源宪章条约（ECT）。

在 34 个 OECD 成员国中，有 22 个受 TTIP 投资条款约束，7 个加入了 TPP，4 个加入了 RCEP，这使得除了冰岛、以色列、挪威、瑞士和土耳其以外的国家都加入了一个或更多的大型区域协定（见图 3.11）。同样的，有 28 个能源宪章条约的成员国服从 TTIP 条款，各有 2 个成员国参与了 TPP 和 RCEP 的谈判。[60]

这些大型区域协定一旦达成，将导致其与现有多边规则的大量重叠和不一致性，而这又将引起"免费搭车"问题。

与这一问题相关的是，在由具有先进的监管和法律体系以及一般总体上开放的投资环境的发达国家间谈判的大型区域协定中，是否应该包含投资保护的内容（包括投资者—东道国争端解决）。到目前为止，发达国家已经不再热衷于在其内部签订 IIAs。"北—北"（发达国家之间的）BITs 的份额只占 9%。此外，这些 BITs 中有 200 个是欧盟内部协定——其中一些是由转型经济体在加入欧盟前达成（见图 3.12）。

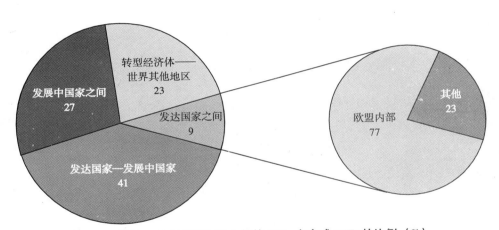

图 3.12　截至 2013 年发达国家之间的 BITs 占全球 BITs 的比例（%）
资料来源：UNCTAD，IIAs 数据库。

5. 大型区域协定对未参与的第三方的影响

就 IIAs 体制的系统性影响而言，大型区域协定也影响了那些没有加入谈判的国家。这些协定给非参与方既带来了风险，也提供了机遇。

没有参与的第三方国家有潜在被边缘化的风险，这可能进一步使它们由"规则制定者"变为"规则接受者"（即大型区域协定使非参与方更难以有效地促进全球 IIAs 体制的塑造）。由于大型区域协定创造了新的 IIAs 规则，非参与方可能在最新的条约实践方面落后一步。

同时，大型区域协定也带来了机遇。除了"免费搭车"，大型区域协定还对其他谈判者具有示范效应。这对于新规则的纳入和现有标准的重新制定、修改或省略也均适用。

非参与方也可以选择加入大型区域协定。然而，这可能强化他们作为"规则接受者"的角色，并使其面临源自加入程序方面的种种限制。考虑到由于许多非参与的第三方是贫穷的发展中国家，所以这一问题尤其突出。

未来几年，大型区域协定可能会对全球投资

规则的制定以及对可持续发展目标的追求产生重大影响。规则制定中的透明度以及广泛的利益相关者参与，都有助于达成最优解决方案，确保协议相关方的认同。充分考虑非参与方的利益同样重要。由大型区域协定引起的某些国家可能被边缘化的问题可由"开放的地区主义"加以解决。而针对关键新兴问题的区域群体国家多边对话平台也将在这方面有所帮助。

（三）投资者—东道国争端解决趋势

2013 年新增 56 个投资仲裁案件，在历年的

数量中排名第二，使得总的案件数目达到 568 个。

2013 年，根据国际投资协定，投资者发起了至少 56 个投资者—东道国争端解决的申请（联合国贸发会议，2014）（见图 3.13）。这一数据接近 2012 年新增申请数量的最高纪录。2013 年，投资者对发达国家发起的投资仲裁申请创下高位（26起），针对发展中国家的申请有 19 起，针对转型经济体的有 11 起。

2013 年，在发起的争端解决申请中，有 42% 是针对欧盟成员国的。同时，在所有涉及欧盟的仲裁案件中，除了一例以外，仲裁申请方都是欧

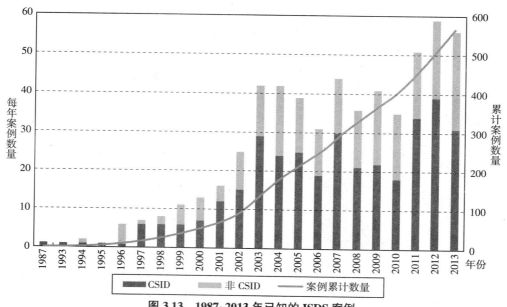

图 3.13　1987~2013 年已知的 ISDS 案例

注：由于已经得到 2012 年及以前的数据，所以已知 ISDS 的数量有所修正。
资料来源：UNCTAD，ISDS 数据库。

盟国家，且均在欧盟内部的 BITs 或 ECT 下进行诉讼程序（有时候同时依赖这两者）。而针对欧盟成员国的超过一半的案件，其诉讼对象都是捷克或者西班牙。

事实上，2013 年发起的所有仲裁的近 1/4，都涉及捷克或西班牙影响再生能源部门监管行为的难题。涉及捷克的诉讼中，投资者主要针对其 2011 年修正案，该修正案对太阳能发电厂发电产

生的收益征税。他们认为这些修正案削弱了投资的可行性，而刺激国家利用可再生能源的激励机制也被改变。而对西班牙的诉讼，源自其对电力公司的收益征收 7% 的税款，以及对可再生能源生产商减少补贴。

投资者同时质疑国家合约的取消和所谓的合同违反决定，声称其权利遭到了直接或事实上的剥夺，其经营许可可能被取消，能源关税受到监

管，而且认为受到了不正当的刑事起诉和土地区划的不合理安排。

到 2013 年底，已知的投资者—东道国争端解决案件数达到了 568 个，至少在一起争端中作为被告方的国家增至 98 个（为了进行比较，世界贸易组织已经注册了 474 起争端案件，涉及 53 个被告国）。这些 ISDS 案件中，约 3/4 是针对发展中经济体和转型经济体的，其中拉丁美洲和加勒比地区占了最大的比重。欧盟国家作为被告方，排在第三位，在所有案件中占 21%（见图 3.14）。大多数已知的争端仍在 ICSID 公约和 ICSID 附加便利规则（62%）以及联合国国际贸易法委员会规则（28%）下解决。其他的仲裁法案则很少使用。

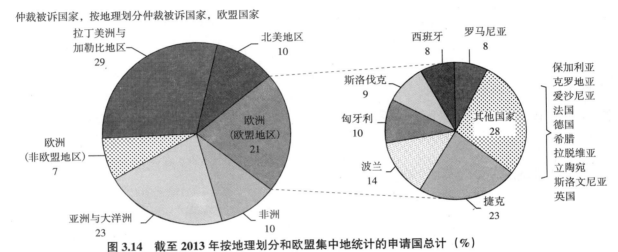

图 3.14　截至 2013 年按地理划分和欧盟集中地统计的申请国总计（%）

注：由于已经得到 2012 年及以前的数据，所以已知 ISDS 的数量有所修正。

资料来源：UNCTAD，ISDS 数据库。

截至 2013 年底，所有 ISDS 申请的绝大多数（85%）都是由来自发达国家的投资者发起的，包括欧盟（53%）和美国（22%）。[61] 在欧盟成员国中，案件申请人最多来自荷兰（61 起案件）、英国（43 起）和德国（39 起）。

作为所有 ISDS 申请基础的、使用最多的三大投资条约分别是：北美自由贸易协定（51 起案件）、能源宪章条约（42 起）以及阿根廷—美国 BIT（17 起）。至少 72 起仲裁案件是根据欧盟内部的 BITs 进行。

2013 年至少达成了 37 项仲裁决议，包括反对法庭司法权决议、有关纠纷的实质绩效的决议、关于取消一项仲裁裁决的补偿和申请程序决议。这些决议中只有 23 个涉及公共领域。

2013 年达成的对司法管辖权有异议的决议，呈现两两分化的特点——其中一半反对仲裁庭对争端的审判权，另一半则肯定这种审判权，并因此依据案情评估处理纠纷。2013 年，8 个依据案情做出的决议中，有 7 个满足了（至少是部分满足）投资者的索赔要求，另一个决议驳回了所有索赔。这表明和往年相比，更高比例的裁决有利于投资者。在 2013 年提供的至少 5 个决议中，投资者都获得了赔偿，包括一项 9.35 亿美元加上利息的判决，在 ISDS 历史上是已知的赔偿额第二高的判决。[62]

2013 年投资仲裁的发展，使得结案总数达到 274 起。[63] 这些案件中，有近 43% 的决议有利于东道国，31% 有利于投资者。约 26% 的案件达成和解。在和解的案件中，和解的具体条款通常是保密的。

日益增加的纠纷，以及在此背景下提出的政策问题的广泛性，已经使得 ISDS 成为国际投资政策制定中几乎是最具争议的问题。过去的一年里，关于 ISDs 机制优缺点的公共讨论从来没有停止过。这已经激发了相应行动。例如，2013 年 7 月 11 日，联合国国际贸易法委员会在以条约为基础的投资者—东道国仲裁中采取了新的透明度规则。同样的，能源宪章秘书处邀请缔约各方讨论在 ECT 下的投资争端解决改革措施。在所有这些努力中，关于 IIAs 政策选择的联合国可持续发展投资政策框架（特别是第 6 部分），以及在 2013 年世界投资报告中确定的五种改革 ISDs 体制的方法，能够帮助和引导政策制定者及其他利益相关者（见图 3.15）。

（四）IIAs 体制改革：四大路径及未来方向

四种不同的 IIAs 体制改革路径分别是：保持现状、退出相关体制、选择性调整和系统性改革。

IIAs 体制正经历反思、回顾和改革的时期。尽管几乎所有国家都是一个或若干 IIAs 的当事方，但却很少有国家满足于目前体系，原因如下：IIAs 在促进 FDI、减少政策与监管空间、增加 ISDs 调查方面实际效果不佳，且缺少对可持续发展目标的具体追求，这些均使各国日益不安。此外，即使在一个国家之内，关于 IIAs 的观点也极为不同。这增加了 IIAs 体制的复杂性和多面性，并导致其难以形成一个多边机构（像针对贸易的世界贸易组织那样）。这一切导致采取一种系统性的方法全面改革 IIAs（以及 ISDs）体制十分困难。因此，IIAs 改革的步伐一直相对缓慢。

一些国家采取了"观望"的做法，对于更加全面和意义深远的改革持犹豫态度，这反映了政府的两难境地，因为更多实质性的改变可能会削弱一个国家对外商投资的吸引力，而先行改革的国家在这方面的损失尤其严重。此外，一个"新的 IIAs"范本的具体内容尚不确定，且有些改革措施还可能加剧目前的复杂性和不确定性。

IIAs 改革已经在政策制定的不同层面开始进行。在国家层面，一些国家因考虑到包容性和透明度的多方利益相关者进程，已经修改了其条约范本。事实上，至少有 40 个国家（与 5 个区域组织）目前正在审查和修订与其国际投资相关的规则制定方法。一些国家还就包含新规定的 IIAs 在双边和区域层面进行谈判（见表 3.4）。大型区域协定便是很好的例子。少数国家脱离了 IIAs，终止了它们所签订的一些 BITs，或者宣布废除国际仲裁公约。在多边层面上，一些国家已经共同讨论 IIAs 改革的具体问题。

总结这些最近的经验，可以概括出新兴的改革国际投资体制的四大行动路径（见表 3.7）：

表 3.7　采取行动的四条途径：概述

途　径	政策措施的内容	政策行为层面
系统性改革	设计与投资相关的国际承诺，包括： ● 创造积极主动的以可持续发展为导向的 IIAs（例如增加 SDGs 投资促进措施） ● IIAs 中权利与义务的有效平衡（例如，增加投资者的责任，保持政策空间） ● ISDs 的综合性改革（例如遵循（WIR, 2013）提出的 5 个途径） ● 在投资与投资政策的不同层面以及其他公共政策之间互相进行有效管理，提升其一致性（例如多方利益相关方审查）	在三个层面上实施政策行动（同时或依次实施）： ● 国家层面（例如创造新的 IIAs 模式） ● 双边/区域层面（例如，在新的 IIAs 模式下（重新）开展谈判） ● 多边层面（例如多个利益相关方的一致性，包括集体实施）

续表

途　径	政策措施的内容	政策行为层面
有选择的调整	从事有选择性的改革： ● 在 IIAs 中增加可持续发展层面的内容（例如在序言中提及可持续发展） ● 向权利与义务的平衡迈进（例如非约束性的 CSR 条款） ● 改变 ISDs 中的特定方面（例如尽早取消无实质意义的权利要求） ● 有选择性地强调政策互动（例如不降低标准化条款）	在三个层面上实施政策行动（有选择性）： ● 国家层面（例如，修改形成新的 IIAs 模式） ● 双边/区域层面（例如基于修改的 IIAs 模式进行谈判或发表双方谅解备忘录） ● 多边层面（例如共享经验）
保持现状	对 IIAs 条款或投资相关的国际承诺不寻求任何实质性变化	在双边和区域层面采取相应的政策措施： ● 继续基于现有 IIAs 模式进行谈判 ● 搁置现有协议
退出相关体制	删除与投资相关的承诺	在不同方面采取政策措施： ● 国家层面（例如在国内法中删除与 ISDs 一致的条款，中止投资协定） ● 双边/区域层面（例如中止现有 IIAs）

● 保持现状。

● 退出相关体制。

● 引入选择性调整。

● 推行系统性改革。

四种行动路径都有其优缺点，应对具体问题的方式也不尽相同。由于所追求的整体目标不同，一些利益相关者认为优势的路径可能被其他相关者视为挑战。此外，目前推行的四种行动路径并不是相互排斥的；一个国家可能采取其中的一种或几种，且一个特定 IIAs 的内容可能受到一种或几种行动路径的影响。

该部分将从战略体制改革的视角探讨每一种路径。首先探讨对于投资相关的国际承诺来说最为对立的两种方法：一种是保持现状；另一种则是从 IIAs 体制中退出。位于其间的两种路径是选择改革体制，只不过程度不同而已。

这里分析的基本前提是改革已经展开（如上所述）。例如，联合国贸发会议的可持续发展的投资政策框架本着"动态政策制定"原则，要求对政策工具的有效性进行持续评估。问题不在于是否要改革国际投资体制，而是如何去做。此外，当前的问题不仅仅是改变某一特定协议的某一方面，而是要对全球 IIAs 体制全面重新定位，以平衡可持续发展与投资者保护。

1. 维持现状

维持现状是一个国家政策选择的两极之一。在投资相关的国际承诺方面避免实质性的变化是政策连续性和投资者友好的信号。当维持现状涉及基于已有范本的新 IIAs 谈判时，这一点表现得尤为明显。最重要的是，对那些对外投资较多的国家和还未涉及诸多高度政治化的 ISDs 案件的国家，这一改革路径吸引力较强。

直观上，这一行动路径似乎是最简单且最容易实现的。它不需要太多的资源（例如，不需要评估、国内审查以及多方利益相关者的磋商），且避免了由 IIAs 条款的创新方式引起的意外的、潜在的重大影响。

然而，与此同时，维持现状并没有解决任何源自当前全球 IIAs 体制的挑战，并可能造成利益相关者对 IIAs 的进一步强烈抵制。另外，随着越来越多的国家开始改革 IIAs，维持现状（即维持 BITs，并基于现有范本谈判新的 BITs）可能会变得越来越困难。

2. 从 IIAs 体制中退出

国家政策选择的另一极是退出国际投资体制，包括个别协定、多边仲裁公约或是这一体制整体。单方面退出 IIAs 表明对当前体制存在强烈不满。对于在国内政策讨论中，对 IIAs 相关条款呈明显担忧态度的国家，这一行动路径尤其具有吸引力。

直观上，从 IIAs 体制中退出可能被视为最强的或影响最深远的行动路径。不论是外国投资者还是本国对外投资者，这种方法都可能最终导致国际条约中极为重要的关于投资保护的国际承诺被废除。此外，这还将有效屏蔽 ISDs 相关风险。

然而，大多数所期望的影响只能随着时间和单个条约的执行逐步实现。从 IIAs 体系中退出也并不能立即使一国免于涉及未来的 ISDs 案件，因为根据存续条款，IIAs 义务通常会延续一段时间。另外，有必要审查国家法律与合同，因为即使一国未签订任何国际投资协定，其国内法律和合同也可能为 ISDs（包括 ICSID 仲裁）提供依据。而且，除非终止行为是在协商一致的基础上做出，否则政府终止一项国际投资协定的能力有限。其这样做的能力取决于争议条约的制定（即"存续"条款），且只在特定的、有限的时间内有效（《世界投资报告 2013》）。

此外，一次废除一个国际承诺（通过单个条约）并不利于国际投资协定体制的整体改革，而只是关注了单个承诺的具体关系。只有当终止条约是为了重新进行谈判时，才有可能形成整个国际投资协定体制的改革。

3. 引入选择性调整

对 IIAs 体制的有限调整是迅速普及的问题解决途径。这对那些想应对国际投资协定所带来的挑战，但又想体现自身参与投资体制之持续性、建设性的国家尤其具有吸引力。这种路径亦有利于可持续发展和其他政策目标。

这种改革路径有许多优点。其选择性的修改方法能优先处理易解决的问题或最相关、最紧迫的问题，而同时不触及协定的核心（参见联合国贸发会议关于 ISDs 改革的五种方法中的"专门修改"）。它还允许对一个特定谈判做出相应的针对性修改，以符合特定的经济关系。此外，选择性调整还可对不同解决方案进行测试和试点；对未

来条约的关注有助于调整的直接实施（即调整能通过谈判各方直接付诸实践）；使用"软"（即无约束力的）修改将风险降至最低，并且此循序渐进的方法避免了"大爆炸"效应（使得调整不易被认为降低了协定的保护价值）。的确，在新协定中引入选择性调整对于减少国际投资协定的巨大压力来说，如果不是最现实的选择，也是一项有吸引力的选择。

然而，与此同时，对未来国际投资协定的选择性调整并不能全面解决现有协定形成的挑战[64]。它不能完全应对协定间的相互作用，并且除非选择性调整处理了最惠国待遇条款，它才会允许"滥用协定"和"择优挑选"的存在。[65] 选择性调整可能无法满足所有的利益相关者。由于存在上述问题，选择性调整有可能奠定进一步改革的基础，但同时也创造了不确定性而非稳定性。

4. 推行系统性改革

推行系统性改革意味着设计既促进可持续发展又与投资和发展模式转换相一致的国际承诺（《世界投资报告 2012》）。由于涉及各级治理的政策行动，这是改革当前国际投资协定体制最全面的方法。

这一行动路径需要设计一个能有效解决上述三大挑战（提高发展维度、重新平衡权利和义务，以及应对国际投资协定体系的系统复杂性），并且专注于积极推动可持续发展投资的新 IIAs 条约范本。系统性改革还需全面应对 ISDs 体制的改革，正如在 2013 年的世界投资报告中概述的那样。

起初在许多方面，这一行动路径显得艰巨而具有挑战性。它可能耗费大量时间和资源。其结果——更"平衡"的 IIAs——可能被认为降低了争议协定的保护价值，并且导致了缺乏吸引力的投资环境。这种改革方法的全面实施需要处理现有的 IIAs，这可能被视为影响了投资者的"既得利益"。并且，对协定的修订或重新谈判可能需要

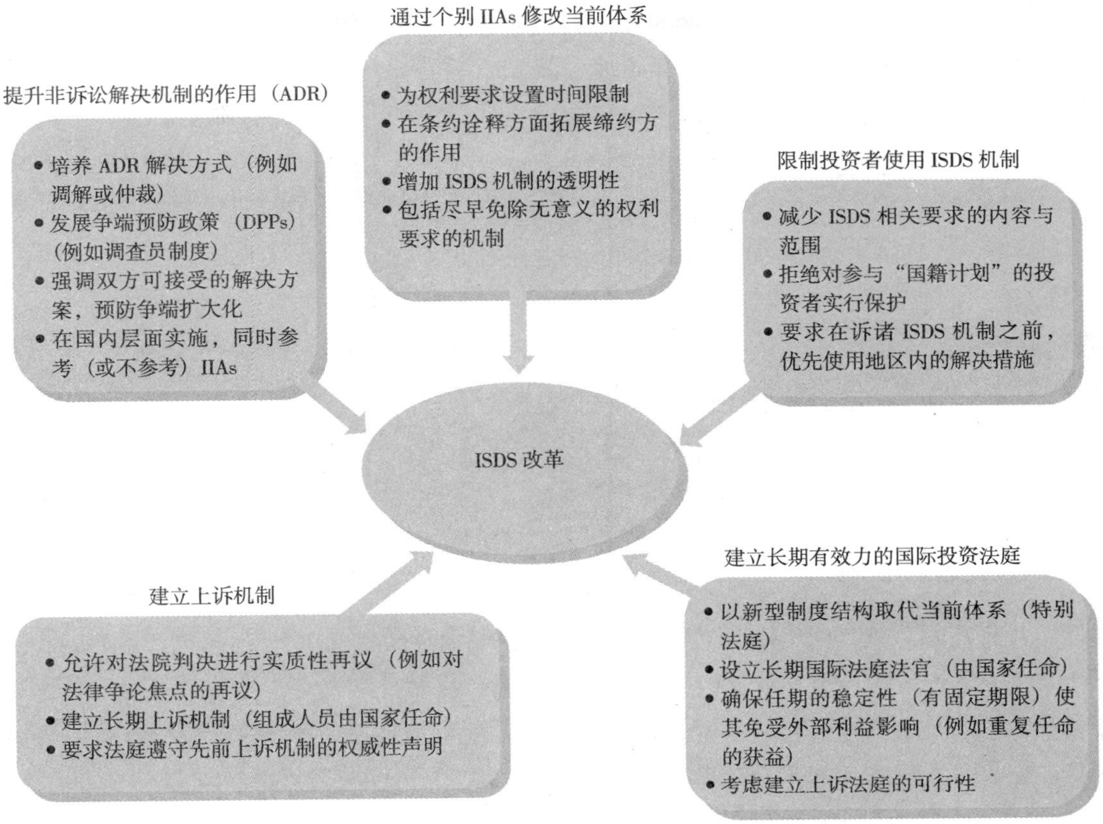

通过个别 IIAs 修改当前体系

提升非诉讼解决机制的作用（ADR）

- 为权利要求设置时间限制
- 在条约诠释方面拓展缔约方的作用
- 增加 ISDS 机制的透明性
- 包括尽早免除无意义的权利要求的机制

- 培养 ADR 解决方式（例如调解或仲裁）
- 发展争端预防政策（DPPs）（例如调查员制度）
- 强调双方可接受的解决方案，预防争端扩大化
- 在国内层面实施，同时参考（或不参考）IIAs

限制投资者使用 ISDS 机制

- 减少 ISDS 相关要求的内容与范围
- 拒绝对参与"国籍计划"的投资者实行保护
- 要求在诉诸 ISDS 机制之前，优先使用地区内的解决措施

ISDS 改革

建立上诉机制

- 允许对法院判决进行实质性再议（例如对法律争论焦点的再议）
- 建立长期上诉机制（组成人员由国家任命）
- 要求法庭遵守先前上诉机制的权威性声明

建立长期有效力的国际投资法庭

- 以新型制度结构取代当前体系（特别法庭）
- 设立长期国际法庭法官（由国家任命）
- 确保任期的稳定性（有固定期限）使其免受外部利益影响（例如重复任命的获益）
- 考虑建立上诉法庭的可行性

图 3.15 WIR（2013）提出的五种 ISDS 改革路径

资料来源：UNCTAD。

大量潜在的相关条约的协作。

然而，这一行动路径是唯一能带来全面一致改革的路径，也是最能推动各方共同应对从国际社会到当前促进可持续发展目标（SDGs）投资挑战的路径。

未来方向：贸发会议的观点

多边便利化和一个全面渐进的改革方案，可以有效地解决国际投资协定体制的系统性挑战。

不论国家采取哪种路径，一个多边进程有助于使所有各方汇聚一起，同时也给改革进程带来以下益处：

● 在实现可持续发展（见第四章）和发展中国家尤其是最不发达国家的利益方面，促成一个更全面、更协调的方案。

● 纳入关于商业和发展的公认原则，包括联合国框架和国际标准中所采纳的原则。

● 将政策制定建立在关于投资政策的 11 项原则基础上，这 11 项原则在联合国贸发会议的 IPFSD 机制中已有阐述（见表 3.8）。

● 确保改革具有所有利益相关者的包容性。

● 支持双边和区域行动。

● 有助于解决先行国家面临的挑战。

这样的多边参与可为一步步精心安排的渐进式改革提供便利。这将首先确定改革领域（例如，通过确定关键的和新出现的问题以及吸取的教训，就改变的领域达成一致），然后设计改革路线（例如，通过确定不同的改革方案，对其评估并就一个方案路线达成一致），并最终实施改革。

以改革为导向的政策选择的实际实施将发生在国家、双边和区域层面，并由这些层面共同决

表 3.8   可持续发展投资政策制定的核心原则

相关领域	核心原则
1. 可持续发展的投资	制定投资政策的首要目的在于提升投资对于包容性增长和可持续发展的贡献
2. 政策一致性	投资政策应当基于国家的整体发展战略。在国家和国际层面上，所有对投资有影响的政策必须具有一致性和连贯性
3. 公共治理与制度体系	投资政策应包含所有利益相关方，体现在一系列制度框架中；而制度框架应基于与高水平公共管理相一致的法律法规中，同时确保可预见性、有效性和程序的透明性
4. 动态政策制定	应定期对投资政策进行有效性和相关性评价，适应经济的动态发展
5. 平衡权利与义务	投资政策应平衡国家和投资者的权利与义务关系，使之有利于所有相关方的发展
6. 管理权	每个国家均有对外资准入和运行条件实行管理的主权，同时受制于国际承诺，以公共利益为标准，最小化其潜在的不利影响
7. 投资开放	与各国的发展战略一致，投资政策应为外资形成开放、稳定和可预见性的准入条件
8. 投资保护与投资待遇	投资政策应为已进入的投资者提供充分保护，对已进入的投资者的待遇应是非歧视性的
9. 投资促进与便利化	投资促进与便利化措施应与可持续发展目标一致，旨在使投资的恶性竞争的风险降到最低
10. 公司治理与社会责任	企业应遵守公司社会责任，采用高水平公司治理的国际经验，投资政策应对其实行促进与便利化措施
11. 国际合作	国际社会应加强合作，应对以发展为目的的投资所面对的挑战，尤其是在最不发达国家。各国应共同努力，以避免投资保护主义

定。例如，为确定关键的和新出现的问题以及需吸取的教训，国家投入至关重要；为商定改变和分歧的领域，国家间的磋商（在双边和区域层面）不可缺少；为识别不同的改革方案，各国的经验是必要的；并且，在多边层面分享这些经验，能够有助于评估不同的选择。

成功实施这些环节需要四个方面的有效支持：达成共识、分析支持、技术援助以及多方利益相关者的参与。

● 一个多边的中心与平台能够为建立共识提供基础设施和制度方面的支撑，这将为参与、集中学习、经验分享以及确定最佳方案和前进方向创造一个舒适区。

● 一个多边中心能够提供一般性和分析性支持，可给出基于证据的政策分析和整个体制方面的信息，以构建一个全球蓝图，并弥合信息鸿沟。

● 特别是对力争有效参与 IIAs 改革时面临挑战的低收入和脆弱的发展中国家（包括最不发达国家、内陆发展中国家和小岛屿发展中国家）而言，一个多边的中心与平台还能够提供有效的技术援助，无论是在双边层面还是区域层面。当涉及国家层面政策选择的具体实施时，技术援助是同样重要的。

● 一个多边平台还有助于确保改革进程的包容性和普遍性。国际投资的政策制定者（例如 IIAs 谈判者）会形成改革进程的核心，但大量其他投资发展的利益相关者也将加入。

通过这些方法，一个多边的中心和平台能有效地支持国家、双边和区域层面的投资政策制定，并有力推动重新设计符合当今可持续发展优先事项的国际承诺的进程。联合国贸发会议已经提供了一些此类支持，其 2014 年的世界投资论坛将在这方面进一步提供机会。

注释

[1] 工商部，新闻注释第 6 条，2013 年 8 月 22 日。

[2] 科技部，国际贸易中心与未来规划，《电信营业法修正案》，2013 年 8 月 14 日。

[3] 电信改革法令，官方公报，2013 年 6 月 11 日。

[4] 工商部，报纸注释 6 号，2013 年 8 月 22 日。

[5] 印度尼西亚投资协调委员会，总统令第 39/2014 号，2014 年 4 月 23 日。

[6] 官方公报，2013 年 5 月 24 日。

[7] 官方公报第 20 号特令，第 118 号法令，2014 年 4 月 16 日。

[8] 法令第 313/2013 号，官方公报第 26 号，2013 年 9 月 23 日。

[9] 贸易、工业与能源部：《韩国公司推出迷你外商投资区》，2013 年 4 月 26 日。

[10] 商务部：《保险涵盖外国买家》，2013 年 1 月 2 日。

[11] 官方公报，2013 年 12 月 18 日。

[12] 阿提哈德航空公司：《阿提哈德航空、塞尔维亚航空公司与塞尔维亚政府公布三方战略合作伙伴关系，以确保塞尔维亚国家航空公司的未来》，2013 年 8 月 1 日。

[13] 财政部：《国会批准 15 家企业私有化》，2013 年 6 月 30 日。

[14] 政府公报，2013 年 12 月 20 日。

[15] 第 195-13 号法令，官方公报，2014 年 1 月 8 日。

[16] 国际贸易和工业部：《国家汽车政策（NAP）2014》，2014 年 1 月 20 日。

[17] 蒙古投资机构：《蒙古投资法》，2013 年 10 月 3 日。

[18] 经济学人智库：《政府简化工商登记程序》，2013 年 10 月 9 日。

[19] 迪拜媒体政府办公室：《穆罕默德·本·拉希德简化了迪拜的酒店投资与发展》，2014 年 1 月 20 日。

[20] 国务院：《国务院关于中国（上海）自由贸易试验区框架计划的通知》，国发〔2013〕38 号，2013 年 9 月 18 日。

[21] 南苏丹大使馆：《南苏丹启动现代商业和投资城市》，2013 年 6 月 22 日。

[22] 印度尼西亚投资协调委员会，总统令第 39/2014 号，2014 年 4 月 23 日。

[23] 内阁决定，2013 年 2 月 21 日。

[24] 加拿大国会，法案 C-60，御准（41-1），2013 年 6 月 26 日。

[25] 官方公报第 112 号，法令 2014-479，2014 年 5 月 15 日；经济部：《工业重建与数字经济》，新闻发布第 68 号，2014 年 5 月 15 日。

[26] 工商部，新闻注释第 4 号，2013 年 8 月 22 日。

[27] 联邦法律 15-FZ 号：《关于推行俄罗斯联邦提供运输保障的一些立法行为的改革》，2014 年 2 月 3 日。

[28] 加拿大政府：《尊敬的詹姆斯摩尔发表的关于收购 Accelero 资本控股的马尼托巴电信服务公司的 Allstream 部门的声明》，2013 年 10 月 7 日。

[29] 《雅培收购 Petrovax 被驳回》，《商业日报》，2013 年 4 月 22 日。

[30] 欧盟委员会：《并购：证监会阻止 UPS 收购 TNT 快递》，2013 年 1 月 30 日。

[31] 玻利维亚政府：《莫拉莱斯已将 SABSA 股份国有化》，新闻稿，2013 年 2 月 18 日。

[32] 国民议会，金融服务第 393 号法案，2013 年 8 月 21 日。

[33] 通信法，官方公报第 22 号，2013 年 6 月 25 日。

[34] 625 号法令，官方公报，第 6.117 号，2013 年 12 月 4 日。

[35] 首次出版于贸发会议投资政策监管 11 号。

[36] 国民议会，第 1037 号、第 1270 号、第 1283 号文，并引用第 214 号文，2013 年 10 月 1 日。

[37] 官方公报，第 216 号，2013 年 10 月 11 日。

[38] 国民议会：《关于支持海外韩国企业回归的法案》，2013 年 6 月 27 日。

[39] 白宫新闻秘书办：《行政命令：美国原创选拔制度的建立》，2011 年 6 月 15 日。

[40] 联系了 257 家投资促进机构，75 家完成问卷，整体回应率为 29%。受访者来自 62 个国家和 13 家机构。按地区划分，24% 的受访者来自发达国家，24% 来自非洲国家，21% 来自拉丁美洲和加勒比地区，19% 来自亚洲国家与 8% 来自转型经济体。

[41] 该调查还包括将投资便利化作为政策工具吸引和利用 FDI。然而，由于该工具超出本节范围，本节无相关结果。

[42] 德勤，税务简讯第 1/2012 号，2012 年 2 月 8 日。

[43] 《投资促进法应用条例》，官方公报，第 62 号，2010 年 8 月 10 日。

[44] 《支持高科技投资项目预算 7.27 亿波兰兹罗提》，在波兰进行投资，2011 年 7 月 5 日。

[45] 2011 年 11 月 10 日，政府第 917 号决议，俄罗斯公报，2011 年 11 月 18 日。

[46] 国家投资发展局：《适用于南部与苏格兰高地区域的激励制度》，2012 年 1 月 4 日。

[47] 商务部:《海关总署公告第 4 号〔2009〕》, 2009 年 1 月 9 日。

[48]《将冲绳、东京定为〈战略特区〉》,《日经亚洲审查》, 2014 年 3 月 28 日。

[49] 有关政策建议的更多详细信息, 请参阅联合国贸易与发展会议的可持续发展投资政策框架中的国家投资政策指导方针。

[50] "其他国际投资协定" 指除了双边投资协定外的经济协定, 包括投资相关的条款 (例如经济伙伴协定和自由贸易协定中的投资章节以及区域经济整合协定与经济合作框架协定)。

[51] 因为对联合国贸发会议关于 BITs 和其他投资协定的数据库做出追溯调整,《世界投资报告2013》中的 IIAs 总数量已经有所减少。读者可以访问联合国贸发会议关于 IIAs 的扩展和升级版数据库, 这一数据库允许一些新的且更加友好的用户搜索选项 (http: //investmentpolicyhub. unctad.org)。

[52] 148 个终止的 BITs 中, 有 105 个被新的协定所替代, 有 27 个是单方面终止, 有 16 个是通过双方一致同意终止。

[53] 南非在 2012 年终止了其与比利时和卢森堡的 BITs。

[54] BITs 终止前在南非做出的投资中, 来自西班牙的投资将继续被保护 10 年 (反之亦然), 荷兰的投资被保护 15 年, 德国和瑞士的投资被保护20年。在 BITs 终止后, 在印度尼西亚的荷兰投资将继续被保护 15 年。

[55] 这一数据包括已经结束谈判但尚未签订的协定。

[56] 参见《世界投资报告 2012》的附表 3.3 和《世界投资报告 2013》的附表 3.1。注意在 "其他国际投资协定" 中, 将记入那些包含在协定的投资章节中或者与协定整体有关的例外。

[57] "大型区域协定" 的定义并不要求谈判各方共同满足全球贸易或者全球 FDI 份额的特定门槛。

[58] 通过考虑了谈判国家之间的重叠, 这一数据避免了重复计算。

[59] 这是维也纳公约的法律条约规则管辖的问题。

[60] 正如这里计算的, "能源宪章条约的成员" 包括已经申请但条约批准仍不确定的国家。

[61] 如果申请人或者申请人之一是一国公民 (自然人或公司), 那么这个国家将被计入。这表明, 当一起案件是由不同国籍的申请人发起时, 将被计入各自的国家。

[62] 穆罕默德·阿卜杜勒·穆赫辛和阿尔—卡拉菲的进口商起诉利比亚和其他国家, 最终仲裁判决, 2013 年 3 月 22 日。

[63] 许多仲裁程序不能继续下去不是由审理造成的 (例如, 没能向相关的仲裁机构提前缴纳必要的成本)。还有一些案件进程的现状无法获得。这样的案件并没有被计为 "审结"。

[64] 除非新协定是对旧协定的重新谈判 (或以其他方式取代了先前的协定), 修改只适用于新达成的 IIAs (不触及现存的协定)。

[65] 在旧的国际投资协定中对一些协定的伙伴所做的承诺, 可能通过最惠国待遇条款过渡到新的国际投资协定 (取决于其规定), 这会产生意想不到的后果。

投资于可持续发展目标(SDGs)：
提高私营部门贡献的行动计划

第四章

一、引　言

（一）联合国可持续发展目标及其隐含的投资需求

国际社会正在制定的可持续发展目标（SDGs）将对投资需求产生显著影响。

面对全球普遍存在的经济、社会与环境挑战，国际社会正在着力制定一套可持续发展目标（SDGs）。SDGs 将于 2015 年启动，在减少贫困、食品安全、健康、教育、就业、公平、气候变化、生态系统和生物多样性等各个方面（见表4.1）明确方向、确立目标，并通过确立以上方向与目标来激励政府、私营部门、国际组织、非政府组织（NGOs）及世界其他利益相关方采取行动。

表 4.1　预期 SDGs 关注的领域概况

• 根除贫困，构建共同繁荣，促进平等	• 水供应和环境卫生	• 气候变化
• 农业可持续，食品安全和营养	• 能源	• 海洋资源，大洋及海保护与可持续利用
• 健康与人口动态	• 经济增长，就业基础设施	• 生态系统与生物多样性
• 教育与终身学习	• 工业化与促进国家间平等	• 实现方法，面向可持续发展的全球伙伴关系
• 性别平等与妇女赋权	• 城市可持续与人居环境	• 和平包容的社会，法治和有效的制度
	• 可持续消费与生产	

资料来源：联合国可持续发展目标开放事务委员会，会议工作文件，2014 年 5 月 5~9 日。

2000 年在联合国千年峰会（UN Millennium Summit）上通过了千年发展目标（MDGs），有效期至 2015 年。MDGs 能达到的可衡量目标就是如何为全球发展提供不同的优先发展方向。千年发展目标（MDGs）集中于发展共同体的工作，引导投资减少贫困，并显著提高世界最贫穷国家人民的福利。然而，MDGs 原本的设计意图并非是建立一个可持续发展投资的动态过程，也不是为了让受到冲击的经济、社会和环境得到恢复，而是致力于实现若干范围相对较小的基本目标，例如消除极端贫困与饥饿、降低婴儿死亡率、提高孕妇健康水平等，MDGs 旨在以此为发展目标，推动各方行动并筹集资金。

相对于 MDGs 来讲，SDGs 既是一个逻辑上的承接（从基本发展目标到基础广泛的可持续发展），也是一项更具挑战性的任务。这代表了发达国家和发展中国家共同努力将全球经济引入一个长期增长与发展的可持续轨道。这项议程充满变革，正如很多人预期 SDGs 起初并未针对特定的经济、社会或环境议题，而是致力于落实促进可持续投资和增长的政策、制度和体制。

MDGs 需要强大的金融资源投资于发展项目，而 SDGs 则是在基础广泛的经济转型中实现投融资的逐步升级，领域涉及诸如基础设施建设、水供应和环境卫生、可再生能源、农产品生产等。

SDGs 及与之相关的投资需求在一个并不乐观的宏观经济背景下形成。发达国家尚未完全从金融危机中恢复，而且许多国家公共部门的融资也面临严重不确定性。在新兴市场，经济基础设施方面的投资需求最大，也是新兴资金和投资来源地，但这些国家亦体现出增长放缓的趋势。脆弱经济体，例如最不发达国家（LDCs），依旧在很大程度上依赖外部金融资源，其中包括来自预算紧张的援助国政府开发援助（ODA）。

（二）私营部门对 SDGs 的贡献

公共部门的作用具有基础性和关键性，同时私营部门的贡献亦不可忽视。

由于预期 SDGs 的范围十分广泛，私营部门的贡献可以表现为多种形式。其中一些会首先对公司和投资者提出行为方面的要求。私营部门在 SDGs 相关领域的良好治理是实现目标的关键，其要求包括：

● 商业部门可持续发展承诺。

● 特别承诺落实 SDGs。

● 在经济、社会与环境可持续发展实践中体现透明度和问责制。

● 有责任避免对外界有危害的活动，例如环境外部性，即使此类危害并未被明文禁止。

● 政府建立伙伴关系，实现投资协同效益最大化。

除了良好的管理，大量金融资源也是不可或缺的。SDGs 相关的投资需求要求所有国家都要在公共部门和私营部门两个层面有所改变，尤其是在 LDCs 及其他脆弱经济体。尽管公共财政是 SDGs 投资的核心和基础，但仅依靠其本身显然无法满足 SDGs 带来的融资需求。巨额的投资需求、紧张的公共预算、SDGs 的经济转型目标三者叠加意味着私营部门的作用较以往更加重要。诚然，在推动 SDGs 投资沿正确方向发展的进程中，私人部门不能取代公共部门的巨大作用，但在构建公私两部门的互补和潜在协同效应、加快 SDGs 及关键目标的实现进程中，私营部门的推动作用将十分巨大。除了国内私人投资外，包括外商直接投资（FDI）及其他外部资金来源在内的境外私人投资也是诸多发展中国家所需要的。

境内外的私人投资者（和其他公司，比如国有企业和主权财富基金，见专栏 4.1），初看可能拥有充足的资金去满足部分潜在投资需求。例如，就境外资源来讲，跨国公司（TNCs）的现金持有约为 5 万亿美元，主权财富基金（SWF）资产目前已超过 6 万亿美元。同时，仅在发达国家注册的养老基金就已达到 20 万亿美元。

与此同时，就私营部门投资于可持续发展而言，也不乏好的案例，与可持续发展目标直接相关的投资额正在上升。许多"创新融资"方式纷纷出现，其中很多是公共部门、私营部门以及国际组织、基金会和非政府组织（NGOs）共同努力的结果。责任投资原则（PRI）各签署方的可控制资产约为 35 万亿美元，这表明可持续发展原则并不阻碍私人融资的兴起。

这里存在一个必须解决的矛盾。可持续发展带来巨额投资需求与投资机遇。全球私人投资者可能拥有充足的资金，然而这些资金尚未有效投资于可持续发展导向型项目，这种情况在发展中国家尤为明显。例如，养老基金和保险公司中仅有约 2% 的资产投资于基础设施建设项目，而全球 FDI 流量中仅有 2% 流向最不发达国家（LDCs）。

这种情况的宏观经济背景与导致大量金融资本未得到充分利用而部分实体部门却缺乏资金的过程密切相关（TDR，2009；TDR，2011；UNCTAD，2011d；Wolf M.，2010）。本章关注将资金用于生产性投资的微观层面。[1]

（三）私人投资 SDGs——急需战略框架

私营部门在 SDGs 领域的投资战略框架有助于调动资金，引导其流向 SDGs 部门，并促使资金发挥最大效应，同时弱化其弊端。

MDGs 通过后，许多旨在推动私人金融资源流向发展中国家可持续发展项目的方案竞相启动。其中包括影响力投资（具有明确的社会与环境目标的投资）及各种"融资创新机制"（这些可能需要公共和私营部门行为人建立伙伴关系）。这些私人融资计划既可以通过资金来源（如来自机构投资者、私人资金或公司等）、发行领域（普通基金、环境投资者、健康投资者等）、认知程度与公众支持度来区分，也可以通过其他一些标准来区分（包括地理集中规模、投资期限）。上述融资方式都面临特定挑战，总体上存在以下三大共同挑战：

● 为可持续发展调动资金，通过金融市场或可投资于可持续发展的金融中介机构集中资源。

● 引导资金流向可持续发展项目，确保发展中国家尤其是最不发达国家（LDCs）的可利用资金流向可持续发展导向型投资项目。

● 影响力最大化同时弱化弊端，私营部门越来越多地参与到传统认为的敏感行业部门，为此需要营造有利环境并落实适宜的保障措施。

解决这一难题（例如"化解矛盾"）的紧迫性以及提高私营部门对 SDGs 投资的贡献正是本章背后的驱动因素。UNCTAD 的目标在于展示 SDGs 是如何通过相互协调的动力机制加强私营部门对投资的贡献，这一协调过程由国际社会共同推动，并基于一个整体的战略框架解决关键挑战，包括调动资金、引导资金流向可持续发展以及影响力收益最大化（见图 4.1）。

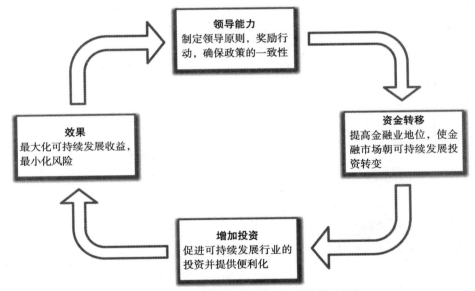

图 4.1　可持续发展目标中私人投资的战略框架

资料来源：UNCTAD。

本章提出以下问题：

（1）可利用的金融资源与实现 SDGs 需要的投资量之间的缺口到底有多大？私营部门填补这一缺口的潜力如何？SDGs 中私人投资的实际目标应是什么？

（2）在 SDGs 部门中，私人投资不断增加造成了基本政策的两难困境，如何通过政府的领导力解决此类困境？

（3）调动私营部门金融资源，投资于可持续发展面临的主要约束是什么？该如何克服此类困难？

（4）引导投资流向 SDGs 部门的主要障碍是什么？如何跨越这些障碍？

（5）投资于 SDGs 部门实现影响力最大化的主要挑战是什么？SDGs 部门中私人投资与涉及的主要风险是什么？应该如何应对挑战，规避风险？

本章的总结部分（第七节）将主要成果总结

为可体现此战略框架结构的私人投资 SDGs 的行　　动计划。

专栏 4.1　投资于可持续发展：范围和定义

　　本章的研究得益于国际和其他利益相关机构现有的诸多关于发展融资的研究。此类研究分为若干不同维度：公共和私人金融资源、国内与国际资源、全球和发展中国家融资需求、总体融资需求和资本投资、直接投资与组合投资以及总体发展融资和特定 SDGs 目标，研究的范围也依维度的不同而有显著差异。在此背景下，本章集中关注以下五个维度：

　　● 私人投资，以企业为主体，包括"公司投资"。此处的"公司"包含（半）公共实体，例如国有企业和 SWFs，同样也包括主要通过基金或与公司类似的专属机构投资于可持续发展的私人个体。但它并不包括其他资金来源，如汇款。尽管来源于公共或私人（并非公司）部门投资方面的数据有所不同，但为了表述方便，本章将运用"私营部门投资"这一术语。

　　● 国（境）内和国（境）外投资者。除非特别说明，国内公司包括在本章分析和建议范围内。国内和国外投资者在 SDGs 项目中的作用在各国、各部门、各行业间有所不同。外国投资者与本地经济建立起的联系将成为可持续发展融资与投资的一个重要方面。

　　● 发展中国家。本章重点在发展中国家，尤其是脆弱和易受冲击经济体（LDCs、内陆发展中国家和小岛屿发展中国家）。然而，其中一些数据只有全球层面的估计值（遇到该情况会特别指明）。

　　● 资本投资。"投资"一般指项目或设施中的"资本支出"（或"capex"）。除了资本支出（或"capex"）外，融资需求也包括运营成本（或"opex"），例如在医疗、教育和社会福利事业等领域。尽管这类支出不被看做投资，但从 SDGs 角度看是十分重要的。按此定义，本章的讨论并不包括公司的慈善行为，例如紧急救援基金。

　　● 基础广泛的可持续发展融资需求。本章所探讨的投资遍及广义概念上的 SDGs 所有三大支柱领域：经济增长、社会包容性和环境管理。在多数情况下，很难区分给定的 SDGs 投资。例如，基础设施建设投资具有全部三重目标要素。本章中"SDGs 部门"或"SDGs 投资"两个术语的运用一般代表社会支柱投资（例如学校、医院、社会住房）、环境支柱投资（例如缓和气候变化、环境保护）以及经济支柱投资（例如基础设施建设、能源、工业区与农业）。

　　资料来源：UNCTAD。

二、投资缺口和私营部门潜力

　　本节将估算满足发展中国家 SDGs 的全部投资需求量，对比相关领域的现有投资水平与目标投资需求（即估算投资缺口），并判断私营部门可在何种程度上发挥作用，尤其是对脆弱经济体的潜在贡献。

　　私营部门的贡献取决于公共部门对投资的促

进作用。在一些部门如食品安全、医疗或能源可持续利用等领域，大规模的 SDGs 相关投资需要有公共支持的 R&D 投资作为先导。

（一）SDGs 投资缺口以及私营部门的作用

SDGs 将在世界范围内具有非常显著的资源效应。仅发展中国家的总投资需求每年大约 3.9 万亿美元，现有投资水平还存在 2.5 万亿美元的缺口。

本节考量关键 SDGs 部门在 2015~2030 年的预估投资需求，以及当前私营部门在这些领域的参与程度。此问题引发各专业机构、院校和研究实体进行了大量研究工作（见专栏 4.2）。

在全球范围内，总投资需求为每年 5 万亿~7 万亿美元。在 SDGs 计划推行的阶段，发展中国家在核心 SDGs 部门的总投资需求为每年 3.3 万亿~4.5 万亿美元，中间值为 3.9 万亿美元（见表 4.2）。[2] 这些部门的当前投资额约为 1.4 万亿美元，意味着每年存在 1.9 万亿~3.1 万亿美元的投资缺口。

经济基础设施

发展中国家经济基础设施，如能源、交通（公路、铁路和港口）、通信、水供应和环境卫生等领域的总投资量目前约为每年 1 万亿美元，但仍需在 2015~2030 年提高到每年 1.6 万亿~2.5 万亿美元。

如此大规模的投资增长相当惊人，而其中很大一部分需要来自私营部门。将发展中国家私营部门当前的贡献水平与其潜在贡献能力进行对比，是衡量私营部门弥补经济基础设施投资缺口潜力的方法之一。例如，发达国家（或较先进的发展中国家）私营部门的基础设施工业占比为发展中国家跨越发展阶梯提供了启示。

除了水供应和环境卫生领域外，发展中国家私营部门在基础设施投资中的份额已经相当高（依据行业不同在 30%~80% 不等）；如果以发达国家私营部门的参与度作为标准，其贡献程度还可能更高。在不同发展中国家，私营部门参与程度的差别很大，这意味着在依据自身条件和发展策略、鼓励私营部门在更大程度上投资基础设施建设方面，政府仍拥有广阔空间。

事实上，发展中国家私营部门越来越多地参与到能源、通信和交通等领域（印度尼西亚，国家发展计划部，2011；Calderon 和 Serven，2010；OECD，2012；印度计划委员会，2011）。其至在水供应和环境卫生领域，一些国家私营部门的参与度可高达 20%。与此同时，在发达国家，尽管一些国家的参与度达到了 80%，但也有一些国家仅为 20%，这显示出由于水供应与环境卫生行业的重要程度不同，各国的政策偏好也呈现差异性。然而，考虑到发展中国家向贫困人口供水的敏感性，公共部门将会继续保持其在此领域的首要地位，尽管私营部门可能会在城镇水供应上发挥更重要的作用。

专栏 4.2 本章运用的数据、方法和资源

伴随未来 SDGs 的轮廓日益清晰，此过程中的许多组织和利益相关方已完成对经济、社会和环境等可持续发展支柱领域相关额外融资需求量的估算。这类估算呈现不同形式，有的是截至 2030 年的总融资需求量，或者是每年的需求量。估算的需求量计算的是运营成本和资本支出的合计。同时这些通常是全球层面的估算，因为 SDGs 中的若干目标是面向全球的（例如缓和气候变化）。

　　本节运用的SDGs投资需求数据是由专业机构、院校和研究实体在各自擅长的领域，运用整合分析的方法估算并公布的。本节将在最大程度上以通用的术语解释所有数据：①年度的或换算为年度的投资需求及缺口；②聚焦投资（只包括资本支出）；③仅针对发展中国家，从根本上缩小投资范围。UNCTAD的所有估算都在最大程度上与其他机构和院校保持一致。所引数据均依据统一价格基础，以便读者在当前投资额、未来投资需求量及缺口间进行对比。但各机构对GDP平减指数以及GDP增长率的估算运用的是不同基年（若按不变GDP计算增长率通常在4%~5%）。

　　为对未来投资需求做出可靠的估算，本节参考了许多先前的研究与分析。[①]其主要资料来源如下：

● 基础设施：McKinsey提供了宝贵支持，包括MGI ISS数据库的使用权，如McKinsey (2013)、Bhattacharya等与G-24 (2012) 合作、MDB发展效力委员会 (2011)、Fay等（2011）、Airoldi等 (2013)、OECD (2006，2007，2012)、WEF/PwC (2012)。

● 气候变化：表4.2中所示的投资需求范围由CPI和UNCTAD共同确定，其中包括未公布的CPI分析。如Buchner等 (2013)，世界银行 (2010)，麦肯锡（McKinsey）（2009），国际能源署 (2009，2012)，联合国气候变化框架公约 (2007)，世界经济论坛 (2013)。

● 食品安全与农业：联合国粮食与农业组织（FAO）的分析，并与FAO-UNCTAD联合进行更新。背景和方法参见Schmidhuber和Bruinsma (2011)。

● 生态系统/生物多样性：高层协议 (2012) 和Kettunen等 (2013)。

　　表4.2给出了更多信息和辅助资料来源。这些资料可帮助读者对表4.2中的数据进行"感官认知"，并对各行业中私营部门所占的份额进行估算。

　　目前，在公共部门（卫生与教育），尚无基于类似方法的研究。UNCTAD运用一种在其他部门研究中常用的方法估算了2015~2030年社会公共部门的投资需求量，即估算将低收入发展中国家要转化为中等收入发展中国家所需的年化投资额，将后者转化为更高层次国家所需的投资额，依次类推。做出上述估计使用的原始数据来自世界银行和世界发展指标数据库。

　　本章提供的数据尽管与其他组织机构一致并基于公认的方法原则，但不可被用作估算此类投资额的唯一指导。除了困扰所有机构的许多数据和方法问题外，对未来年份的预测永远不能充分地预知气候变化、人口增长和利率等的动态变化，然而这些均对投资与发展需要具有不可估测的影响。[②]读者可参考本节了解投资需求量、缺口和私营部门参与等方面的估算值，但同时必须认识到上述局限。

注：①许多情况下，本节所列示的未来投资需求和缺口的估算值并不仅仅是与SDGs相关的。然而，做出此类估计的目的通常与可持续发展目标相关（例如，对与缓和气候变化或基础设施建设相关的领域也进行估算）。这种方法也被联合国体系任务组（UNTT, 2013）和其他旨在估算SDGs的融资与投资影响的联合国机构所采用。
②例如，之前几年，能源和交通运输等领域大量大型项目导致基础设施建设在GDP中的比重在发展中国家总体上有所提高。许多关于基础设施项目投资需求的研究常将基础设施建设的比重估计在通常的3%~4%，显然未将这种发展变化考虑在内。
资料来源：UNCTAD。

表 4.2　发展中国家① SDGs 关键部门当前投资、投资需求和缺口以及私营部门参与程度

部门	描述	当前投资估算	2015~2030 年		当前投资② 的平均私营部门参与程度	
			总投资需求	投资缺口		
		（最近年份）十亿美元	年化的十亿美元（不变价格）		发展中国家	发达国家
		A	B	C = B - A	(%)	
电力③	投资于发电、输电和配电	0~260	630~950	370~690	40~50	80~100
运输③	投资于公路、机场、港口和铁路	0~300	350~770	50~470	30~40	60~80
通信③	投资于基础设施（固网、手机和互联网）	0~160	230~400	70~240	40~80	60~100
水供应和环境卫生③	水供应和工业及居住环境卫生	0~150	0~410	0~260	0~20	20~80
食品安全与农业	投资于农业、研发、农村发展、安全网络等	0~220	0~480	0~260	0~75	0~90
缓和气候变化	投资于相关基础设施、可再生能源、环境友好型技术研发等	170	550~850	380~680	0~40	0~90
适应气候变化	应对气候变化对农业、基础设施、水管理、海岸带等的影响	0~20	80~120	60~100	0~20	0~20
生态系统/生物多样性	投资于保护生态环境、海洋资源管理、可持续林业等	—	70~210④	—	—	—
卫生	基础设施投资，如建新医院	0~70	0~210	0~140	0~20	0~40
教育	基础设施投资，如新学校	0~80	0~330	0~250	0~15	0~20

注：①投资指资本支出。运营开支尽管时常被称为投资，但并未包括在内。此表参考的主要资料除专栏 4.2 列出的外还包括（按行业分）：

基础设施：巴西工业发展局（2009）；澳大利亚基础设施、运输和区域经济局（2012）；Banerjee（2006）；Bhattacharyay（2012）；**澳大利亚储备银行（2013）**；Doshi 等（2007）；Calderon 和 Serven（2010）；Cato Institute（2013）；美国国会（2008）；Copeland 和 Tiemann（2010）；Edwards（2013）；EPSU（2012）；Estache（2010）；ETNO（2013）；Foster 和 Briceno-Garmendia（2010）；Goldman Sachs（2013）；G-30（2013）；Gunatilake 和 Carangal-San Jose（2008）；Hall 和 Lobina（2010）；英国财政部（2011，2013）；Inderst（2013）；印度尼西亚国家发展计划部（2011）；Izaguirre 和 Kulkarni（2011）；Lloyd-Owen（2009）；McKinsey（2011b）；Perrotti 和 Sánchez（2011）；Pezon（2009）；Pisu（2010）；印度计划委员会（2011，2012）；Rhodes（2013）；Rodriguez 等（2012）；Wagenvoort 等（2010）；世界银行（2013a）和 Yepes（2008）。

气候变化：非洲开发银行等（2012）；Buchner 等（2011，2012）和 Helm 等（2010）。

社会部门：Baker（2010）；卫生系统国际金融创新高级别工作组（2009）；健康指标与评估研究中心（2010，2012）；创新融资基金发展领导小组（2010）；McCoy 等（2009）；柳叶刀（The Lancet，2011，2013）；WHO（2012）以及 UNESCO（2012，2013）。

②私营部门在各行业中的份额在不同国家差距很大。

③气候变化所需的投资已包括在缓和与适应气候变化两项中，这里不再包括。

④生态系统/生物多样性方面的投资需求未包含在本节分析所用的总量之列，因为其与其他部门有重合。

资料来源：UNCTAD。

食品安全

目前食品安全与农业领域的相关投资大约为每年 2200 亿美元。此领域的投资需求依据的是联合国粮食与农业组织（FAO）的"零饥饿目标"，主要覆盖相关农业领域，例如农业基础设施、自然资源开发与研发、食品安全网等，这些都是 SDGs 目标的相关部分。

在此基础上，投资总需求约为每年 4800 亿美元，这意味着以目前水平测算，每年存在 2600 亿美元的投资缺口。在发展中国家，公司类机构对农业领域的贡献已达 75%，而且此比例还将继续提高（正如发达国家的情况一样）。

社会基础设施

投资于社会基础设施，例如教育、卫生领域，是实现有效可持续发展的先决条件，因此也是 SDGs 的重要组成部分。当前发展中国家的教育投

资约为每年 800 亿美元。为推动可持续发展，这一领域需要每年 3300 亿美元的投资额，说明按当前水平计算，每年存在约 2500 亿美元的缺口。

在发展中国家，医疗领域的投资额目前约为每年 700 亿美元。SDGs 每年需要 2100 亿美元的投资量，意味着每年存在 1400 亿美元的缺口。总体上说，发展中国家私营部门在医疗卫生上的投资贡献已经相当高，而且还将继续提高，但在脆弱经济体相对较低。相比之下，不论在发达国家还是发展中国家，公司对于教育的贡献都几乎可以忽视，而且这种情况还将继续。一般来说，与经济基础设施不同，私营部门在投资社会基础设施中的贡献率不太可能呈现显著的增长。

对于社会基础设施投资来说，将资本支出（即投资本身）以外的运营支出考虑在内尤为重要。由于技术、资本密集度、服务部门重要性以及其他诸多要素的差异，资本支出和运营支出的相对量在不同部门间差别很大。为达到 SDGs 目标，运营支出无法忽视，尤其是对于新建的设施。卫生领域的情况就是这样，运营支出是此部门年度支出的一个重要部分。在发展中国家，投资一家新的医院对提供医疗卫生服务来讲远远不够，医生、护士、管理人员等更是不可缺少。运营成本在所有部门都很重要，如果不考虑这一点，得出的关于投资 SDGs 收益的有关结论将可能与事实相反。

环境可持续

环境可持续目标的投资需求显然无法与面向经济、社会目标的投资截然分开。为避免双重计算，在表 4.2 中，经济基础设施的投资缺口估算中除去了适应与缓和气候变化方面的额外投资需求。社会基础设施和农业投资缺口数据也进行了相应调整（尽管仍存在一些重合）。从单纯环境角度看，气候变化尤其是其中的缓和气候变化和生态系统与生物多样性（包括森林、海洋等）两项

的缺口估算已涵盖了包括全球共同管理工作在内的很大一部分投资缺口。

当前缓和气候变化的投资量，例如，若将全球气温升高控制在 2 摄氏度以内，发展中国家需投资 1700 亿美元，然而在 2015~2030 年投资需求量将会大大提升（见表 4.2）。目前，仅有一小部分是由私营部门投资，发展中国家至多为 40%。发达国家私营部门相应的贡献率可达 90%，尽管这种差别多是由于立法及其他一些激励创新方式造成，但这也表明私营部门可以做出更大的贡献。

缓和气候变化的额外投资需求估算不仅涉及基础设施建设，而且涉及所有部门，尽管行动的具体领域很大程度上取决于政府实行何种政策和法规（WIR，2010）。SDGs 将会推广这些政策（包括增长、工业化和可持续城市/居住区等领域的政策）。今后发展中国家（和一些发达国家）在环境变化上的投资规模和模式将很大程度上取决于其采纳何种政策（例如可再生能源的上网电价补贴政策、汽车排放、建筑设计等），这就是估算出的投资需求区间较大的原因。

目前，发展中国家在适应气候变化方面的投资额很小，每年仅约 200 亿美元，这个数额必须大幅增长，即使缓和气候变化的努力非常成功。如果对气候变化的缓和成效甚微，且平均气温的上升超过预期，那么在适应气候变化的投资需求方面更需要以指数方式加速增长，尤其是在沿海地区的基础设施、水资源管理和生态系统的生存能力等方面。

当前发展中国家私营部门应对气候变化投资的份额基本在 20%，与一些发达国家几乎相同。两种情形都需发挥创造性，鼓励公司进入那些传统上属于国家权限范围且从私营部门角度看风险大于收益的领域。

其他投资需求：迈向包容与多样的投资

所有经济体中都存在弱势群体。在结构脆弱

的经济体如最不发达国家（LDCs）更是如此，但有更多贫困人口生存在状况略好的发展中国家（按平均收入计算），例如南亚。

因此，尽管本章估算的投资需求旨在满足所有发展中国家可持续投资的全部需要，但它可能并不能有效处理许多最贫困社区或群体的问题，尤其是那些生活在与世隔绝（诸如乡村、森林等地区）或被现代都市排除在外的群体（如生活在贫民窟的贫民）。

由于以上原因，许多预期 SDGs（或所有 SDGs 的具体内容），例如能源、水供应与环境卫生、性别与公平等领域的目标包括解决已关注到上述被边缘化的群体。选定的潜在目标类型举例及其相关融资需求的估算在图 4.2 中给出。

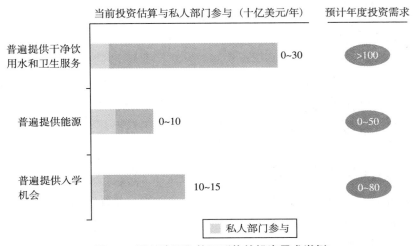

图 4.2　面向脆弱和偏远群体的投资需求举例

注：需求数据与表 4.2 中的数据计算基础不同，不可直接进行比较。
资料来源：UNCTAD，WHO（2012），IEA（2009，2011），世界银行和 IEA（2013），Bazilian 等（2010）以及 UNESCO（2013）。

在多数情况下，发展中国家私营部门在上述领域的贡献率尽管在未来有所提高（例如电力输送领域），但其比率仍然普遍很低。提高私营部门贡献率在一些地区较为容易（例如城镇地区），而在另一些地区则相对困难（例如在偏远地区、在低收入群体当中以及在个体或社群少或分散的地区）。因此，就针对脆弱个体和地区的可持续发展目标而言，私营部门如何在其中发挥作用需要进一步细致考量。

（二）挖掘私营部门潜力

按照当前私营部门在发展中国家参与 SDGs 投资的程度估算，仍有 1.6 万亿美元的资金缺口需要公共部门（或 ODA）填补。

上一节估算了完成 SDGs 目标需要填补的投资缺口额。根据对最重要的 SDGs 部门（从投资角度分析）缺口情况的估算，截至 2030 年，发展中国家每年的 SDGs 相关投资总需求在 3.3 万亿~4.5 万亿美元（见图 4.3）。也就是说，此估计区间的中间值为每年 3.9 万亿美元。该中间值减去当前每年 1.4 万亿美元的投资额，得出一个每年 2.5 万亿美元的投资缺口。按照当前私营部门在 SDGs 领域的投资份额，私营部门仅能弥补此缺口中的 9000 亿美元，尚余下 1.6 万亿美元有待公共部门（包括 ODA）来填补。将发展中国家（包括飞速发展的新兴市场）作为一个整体来看，其情形大致可概括为"一切如常"，也就是说，如按当前私人投资的平均增长率计算，目前私营部门在总投资需求中的比重可以得到覆盖。然而，如果在发展中国家，私营部门的投资贡献率能提到发达国

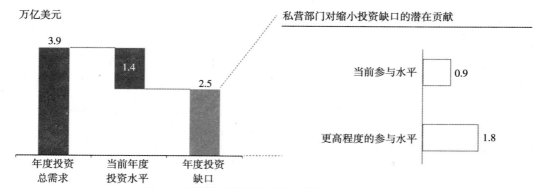

图 4.3　估算年度投资需求和私营部门的潜在贡献

注：总量为估计区间的中间值。

资料来源：UNCTAD。

家相应的水平，那么很大一部分缺口则有希望通这种提高得到填补。很明显，SDGs 必须伴随有策略性创新行动，以避免许多发展中国家对公共部门存在的不实际要求，提高私营部门的参与程度。

对于某些部门，提高私营部门在其中的参与程度的潜力要大于其他部门（见图 4.4）。例如，若具有适当的保障措施，基础设施建设部门如能源和可再生能源（在缓和气候变化背景下）、交通

运输、水供应与环境卫生等领域都很适合私营部门发挥更大作用。而在其他一些 SDGs 领域，提高私营部门的参与热情则较为困难，一方面是因为难以设计出吸引私人投资者的风险收益模型（例如在适应气候变化这个投资领域），另一方面是因为这些领域比其他行业领域涉及公共部门的责任更多，对于私人投资者的参与来说十分敏感（例如教育和卫生）。

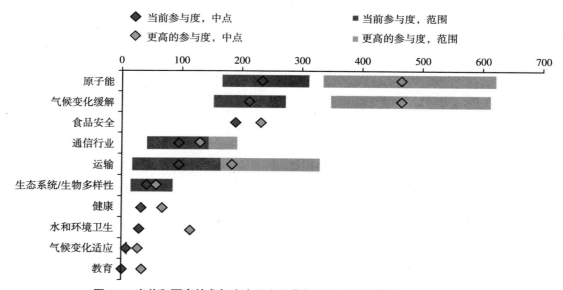

图 4.4　当前和更高的参与度水平上私营部门对减少投资缺口的潜在贡献

注：图中所计算的私营部门填补投资缺口量用的是表 4.2 估计区间的重点。更高的参与程度指的是发达国家私营部门平均投资份额。一些部门尚无估计区间，因此中点值为单一估计缺口。

资料来源：UNCTAD。

（三）私营部门参与最不发达国家（LDCs）SDGs 投资的现实目标

在最不发达国家，SDGs 的公共部门投资以及 ODA 需要显著增加。为减轻公共融资需求的压力，亟须促进私人投资增长率翻倍。

各个 SDGs 部门的投资和私营部门参与在不同发展中国家差距显著。因此，各国或不同国家群体采取政策行动、提高私营部门投资动机的强度是不同的。新兴市场面临的情形与脆弱经济体截然不同，例如最不发达国家（LDCs）和小岛屿发展中国家（SIDs），这些脆弱经济体是 2015 年后 SDGs 日程的核心。

在最不发达国家（LDCs），ODA 仍是最大的外部资金来源，2012 年为 430 亿美元（OECD，2013a），而同年 FDI 流入量为 280 亿美元，2013 年的汇款额为 310 亿美元。而且，ODA 的很大一部分被用于支持政府预算，并直接进入教育医疗等 SDGs 部门。考虑到福利体系和公共服务的重要性，ODA 将在最不发达国家（LDCs）和其他脆弱经济体未来的发展融资中继续发挥重要且不可代替的作用。

然而，正是因为 SDGs 需要大规模提高最不发达国家（LDCs）及其他脆弱经济体的融资需求（相对其经济规模和融资能力而言），以政策干预方式提高私人投资将成为首选。因此，判断私营部门投资需要在多大程度上成为政策行动的目标是十分重要的。

根据之前对于发展中国家整体 SDGs 投资需求（约为每年 3.9 万亿美元）的分析推断，最不发达国家（LDCs）基于其当前经济规模和脆弱经济体的具体需求，在 SDGs 部门的投资份额约为每年 1200 亿美元，在 2015~2030 年这段时间内总体约为 1.8 万亿美元。当前 LDCs 在 SDGs 部门的投资额约为 400 亿美元。[3] 图 4.5 给出了关于最不发达国家私人投资不同目标设定方案的几种情况。

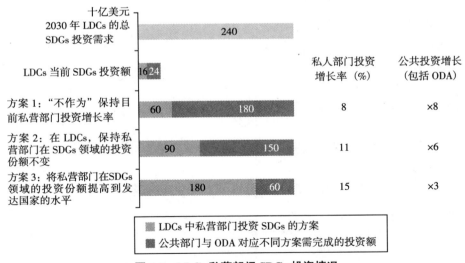

图 4.5　LDCs 私营部门 SDGs 投资情况

资料来源：UNCTAD 基于表 4.2 和图 4.3 的估算。

1.8 万亿美元的总投资需求意味着此阶段最后一年及 2030 年的投资需求为 2400 亿美元。[4] 目前，LDCs 的私营部门投资增长率在 8% 左右，按此增长速度，2030 年投资量将增长到现在的 4 倍，但仍无法满足投资需求（方案 1）。这个"无为"方案为此留下一个必须由包括 ODA 在内的公共部门去填补的投资缺口，也就是说，按此方案公共部门的投资量需在 2030 年提高到目前的 8 倍。由于 LDCs 政府融资能力有限，ODA 又已经大量用以支持目前（非投资）LDCs 政府的开支，这种方案显然不是明智之举。在最不发达国家（LDCs）中，如果没有更高层次的私营部门投资，公共部门很难满足与预期 SDGs 相关的融资需求。

提升私人部门投资在 SDGs 中的作用，目的在于满足最不发达国家 SDGs 部门的部分融资需求，其占比与目前 SDGs 部门的私人投资比例相一致（40%）；要达到这一目标，需要私人部门投资年增长率为 11%，同时要求公共部门投资和 ODA 援助到 2030 年增长 6 倍（方案 2）。私人投资的"延伸"目标（也是一个能将公共部门融资压力降低到合理水平的目标）则是努力推动私营部门在 SDGs 投资中的比重提到发达国家当前水平的 75%。这显然要求实施正确的政策去吸引投资，同时落实适当的公共政策、保障措施和相关技术支持条款。这样一个延伸目标将减轻公共部门和 ODA 的资金压力，但即便如此，两者仍需提高到当前水平的三倍之多。

对于最不发达国家的可持续发展目标来说，公共资金尤其是 ODA 援助将继续发挥重要作用，包括在提升私人部门参与程度方面。与此同时，为实现 SDGs，私营部门贡献率也必须有所提高。

专栏 4.3 外部资金来源与 FDI 的作用

对发展中经济体和转型经济体来说，外部金融资源包括 FDI、组合投资、其他投资流（多为银行贷款）、ODA 以及侨汇等。以上这些资金流量的总和约为每年 2 万亿美元（见专栏图 4.1）。在全球金融危机导致的资金流量急剧下跌后，各资金流已恢复到 2010 年的高水平，尽管这期间银行贷款和组合投资量的波动造成了资金流量的少量下降。

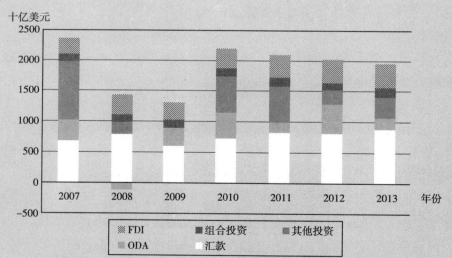

专栏图 4.1 2007~2013 年发展中经济体和转型经济体外部发展资金

注：图中所示数据以标准国际收支方式表述，因此是基于净额基准。

资料来源：UNCTAD，组合及其他投资数据来自 IMF，FDI 流量数据来自 UNCTAD FDI-TNC-GVC 信息系统，ODA 数据来自 OECD，汇款数据来自世界银行。

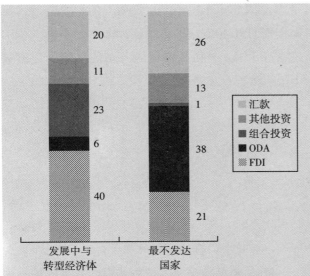

专栏图 4.2　2012 年发展融资的外部来源组成（%）

资料来源：UNCTAD，组合及其他投资数据来自 IMF，FDI 流量数据来自 UNCTAD FDI-TNC-GVC 信息系统，ODA 数据来自 OECD，汇款数据来自世界银行。

不同国家外部金融资源的组成方式依其发展水平有所不同（见专栏图 4.2）。FDI 是包括 LDCs 在内的所有发展中国家的重要资金来源。ODA 占据了 LDCs 外部资金来源的很大份额，但流向这些国家的组合投资量很小，这反映出 LDCs 金融市场的发展程度不够。

外部融资来源的各组成部分呈现不同波动性。FDI 在前几十年一直是规模最大、最稳定的组成部分，同时其面对金融和经济危机的恢复能力也是最强的。FDI 目前占发展中经济体和转型经济体净资金流的比例不到 50%，其相对稳定性和增长率的提升主要与东道国生产能力的发展相关。直接投资者期望从投资到东道国的资产中获得长期利润，这意味着投资者投资决策的酝酿周期更长，使得现有投资出现波动的概率较低。因此，FDI 对短期宏观经济、汇率或利率波动的抵抗力较强。

专栏 4.3　外部资金来源与 FDI 的作用（总结）

投资于生产性资产的 FDI 具有稳定性和长期性，这正是 SDGs 部门所需的投资类型。

● FDI 的重要性在最贫穷国家相对较低，就其自身来说，不论地区还是行业部门，FDI（如同各种私营部门投资）都将首先流向低风险/高收益的投资机会。这是平衡公共与私人投资政策优先性的一个重要考量。

● FDI 流量并不总是转化为等量的资本支出，尤其是受留存收益或商业交易驱动时［例如收购和兼并（M&A），一些 M&A 交易如农业领域中的褐地投资的确能带来显著的资本支出］。

● FDI 可包括短期、相对易波动的组成部分，例如"热钱"或房地产投资。

然而，与其他外部资金来源进行对比可知，FDI 将在 SDGs 投资中发挥重要作用。例如，ODA 在最贫穷国家部分地用于直接支持财政预算以及目前的 SDGs 部门支出，而非用于资本支出。汇款大部分用于住房消费（尽管其中小部分被用于投资风险资本，同时这部分比重也正在增长）。组合投资通常属于流动性更强的金融资产而不是固定资产，其波动性也更强，而银行贷款则是发展中经济体过去几十年中波动性最强的外部资金来源。

资料来源：UNCTAD。

只有私人投资的增长速度达到目前的两倍才有可能在未来 15 年内实现"拓展"目标。这种增长对私人投资的组成具有潜在影响。例如，外国投资尤其是 FDI，在 LDCs 的私营部门资本形成中

是相对重要的。尽管 FDI 仅占发展中国家固定资本形成总值的不到 10%，其在 LDCs 则达到了 15%，其峰值在结构脆弱的经济体中更高（例如，在内陆发展中国家达到 23%）。由于私人资本形成平均占据 LDCs 总额的近 50%，外国投资可占私人投资的近 30%，并具有强劲的增长潜力。因此，追求在 LDCs 中私人投资的"拓展"目标需要着力吸引外部私人资金。

三、投资于SDGs：呼唤领导力

（一）提高SDGs中私营部门投资对领导力的挑战

许多SDGs部门属于敏感行业或涉及公共服务，提高私营部门参与程度会引发一系列政策困境。公共和私营部门投资应是互补关系，而非替代关系。

为提高私营部门在可持续发展投资中的参与程度而采取的措施会引发一些政策困境，需要谨慎对待。

● 提高私人投资是必要的，但公共投资的作用仍是基础性的。实现预期SDGs，必须要提高私营部门投资，然而公共部门投资的作用依然是关键和核心。这两个部门不是相互替代的，而是互补的。而且，公共部门的作用并非仅在投资本身，也包括为应对SDGs挑战而营造必要的条件。

● 将私人投资吸引到SDGs部门需要有利的投资环境，同时也存在风险。许多SDGs部门涉及公共部门的重要责任，私营部门投资这些领域历来都是一个敏感问题。私营部门在诸如健康、教育等领域提供服务，如缺少强制管理与监督，可能会带来负面效应，这就要求管理机构有作为且技术能力过硬。在涉及公共资产向私营部门转移的国家，私营部门参与必要基础设施工业（例如能源和通信部门）会比较敏感，这需要适当的保障措施防止反竞争行为，维护消费者利益。同时由于水供应与卫生等基础设施行业本身的基础地位，私营部门在此领域的运营尤其敏感。

● 私营部门投资者期待具有吸引力的风险收益率。与此同时，必须保证所有群体都能享受并支付得起基本需求服务。此类投资的风险收益资料缺失是阻碍私营部门提高SDGs投资贡献程度的基础性障碍。已知的风险在所有层面上都会相当高，既包括国家与政治风险及市场与经营环境风险，也包括项目风险与融资风险。最贫困国家的项目尤其容易被私营部门认为是"贫瘠投资"而遭到遗弃。许多机制意在分散风险或完善有关风险收益状况的资料，供私营部门参考。然而，如果公共服务不能惠及社会中最贫困的群体，那么提高投资收益并不能带来私营部门贡献的提高。如果能源和水供应仅惠及经济发达的城镇地区却忽视乡村的需求或基础服务价格过高，都是不可持续的结果。

● SDGs的范围是全球性的。但是为吸引更多的私营投资者，LDCs需要做出更多努力。从国际政策的制定者角度看，可持续发展目标所要解决的问题都具有全球性，尽管某些特定目标可能仅针对落后国家较严重的问题。即使全部发展融资需求在全球范围内定义，但对于私营部门的融资而言，LDCs和其他脆弱经济体仍需付出额外努力。投资者常将这些经济体的运营环境和风险视作障碍，若政策干预目标不明确，这些国家将无法吸引投资者前来投资。

（二）应对领导力挑战：关键要素

提高 SDGs 中私人投资比重的过程需要全球层面、国家层面的领导力，制定指导原则，确立目标，激励行动，建立对话，确保包容性。

为实现 SDGs 需要大量融资，满足融资需求需要共同努力，而这又急需全球范围内的有效领导力来做到：①提供清晰方向和基本行动原则。②确定宗旨与目标。③在全球诸多利益相关者之间达成坚定而持久的共识。④确保这一过程具有包容性，需要支持广大国家一起前行（见图 4.6）。

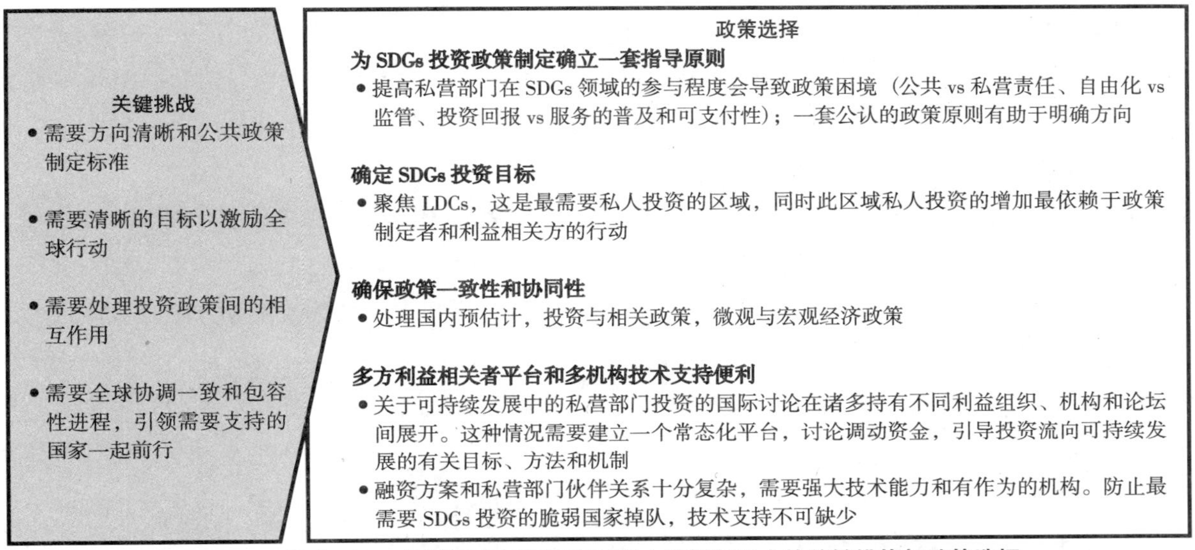

关键挑战

- 需要方向清晰和公共政策制定标准

- 需要清晰的目标以激励全球行动

- 需要处理投资政策间的相互作用

- 需要全球协调一致和包容性进程，引领需要支持的国家一起前行

政策选择

为 SDGs 投资政策制定确立一套指导原则
- 提高私营部门在 SDGs 领域的参与程度会导致政策困境（公共 vs 私营责任、自由化 vs 监管、投资回报 vs 服务的普及和可支付性）；一套公认的政策原则有助于明确方向

确定 SDGs 投资目标
- 聚焦 LDCs，这是最需要私人投资的区域，同时此区域私人投资的增加最依赖于政策制定者和利益相关方的行动

确保政策一致性和协同性
- 处理国内预估计，投资与相关政策，微观与宏观经济政策

多方利益相关者平台和多机构技术支持便利
- 关于可持续发展中的私营部门投资的国际讨论在诸多持有不同利益组织、机构和论坛间展开。这种情况需要建立一个常态化平台，讨论调动资金，引导投资流向可持续发展的有关目标、方法和机制
- 融资方案和私营部门伙伴关系十分复杂，需要强大技术能力和有作为的机构。防止最需要 SDGs 投资的脆弱国家掉队，技术支持不可缺少

图 4.6 在提高 SDGs 领域私营部门投资过程中发挥领导力的关键挑战与政策选择

资料来源：UNCTAD。

私营部门投资 SDGs 指导原则

提高 SDGs 部门中私人部门的参与程度会带来固有的政策困境，各利益相关方就如何面对该政策困境持有不同态度。对 SDGs 相关领域的投资来说，一套共同的原则将有助于形成共同的方向与目的。

以下大致原则可提供一个框架：

● 平衡自由化与监管。在公共部门资源不足的情况下，提高私营部门在 SDGs 投资中的参与度很有必要（尽管参与可能要有选择性、渐进性或顺序性）。与此同时，这种参与度的提高需要适当的监管和政府监督。

● 平衡投资者的高收益需求与公民对基础服务的普及性和可支付性需求的关系。这需要政府积极解决双方的市场失灵问题，也意味着赋予投资者明确责任、强调公司义务，同时提升投资收益。并且，这也意味着根据社会包容程度的不同，对不同投资实行激励和补贴政策。

● 平衡推动私人投资基金和推动公共投资间的关系。应在金融（例如，募集私营部门资金与公共部门资金作为基础资金）和政策层面（这个层面上政府可激励私人投资者支持经济或公共服务改革项目）同时认识公共资金和私人资金的协同性。私营和公共部门投资由此可实现互补和相互支持。

● 平衡 SDGs 的全球性和最不发达国家需要采取特殊措施之间的关系。LDCs 应采纳特殊目标和特殊措施。未来应将 ODA 和公共资金用于撬动更多私营部门资金的领域。而且为帮助 LDCs 吸引和管理投资，应落实有针对性的技术支持和生产能力构建措施。

除了以上宽泛的原则外，可持续发展投资政策框架（IPFSD）能够为投资政策制定者提供开放资源平台，UNCTAD 已在其中引入一系列针对投资政策的原则，这些政策可引发大范围的关于 SDGs 投资指导原则的讨论。IPFSD 指导原则是在国内和国际层面为投资政策设计的标准，可支持 SDGs 投资的促进和便利化目标，同时保障公共利益。UNTCAD 已为进一步在投资政策中心平台上就相关原则进行讨论做好了准备，此中心可供利益相关者讨论并对当前基础做出反馈。

SDGs 投资目标

SDGs 与 MDGs 背后的经验是：明确宗旨有助于确定方向与目标。预期 SDGs 确立了宏伟的投资宗旨。国际社会将尽力使目标具体化，并描绘出投资政策和促进措施在国内、国际双重层面的前景。可实现却充满挑战的目标（包括增加公共和私营部门在 LDCs 的投资）是必要的。不论是发达国家还是发展中国家，提高私营部门在 SDGs 的投资以促成目标实现需要政策制定者在诸多方面采取行动。如此广泛的参与程度需要各方就共同方向形成合作并达成强烈的共识。

政策一致与协同

SDGs 部门投资的政策制定和投资目标设定应考虑到影响此类投资可持续发展的大环境。不论是国内还是国际层面，在广大政策领域保持一致性、创造协同性是应对领导力挑战的关键要素。政策互动和一致性在以下三个层面十分重要：

● 国内和国际投资政策。吸引外国在 SDGs 领域投资并成功受益这一行为取决于国内投资政策与国际投资规则制定的交互影响。国内关于投资者权利与义务的规定应与各国在国际投资协定中的承诺保持一致，同时这类协定不能过度挤压可持续发展政策所需的监管空间。此外，保证一国签订的不同 IIAs 间的连续一致性也十分重要。

● 投资和其他可持续发展相关政策。通过私人投资实现 SDGs 不仅取决于投资政策本身（即进入与建立规则、待遇与保护、促进与便利化），还取决于一系列的投资相关政策领域，其中包括税收、贸易、竞争、科技与环境、社会与劳动力市场政策等。这些政策领域相互作用，这就需要一个总体用一致的方法去引导它们向有利于 SDGs 投资的方向发展，并形成协同效应（WIR, 2012; IPFSD）。

● 微观与宏观经济政策。可靠的宏观经济政策是投资的关键决定因素，而能有效引导金融资本转化为生产资本的金融体系即使算不上先决条件，也是投资于 SDGs 领域的重要便利因素。领导能力挑战的一个关键部分是推动并支持各方协调努力，共同创造一个能为投资者提供稳定投资环境的宏观经济背景，重新将全球金融体系定位锁定在调动与引导资金流向实体、生产性领域，尤其是 SDGs 部门（TDR, 2009; TDR, 2011; UNCTAD, 2011b; Wolf M., 2010）。[5]

投资 SDGs 的全球性多重利益相关者平台

目前，国际上关于私营部门投资可持续发展的讨论正在进行，不同组织、机构和论坛都各自维护自身的利益。这种情况需要有一个常态化的机构，为各方提供一个平台，讨论总体投资目标与宗旨，分享调动资金，引导投资流向可持续发展项目的各种机制，以及促进正面影响最大化、负面影响最小化的方式与方法。

一个投资 SDGs 的全球性多重利益相关者平台可填补缺口，促进潜在创新活动以调动金融资源，扩散优秀经验，引导投资流向优先领域，确定衡量投资影响的通用方法。由于投资在不同行业间的差别巨大，这样的多重利益相关者平台可在不同行业间成立各自的子群体，例如能源、农业、城镇基础设施建设等领域均可建立各自的利益相关者平台。

跨机构技术支持措施

本章讨论的许多解决方式略显复杂，需要强大的技术能力和机构执行力。由于一些贫困国家政府管理体系通常脆弱，为避免这些国家的 SDGs 领域发展被排除在全球化进程之外，因此需要技术支持。一个多机构联盟（一个 SDGs 投资方式的“一站式商店”）可帮助支持 LDCs，例如为其提供涉及投资保障、保险计划、SDGs 项目发展机构建立、SDGs 导向计划与监管框架设计等方方面面的建议。对此，为提高协同效应而付出共同努力势在必行。

四、在可持续发展目标中调动投资基金

在可持续发展目标中调动投资基金发生在由多数国家组成的全球金融体系内部，以及不同参与国的金融体系之间。努力向 SDGs 各部门投入更多的资金流，需要考虑所有部门面临的不同挑战和限制。

（一）投资基金的预期来源

全球金融体系的机构和成员可以调动资金投资于可持续发展目标中。资金流从来源资本沿着多数成员组成的投资链传导流向资本用户（见图 4.7），包括资本所有者、金融中介机构、市场以及咨询顾问。在金融系统之间以及金融系统内部个体成员之间可以发现可持续发展目标资金调动的限制，因此应对政策需要依次解决众多关系中的每一个。

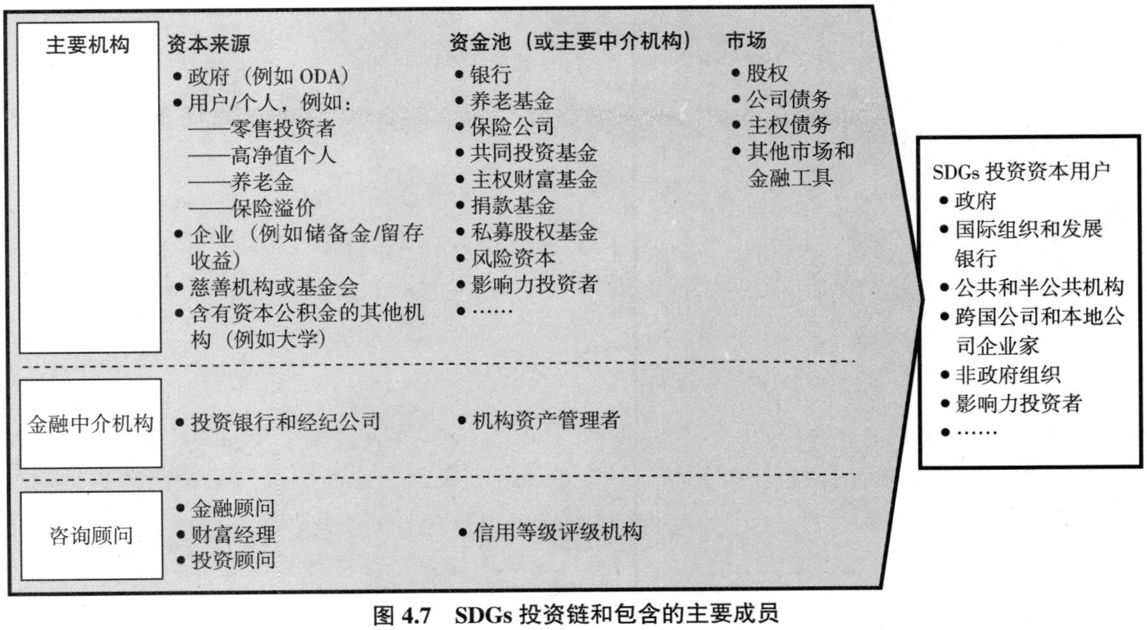

图 4.7 SDGs 投资链和包含的主要成员

资料来源：UNCTAD。

为了给投资和资本流动创造更多的支持条件，还需要出台更广泛的政策措施来刺激经济增长。这就需要经济和发展战略具有一致性，在全球和国家层面处理宏观经济和系统性问题，培育具有吸引力的投资环境。相应地，如果全球和国家领导者正确使用其政策，那么投资的结果将会促进经济增长，以及建立一个良性循环的宏观经济条件。

投资基金的预期来源范围广泛，从大量的机构投资者（例如养老基金）到私人财富企业。其包括私人部门以及国有和国家控股的基金和公司来源、国内和国际来源、直接和间接投资者来源（图 4.8 显示了一些潜在的基金企业来源；"其他来源"包括一些非传统来源，在专栏 4.4 中有涉及）。

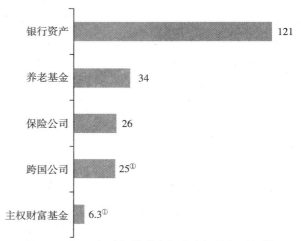

图 4.8　　2012 年选择的潜在投资来源的相对规模
（资产、股票和贷款价值，万亿美元）

注：本图并不详尽，只是寻求一些关键的融资来源。资产、股票和贷款的数量显示并不等价，一些情况下有重叠，不能累积。
① 表示 2014 年数据。
资料来源：UNCTAD FDI–TNC–GVC 信息系统，IMF（2014）；SWF 机构，基金评级；The City UK（2013）。

专栏 4.4　　SDGs 投资资本的其他来源选择案例

基金会、捐赠基金和家庭理财室。据估计私人财富总量达 46 万亿美元（The City UK，2013），尽管这个数字的 1/3 估计被计入其他投资工具，例如共同投资基金。2011 年，家庭理财室的私人财富管理达 1.2 万亿美元、基金会/捐赠基金达 1.3 万亿美元（WEF，2011）。从这个财富的来源来看，它可能会调动更大的慈善捐款贡献于长期投资，还有可持续发展投资基金管理行业。2011 年，仅美国就有超过 80000 家基金会 6620 亿美元的资产，代表了超过 20% 的全球基金会和捐赠基金资产估计额，尽管多数来自国内配置。

风险投资。风险投资行业估计为 420 亿美元（E&Y，2013），尽管相较于一些机构投资者投资规模相对较小，但是在几个重要的方面有所不同。投资者试图积极通过风险资本分配资金和直接投资。除此之外，他们可能会从一开始就提供商业风险资金，为了实现初期资本回报拥有长期投资期限。这使得风险资本比短期资本组合投资者拥有更多的直接投资者特征。

影响力投资。影响力投资的来源包括个人、基金会、非政府组织和资本市场。影响力投资通过资本市场筹集的资金价值超过 360 亿美元（Martin，2013）。影响力投资行业在过去十年间的规模和范围不断扩大［从 2001 年 Acumen 基金到 2010 年估计有 125 只基金支持影响力投资（Simon 和 Barmeier，2010）］。此外，相较于大型机构投资者的潜力来说，影响力投资相对较小，直接针对 SDGs 行业，比如农业和教育。而且，它们的社会和经济发展促进结果代替了低风险调整收益，使得影响力投资基金成为金融发展一个有用的潜在来源。

小额信贷。一些研究表明小额信贷在经济危机时期对平滑消费和消费模式方面产生了一些影响。但是，另一些研究显示小额信贷在医疗保健、教育和女性赋权方面没有影响（Bauchet 等，2011；Bateman 和 Chang，2012）。然而，随着小额信贷行业的成熟，信用合作社等方式获得了更多的成功；通过以前的储蓄和可偿还的贷款鼓励负责任的金融行为，对消费、健康和教育做出了很有价值的贡献。

资料来源：UNCTAD。

SDGs 投资资本目前大约有 2.5 万亿美元缺口的艰巨任务，但并非不可克服；资本的国内和国际来源远远超过国家范围内的可持续发展目标要求。然而，私人部门成员现存的储蓄和资产并非处于闲置状态，这些资产已经被调动起来去创造资金回流。因此，私人部门资金来源的相对规模可以为进一步行动建立优先权。

图 4.8 显示的所有这些来源都是基于全球性的投资，其中发展中国家占有一定比例（包括国内企业投资）。例如，在跨国公司案例中，2013 年全球 FDI 存量的 1/3 投资于发展中国家（FDI 流量的份额更大），但另外，养老基金、保险公司、共同投资基金和主权财富基金目前参与到发展中市场较少，而大多数银行借贷仍然投向发展中市场。

在可持续发展目标中，各组投资者都有其不同的投资偏好。

● 银行。2013 年流入发展中国家的跨境银行借贷量大概有 3250 亿美元，使国际银行借贷成为继 FDI 和银行汇款之后的第三大外来资本重要来源。2014 年底，各国跨境银行资金存量的合同金额达到 31.1 万亿美元，其中 8.8 万亿美元（即总量的 28%）集中在发展中国家[6]。

银行，作为项目债务融资的重要来源之一，同时处在一个强有力的位置，通过赤道原则（Equator Principles）的实施为可持续发展目标做贡献。其中，赤道原则是一种风险管理框架，帮助判断、评估和管理项目融资中的环境和社会风险，尤其表现在基础设施建设和其他行业领域。

当前，34 个国家的 78 个金融机构已宣布采用赤道原则，其中 1/3 在发展中国家。这些机构覆盖了新兴市场中超过 70% 的国际项目债务融资[7]。

国有银行（包括发展银行）、地区性发展银行和当地银行机构（Marois，2013）均在可持续发展项目中有其投资的特殊性和重要性。国有银行和其他金融机构总是在发展中起到重要作用，针对特定行业通常提供优惠税率，例如，在基础设施建设和公共服务行业。如今，在全球银行系统，国有金融机构（SOFI）资产占总资产的 25%，并且发展中国家国有金融机构的可用资本既可以被直接投资于可持续发展目标中，又可以被用于杠杆基金和私人部门的投资中。

● 养老基金。据 UNCTAD 估计，至少有 1.4 万亿美元的养老基金投资于发展中市场，并且除发展中国家本身建立的养老基金价值以外（这些基金主要投资于国内市场），发达国家投资于发展中国家（The South）的资产价值也在不断增加。截至 2020 年，全球养老基金资产量预计将增至 56 万亿美元以上（PwC，2014a）。长期性的养老基金投资者需要具备承担流动性较差的投资产品的能力。在过去的 20 年中，投资者已经开始意识到，基础设施建设投资作为一个独特的资产类别——固定性投资较强，未来投资潜力巨大。目前养老基金参与到基础设施建设的投资量依然很小，平均水平为资产总量的 2%（OECD，2013b）。然而，从一些国家的经验来看（包括澳大利亚和加拿大），这些国家为了增加养老基金投资，在一揽子基础设施建设项目方面一直很成功

（在这两个国家的基础设施建设投资案例中，构造了一些5%的养老基金资产组合）。

● 保险公司。保险公司在规模上可以与养老基金和共同投资基金相比较。保险公司与养老基金一样有着长期性的投资能力（在人寿保险行业），并且也较少关注流动性，尽管保险公司主要集中在发达市场，但依然不断增加对基础设施建设的投资储备。研究表明，目前保险公司配置着平均水平为2%的基础设施建设资产组合，尽管这一组合在一些国家已增至5%以上（Preqin，2013）。而保险公司可以为SDGs行业投资提供资金来源，其主要贡献可能来自地区间的抵消投资，例如适应气候变化以应对储蓄账户越来越少的保险索赔和越来越低的保费。[8]

因此，部分保险行业的发展与可持续发展部门的投资紧密相关，例如，为应对气候变化以及抵御洪灾保护家园和商业，农业技术领域的投资可以在保险基金行业的可持续发展方面产生积极影响。要建立一个良性循环机制，其中保险基金可以筹集到各种类型的投资来减少未来应对自然灾害的负债能力。保险行业早已致力于让环境、社会和治理目标（ESG Goals）回归主流付诸行动，并且提高应对行业新风险的意识，例如通过联合国支持的原则（UN-backed Principles）提供可持续的保险。

● 跨国公司（TNCs）。目前，跨国公司在发展中经济体的投资达7.7万亿美元，并且在现金持有量方面达5万亿美元，跨国公司为发展中国家扩大SDGs行业投资提供了一个重要的潜在资金来源。总体而言，FDI已经代表了发展中国家筹集的最大外部资金来源，并且［与政府开发援助（ODA）和银行汇款一起］成为最贫穷地区的一个重要资金来源。跨国公司也是开发资本相对稳定的重要来源，这主要是因为投资者在一个项目中通常寻求长期控股权，使得跨国公司的参与

比其他来源更加稳定。另外，FDI在带来跨国公司一系列的技术、管理和技术诀窍方面有优势，其中技术、管理和技术诀窍是SDGs投资项目建立和运行获得成功所必备的条件。

● 主权财富基金（SWFs）。发展中国家拥有80%的主权财富基金资产，在全球南方SDGs部门中，主权财富基金对投资的贡献潜力巨大。然而，目前超过70%的主权财富基金直接投资于发达市场（第一章），并且受其管理的绝大部分资产也可能投资于发达市场。主权财富基金与机构投资者（例如养老金基金）有很多相似之处——基于此目的或者拥有其功能，建立了一些主权财富基金，例如加州公务员退休基金CalPERS和挪威政府养老基金SPU（Truman，2008；Monk，2008）。其他主权财富基金作为战略投资工具（卡塔尔投资局的卡塔尔控股）或显示中央银行特征的稳定基金（沙特阿拉伯主权基金SAMA）或发展基金建立起来（淡马锡控股公司Temasek）。

尽管一些报道更关注主权财富基金政府（Bagnall 和 Truman，2013），但是主权财富基金可以为贫穷国家SDGs行业投资提供许多优势，不仅是因为它们的金融杠杆率低，还因为它们的投资展望具有长期性。例如，60%的主权财富基金已经积极投资于基础设施建设（Preqin，2013）；而且在一些行业，例如水和能源行业，主权财富基金可能会遵循这些服务固有的公共性质，而私人投资者则可能不会遵循。这是由于一些主权财富基金（和公共养老基金）具有非营利性的驱动义务，例如社会保护或代际公平；它们也代表了"公共资本"的一种形式，可能用于在低收入群体中提供基本服务（Lipschutz 和 Romano，2012）。

上面描述的所有机构和市场都面临着内部和外部的阻碍和激励，其形成投资决策并判断这些选择是有益于还是阻碍了可持续发展目标的成果。因此，政策干预可以针对特定投资链连接或针对

特定类型的机构，以确保金融市场和终端用户可持续发展的结果优于目前的状况。

（二）可持续发展项目投资基金调动的挑战

阻碍资金流向可持续发展项目投资的金融市场制约因素包括以创新市场失灵解决方案为目的而启动和扩展的相关问题，即缺乏环境、社会和治理绩效的信息透明度，以及对市场参与者的奖励未达成一致。

在与SDGs相关的项目投资基金调动方面有许多阻碍和限制。

创新金融解决方案的启动和扩展相关问题中存在一个重要的制约因素。为了使可持续发展项目投资摆脱大量可用的全球金融资源的约束，需要吸引机构投资者拥有或管理更多的金融工具和机制规定。一系列创新解决方案已经开始启动，包括新的金融工具（例如绿色债券）以及金融方法（例如为金融发展提出的未来收益证券化）。新投资者类别也变得非常重要（例如基金追逐者影响投资）。然而，迄今为止，这些解决方案在规模上仍然相对较小并且范围有限，或者只是操作资本市场的利润率（见图4.9）。

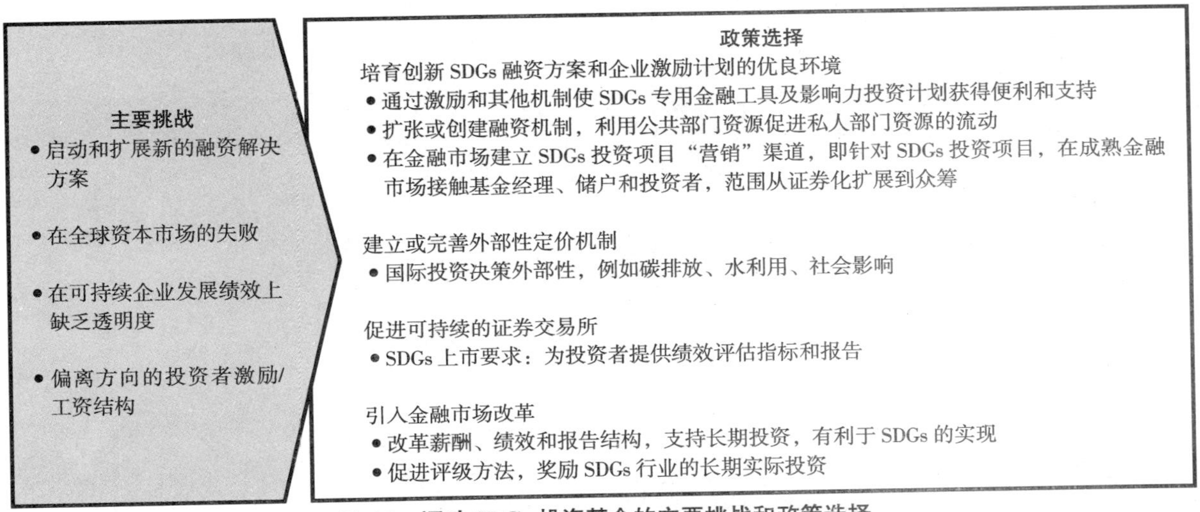

主要挑战

- 启动和扩展新的融资解决方案
- 在全球资本市场的失败
- 在可持续企业发展绩效上缺乏透明度
- 偏离方向的投资者激励/工资结构

政策选择

培育创新SDGs融资方案和企业激励计划的优良环境
- 通过激励和其他机制使SDGs专用金融工具及影响力投资计划获得便利和支持
- 扩张或创建融资机制，利用公共部门资源促进私人部门资源的流动
- 在金融市场建立SDGs投资项目"营销"渠道，即针对SDGs投资项目，在成熟金融市场接触基金经理、储户和投资者，范围从证券化扩展到众筹

建立或完善外部性定价机制
- 国际投资决策外部性，例如碳排放、水利用、社会影响

促进可持续的证券交易所
- SDGs上市要求：为投资者提供绩效评估指标和报告

引入金融市场改革
- 改革薪酬、绩效和报告结构，支持长期投资，有利于SDGs的实现
- 促进评级方法，奖励SDGs行业的长期实际投资

图4.9 调动SDGs投资基金的主要挑战和政策选择

资料来源：UNCTAD。

随着时间的推移，投资者对可持续发展项目投资的态度发生了转变，这一转变是最基本的，然而诸多进一步的约束阻碍了这种转变。首先，在全球资本市场中，市场失灵带来了资本分配的不均衡，造成了项目/公司的不可持续发展，阻碍了对可持续发展项目的积极贡献。以负外部性定价的市场和资本持有者不能纳入其资本配置决策，这意味着投资者资本成本仅反映了私人成本。因此，利润最大化投资者没有充分考虑评估潜在投资的环境或其他社会成本，这是因为这些成本并不实质性地影响其资本成本、收益和利润。例如，不考虑碳材料价格意味着与碳排放紧密联系的社会成本对资本配置决策无关紧要。

其次，缺乏对环境、社会和管理绩效的信息透明度，进一步排除考虑在投资者、金融中介机构和咨询顾问（资本最终来源，例如持股人）投资决策中的相关因素。资本市场的分工虽然促进了资本配置，却将资本提供者与最终客户割裂开来。例如，持股者旨在评估其投资是否可靠，以及是否与可持续发展目标相一致，然而却没有充分的信息去了解他们的养老基金投资在哪里及以何种方式投资。同样地，资产管理者和机构投资者也没有充分的信息去做出更明智的投资决策，以使得公司与可持续发展目标相一致。

最后，在薪酬、绩效和报告方面个人和企业获得的奖励也影响了投资配置决策。不仅跨国公司和与 SDGs 相关的其他直接投资者中存在激励结构，而且基金投资者的金融中介机构（以及咨询顾问）中也存在激励结构。这些激励结构有三个层面的广泛影响：①过度关注短期投资和资产组合配置决策；②倾向于被动投资策略和金融市场的"羊群行为"；③强调财务收益，而不是考虑更广泛的社会、环境风险均衡收益。这些市场激励及其影响已经对实际经济活动产生了连带后果。

（三）培育投资环境以促进创新融资渠道

支持在可持续发展项目中创新融资工具和融资机制，以便增加资源来扩大投资规模和范围。

近些年，涌现了一系列创新融资解决方案来支持可持续发展，包括新融资工具、投资基金和融资渠道。这些都大大提高了可持续发展目标实现的可能性，但仍需要支持、适应目标以及适当扩大规模。需要注意的是，这些解决方案多数是由私营部门领导，对联合国和国际社会重点发展领域以及商业团体重点发展领域的结盟影响越来越大（见专栏 4.5）。

专栏 4.5　联合国和国际商业团体重点发展领域之间的结盟

在全球范围内的一系列磋商中，联合国全球契约参与者认为全球发展的重点领域是未来发展议程的核心。磋商的结果反映了人们在范围广泛的全球问题和挑战内，对联合国和国际商业团体重点领域结盟的理解越来越深入。

私人金融可持续性：从管理风险到迎接创造企业和社会价值的新机遇。过去十年间，一些原则导向激励措施贯穿于整个金融生产价值链，从组合投资者、银行、保险公司到实体经济中的基金会、跨国公司。例如，由私人部门引导的负责任的私人融资已经达到了较高水平。现在有一个广泛

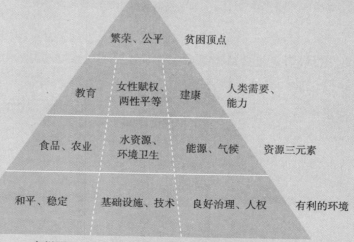

专栏图 4.3　由企业判断的全球发展重点领域

资料来源：联合国全球契约。

的共识，将社会、环境和治理融入决策制定中提高风险管理，避免不利投资，强化商业理念。这一趋势的案例包括负责任投资原则激励、赤道原则激励、保险可持续发展原则激励、可持续证券交易所激励、跨国公司可持续外商直接投资创新方法。

在 2015 年以后，私人金融可持续性潜力巨大，执行力更广。然而，良好的治理、有利的政策、法规和激励等公共行为需要考虑将可持续性融入私人部门投资决策中，而且还需要私人行为显著提高私人金融可持续性的规模和强度。

培育和支持致力于可持续发展目标的融资工具和影响力投资

在社会、环境项目中筹集投资基金的金融工具正在不断激增，包括绿色债券[9]和发展影响力债券。这些金融工具的目标投资者是那些热衷于将社会和环境纳入投资决策的投资者，不仅是因为这些金融工具能够保证给投资者带来更加安全的回报而吸引着投资者的目光（多数得到了捐赠人和多边银行的支持），而且还因为其明确界定了可持续发展项目或产品[10]。对可持续发展项目来说（例如，可持续发展类项目或气候变化的应对与缓解类项目），所得收益往往记入支持贷款发放的特殊账户。

这些金融工具最初通常是多边发展银行（MDBs）涉及的领域，这是出于投资者对其贷款的信任，而这些投资者的投资是对社会和生态环境无害的。然而近些年，大量的跨国公司发行了绿色债券，例如，法国电力集团（EDF Energy）在太阳能和风能领域承担了 14 亿欧元的金融投资发行量[11]；丰田（Toyota）为混合动力汽车的发展增加了 17.5 亿美元的筹资[12]；联合利华（Unilever）为减少其供应链中的温室气体排放、耗水量或浪费的项目增加了 2.5 亿英镑的筹资[13]。虽然公司发行筹资对这一市场的发展产生了积极影响，但是需要加强投资分类和认证来达到进一步发展，因此投资者可以确定哪些才是真正的"绿色"投资或会产生"较好的社会影响"。

影响力投资是一种现象，即不仅反映了投资者实现社会价值（社会、环境、文化）的愿望，也反映了其获得投资收益的需求。影响力投资可以是一个有价值的资本来源，尤其可以满足低收入发展中国家的金融需求，或者满足弱势群体对金融产品和金融服务的需求。这类项目的目标可以包括基础设施发展、社会和卫生服务提供及教育，所有这些都已被纳入可持续发展项目。影响力投资者包括援助机构、非政府机构（NGOs）、慈善基金会和富人、银行、机构投资者及其他类型的公司和基金。影响力投资不仅依据投资者类型进行定义，还依据其投资动机和目标进行定义[14]。

许多金融工具组合纷纷涌现，并通过一些这样的群体（其他直接投资）来促进影响力投资。据估计，目前通过这些基金的影响力投资范围在 300 亿~1000 亿美元，这种估计取决于哪些行业和哪种类型的项目被定义为"影响力投资"；同样地，未来全球影响力投资潜在估计将从相对不多的投资量增至总量 1 万亿美元（J.P. Morgan，2010）。由 UNCTAD 和美国国务院合作的一项影响力投资研究表明，在 2012 年，超过 90%的影响力投资基金仍然投资在发达地区，大部分集中于社会影响和新能源项目。在发展中国家，影响力投资最大的受益地区拉丁美洲和加勒比地区，其次是非洲和南亚（Addis 等，2013）。一个重要目标就是应该向发展中国家直接投入更多的影响力投资，尤其是最不发达地区（LDCs）。

大量制约因素阻碍了影响力投资在发展中国家的扩张。与影响力投资基金流动相关的关键制约因素包括风险收益组合中的资金短缺；缺乏对投资需求影响因素的理解；采用不当的方法来测量"影响力"；缺乏对产品和绩效的研究和数据；缺乏相关技能的投资专家。在发展中国家，关键的相关需求制约因素如下：缺乏高质量的有良好记录的投资机会；缺乏创新的交易结构来适应组合投资者的需求。为解决这些制约因素及扩大影响力投资，许多举措正在进行中，包括全球社会影响力投资网络（GIIN）、美国国务院全球影响经济论坛、影响报告和投资标准、全球影响投资评级系统、英国对撒哈拉以南非洲及南亚的影响投资计划以及 G8 社会影响力投资的特别工作组。

扩大和创造融资机制，即利用公共部门资源来促进私营企业资源的流动

出台一系列举措利用公共部门的能力去调动私募融资。通常这些运作集中在项目层面，但是有些从私营企业筹集基金的举措也集中在宏观层面，包括通过金融市场。

纵向基金（Vertical Funds）（或者金融中介机构基金）致力于发展一种机制，即允许多元项目利益相关者（政府、民间团体、个人和私营企业）为预先设定的目的提供基金，例如疾病消除、气候变化，这类基金通常流向资金不足的部门。有一些基金现在已经发展到较大规模，例如抗争艾滋病、肺结核和疟疾[15]的全球基金，以及全球环境基金[16]。一般来说，可以创建符合其他特定 SDGs 的类似基金来集中发展各个领域的 SDGs。非洲企业挑战基金[17]是另一种基金的突出案例，即出于包容性发展业务的目的，被当作提供优惠贷款的工具。

对等基金（Matching Funds）被用来激励私营部门为发展做出贡献，通过承诺公共部门促进对等或适当比例的投资。例如，在全球疫苗免疫联盟（GAVI）对等基金情况下，英国国际发展部以及比尔和梅琳达·盖茨基金会，都已经承诺与企业、基金会、客户、会员、员工、商业伙伴一起合作出资 1.3 亿美元[18]。

提前实施的援助（Front-loading of Aid）。公共部门除了促进增加援助金额外，还可以通过提前实施的援助支出促使私营部门成员利用融资机制，改变发展融资的时间表。国际免疫融资机制（IFFIm）在资本市场发行了 AAA 级债券，这类债券获得了长期政府认捐支持。照此，正常情况下援助流向发展中国家可能会持续 20 年，而一旦发行则可以立即转换成现金。对投资者来说，这类债券很有吸引力，主要是由于信用评级、市场利率、投资的"社会责任收益"。迄今为止，国际免疫融资机制（IFFIm）在一系列不同的成熟金融市场内，通过机构投资者和零售投资者购买发行的债券筹资已经超过了 45 亿美元[19]。

未来现金流证券化（Future-flow Securitization）。前面提到的援助是包含在未来现金流证券化中更广泛的一系列举措的子集，未来现金流证券化允许发展中国家发行市场金融工具，其担保还款是一个相对稳定的收入来源。相较于其他工具，未来流收入证券化可以吸引更广泛类型的投资者。其他著名的债券有用来担保移民汇款流的散居移民债券，以及来源于自然资源收入的支持型债券。这些金融工具允许发展中国家立即获得资金，而这些资金通常情况下是在较长时间内筹集的。

在金融市场上为 SDGs 投资项目建立并维持"营销"渠道

一系列的选择可延伸至为成熟经济体中的金融市场和投资者带来足够规模的具体 SDGs 投资项目，不断减少对捐助者的依赖，增加私营部门的参与。

项目整合和证券化（Project Aggregation and securitization）。在成熟金融市场，SDGs 投资项目和行业通常与机构投资者的需求不一致，这是由于项目太小而行业又支离破碎。例如，可再生能源市场比传统能源市场更易分解。机构投资者宁愿选择投资规模和流动性更大的资产，也不愿选择投资个人项目。因此，用投资组合方式整合个人项目建立的投资产品可以更加符合大型投资者的需求。这可以通过贷款资产证券化来获得，以创建可交易的、有评级的资产支持型证券。例如，目前，一批管理着3万亿美元资产的保险公司和再保险公司呼吁在低碳投资中创造更大规模和更加标准化的产品[20]。

众筹（Crowd Funding）。众筹是一种基于网络化的筹资方式，通过捐助或投资形式从大量个人或组织中筹资。据估计，2012年全球众筹平台筹集了27亿美元，2013年增加81%至51亿美元（Massolution，2013）。虽然目前在发达国家更为普遍，但是筹集与SDGs相关的项目在发展中国家也很具潜力。众筹一直是发达国家企业家和企业筹资的有效手段，这类企业家和企业不能接触到更正式的金融市场。类似地，众筹可以帮助休眠创业人才和项目绕过传统资本市场来获得资金。例如，自从2005年以来，众筹平台Kiva Microfunds向70个国家的企业家和学生创造了超过5.6亿美元的网络贷款[21]。

（四）构建一个SDGs支持型金融系统

SDGs投资支持型金融系统确保SDGs投资链中的成员能够：①获得正确的激励，通过内部化社会成本和收益，为投资工具定价；②获取有关投资绩效持续性的信息，以便其做出明智的决策；③通过考虑负责任的投资行为机制获得奖励。这些要素成为全球金融架构更大系统问题背景下的一部分[22]，其并非是以引导资金流向生产性资产和实际资产（并非金融资产）为目标的功能优化[23]。

1. 构建或完善定价机制来抑制外部性

内部化社会和环境成本的有效定价机制对于保持市场信号与可持续发展目标一致性是很有必要的。

确保全球资本配置决策最有效且最具挑战的方式为，符合可持续发展的需求"把价格理顺"，即确保金融市场参与者和直接投资者接收的价格信号将消极的（或积极的）社会和环境外部性考虑在内。

坚持负责任投资原则的长期影响就是帮助企业认识到与承诺相联系的金融成本以及奖励，并对其进行价格调整，例如较低的风险、潜在的效率收益、一个良好的声誉带来的积极外部性。

从传统意义来说，大量环境外部性一直使用诸如精细或复杂的技术标准工具来处理，但最近定价和税收的方法越来越普遍。在气候变化领域，针对碳排放，过去20年中多个国家已经尝试过了创新方法。建立碳排放定价有两个原则：以交易排放许可为特征的总量管制和交易"碳市场"；以特殊的化石燃料和其他碳密集度高的行业税为特征的"碳关税"。欧盟碳排放交易机制（ETS）是第一个主要的碳市场，并且仍是最大的碳市场。碳市场存在于少数几个发达国家中，并且区域市场集中于美国的几个州和加拿大的几个省内。碳交易机制尽管存在试验计划，例如覆盖了中国六个省市，但在发展中国家仍然极少。

碳市场具有复杂性，并且目前这类市场根据社会排放成本来建立价格的做法并未取得成功，因此引进了税收实验法。例如，爱尔兰、瑞典和英国就是典型例子，其已经实施了某种形式的碳关税或"气候变化税"（Climate Levy）。碳关税已经在加拿大卑诗省和魁北克省实施，2013年美国参议院引入了一项气候保护法案，提出了一个联邦碳关税。碳定价的实验也适用于其他行业。

2. 促进可持续的证券交易

可持续的证券交易提供了具有激励机制和工具的上市实体，以便提高社会、环境和治理绩效的信息透明度，允许投资者在负责任的资本配置方面做出明智的决策。

可持续性报告措施非常重要，这是因为其帮助调节资本市场信号以符合可持续发展要求，从而在可持续发展项目中调动负责任的投资。可持续性报告计划不仅针对跨国公司的全球项目，而且针对资产所有者和资产管理者以及图 4.8 中概述的其他金融中介机构的投资行为。

全球许多养老基金并不报告是否以及如何将可持续性问题纳入投资决策（UNCTAD，2011c）。考虑到其直接和间接投资影响了很大一部分全球可用金融资源池，因此应该要求所有的机构投资者对所有利益相关者正式阐明其可持续发展行为的立场。这样的披露符合最佳实践，也符合其他领域基金的披露实践。

整条投资链更大的问责和透明度至关重要，包括投资配置决策、代理投票实践、资产所有者、资产管理者、养老基金、保险公司、投资顾问以及投资银行的建议。如果没有适当的措施、金融验证和报告、社会和环境可持续性信息，那么最终的资本来源（尤其是家庭和政府）就不能确定已经委托给这些机构的基金如何部署。

证券交易所和资本市场监管机构在这方面起到了重要作用，这是源于它们在投资者、企业、政府政策互动关系中的重要地位。联合国可持续证券交易所（SSE）计划是一个点对点的学习平台，旨在探索交易所如何与投资者、监管机构、企业共同努力增强企业透明度，提高环境、社会和企业管理问题等方面的最终效果，并鼓励负责任的长期投资方法。SSE 由联合国秘书长于 2009 年发起，由联合国贸发会议、联合国全球契约、联合国支持的负责任投资原则以及联合国环境规划署的融资计划协办建立[24]。

越来越多的证券交易所和监管机构引入或正在发展相关措施，以帮助企业迎合投资者不断发展的信息需求；引导日益复杂的信息披露要求和期望；管理可持续性绩效；理解和处理社会、环境风险和机遇。UNCTAD 已经在帮助政策制定者和证券交易所这方面提供了指导。

3. 引入金融市场改革

为促进 SDGs 投资，金融市场的重新调整奖励需要行动起来，包括薪酬与绩效结构改革、创新评级方法。

监管和机构层面的改革可能会导致奖励系统更有效的结盟，帮助确保全球资本市场符合可持续发展的需要。这需要发展政策行动和以企业为主导的举措，影响更广范围内的不同机构、市场以及金融行为。

改革薪酬、绩效和报告结构，以支持有利于 SDGs 实现的长期投资

机构和个人在金融市场中运营的绩效评估与奖励结构不利于 SDGs 投资。行动领域可能包括：

● 薪酬和绩效结构。薪酬和绩效结构应该符合长期可持续发展绩效目标，而非短期相对绩效目标。例如，针对资产管理者、企业高管、一系列金融市场参与者的补偿计划可以在一定时期支付，该期间内结果得以实现，并且补偿与长期价值可持续的、基本的驱动因素相挂钩。企业需要采取行动来减少短期主义对于金融中介机构的部分影响，更重要的是，创造条件以确保这些资本支持并鼓励直接投资者，采取有利于 SDGs 实现的举措。

● 报告要求。可以通过修订报告要求来减少基于短期金融或投资绩效决策的压力。报告结构，如季度收益指南，可能过度强调了以长期可持续价值创造为代价的短期措施的重要性。

促进评级方法，奖励 SDGs 行业的长期投资

在环境、社会和治理绩效中纳入评级，可以帮助投资者为实现 SDGs 资产配置做出明智决定。现有的举措和潜在的发展领域包括：

● 非金融评级。评级机构通过提供一个与可销售债务工具相联系的信用卡风险独立评估，对资产配置决策有重要影响。评级机构的传统模型仅是基于相对违约概率的估计，因此不包括与特定投资相联系的社会、环境风险和收益。为了投资有益的 SDGs 企业和项目，投资者需要获得评级去评估企业的相对环境、社会和治理绩效。多年来，道琼斯、摩根士丹利资本国际（MSCI）和标准普尔一直将环境、社会和治理标准纳入专业可持续发展指数和证券评级中。标准普尔也在 2013 年宣布来自气候变化的风险将成为主权债务评级中一个越来越重要的因素。采取更大努力进一步将可持续问题融入债务和股票评级中。股票可持续性评级的一个重要维度就是评级由投资者、评级用户来特定支付。这有助于解决"发行者付费"模型中固有的利益冲突，这种冲突已经困扰了全球金融危机后的金融评级机构，并且仍是常见的债务评级。

● 将报告、评级、整合和能力建设联系起来。企业可持续性报告对可持续发展的贡献最大化是一个多阶段的过程（见图 4.10）。企业可持续发展信息应该输入分析系统，以企业可持续评级的形式输出可执行信息。这类企业债务和股权的

评级应该整合到关键投资利益相关者的决策制定中，包括政策制定者和监管机构、组合投资者、跨国公司、媒体和民间团体。这些投资利益相关者可以寻求实现一系列奖惩机制，以便提供市场信号更好地调整市场机制结果与国家可持续发展政策相一致。为了实现彻底变革，这种整合过程需要符合 SDGs 的政策目标，也需要对可持续发展表现不佳的企业给予物质惩罚。最终，可持续评级和标准也可以被当作能力建设项目的基础，来帮助发展中国家跨国公司和中小企业在可持续性报告和管理系统领域采用最佳实践。这将提供新的信息来引导投资者促进投资。

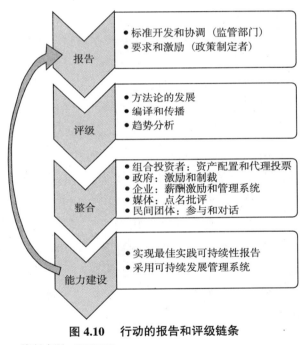

图 4.10　行动的报告和评级链条
资料来源：UNCTAD。

五、引导投资进入 SDGs

（一）引导资金流向 SDGs 的挑战

引导资金流向 SDGs 的关键制约因素包括进入壁垒、SDGs 投资的风险回报率不够、缺乏信息、缺乏有效的一揽子项目和项目推广、缺乏投资者的专业知识。

投资于 SDGs 行业不仅仅是资本的可用性和流动性问题，还有面向可持续发展项目的资本配置问题。改善投资和增长总体状况的宏观经济政策，建立或改进发展战略的行业政策，以及类似的政策，都可以鼓励公共或私人、国内或国外、SDGs 行业内或其他的投资。尽管这些是投资的必要条件，但远远不够。

投资者面临的引导资金流向 SDGs 项目的制约因素和挑战有：

（1）SDGs 投资的进入壁垒。可持续发展投资可能会因为不友好的投资环境而受阻。投资者可能会在某些与 SDGs 相关的领域面临行政或政策性障碍，这些障碍通常对公共服务责任敏感许多。这些投资领域甚至可能会被私人投资者尤其是外国投资者所放弃。

（2）SDGs 投资的非充分风险回报率。与 SDGs 投资项目相关的风险可能发生在国家和政策层面（例如投资的法律保护）、市场或行业层面（例如不确定需求）以及项目（融资）层面。例如，农业或基础设施建设方面的投资具有不确定性，并且要考虑本地居民的本地需求和消费能力；所有权或对敏感资源的使用（比如土地）；涉及的投资回收期较长。结果，投资者，尤其是那些不习惯投资于发展中国家 SDGs 行业的投资者，面临更大的（感知或实际）风险，需要更高的投资回报率。

（3）缺乏 SDGs 部门的信息，未能整合并推广有效的投资项目。在商业活动中的投资机遇通常很明确；工业园区内的位置选择可能会预先设定；投资进程和关联规则有明确框架；投资者很熟悉自身业务方面的投资评估风险进程以及潜在投资回报。而 SDGs 行业的投资通常很复杂。例如基础设施建设、能源或医疗的投资项目可能需要一个过程，其中需要定义政治优先权、监管准备（例如规划许可和执照、市场规则）以及进行可行

性研究。另外，较小的项目可能不太容易给大型投资者提供所需的规模，比如养老基金。因此，整合和一揽子组合很有必要。尽管商业投资往往更多的是一种投资者寻找机遇的"推动"性质，但是 SDGs 项目可能更多的是一种"拉动"性质，即本地需求拉动创造投资机遇。由于缺乏历史数据和投资基准对绩效进行有意义的比较，导致投资者在评估潜在投资风险和收益方面困难更大，因此，有效的推广和信息的提供更加至关重要。

（4）缺乏 SDGs 行业投资者专业知识。相对而言，旨在吸引如基础设施建设或农业等大型投资项目的一些发展中国家的私营投资者比较缺乏经验，包括私人股本基金和主权财富基金。这些投资者以前并未参与这些国家（尤其低收入经济体）或 SDGs 行业的直接投资，因而他们不可能拥有必要的自身专业知识来评估投资、管理投资进程（以及适当情况下参与运营管理）。

通过公共政策回应以及企业自身的行动和行为改变可以解决这些制约因素（见图4.11）。

（二）减少进入壁垒，维护公共利益

SDGs 投资促进获得成功的一个基本先决条件是拥有一个良好的整体政策环境，有利于吸引投资，维护公共利益，尤其是敏感行业。

为了吸引和引导私营投资发展战略进入可持续发展优先领域，需要创造一个有利的政策环境。东道国吸引力的关键决定因素都与鼓励 SDGs 行业投资密切相关，例如政治、经济和社会稳定性因素；投资进入和运营条件的清晰性、一致性以及透明度规则因素；有效的商业便利化因素。因此，需要尊重法制，致力于提高透明度，扩大参与以及建立有能力、有效和廉洁的机构（Sachs，2012）。与此同时，为了减少 SDGs 行业私人投资的政策约束，一定不能以损害正当公共利益为代价，这些利益涉及与可持续发展有关的项目所有

政策选择

减少进入壁垒，维护正当公共利益
- 为投资的可持续性发展创造有利的政策环境（如 UNCTAD's IPFSD），并且制定国家战略吸引 SDGs 行业投资

为扩大 SDGs 投资，使用风险共担和缓解机制
- 为扩大 SDGs 项目广泛使用 PPPs，以便提高风险—收益均衡性，解决市场失灵
- 广泛使用投资担保和风险保险设施，以便支持和保护 SDGs 投资
- 公共部门和政府开发援助杠杆以及混合融资：公共和捐助基金作为基本资金或次级债，为私人部门基金投资者共担风险或提高风险—收益均衡
- 推进市场承诺和其他机制，为投资者提供更稳定或更可靠的市场

建立新的激励机制和新一代的投资促进机构
- 将 IPA 转变成 SDGs 投资发展机构，专注于获得银行支持 SDGs 项目的编写和营销渠道
- 重新设计投资激励措施，促进 SDGs 投资项目，支持所有投资的影响力目标
- 区域 SDGs 投资协议：利用区域合作机制来促进 SDGs 投资，例如，区域跨境基础设施、区域 SDGs 集群

建立 SDGs 投资合作伙伴关系
- 东道国和母国投资促进机构之间的合作伙伴关系：为了在发展中国家投资 SDGs，母国合作伙伴充当了商业发展机构的角色
- SVE—TNC—MDB 三角合作伙伴关系：跨国公司、MDBs 与最不发达或小型脆弱经济体之间的合作，为了发展经济专注于 SDGs 关键行业和产品密钥

主要挑战
- SDGs 投资进入壁垒
- SDGs 投资非充分风险回报率
- 缺乏信息、有效包装和 SDGs 投资促进项目
- 缺乏 SDGs 行业投资者的专业知识

图 4.11　引导投资流向 SDGs 行业的主要挑战和政策选择

资料来源：UNCTAD。

制结构和监管框架。这需要一个循序渐进的方法来提高 SDGs 行业的自由化。

有效的政策框架应该明确规定在哪些 SDGs 领域以及何种条件下允许私人投资。虽然许多 SDGs 行业在很多国家都对私人投资开放，但是重要国别的限制仍然存在。一个很好的例子就是基础设施建设，在该行业公共垄断很常见[25]。减少投资壁垒可以创造新的投资机遇，但需要一个循序渐进的方法，以那些面临较少政治担忧的私人参与 SDGs 行业为突破口。一旦合作伙伴获得了更多的经验，东道国可能开始允许服务和管理合同纳入公共私人合作伙伴关系（PPPs）。

为确保运营商通过规模经济缴纳充足税收，政府给予单个服务提供商的专有权也可能会阻碍私人投资（例如，在水和能源供应方面）。这类政策不应该完全阻碍小规模供应商的市场准入，因为小规模供应商可能对弥补服务供应的缺口必不可少，而主要运营商的服务未能覆盖贫穷和边远地区（OECD，2009）。

如果问题存在，尤其涉及 SDGs 行业外资参与方面，东道国可以选择限制外资所有权而非完全禁止。他们还可以在个案基础上选择外国投资服从国家利益测试，例如关键基础设施建设投资。东道国和投资者之间的投资合同（例如 PPPs）以及商业特许为容许外资进入提供了可能，前提条件是投资者积极为 SDGs 做出贡献。例如，外国投资者用建立诸如医院、学校等基础设施或社会机构的承诺来换取获得自然资源开发的权力。

至于农业方面的外资参与，明确的土地所有权，包括土地登记制度，不仅对吸引投资者至关重要，而且对保护小农以防驱逐以及提高其与外国投资者的议价能力也至关重要。对于农业外商投资的政治反对可以通过促进承包种植推广计划得以缓和（WIR，2009；UNCTAD；World Bank，2014）。

通常在垄断性强的基础设施建设领域，自由

化或扩大私人及外国投资者的一个至关重要的先决条件是建立有效的竞争政策和当局机构。在这种情况下，建立一个独立的监管机构可以帮助确保一个公平竞争的环境。类似的情况也可以在其他行业领域建立，这些领域的政策行动可以帮助本地的微型和中小型企业避开挤出效应（比如农业的小农户），其中，这些企业是大多数发展中国家的经济支柱。

其他监管和政策领域与创建一个有利的投资环境以及维护公共政策利益密切相关。UNCTAD的可持续发展投资政策框架（IPFSD）自 2012 年出版以来，已经成功地将讨论和政策转向该方向。

（三）以可持续发展投资为目的，逐渐扩大风险共担工具的使用

一系列的工具，包括公共私人合作伙伴关系（PPPs）、投资保险、混合融资和援助的提前实施，都可以帮助 SDGs 投资项目提高风险—收益均衡性（Risk-return Profile）。

提高私人部门参与者风险—收益均衡性的一个关键方法就是分享利益相关者的能力，减少或替代可持续发展投资的风险。

创新的风险管理工具可以根据可持续发展项目的具体要求，帮助引导 SDGs 融资和私人投资。

扩大公共私人合作伙伴关系的利用范围

PPPs 的使用在引导 SDGs 行业投资方面至关重要，这是由于其涉及公共和私营部门的协同合作、技术和资源（金融、管理和技术）的结合以及风险共担。当许多政府将项目所需的资源规模和水平转向 PPPs 时，意味着它们不可能通过传统公共支出或采购独立承担。PPPs 通常不仅用于基础设施建设项目，尤其是水和运输项目（比如公路、铁路、地铁网络），而且还用于社会基础设施建设、医疗和教育项目[26]。PPPs 可能也包括国际可持续发展项目和捐赠基金，例如，国际免疫

融资机制就是一个公共私人合作伙伴关系，其使用捐助政府的长期借款能力，利用国际资本市场的支持为全球疫苗免疫联盟（GAVI）免疫项目筹集资金。

PPPs 可以为提高可持续发展项目的风险—收益均衡性提供各种方式，其为个人可持续发展投资特制的风险共担提供了可能。PPPs 还为可行性研究的准备工作提供成本共担，通过共同投资、担保和保险分担投资运营的风险，例如，通过提供税收抵免和产业支持的研究创新能力不断增加投资者的回报。直接金融支持允许公共私人合作伙伴关系，其可以帮助克服启动可持续发展相关的投资壁垒。

如果前期投资成本和后期收入流（投资回报）不能得到充分评估，那么公共部门就需谨慎发展 PPPs，因为其可能造成相对昂贵的融资方法并且可能会提高成本。这与技术、制度和谈判能力较弱的最不发达国家和小型脆弱经济体尤其相关（Griffiths 等，2014）。PPPs 中政府风险的案例包括高财政承诺以及难以估计担保成本（例如，当政府提供需求担保、汇率担保及其他成本时）。政府应该仔细设计合同安排，确保公共和私人部门实现公平的风险共担，发展监控和评估合作伙伴关系的能力，促进良好的 PPPs 项目管理[27]。

鉴于 PPP 项目的技术复杂性、制度和监管能力也需要发展中国家的参与，所以不断扩大 PPPs 的使用要求：

● 公共部门专业单位和专业知识的创建，例如，在 SDGs 投资发展机构或相关的投资当局中，或者在区域 SDGs 投资开发协议的背景下，其成本和技术可以共享。

● 来自国际发展组织的技术援助，例如，通过国际组织（或者多机构背景下）的专业单位在 PPP 项目提出建立和管理的建议。

一种可以缓解 PPPs 风险的期权、进一步利用

公共资金增加私人部门贡献、引进技术专业知识的选择是三个或四个方面的 PPP 方案，不仅涉及本地政府和私人部门投资者的参与，还包括捐助国家和多边发展银行的合作。

将担保的可用性和 SDGs 风险保险设施联系起来

许多国家通过提供投资担保促进对外投资，保护投资者免受东道国某些政治风险的影响（比如歧视的风险、征用的风险、转让的限制风险、违反合同的风险）。提供此类担保可以视投资符合可持续性标准的情况而定。一些国家需要完成对环境和社会潜在的重大不利影响的评估，例如澳大利亚、奥地利、比利时、日本、荷兰、英国、美国[28]。

除了在国家层面提供保险机制避免政治风险以外，多边发展机构提供的担保机制和风险保险也应该考虑可持续发展目标。例如，在确定是否出具担保的过程中，多边投资担保机构依据 2013 年 10 月采用的环境和社会可持续发展政策来评估所有项目[29]。

公共部门和政府开发援助杠杆平衡（ODA-leveraged）以及混合融资

国家的、区域的、多边的发展银行，还有政府开发援助（ODA），都可以代表融资的关键来源，其可以被当作杠杆机制。同样，发展银行可以发挥挤入角色，使私人部门能够投资，或者在危机时期当企业不能获得私人银行的融资时为私人部门提供支持。发展银行除了对私人投资缺乏的社会导向型项目起作用以外，还将继续发挥重要作用。

政府开发援助可以扮演类似角色，尤其是在发展脆弱的经济体内。例如，2002 年蒙特雷共识已经指出需要加大力度促进 ODA 的使用以利用额外融资促进发展。由于最不发达经济体（LDCs）的金融流量很小且国内融资能力缺乏，因此 ODA

仍然至关重要，特别是对 LDCs。援助可以充当一个私人投资催化剂的角色，在促进发展的公共援助和私人投资潜在互补方面，存在越来越多的共识（UNECOSOC，2013）。到目前为止，ODA 支持私人投资的份额很小，但是这一机制的利益在捐助国和发展金融机构之间不断增加。例如，来自欧盟机构的混合政府开发援助从 2007 年的 0.2% 增至 2012 年的约 4%（EURODAD，2014）。针对私人部门混合机制 ODA 的数量预计将不断增加。

公共部门和政府开发援助杠杆平衡以及混合融资涉及使用公共和捐助基金，私人部门捐赠者共担风险以及提高风险—收益均衡。混合融资可以减少成本，这是由于其涉及赠款和非赠款来源，例如在发展中国家金融投资项目的贷款或风险资本。混合融资是一种有效的投资工具，其伴随着较长的酝酿期以及超过纯金融回报率的经济和社会回报率（例如在可再生能源行业）。

由于混合融资涉及风险，因此在使用时要小心谨慎。由于私人资金只追求财务回报，因此发展影响目标可能未受重视。政府开发援助也可以挤出非赠款融资（Griffiths et al.，2014）。评估混合融资并不容易，展示关键成功因素以及提供发展影响的证据都很困难，例如额外性、透明性和责任性。

推进市场承诺，创建市场机制

在一些 SDGs 行业，落后的市场体制严重影响了私人投资。例如，私人基本卫生和教育服务还有基础设施建设服务，诸如私人水电供应，不可能负担起大部分人口的需求。在 SDGs 行业中，政策选择会帮助创建吸引私人部门投资的市场，包括：

● 旨在提高基础服务的社会包容性和可使用性的政策——诸如以教育券的形式或以为能源和水资源短缺地区提供现金补贴的形式对穷人实施

补贴政策。

● 公共采购政策，通过中央和地方政府，给予商品购买的优先权，这类商品一直在良好的环境与社会方式下进行生产。例如，城市越来越多的项目都与混合动力汽车（Hybrid Fleets）或可再生能源、大众运输系统的升级、绿色城市建设或回收系统的购买密切相关（WIR，2010）。

● 长期保护性电价（Feed-in Tariffs）旨在为用户或其他私人部门实体生产绿色电力，其并非公用事业但可以向输电网供应过剩能量（WIR，2010）。

● 区域合作可以通过克服市场细分来创建市场，尤其是对跨境基础设施项目，比如道路、电力或水供应。

其他具体机制可能包括所谓的先期市场承诺。这些通常都是由政府或金融实体提供的具有约束力的合同，其可以被用于：①保证一个可行的市场，例如，对于私人需求不足，体现出对社会有益的技术商品，比如在制药和可再生能源技术方面（UNDESA，2012）；②即使私人对最终产品的需求不充分，仍可以提供对社会有益的技术创新保证基金，例如，通过奖励、支付、专利收购；③当研发成本很高以及回报不确定时，充当消费补贴以使消费价格下降，通常允许私人部门继续负责生产、营销和分销策略。捐赠者在一个已知时段担保一个可行的市场，为生产者减少与研发支出有关的风险（例如，承诺激励生产者投资研发领域、员工培训和生产设施）。推进市场承诺（联合国，2009），为发展中国家推动疫苗生产增加融资，例如，成功促进了低收入国家肺炎球菌疫苗的可用性。

（四）建立新的激励机制和新一代投资促进机构

缓解东道国政策框架的约束可能不足以激励SDGs私人投资。由于投资者考虑到总体风险——收益率不利，因此他们仍然会对投资持犹豫态度。投资促进和便利化有利于克服投资者的疑虑。

1. 将投资促进机构（IPAs）转变为SDGs投资发展机构

新一代投资促进机构需要其以SDGs投资者为目标，发展和开拓获得银行担保项目的渠道。

东道国通过其投资促进和便利化政策，特别是在重点投资促进机构（IPAs）内，追求各种各样的经济目标，首要的是就业创造、出口促进、技术溢出和扩散，这些政策均与当地产业和国内附加值及技能发展相联系（见图3.4）。因此，尽管现有的战略重点通过代际收入和扶贫为可持续发展做出贡献，但是大多数投资促进机构仍未特别关注SDGs投资目标或SDGs行业。

追求SDGs投资意味着：①以对SDGs有利的行业和项目投资者为目标；②创建和引进预先打包的银行担保项目的市场渠道。

在追求与SDGs相关的投资项目中，IPAs面临一些传统FDI促进机构所未经历过的挑战。尤其是：

● 扩大国内合作伙伴的IPA网络。目前，IPAs的典型合作伙伴包括贸易促进组织、经济发展机构、出口加工区和工业园区、业务发展组织、研究机构和大学。这些关系可以帮助促进SDGs项目投资，需要拓展网络来处理包括公共部门机构在内的政策和服务，这些政策和服务与基础设施、医疗、教育、能源和农村发展相关，还与当地政府、农村推广服务、非营利组织、捐赠者和其他利益相关者相关。

● 扩大与更广泛的目标群体和潜在投资者的联系，不仅包括跨国公司，还包括新的潜在融资来源，例如主权财富基金、养老基金、资产管理者、非营利组织及其他。

● 在与可持续发展相关的投资项目、新行业以及可能的支持措施上培育内行专家。从传统意义说，IPAs 集中于吸引制造业和商业服务的投资，需要熟悉与 SDGs 相关的投资项目概念，包括公共私人合作伙伴关系。国际最佳实践培训和投资促进技术可以从国际组织和私人部门组织中获得。例如，2013 年 UNCTAD 启动了一个项目，即发展中国家协助 IPAs 促进绿色 FDI。

引导投资流向 SDGs 行业可能对投资者不太明显或缺乏吸引力，政府——单独或在区域合作的背景下——应该发展获得银行支持的 SDGs 投资项目渠道。

获得银行支持的关键项目特征为优先、准备、一揽子组合：

● 政治优先权包括识别优先项目和决定优先行业，以国家发展目标和战略为基础。项目应该在政治上符合国家的经济发展战略，在所有层面（国家、州、省）达成一个清晰的政治共识和公共支持。因此，应该在政府实体优先权达成共识的基础上选择项目。在初始阶段，政策决策者应该识别可扩展的商业模式和发展战略，以便长期大规模批量生产。

● 监管的准备包括监管方面的预结算和管理过程的便利化，否则可能会阻碍投资者。案例包括市场支持机制的预先批准或者有针对性的财政激励措施（这类财政激励措施旨在减少资本成本）；提前处理所需的执照和许可证（例如建筑许可证）；执行环境影响研究之前邀请投资者出价。

● 一揽子组合措施涉及具体项目建议书的编写，从所有利益相关者的角度来看其可行性，例如，投资者技术可行性研究、银行财务可行性评估、广大利益相关者的环境影响研究。政府可以要求服务提供商（例如，技术审计、测试和认证机构）提供协助。一揽子组合也可以包括分解、整合、捆绑项目，使相关的目标群体达到合适的投资规模。而且它还包括生产可以向投资者销售的"招股书"。

公共基金需要可行性研究和其他项目准备，成本可能至关重要。通常，它们占总项目成本的平均 5%~10%，对于大型基础设施项目来说，成本可能会增至数亿美元（World Bank，2013b）。在国家和区域层面加速和增加获得更多的银行支持项目供应，可以利用政府开发援助的财政支持和多边发展银行的技术援助建立国际支持项目，这一情况在最不发达国家尤为明显。

2. 重新设计 SDGs 投资激励措施

调整 SDGs 投资激励措施意味着以 SDGs 行业投资为目标，在社会和环境绩效方面创造激励条件。

为可持续发展项目投资设计投资激励机制意味着按照中长期的社会和环境效应，把重点放在投资质量上（见表 4.3）。从本质来看，激励措施将从纯粹的"重视地理位置"（即增加地理位置竞争力措施）转向"重视可持续发展"（即促进可持续发展投资措施）。

表 4.3　传统的经济增长导向型和可持续发展导向型的投资激励

传统的经济增长导向型的投资激励	可持续发展导向型的投资激励
关注以经济增长、创造就业和扩大出口为主要目标的行业	也关注 SDGs 行业
关注中短期经济收益	考虑可持续发展投资的长期影响
支持经济收益的成本效益分析	支持社会和环境长期投资，加入权重的成本效益分析
把降低监管标准视为一项政策选择	把降低监管标准作为激励方案以外的一部分
主要监测投资的经济影响	监测可持续发展投资的总体影响

资料来源：UNCTAD。

可持续发展导向型投资激励措施可以有两种　类型：

● 专门针对 SDGs 行业的激励措施（例如，在可再生能源、基础设施或医疗方面的投资）。

● 投资者基于社会和环境绩效条件下的激励措施（例如，包括与社会包容相关的政策）。案例包括涉及就业、培训、当地采购、研发、能源效率和欠发达地区的生产设施地区分布的业绩要求。

表 4.4 涵盖了一些有关环境可持续性的投资激励措施的案例。

表 4.4　有关环境可持续性的投资激励措施案例

国家	环境激励
巴西	● 风能、电力、生物质能和小水电行业的计划和激励项目
加拿大	● 为新技术的发展提供特殊的税收抵免，解决气候变化、净化空气、水和土壤质量的问题 ● 新斯科舍提供了高达 20% 的海洋技术和非传统能源领域的发展成本
德国	● 有关能源效率、减少二氧化碳和可再生能源的格兰特计划
印度尼西亚	● 可再生能源领域减税 5~10 年
日本	● 投资于智能社区，统一信息网络、能源系统和交通系统，以及提高舒适度、减少二氧化碳排放
南非	● 在可再生能源和生物燃料生产方面加速折旧投资 ● 为更加节能的实体减税 ● 给予绿色技术支出补贴，提高资源效率
土耳其	● 为可再生能源生产提供免息贷款，从而提高能源效率、减少环境影响
英国	● 离岸风力发电场的融资方案
美国	● 提供担保贷款符合清洁能源项目，给先进技术车辆和组件的制造商提供直接贷款 ● 在工业部门提供税收优惠，从而提高能源效率 ● 在州一级层面的激励措施

资料来源：UNCTAD，基于调研研究[30]。

在 UNCTAD 的绝大多数 IPAs 调查中，这些机构注意到在 SDGs 行业中投资激励机制主要为能源、研发和基础设施发展项目提供支持。除这些行业以外，激励措施有时出现在跨区域 SDGs 投资项目中，或者通过绩效标准与 SDGs 目标相联系。

除了金融、财政和监管激励，政府可以通过建立周围基础设施或者在零或低成本条件下使用这类基础设施来促进投资者。例如，投资农业生产需要良好的存储和交通设施。投资可再生能源（例如风能或太阳能）需要建设一个面向消费者的能源运输网。在农村，学校和医院的建立需要足够的公路、公共交通设施来促进教育和医疗服务的普及。对于国内、区域和多边的发展银行来说，认识到这类有利的项目至关重要。

面向可持续发展的投资激励政策的重新定位（尤其是监管激励）可能也需要逐步淘汰对社会或生态产生消极影响的激励政策，尤其是导致社会或环境标准"竞次理论"（Race-to-the-bottom）的激励政策或从经济上不可持续的"竞争最优"（Race to the Top）激励政策。

更加专注于可持续发展可能需要审查整个行业现有的补贴项目。例如，据世界银行估计，目前，每年花费在对环境有害的化石燃料、农业、水和渔业上的补贴为 1 万亿~1.2 万亿美元（World Bank，2012）。更一般地说，投资激励措施成本很高。机会成本必须被考虑在内。资金奖励下的公共财政支出或财政激励措施遗漏的收入，可以直接被用于 SDGs 投资项目。

投资激励措施并非是永久不变的，随着时间的推移，获得支持的项目必须有潜力成为自身可持续的发展项目——尽管在一些 SDGs 行业可能难以实现。这就凸显监管可持续发展投资激励措施实际效果的重要性，如果效果不能使人满意，还包括撤资的可能性。

3. 建立区域 SDGs 投资协议

区域 SDGs 投资协议可以促进跨境基础设施项目的私人投资，以及在 SDGs 行业建立区域企业集群。

区域合作可以培养 SDGs 投资。与 SDGs 相关的跨境合作的一个关键领域就是基础设施发展。

现有的区域经济合作项目应该包括面向区域 SDGs 投资协议。这类协议可以集中于投资的自由化和便利化，以及建立合作投资促进机制和机构。区域产业发展协议可能涵盖在其范围内，所有政策认为实现区域发展至关重要，例如，协调、相互认可或者近似的监管标准以及私人标准整合环境、社会和治理问题。

区域 SDGs 投资协议旨在通过相关基础设施和吸收能力的构建创立跨境集群。建立这样的协议意味着合作，在地区政府之间识别合作投资项目、在投资促进机构之间共同促进工作、在政府和国际组织之间提供技术援助和能力建设、在公共和私人部门之间投资基础设施和吸收能力（见图 4.12，参见 WIR，2013）。

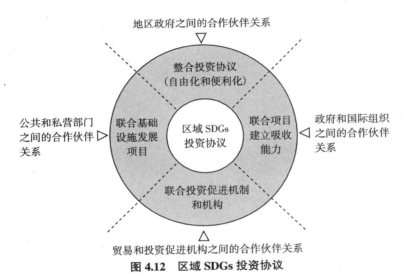

图 4.12　区域 SDGs 投资协议

资料来源：UNCTAD。

（五）建立 SDGs 投资伙伴关系

母国投资者、东道国、跨国公司与多边发展银行之间的合作伙伴关系可以帮助克服知识缺口，以及建立 SDGs 行业的联合投资。

私人投资者缺乏对合适的可持续发展项目的认识以及专业知识不足，他们可以通过知识共享机制、网络和多方利益相关者合作伙伴关系予以克服。

多方利益相关者合作伙伴关系可以支持 SDGs 行业的投资，这是因为他们增强了关键伙伴之间的合作、理解和信任。合作伙伴关系可以促进和加强专业知识，例如，通过支持创新发展和协同方式来集中资源和人才，通过所涉及的利益相关者为可持续发展做贡献。合作伙伴关系可以有许多目标，例如连接分析和研究、共享信息来识别问题和解决方案、最佳实践发展的指导方针、能力建设、进度监控和实施、促进利益相关者之间的理解和信任。下面是两个潜在合作伙伴关系的案例，可以提高投资者的 SDGs 专业知识。

母国和东道国投资促进机构之间的合作伙伴关系

母国对外投资机构和东道国 IPAs 之间的合作可以是临时的，也可以是系统的，或者是潜在的制度化。IPAs 以可持续发展项目为目标，出于三大目的与对外投资机构合作：

● 母国 SDGs 投资机会的信息传播和营销。对外投资机构可以提供匹配服务，帮助 IPAs 识别潜在的投资者。

● 对外投资机构为 SDGs 项目投资者提供投资激励和便利化服务，合作可以增加实现投资的机会。

● SDGs 对外投资机构激励措施在投资者的环境、社会和治理绩效方面是有条件的，在监管和影响评估的合作伙伴关系中确保双方持续参与。

通过这类伙伴关系，对外投资机构可以发展成真正的商业促进机构以促进发展中国家的 SDGs 投资，提高投资机遇意识，帮助投资者缩小知识缺口、获得专业知识，从真正意义上促进投资过程。

小型脆弱经济体—跨国公司—多边发展银行（SVE–TNC–MDB）三角合作伙伴关系

小型脆弱经济体政府、跨国公司和多边发展银行之间的合作伙伴关系，旨在符合 SVEs 战略利益、促进培育 SDGs 行业投资。根据经济的发展，战略行业可能是基础设施、制造业甚至是价值链的一个环节。关键的一点是，在这类"三角"合作关系中，利益相关者会共同识别私人投资的"瓶颈"，为发展战略产业共同制定公共—私人解决方案，考虑更广泛的社会经济和长期影响。尤其是，合作关系不仅致力于提高长期、健康、可持续的 SDGs 投资，而且会促进周围经济和社会基础设施的投资，通过合作利益相关者的参与为政府进行全面的资源管理提供支持。在所有情况下，SVE 政府必须处在"主导者"（Driver's Seat）的位置。

参与跨国公司通常是行业的参与者，如果合作失败随之而来的将是声誉风险。在一些案例中，SVE 可能会成为跨国公司运营中重要的一部分，例如作为一种商品的供应基地，从而使得企业与运行良好的经济体及地方发展有着利害关系。跨国公司也可能用加入伙伴关系来表明良好的企业公民身份。多边发展银行的参与——或者等效实体——需要监测进程和影响，防范毫无根据的经济主导地位，提供政策建议，运行连续的开发项目（例如，与当地公司创造的联系）。

除正式的合作关系外，广阔的知识共享平台也有益处。政府、私人和公共研究机构、市场中介和发展机构都在生产和传播投资经验信息以及未来项目机会方面起到重要作用。这可以通过知识共享和传播平台完成。案例包括绿色增长知识平台（GGKP），这个平台由全球绿色发展研究所、国际经合组织、联合国环境规划署、世界银行发起。投资者自身还建立网络来培育关系、提出措施、支持拥护、允许共享经验以及带来新的投资机会。

六、确保 SDGs 中可持续发展投资的影响

（一）管理 SDGs 部门中私人投资影响面临的挑战

管理 SDGs 部门私人投资影响的关键挑战包括发展中国家较弱的吸收能力、社会和环境影响风险、利益相关方参与的需求以及有效的投资效果监测手段。

投资流入 SDGs 部门之后，需要克服挑战，

以确保最大化可持续发展的收益，减轻潜在的副　　　　作用（见图 4.13）。关键的挑战包括：

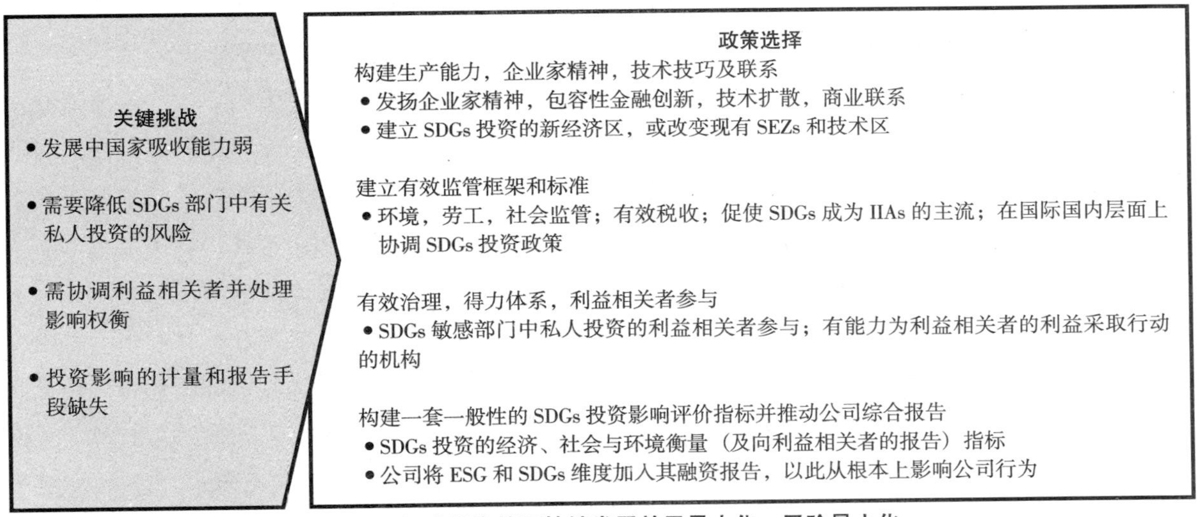

关键挑战
- 发展中国家吸收能力弱
- 需要降低 SDGs 部门中有关私人投资的风险
- 需协调利益相关者并处理影响权衡
- 投资影响的计量和报告手段缺失

政策选择

构建生产能力，企业家精神，技术技巧及联系
- 发扬企业家精神，包容性金融创新，技术扩散，商业联系
- 建立 SDGs 投资的新经济区，或改变现有 SEZs 和技术区

建立有效监管框架和标准
- 环境，劳工，社会监管；有效税收；促使 SDGs 成为 IIAs 的主流；在国际国内层面上协调 SDGs 投资政策

有效治理，得力体系，利益相关者参与
- SDGs 敏感部门中私人投资的利益相关者参与；有能力为利益相关者的利益采取行动的机构

构建一套一般性的 SDGs 投资影响评价指标并推动公司综合报告
- SDGs 投资的经济、社会与环境衡量（及向利益相关者的报告）指标
- 公司将 ESG 和 SDGs 维度加入其融资报告，以此从根本上影响公司行为

图 4.13　促进投资的可持续发展效果最大化、风险最小化

资料来源：UNCTAD。

（1）发展中国家较弱的吸收能力。发展中国家，特别是 LDCs，常常苦于缺乏吸收投资的能力而不能带来收益。风险在于投资收益主要由投资者获得，并未通过溢出渠道与当地企业分享，未能提升当地企业的生产能力。当地企业或工人缺乏管理或技术能力阻碍了他们与外国投资者形成商业联系以及提升技术水平与能力。

（2）与 SDGs 部门中私人投资相关的风险。发展中国家敏感的 SDGs 部门过高的私人投资参与率存在风险。一般来说，私人部门运作产生的社会和环境影响应该由全社会解决。但是向私人投资者开放基本需求部门如水、环境卫生、保健或教育需要详细的准则并建立适当的监管框架。

另外，虽然发展中国家努力吸引海外私人投资者，但是有可能由于投资者支付相对低的税负（以税收优惠吸引外国投资）或者利润通过跨国公司国际网络转移而导致这些投资无法对当地经济产生积极的影响。

最后，在 SDGs 部门吸引私人投资者时，政府受国际承诺的影响而被限制了降低风险、避免负面影响的监管政策空间。

需要有效吸引利益相关方并设法权衡。吸引所需的农业投资能提高粮食产量，也可能会不利于当地小佃农的利益；投资于基础设施能对当地社区产生多方面影响；投资于供水需要在城市地区与更广大地区的可用性和可负担性之间做权衡；健康和教育投资特别是私人经营的投资，常常需要吸引利益相关方并获得当地社区的支持。在投资过程中管理此类合作并控制投资的副作用需要充分的咨询过程和强有力的制度保障。

不充分的投资影响度量与报告工具。确保 SDGs 部门投资的实际效果能够证明持续投资的合理性，并吸引私人部门投资和增强对投资的管理。许多有初步意愿投资于 SDGs 的资金受到缺乏精确度量指标的限制。虽然度量工具在项目层面存在（比如个人投资于周围环境的效果），但是它们也在宏观层面起作用（如跨部门长期总影响）。充分的效果度量是许多意向投资付诸实施的先决条件。

（二）提高吸收能力

本地企业与本地技术能力的发展能够增强本

地吸收能力，并从技术、技能传播中获利，这在本章被定义为本地吸收能力。本地吸收能力不仅能更多地吸引私人投资，也能最大化 SDGs 部门中私人投资的收益，因而本地吸收能力至关重要。不同 SDGs 部门增强吸收能力的关键因素不同（见表 4.5）。这些吸收能力因素的发展也在东道国建立了生产能力，反过来进一步鼓励投资，形成良性循环。

表 4.5 提高 SDGs 部门吸收能力的几种方式

SDGs 部门	举 例
基础设施（50%）	当地企业和劳动力的建设与工程设计能力 当地劳动力的项目管理能力 当地供应商和承包商的表现
气候变化与环境（27%）	创业技能、可再生能源企业集群 R&D、低碳技术科技园 实验室、研究机构与院校
食品安全（12%）	农业综合加工企业集群 当地投入品供应商、农作物、肥料、重置机械 当地劳动力的农作物生产和加工技术
社会部门（11%）	当地服务提供的技术，例如教育、医疗 学校、医院、当地（社会）企业的管理能力

注：百分比代表的是第二节中估算的各部门投资需求所占的份额。

资料来源：UNCTAD。

1. 关键政策：企业家精神、技术、技能、联系

一系列政策工具都能提高吸收能力，包括鼓励和发扬企业家精神、支持技术发展、人力资源与技能提高、商务发展服务、促进商业联系等。

政府有一系列政策选择以促进本地经济的吸收能力，从而最大化私人投资进入 SDGs 部门的收益。第一，就农业投资而言，提高本地企业的参与率，包括微型、小型、中型企业。第二，政府能提高本地技术基础，不仅推动私人投资，而且促进经济收益向本地区转移。第三，本地企业发展与升级能够进一步促进 SDGs 项目的深化和扩大范围。企业间技术传播与知识分享对于技术发展至关重要，比如能促进绿色增长的新技术。形成企业间的联系有利于技术传播扩散过程的发展，这反过来可以促进发展中国家追赶发达国家并转向更加可持续的增长路径。

发扬企业家精神

● 为了可持续发展应该发扬企业家精神，包括营造全社会的创业氛围。本地企业发展能够加强 SDGs 相关部门企业的参与，形成包容性发展（见 UNCTAD 的创业政策框架[31]）。特别地，通过鼓励全社会的企业家精神，政府能为新创企业建立孵化器。风险投资能够利用这一"创业企业孵化器"的条件是他们具有社会影响、可持续以及显示出增长潜力。随着创业企业被认为是利用经济和技术创新达成发展目标的关键组织，这些措施在世界范围内得到广泛采用。[32]

● 鼓励金融包容性。应采取措施以便利中小微企业、妇女所有的企业（或未被充分代表的群体）。为了使当地中小企业和小股东更容易获得贷款，当没有其他合理方案时，可由公共机构提供贷款。这会使原本不受当地私有银行支持的当地中小企业得以进行投资。政府的金融担保使商业银行得以对没有信用记录或抵押的小客户放贷。此外，政策也可以放松一些提供贷款的监管要求，比如金融服务中的"了解客户"要求（Tewes-Gral 等，2013）。

促进技术和技能发展

● 支持科学技术发展。中小型企业的标准、测量、质量、检验、研发、生产率提升等技术支持组织对于企业运营和增长相关的技术体系必不可少。适当的知识产权保护和有效的知识产权框架能使企业有信心采用先进的技术并激励当地企业发展自己的技术。

● 发展人力资源和技能。聚焦于培训与教育以提高当地 SDGs 部门的相关技能是最大化 SDGs 部门长期投资收益的关键决定因素。政府也能对外国技工发放更多的工作许可，以使外国技能补充并有益于当地知识和技能的发展和完善。

● 提供商业发展服务。一系列服务能够便利

商业活动及投资，形成溢出效应。这些服务包括企业发展服务中心和能力建设便利设施，以帮助当地企业达到技术标准并提升其对于国际贸易规则与惯例的理解。这一任务可由企业孵化器、企业集群、绿色科技园区完成。

● 建立企业集群和网络。企业集群可以产生"集体效率"，这反过来会增强集群企业的效率和整体业绩。学习和提升技术水平都提供了形成竞争能力的机会。其他措施包括创立社会企业网络和创新组织网络以及支持包容性创新的措施。

扩大深化SDGs项目间联系的计划

● 促进商业联系。国内外企业间与机构间的联系能为本地企业提供应对知识创造与更新的双重挑战所必需的外部条件。政策应当集中于促进更具包容性的企业联系模式，包括支持本地加工企业的发展；通过有利于穷人的公司伙伴关系，形成包容性的农村市场；将能够促进包容性企业之间联系的政策整合为政府发展策略，并鼓励国内外投资者发展包容性的企业联系。

● 创造益贫式企业联系机会。SDGs私人投资者能够为当地供应商创造新的有利于穷人的商业联系机会，当地供应商包括小农场主、小服务提供商及当地小贩。有助于形成这一联系的潜在政策措施包括：传播金字塔底层的消费者需求信息；创造共享的企业供应商数据库；利用当地物流网络；通过物流中心、共享设施与基于互联网的解决方案解决不完善基础设施约束；促进微型特许经营计划，比如在保健部门扩大保健服务准入。

2. SDGs孵化器与经济特区

在企业孵化器或经济区内，企业联系和集群发展非常迅速，尤其在以SDGs部门商业发展为目的的孵化器和经济区更是如此。

如果前述的一系列旨在最大化SDGs投资吸收能力的措施能在一个区域内实施，将使成本更加有效。这一区域可以是经济特区（SEZs）、科技

园区或其他发展出来的SDGs型企业集群。以下优势可以被用于促进、吸引、留住SDGs部门投资：

● 紧密联系的企业集群与企业网络支持了包容性发展的溢出效应，以及与园区内外的企业联系。随着本地公司能力的上升，示范效应变得更为重要。

● 孵化器设施与制度为培育本地企业和社会企业（帮助这些企业受益于本地集群）提供了条件。

● 这些区域能传播负责任的做法，包括劳工实践、环境可持续[33]、健康与安全以及良好的监管。

SDGs型区域是以农业为主的，与特定农业产品相关，旨在支持培育小农场主、促进创业以及确保对弱势群体的社会包容性。

在SDGs型的经济特区，政策制定者应该考虑改善可持续发展相关政策、服务、与基础设施的效果，以帮助企业满足利益相关方的需求，比如，提高企业社会责任的政策。这将强化政府推广保护环境的最佳做法与保护工人权利的能力。同时，经济特区应该改进其申报工作，以便更好地与可持续发展服务沟通。

（三）建立有效的监管框架和标准

提高SDGs敏感行业的私营部门参与程度需要辅之以有效的监管。需特别关注的领域包括人类健康与安全、质量与公共服务包容性、税收、国家及国际政策协调。

从SDGs部门投资中获得发展利益不仅需要政策框架，而且需要充分的监管使得投资风险最小化（监管工具的例子见表4.6）。进一步来说，投资政策和监管必须由非常公正、有能力、高效的公共机构执行。对于政策效果来说，执行与政策设计同等重要。

表4.6   确保可持续发展的政策工具举例

SDG	监管
环境可持续	污染物排放规则（如碳税收） 自然保护区 风险敏感土地分区 投资的环境影响评估 投资的环境绩效报告 良好的企业公民
社会可持续	劳工政策与合同法 人权 土地占有权 移民政策 安全措施 为低收入人群提供安全的土地、住房禁止歧视 投资的社会绩效报告要求 投资的社会影响评估

资料来源：UNCTAD。

一般来说，在监管 SDGs 部门投资以及监管面向可持续发展的投资时，人权、健康、安全标准、社会与环境保护以及核心劳工权利保护是不可或缺的。此外，进一步考虑以下内容是特别重要的：

● 保护质量与公共服务的包容性。放松 SDGs 部门私营投资的限制不能以服务低质量为代价（比如在电力或水供给、教育和健康服务）。这需要东道国为服务的内容、质量、包容性和可靠性设定适当的标准（比如学校教育项目、医院卫生标准、洁净水规定、不间断的电力供应以及基本基础设施服务的强制性标准），以及确保监管规定得到执行。消费者保护方面的法律将进一步强化其服务接受方的地位。

● 东道国与私营投资者之间的契约安排能发挥重大作用。通过特许权协议条款、合资企业或 PPPs，东道国能够确保私营服务提供商在人体健康、环境保护、包容性与供应可靠性方面遵循特定质量标准。如果对方没有达到其承诺，则将受到处罚。

● 平衡公平税收的要求与吸引投资之间的关系。有效的税收政策对于确保足额税收收入和确保 SDGs 资金来源至关重要。比如确保公共服务、基础设施发展或者健康及教育服务的资金来源。税收也是应对 SDGs 投资中市场失灵的重要政策工具，比如，通过征收碳排放税或者为可再生能源提供税收优惠。但是，建立有效公正的税收体系知易行难，特别是在发展中国家。在最近一份关于税收有效性的报告中，许多发展中国家排名十分靠后（毕马威，2014b）。国家应当考虑税基的广泛性，具体方法包括：①检查税收优惠方案的有效性；②提升税收征管能力，打击避税行为。最近税改成功的例子是厄瓜多尔，它显著提升了税收征收率。这些额外的收入被用于发展基础设施和其他社会目的。现在，该国的公共投资占 GDP 的比率是该地区最高的 [34]。为了打击避税和逃税行为，有必要弥补现有税法中的漏洞。除了采取国内措施外，正如 G-20、OECD 和 EU 以及其他组织近期所强调的，还应该加强国际合作。发展中国家，特别是最不发达国家（LDCs），将寻求技术援助以提高税收征收率以及应对国际交易中出现的新的复杂规则。

● 确保国内和国际政策协调。监管需要涵盖广泛的政策领域，不仅包括投资政策，还应包括税收、竞争、劳工市场监管、环境政策以及土地转让。如此广泛的政策领域说明在不同政府机构之间，协调政策的一致性与连贯性是必要的。在国内，这意味着部门之间、中央与地方之间需要政策协调。政策一致性也要求国内立法与国际协议一致，包括投资、环境保护、社会权利及其他领域。多种国际协定与非约束性原则为设计和改进国内监管框架提供了政策指导，包括 UNCTAD 的 IPFSD。

● 达成国际投资协定（IIAs）时积极引导投资进入 SDGs。大多数 IIAs 仍然不涉及环境与社会问题。近期的协定才开始涉及可持续发展问题，但主要是为了获得对环境与社会问题的监管空间。

IIAs 也能够积极促进 SDGs 投资。比如，强调 SDGs 作为协定总体目标的重要性，或者缔约双方承诺鼓励和促进投资。这些问题都是新 IIAs 谈判以及修订现有 IIAs 谈判的内容。正如本报告第三章所言，在这方面系统性改革可以发挥有效作用。

最后，虽然法律法规是投资者责任的基础，但是近年来企业社会责任计划与标准的影响迅速扩大，它们越来越影响企业的运营、行为和投资决策。政府能够建立其补充监管框架并最大化投资收益。大量领域能从企业社会责任计划与标准中的传播中受益，比如它们能够促进负责任的投资及商业行为（包括避免商业贿赂），也能促进低碳投资与环境友好投资。

（四）良好的监管、有能力的机构及利益相关方的参与

良好的监管和有能力的机构是吸引 SDGs 私营投资的关键因素。它们也需要有效的利益相关方参与和影响权衡。

良好的监管和有能力的机构对于促进 SDGs 投资和最大化投资的积极影响非常重要，表现在：①吸引投资；②保证包容性的决策与影响；③管理协同与权衡。

吸引投资。良好的监管是吸引 SDGs 部门投资的先决条件。基础设施领域的投资由于周期较长，非常依赖稳定的政策环境与能干的本地政府。机构的能力在与投资者谈判、有效实施投资监管法规时非常重要。

利益相关方参与。此外，SDGs 领域的投资在诸多方面影响利益相关方。管理 SDGs 投资的各种不同影响和副作用需要通过有效的协商过程影响利益相关方。它也需要强有力的能力处理后果，比如在推动投资实现 SDGs 目标过程中减轻对当地社区的负面影响。

多元的利益相关方的参与是必要的，因为

SDGs 投资的监管不仅在国家层面重要，而且在区域和本地层面也很重要。事实上，SDGs 投资应接受不同层面的监管，比如从当地大城市到全国性投资再到区域基础设施（比如高速公路、城际铁路，许多国家的港口服务及跨国电力系统）。

协同与权衡。一个全面的跨部门的方法对于促进可持续发展十分重要，包括发挥 SDGs 各支柱的协同作用并进行权衡。经济增长、减少贫困、社会发展、平等以及可持续发展等目标需要放在长期视角下一起考虑，以相互协调。为了实现这一点，政府可以就实现哪个战略性目标做出决策，所有相关部门都可以根据对新兴挑战的评估协商出一个发展议程。整合预算并为战略性目标分配资源而不是具体部门能够鼓励跨部门合作。SDGs 的综合决策对于各级政府也十分重要（Clark, 2012）。

通过投资相关政策促进 SDGs 发展也可能需要在有潜在冲突的政策目标之间进行权衡。比如，与投资活动相关的过度监管会阻碍投资；为发展某个 SDGs 支柱目标而采取的财政或金融投资措施可能会减少其他目标的预算。而且在不同区域、不同群体之间涉及某个优先项目时，就需要做出取舍。

在国际政策制定层面，协同同样是重要的。国际宏观经济政策制定与改革国际金融体系对国家和国际投资政策有直接影响，而且有赖于吸引 SDGs 投资成功与否。

（五）实施 SDGs 影响评估体系

1. 开发一套通用的 SDGs 影响指标

监测投资的效果，特别是从社会和环境的角度看，对于政策的有效实施至关重要。一套核心的效果度量指标能发挥重要作用。

监测。SDGs 相关的监管需要监测投资的效果，包括度量目标的完成度。UNCTAD 提出了一

系列与此有关的指导原则（IPFSD，WIR，2012）。投资政策应该基于一系列 SDGs 相关的明确目标，并且包括一些可量化的目标以吸引投资，还要度量 SDGs 投资的效果。这些目标应当有明确的先后顺序、实现的时间表以及与这些目标配套的主要措施。

为了度量政策吸引投资的效果，决策者应该使用一套能直接表现私人投资可持续发展核心贡献的指标，包括：总附加值对 GDP 增长的直接贡献、资本形成与出口增加；正式商业实体数量、财政收入增长以及企业发展；就业等。与此相关的指标应该与劳动、社会、环境与可持续发展相关。

影响指标测度的方法由 UNCTAD 开发，目的在于为 G-20 发展工作组提供服务，可以为决策者提供投资效果指标和投资政策效率指标的可选方案（见表 4.7）。许多发展中国家测试过这一指标框架，政府可以利用这一工具采取适应和符合国家可持续发展的重点和战略（见 IPFSD，WIR，2012）。

表 4.7　投资影响目标定义的指标和政策有效性的衡量

领　域	指　标	细节与举例
经济增加值	1. 总附加值 2. 资本形成价值 3. 出口贡献总额/净额 4. 正式商业实体数量 5. 财政总收入	• 投资（直接与间接）带来的新的或者额外的经济活动总产出（GDP 贡献） • 对固定资本形成总值的贡献 • 附加值指标也体现总出口贡献、净出口贡献（减去进口）。 • 投资支持的交易数量，这是正规经济（缴税）企业发展与扩张的代表 • 投资带来的经济活动贡献的财政收入，包括各种形式的税收
创造就业	6. 就业（数量） 7. 工资 8. 雇员技能水平分级	• 投资带来的就业机会，包括直接/间接（价值链视角）的就业机会或者受雇/个体经营 • 投资带来的总日常收入，直接或间接 • 带来的就业机会，按 ILO 职位类型，作为职位高低和技术水平（包括技术扩散）的代表
可持续发展	9. 就业影响指标 10. 社会影响指标 11. 环境影响指标 12. 发展影响指标	• 妇女就业（相对收入）及弱势群体就业 • 技术升级、提供培训 • 健康与安全、工伤 • 脱离贫困的家庭数量、高于生存层面的工资 • 商品劳务供应增加，供应具有普遍性且大众负担得起 • GHG 排放、碳补偿/信用额、碳信用额收益 • 能源和水消费/效能危险物质 • 环境部门的企业发展 • 当地资源发展 • 技术扩散

注：报告由机构内部工作组与 UNCTAD 联合提供。
资料来源：IAWG（2011）。

SDGs 投资的可持续发展效果具有交互性。比如，促进绿色科技企业发展能够产生推动经济增长、创造就业等正面效应。环境保护方案的投资能够促进人类健康，间接促进经济增长。这些交叉效应应该在效果度量法中有所体现。

在微观层面（比如可持续发展对某个投资的影响），更多的指标选择细致而复杂。有些指标可能是定性的，如新管理方法或者技术转移、工人福利增加（如保健、养老金、保险）或者与投资项目目标不直接相关的收益（如娱乐设施、学校和诊所）等。

2. 需要完整的 SDGs 企业报告

企业就私营投资的社会与环境保护效果出具报告，促进企业落实社会责任并引导资金流向。

企业可持续发展报告是推动 SDGs 政策的重要措施。高质量的可持续发展报告包括可持续发展相关的活动、控制系统、主动管理、目标设定以及与基准相关的内部企业数据。公开报告的数据使政府得以有效监测政策和激励措施，并且常常作为 SDGs 投资分配资源的先决条件。

可持续发展报告的重要性已得到公认，贯穿于 SDGs 全过程。2013 年，联合国发展议程高级别名人小组指出"在将来——最迟不晚于 2030 年——所有大型企业都应报告其对环境和社会的影响，或者解释为何不这样做"（联合国，2013）。2014 年，欧洲议会通过了一项决议，要求所有大型公共利益公司（500 名以上雇员）公开环境与社会信息。联合国各成员国也都采取措施推进可持续发展报告的实施[35]。除了监管措施，一些股票交易所也执行强制性上市要求，披露可持续发展报告的实施情况[36]。

可持续发展报告的编制内容和方法受一些国际倡议、标准和框架的影响。比如，全球报告倡议（GRI）[37]、碳披露项目（CDP）[38]、国际综合报告理事会（IIRC）[39]、可持续发展会计（A4S）[40] 以及可持续发展会计准则委员会（SASB）[41]。UNCTAD 在这方面表现得也很活跃（见专栏 4.6）。

专栏 4.6　关于 UNCTAD 可持续发展报告的倡议

UNCTAD 通过其会计与报告国际标准政府间专家工作组（ISAR）（UNCTAD，2014）对可持续发展提供指导。ISAR 成员国同意下列建议：

● 引入自愿报告措施能够给企业充分的时间做好准备，以发布高质量的可持续发展报告。

● 基于自愿的可持续发展报告措施也能够建立一套清晰的信息披露准则，而不会给企业带来过重的负担。

● 股票交易所和监管当局或许会在未来推广可持续发展报告的规则。公司应当拥有足够的时间准备，特别是股票交易所和监管当局可能将自愿披露转为强制性披露。

● 可持续发展报告措施应当避免超过企业能力范围的高披露要求。特别是采取强制性的信息披露要求时，可以要求部分企业（如大型企业或国有企业）披露可持续发展事项。

● 股票交易所和监管当局应当考虑在现有的企业报告材料中加入可持续发展事项。

● 为了方便国际合作，股票交易所和监管当局应考虑采用国际报告框架。

在设计和实施可持续发展报告措施时，应利用多方协商的方法，通过公众和投资者参与而赢得支持和遵守。

资料来源：UNCTAD。

七、SDGs 私营部门投资行动计划

通过前文讨论的一系列挑战及广泛的潜在政策方案，可以看出不存在提高私营部门可持续发展投资的一揽子方案或"灵丹妙药"。潜在的资源与资金的目标多种多样，其约束也各不相同。本章力图介绍一些资金流动的路径，资金能够流入有用的可持续发展项目，并讨论了能促进这种资金流动的政策方案，从而最大化其正面影响，最小化其蕴含的风险。

许多更加可靠的解决方案已经实施了较长时间，比如 PPPs 与投资保证之类的风险共担机制。最近还出现了一些其他的解决方案，如各种促进投资的融资方式。而其他的需要市场本身更广泛的变化，需要可持续发展项目包装和推介更广泛

的变化，或者出台范围更加广泛的投资政策。

由于 SDGs 有巨大的融资需求，所有的解决方案都值得尝试。因此，需要各方共同努力来应对筹集资金并投向可持续发展目标的挑战。图 4.14 总结了本章讨论的关键挑战和解决方案，这些措施可以看做 SDGs 私营投资的战略框架。

	主要挑战	政策反应
领导 制定指导原则，激励行动，确保政策一致性	• 需要方向清晰和公共政策制定标准 • 需要清晰的目标以激励全球行动 • 需要处理投资政策间的相互作用 • 需要全球协调一致和包容性进程	• 为 SDGs 投资政策的制定确立一套指导原则 • 确定 SDGs 投资目标 • 确保政策一致性和协同性 • 多方利益相关者平台和多机构技术支持便利
调动 筹集资金，面向 SDGs 重新定位金融市场	• 开启或扩大新的融资方案议题 • 全球资本市场失灵 • 缺乏可持续的公司行为透明度 • 投资者投资回报/支付结构的偏离	• 为创新型的 SDGs 融资方式和公司创新精神培育优良土壤 • 建立或改进外部性的定价机制 • 促进可持续的证券交易场所 • 推行金融市场改革
引导 为投资流向 SDGs 部门提供便利	• 进入壁垒 • SDGs 项目缺乏信息及有效包装与提升 • SDGs 投资风险回报率低 • 在 SDGs 部门投资者缺乏专业素养	• 形成既促进投资流向 SDGs 部门，又能保护公共利益的投资政策环境 • 扩大风险共担机制在 SDGs 投资中的使用 • 建立新的激励机制和投资促进机构 • 建立 SDGs 投资伙伴关系
影响 可持续发展利益最大化，风险最小化	• 发展中国家吸收能力弱 • 需要降低 SDGs 部门中有关私人投资的风险 • 需要协调利益相关者并处理影响权衡 • 投资影响的计量和报告手段缺失	• 形成生产能力、企业家精神、技术技巧及联系 • 建立有效监管框架和标准 • 有效治理，得力体系，利益相关者参与 • 构建一套一般性的 SDGs 投资影响评价指标并推动公司综合报告

图 4.14　主要挑战及可能政策应对

资料来源：UNCTAD。

（一）大力推动 SDGs 私营投资

虽然决策者可选择一系列政策，但是一个集中的关键的政策优先组合有助于推动 SDGs 投资。

许多解决方案、制度以及政策措施能够提高可持续发展中的私营投资。但是，要使国际社会、各级政府共同推动 SDGs 私营投资，需要聚焦于少数关键的政策组合。六大政策组合分别应对 SDGs 投资链中的各个环节，而利益相关方群体能够极大地推动 SDGs 投资（见图 4.15）。这些行动必须与 SDGs 的私营部门投资的指导原则（见第

二章）相一致。

（1）新的投资促进战略和制度。可持续发展项目，无论是基础设施、保障房还是可再生能源，都需要努力促进投资。这些项目应该成为投资促进机构和商业发展组织的优先任务。比如在这些项目中，某些投资者缺乏在东道国经营的经验，需要更多的商业发展支持。

可持续发展项目的潜在投资者时常面临的制约因素为缺乏对大规模、有影响和可获得银行支持的项目的详细建议。可持续发展投资的促进与便利化应包括预先订购的市场与有组织的项目，

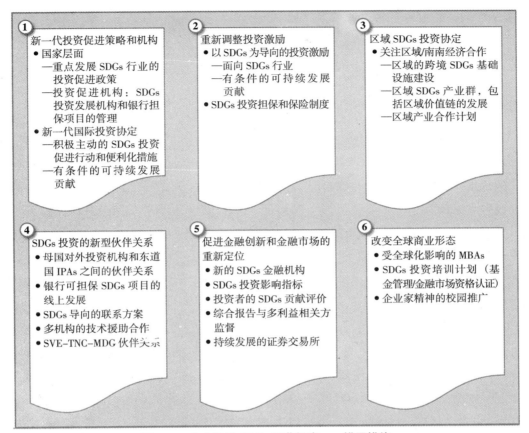

图 4.15　大力推动 SDGs 私营投资：一揽子措施

资料来源：UNCTAD。

这些项目属于优先考虑范畴，同时有最高政治层面的赞助，比如政府资助的可持续发展投资项目的经纪人。

从国际组织和 MDBs 获得技术援助以落实专家的专业意见（从项目以及结构化融资的专业知识到工程与项目设计技能），可以建立跨地区组织以分摊成本并实现规模经济。

在国际投资政策层面，应确保 IIAs 致力于 SDGs 投资的促进和便利化。当前的协定主要关注投资保护。IIAs 中可持续发展成为主流，要求积极促进 SDGs 投资，同时承诺技术援助。其他方式包括强化投资促进机构间合作并通过投资保险和担保便利 SDGs 投资，并定期监测效果。

（2）SDGs 导向型投资促进措施。应重组投资促进机制以实现可持续发展项目便利化，类似于

某些风险分担解决方案。另外，一般而言，投资促进措施能通过鼓励企业与 SDGs 一致的行为而包含可持续发展内容。需要将纯区域目标（旨在提升一个地区吸引力）转变为 SDGs 目标（旨在促进可持续发展投资）。

区域经济合作组织拥有国家区域投资机构，能够采用可持续发展投资促进机制。

（3）区域 SDGs 投资协议。南南合作区域能够促进 SDGs 投资。这种 SDGs 跨国合作的一个重要领域是基础设施发展领域。现有区域经济合作措施可以向 SDGs 投资协议方向发展。这种协议的目标是减少阻碍，便利投资，建立联合投资促进机制。区域产业发展协议能够包含所有重要的推动区域发展的政策，比如监管标准的相互承认或接近，以及环境、社会与监管问题的标准的整合。

（4）SDGs 投资的新型合作关系。多种形式、不同级别的合作，包括南南合作，对于 SDGs 投资的成功至关重要。首先，本国对外投资机构与东道国 IPAs 的合作能够制度化，以推介本国的 SDGs 投资机会，为 SDGs 项目寻求投资促进条款和便利化服务，以及联合监测和效果评估。对外投资机构能够发展成为发展中国家 SDGs 部门投资真正的企业发展机构，提高公众对投资机会的认识，帮助投资者克服知识的缺乏并增加专业知识，以及从实质上简化投资程序。支持 SDGs 投资的企业发展服务的具体措施包括有盈利机会项目的在线工具、发展中国家的相关项目机会等。多机构合作（SDGs 投资的一站式解决方案）有助于支持 LDCs 建立适当的机构和机制以鼓励、引导并最大化私营部门投资的效果。

其他形式的合作包括 SDGs 孵化器和经济特区，这需要国内外公私部门的紧密合作，比如 SDGs 基于农村的农业区或者 SDGs 工业小城镇，这些能支撑更有效率的生产、传播、吸收技术和技能。它们是活动、知识、专业知识的中心，能够溢出到更大范围的经济中。同样，多边合作如 SVEs、TNCs 与 MDB 的合作，有助于吸引私营部门培育和扩大部门、产业或价值链的环节。

（5）推动融资机制创新并重组金融市场。新的和现有的创新融资机制，如绿色债券和投资影响机制，将会从更加开放的环境中获益，从而整合相关金融资源以实现更大效果。系统性的支持和高效包容的环境将鼓励兼并、重组、扩张并引导资金流入市场。进一步来说，全面报告私营投资的经济、环境、社会影响是鼓励投资者负责任行为的第一步。它是其他旨在引导投资流入 SDGs 项目并最大化投资效果的措施实施的前提条件。比如，投资以通过环境表现和社会影响评价为条件，这一条件需要明确而客观的说明。另外，它能促成负责任的投资者在金融市场融资，也能引导资金流入 SDGs 部门。

（6）改变商业思维并发展 SDGs 投资的专业知识。全世界金融机构和大型跨国企业（全球投资的主要来源）的大多数管理者以及最成功的企业家，受到商业、管理、投资模型的强烈影响，而这些模型在商学院被当成案例讲授。这些模型一般更强调成熟或新兴市场的投资机会以及这些市场风险收益组合，而忽视了这些模型的外生参数。传统模型也只通过风险收益做决策，而忽略更广泛的社会和环境的正面或负面影响。进一步来说，一般的商学院几乎不教授在穷国经营面临的挑战及创新解决方案，使得经理人无法为在穷国投资做好准备。

大多数对企业社会责任感有兴趣的学生最终在中高收入国家负责项目，而大多数有影响力的投资——包含明显的社会环境收益的投资——往往处于成熟市场。商学院开设教授学生把握穷国投资机会的课程，并提高学生解决在发展中国家经营面临问题时的能力，将具有重要的长期影响。

UNCTAD 与各大商学院均有合作关系，目前正采取措施为 MBA 项目和管理学院开发影响力课程，架设一个知识分享、教学材料交换、LDCs 实习机会的平台。UNCTAD 邀请所有能发挥作用的利益相关方参与这一项目。

（二）利益相关方参与和新思想平台

SDGs 的私营投资战略框架为利益相关方参与提供了基础。如 UNCTAD 的世界投资论坛及其提供基础设施建议的投资政策中心。

SDGs（见图 4.16）私营投资行动计划不是一个包罗万象或详细的解决方案与措施列表。它主要是提供了一个供人思考的结构和框架。在每一个广泛的解决方案领域，一系列方案有待政府、国际组织、NGOs 或企业网络等利益相关方进一步开发。

UNCTAD 十分渴望了解这些想法并主要通过两个渠道参与讨论：第一，通过 UNCTAD 的政府

	推荐措施	描述
领导力 确立指导原则，激励行动，确保政策一致性 更多政策选择	• 为 SDGs 投资政策制定一系列指导原则 • 确立 SDGs 投资目标 • 确定 SDGs 投资建立全球利益相关者平台 • 提供多机构技术支持便利 • 改变商业投资者思维 ——"影响全球的 MBA" ——其他教育创新	• 国际认同的原则，包括 SDGs 定义，政策制定参数，以及运营、监测和影响评估机制 • 国际社会审议的 SDGs 部门和 LDCs 国家投资的时间目标 • 召集所有利益相关者的常规论坛，例如 UNCTAD 世界投资论坛的一个常规部门，或面向 ECOSOC 和联合国大会的有关 SDGs 投资报告的专家委员会 • 一个支持 LDCs 的多机构安排，提供有关保障、银行可担保项目建立、激励机制设计和监管框架等方面建议 • 传授投资和低收入国家 SDGs 部门运营所需的理念和技术的 MBA 项目或模块（例如，亲贫穷商业模块） • 其他教育模块变革，例如，金融市场顾问培训、会计培训、SDGs 企业家精神培训
调动 集中金融资源面向 SDGs 投资重新定位金融市场 更多政策选择	• 为 SDGs 融资手段和公司创新提供良好环境 ——便利支持 SDGs 融资手段，影响投资积极性 ——增强创新型，运用公共部门的力量调动私人资金 ——在金融市场中构建并支持 SDGs 投资项目走向市场的通道 • 构建并提升外部性的定价机制 • 促进可持续股票交易市场 • 推进金融市场改革 ——重新改组资本市场 ——发展 SDGs 投资新的评级方式 • 债务限期和销账 • 自愿贡献/产品标记/检验	• 连接投资者收益与影响的金融工具，例如，绿色债券 • 将政府发展基金作为原始资本或保障以进一步在金融市场上募集私营部门资源 • 在成熟的金融市场上将 SDGs 投资项目与基金经理、储蓄者和投资者以证券化和众筹等方式连接起来 • 将外部性成本的投资决策内部化，例如碳排放、水利用 • SDGs 上市要求，对业绩衡量指标和面向多方利益相关者的报告 • 支付、业绩和报告结构改革，使其更有利于长期投资促进 SDGs 发展 • 回报长期 SDGs 部门真实投资的评估方式 • 面向 SDGs 部门债务偿还机制改 • 公司的集中贡献（例如通过产品销售）以及发展基金。
引导 SDGs 部门的投资促进与便利化措施 更多政策选择	• 构建有利于 SDGs 部门投资的政策环境，保护公共利益 • 确立新的激励方案与新一代投资促进制度 ——将 IPAs 转变为 SDGs 投资发展机构 ——使投资激励措施符合提升 SDGs 部门投资的目的 ——建立区域 SDGs 投资协议 • 拓展 SDGs 投资风险分担工具的应用 ——改进与扩展 PPPs 的应用 ——提供 SDGs 投资担保与保险工具 ——拓展 ODA 杠杆以及混合融资方式的应用 ——为 SDGs 投资的产出创造市场 • 建立 SDGs 投资伙伴关系 ——促进母国与东道国 SDGs 部门的投资产促进机构的合作 ——发展 SVE-TNC-MDB 三角形伙伴关系 • 建立全球的 Wiki 平台与投资网络	• 以可持续发展为目的的国家与国际投资政策组合（例如 UNCTAD 的 IPFSD）：为 SDGs 部门的投资引进构建国家战略 • 将 IPA 转变为新一代投资促进政策，集中为银行担保项目和影响评价体系扩大市场和渠道 • 重新设计投资激励措施，促进 SDGs 投资项目发展，支持所有投资达到有影响力的目标 • 建立区域合作机制，推动 SDGs 领域的投资，例如区域性跨境基础设施、地区 SDGs 集群等 • 在更广范围内对 SDGs 项目应用 PPPs，提升风险回报率，应对市场失灵问题 • 拓宽投资保证和风险保险机制的实用性，尤其要支持和保护 SDGs 投资 • 利用 ODA 资金作为基础资本和次级债务，为私人部门投资者分担风险或提升风险回报率 • 发展市场承诺和其他机制，为 SDGs 投资提供更多稳定和可靠的市场 • 母国合作者作为业务拓展机构，促进发展中国家 SDGs 部门的投资 • 全球性公司、MDBs 应与最不发达国家和小型易受冲击经济体合作，集中于 SDGs 关键部门或对经济发展有关键作用的产品 • 知识分享平台与网络，共享 SDGs 投资与相关机会的技术知识

推荐措施	描述

影响
最大化可持续
发展的收益，
最小化成本

更多政策选择

- 提升吸收能力
  ——形成生产能力、联系与溢出效应
  ——建立 SDGs 发展中心与集群

- 建立有效的管理框架与标准

- 良好的管理，得力的制度，利益各方的参与

- 实施 SDGs 影响评价体系
  ——发展一套通用的 SDGs 投资影响指标
  ——需要 SDGs 综合法人报告制度

- 创业发展、技术传播、商业联系、包容性金融激励政策等
- SDGs 投资的新经济区，或转变现有 SEZs 及技术开发区
- 环境、劳工和社会规划，有效力的税收，将 SDGs 融合进 IIAs，在国家和国际层面整合 SDGs 投资政策
- 利益相关方参与敏感 SDGs 部门的私人投资；在相关利益方面有执行力的制度体系

- 衡量（利益相关方）SDGs 投资的经济、社会与环境指标
- 在融资报告中增加 ESG 与 SDGs 层面的内容，从基本层面影响公司行为

图 4.16　私人投资 SDGs 的详细行动计划（结论）

资料来源：UNCTAD。

间投资会议和专家团体会议，特别是两年一次的世界投资论坛（WIF）；第二，通过收集关于行动计划的建议和反馈并通过 UNCTAD 的投资政策中心在线讨论。

1. 世界投资论坛：投资于可持续发展

"世界投资论坛 2014"将于 2014 年 10 月在日内瓦举行，主题为"投资于可持续发展"。

政府首脑、议员、国际组织负责人、CEO、股票交易所主席、SWF 经理、有影响的投资者、企业领袖、学者以及许多其他利益相关方将会出席，共同讨论如何为私营部门融资，如何引导资金投向可持续发展项目，以及如何最大化这些投资的效果并最小化这些投资的风险。他们会利用现有的或新的解决方案并讨论下列问题：

● 哪种融资机制提供了最好的收益，比如哪种融资机制能为可持续发展筹得更多的资金、所花时间更短、机会成本最低。

● 哪种类型的投资产生的 SDGs 效果最好，最适合私营部门。

● 哪种对私营部门可以发挥重要作用的投资需要最多的政策支持。

该行动计划建议 WIF 可以成为针对 SDGs 投资永久性的"全球利益相关方审查机制"，向 ECOSOC 和联合国大会报告。

2. UNCTAD 的投资政策中心

在本次论坛中，SDGs 的投资行动计划经过了大量的专家和业界人士的审核。UNCTAD 力求为所有利益相关方提供进一步讨论投资和可持续发展问题的平台，其中包括决策者、国际发展机构、投资者、行业协会以及其他相关 NGOs 和利益群体。为了根据咨询结果进行改进，行动计划被设计为一个"动态文件"。SDGs 仍然处于讨论中，投资政策也在不断地变化，这些事实都表明了采用动态文件这一方法的合理性。

这一行动计划为讨论与协调国家和国际政策提供了一个参考和框架，旨在引导资金流入 SDGs 并最大化其影响力。UNCTAD 将会多渠道丰富这一框架，不仅通过投资政策论坛，而且通过其网站为最佳的可行的投资政策提供一个"开放平台"，为所有包容性发展的参与者提供更多选择方案。

注释

［1］有关投资宏观经济方面的信息，参见 TDR（2008）、TDR（2013）、UNDESA（2009）。

［2］总量中不包括生态系统/生物多样性项目下的估算，因为它与其他部门，例如环境变化与农业部门的估算有重合。

［3］数据都是 2015~2030 年的预测年度平均值。

［4］为避免首年不合实际的投资增长，最后一年的数据由标准指数增长预测得出。

［5］参见 Summer, L.（2010）"The over-financial-ization of the US economy", www.cambridgeforecast.wordpress.com。

［6］国际银行统计局（2014），www.bis.org.

［7］《赤道原则》，www.equator-principles.com

［8］联合国责任投资原则联合陈述，2013 年 11 月，www.climatewise.org.uk。

［9］在金融集团瑞典北安斯欧银行（Skandinaviska Enskilda Banken）的合作下设立绿色债券，由此他们可以确保 AAA 级固定收入产品能够支持与气候变化有关的项目。他们可以与碳信用相联系，使投资者可以同时对抗全球变暖，支持 SDGs 项目，对冲碳信用风险。根据世界经济论坛 WEF（2013），"据汇丰银行和气候债券计划估计，在除了明显标注'绿色/气候债券'的定义下，绿色债券的市场规模为 1740 亿美元。其他组织（包括 OECD）估计，市场接近 860 亿美元。"

［10］到目前为止，绿色债券主要是对国际金融机构的保护。2013 年和 2014 年，法国电力公司和丰田成为绿色债券的发行人，2014 年联合利华超越了类似可再生能源和电动汽车的项目，旨在减少日常活动的环境足迹（《绿色债券：春意盎然》，《经济学家》，2014 年 3 月 22 日）。

［11］法国电力公司：《法国电力公司的第一只绿色债券成功发行》，路透社，2013 年 11 月 20 日。

［12］《丰田表示发行 17.5 亿美元的绿色资产支持债券》，彭博新闻社，2014 年 3 月 11 日。

［13］迄今为止联合利华发行的绿色可持续债券，www.unilever.com。

［14］一些类型学区分了社会和影响投资，前者强调社会价值而后者强调利益，但是区分并不明显（影响和利益的混合体在这两种类型中盛行），仍有许多组织和机构交叉使用这类术语。

［15］对抗艾滋病、肺结核、疟疾的全球基金自从 2002 年成立以来，已经获得了大约 300 亿美元的承诺，到目前为止，超过 60％ 的承诺已得到支付（World Bank, 2013b）。

［16］全球环境基金 GEF——182 个国家、国际机构、民间团体和私人部门之间的合作——自 1991 年成立以来已经提供了 115 亿美元的赠款，为超过 165 个国家的 3215 个项目联合融资了 570 亿美元（World Bank, 2013b）。

［17］非洲企业挑战基金，www.aecfafrica.org。

［18］全球疫苗免疫联盟匹配基金，www.gavialliance.org。

［19］国际免疫融资机制，www.iffim.org。

［20］《呼吁增加低碳固定收益投资机会》，www.climatewise.org.uk。

［21］Kiva，www.kiva.org。

［22］各种各样的机构已经在这一领域提出了建议，例如 UNCTAD（2009a）、Council of the EU（2009）、FSB（2008）、G-20（2009）、IMF（2009））、UK Financial Services Authority（2009）、UK H.M. Treasury（2009）、US Treasury（2009）等。

［23］对全球金融体系的更新参见 FSB（2014）。

［24］SSE 有大量来自世界各地的合作交易所，包括孟买证交所、伊斯坦布尔证交所、巴西交易所、埃及交易所、约翰内斯堡证交所、英国证券交易所、尼日利亚证交所、纽约证交所、纳斯达克—OMX 集团、华沙股票交易所。总体来看，这些交易所列表超过了 10000 家企业，市值超过 32 万亿美元。

［25］但是，特定 SDGs 行业，比如水供应或能源分布，可能会形成自然垄断，实际上阻碍了新进入的市场参与者甚至没有正式的进入壁垒。

［26］案例研究可以在 UNDP（2008）、World Bank（2009a）、IFC（2011）、UNECE（2012）中找到。

［27］存在大量的有用指南，例如 World Bank（2009b）、UNECE（2008）。

［28］澳大利亚出口信贷和保险委员会，http://stpf.efic.gov.au；奥地利环境和社会评估过程，www.oekb.at；Delcredere Ducroire（2014）；日本出口和投资保险公司：《环境和社会因素在贸易保险方面的指导方针》，http://nexi.go.jp；荷兰环球信贷国家业务：《环境和社会方面》，www.atradiusdutchstatebusiness.nl；英国出口信贷：《对申请者的指南：英国出口信贷申请人考虑的进程和影响因素》，www.gov.uk；Overseas Private Investment Corporation（2010）。

［29］多边投资担保机构：《环境和社会可持续发展政策》，www.miga.org。

［30］巴西出口与投资促进局，www2.apexbrasil.com.

br；Deloitte（2013b）；南非环境经济激励，绿色商业指南，2013 年 1 月 14 日，www.greenbusinessguide.co.za；日本贸易振兴机构——有吸引力的行业：为了能源系统，http：//jetro.org；新斯科舍——资本投资动机，www.novascotia.ca；印度尼西亚财政部长的监管 Number 130/PMK.011/2011：《提供企业所得税减免或减少设施》；南非贸易和工业部门：《激励机制指南 2012/13》，www.thedti.gov.za；土耳其投资支持和促进机构——土耳其的投资激励体系，www.invest.gov.tr；英国和北爱尔兰商业、创新与技能部——授予商业投资：指南，www.gov.uk；美国能源部——贷款项目办公室：我们的任务，www.energy.gov/lpo/mission；美国能源部——工业国家能源效率的税收激励措施，www.energy.gov。

[31] UNCTAD 创业政策框架，www.unctad-org/diae/epf。

[32] 例如，南非的 RLabs 创新孵化器为企业提供了一个发展社会商业理念的空间，旨在通过创新来影响、重塑和授权本土企业。菲律宾的亚洲社会企业孵化器（ASEI）为社会企业参与底层建筑提供了艺术技术的综合服务和状态。加州圣克拉拉大学 GSBI 加速器项目双向选择了社会企业家和两个硅谷高管导师，使它们能够实现其规模、可持续性和影响力。从全球层面来看，尤努斯社会企业孵化器基金在几个发展中国家运作，通过提供益贫式医疗、住房、金融服务、营养、安全饮用水和可再生能源，旨在创建和授权本土社会企业和企业家帮助其自身发展。

[33] 例如，这些区域可能要求有良好的发展环境报告，其中要求企业报告其废弃物、污染物的预期数量，甚至预计将产生的噪音分贝（WIR，2013）。全球内一些区域已经通过了 ISO14001 环境管理体系标准认证。

[34] 世界银行——厄瓜多尔概述，www.worldbank.org。

[35] 例如，印度要求最大 100 强上市公司在其主要的证券交易所报告其环境和社会影响力。

[36] 例如，南非约翰内斯堡证券交易所。许多其他交易所诸如巴西交易所，积极推动自愿机制——诸如报告标准和指数等，来激励企业可持续发展报告。

[37] 生产者使用最广泛的可持续发展报告指南。根据 2013 年毕马威的研究，全球最大的 250 强中 93% 的企业发布了 CR 报告，其中 82% 的企业涉及 GRI 指南。41 个国家中的最大 100 强中 3/4 的企业提供了 CR 报告，其中 78% 涉及 GRI 指南（KPMG，2013）。

[38] 这一全球体系旨在为企业和城市测算、披露、管理和分享环境信息，并由气候披露标准委员会主办。全球范围内有超过 4000 家企业使用 CDP 报告体系。

[39] 国际综合报告框架的发起人意识到可持续发展有利于价值创造。

[40] 致力于促进金融、会计和投资者团体活动，支持向弹性商业模式和可持续发展经济的基本转变。

[41] 为了投资者和公众的利益，美国上市公司提供使用标准来披露非财务可持续发展问题。

附　录

附表 1　2008~2013 年按地区和经济体划分的 FDI 流量（百万美元）

地区/经济体	FDI 流入量						FDI 流出量					
	2008年	2009年	2010年	2011年	2012年	2013年	2008年	2009年	2010年	2011年	2012年	2013年
世界	1818834	1221840	1422255	1700082	1330273	1451965	1999326	1171240	1467580	1711652	1346671	1410696
发达经济体	1032385	618596	703474	880406	516664	565626	1599317	846305	988769	1215690	852708	857454
欧洲	577952	408924	436303	538877	244090	250799	1045129	431433	591326	653000	299478	328729
欧盟	551413	363133	383703	490427	216012	246207	983601	383598	483002	585275	237865	250460
奥地利	6858	9303	840	10618	3939	11083	29452	10006	9994	21878	17059	13940
比利时	193950	60963	77014	119022	-30261	-2406	221023	7525	24535	96785	-17443	-26372
保加利亚	9855	3385	1525	1849	1375	1450	765	-95	230	163	345	179
克罗地亚	5938	3346	490	1517	1356	580	1405	1273	-152	53	-36	-187
塞浦路斯	1414	3472	766	2384	1257	533	2717	383	679	2201	-281	308
捷克共和国	6451	2927	6141	2318	7984	4990	4323	949	1167	-327	1790	3294
丹麦	1824	3917	-11522	13094	2831	2083	13240	6305	-124	12610	7976	9170
爱沙尼亚	1731	1840	1598	340	1517	950	1114	1547	142	-1452	952	357
芬兰	-1144	718	7359	2550	4153	-1065	9297	5681	10167	5011	7543	4035
法国	64184	24215	33628	38547	25086	4875	155047	107136	64575	59552	37195	-2555
德国	8109	23789	65620	59317	13203	26721	72758	69639	126310	80971	79607	57550
希腊	4499	2436	330	1143	1740	2567	2418	2055	1558	1772	677	-627
匈牙利	6325	1995	2202	6290	13983	3091	2234	1883	1148	4663	11337	2269
爱尔兰	-16453	25715	42804	23545	38315	35520	18949	26616	22348	-1165	18519	22852
意大利	-10835	20077	9178	34324	93	16508	67000	21275	32655	53629	7980	31663
拉脱维亚	1261	94	380	1466	1109	808	243	-62	19	62	192	345

续表

地区/经济体	FDI 流入量						FDI 流出量					
	2008 年	2009 年	2010 年	2011 年	2012 年	2013 年	2008 年	2009 年	2010 年	2011 年	2012 年	2013 年
立陶宛	1965	-14	800	1448	700	531	336	198	-6	55	392	101
卢森堡	16853	19314	39731	18116	9527	30075	14809	1522	21226	7750	3063	21626
马耳他	943	412	924	276	4	-2100	457	136	130	4	-42	-7
荷兰	4549	38610	-7324	21047	9706	24389	68334	34471	68341	39502	267	37432
波兰	14839	12932	13876	20616	6059	-6038	4414	4699	7226	8155	727	-4852
葡萄牙	4665	2706	2646	11150	8995	3114	2741	816	-7493	14905	579	1427
罗马尼亚	13909	4844	2940	2522	2748	3617	274	-88	-21	-33	-112	119
斯洛伐克	4868	-6	1770	3491	2826	591	550	904	946	713	-73	-422
斯洛文尼亚	1947	-659	360	998	-59	-679	1468	262	-207	118	-272	58
西班牙	76993	10407	39873	28379	25696	39167	74717	13070	37844	41164	-3982	26035
瑞典	36888	10093	140	12924	16334	8150	30363	26202	20349	29861	28951	33281
英国	89026	76301	49617	51137	45796	37101	183153	39287	39416	106673	34955	19440
其他发达欧洲国家	26539	45791	52600	48450	28079	4592	61528	47835	108323	67725	61613	78269
直布罗陀	159①	172①	165①	166①	168①	166①	—	—	—	—	—	—
冰岛	917	86	246	1108	1025	348	-4209	2292	-2357	23	-3206	395
挪威	10251	16641	17044	20586	16648	9330	20404	19165	23239	19880	19782	17913
瑞士	15212	28891	35145	26590	10238	-5252	45333	26378	87442	47822	45037	59961
北美	367919	166304	226449	263428	203594	249853	387573	327502	312502	438872	422386	380938
加拿大	61553	22700	28400	39669	43025	62325	79277	39601	34723	52148	55446	42636
美国	306366	143604	198049	223759	160569	187528	308296	287901	277779	386724	366940	338302
其他发达国家	86514	43368	40722	78101	68980	64975	166615	87371	84942	123818	130844	147786
澳大利亚	47162	27192	35799	65209	55518	49826	30661	11933	19607	8702	6212	6364
百慕大群岛	78	-70	231	-258	48	55	323	21	-33	-337	241	50
以色列	10875	4607	5510	10766	9481	11804	7210	1751	8656	5329	2352	4932
日本	24425	11938	-1252	-1758	1732	2304	128020	74699	56263	107599	122549	135749
新西兰	3974	-299	434	4142	2202	987	401	-1034	448	2525	-510	691
发展中经济体	668758	532580	648208	724840	729449	778372	338354	276664	420919	422582	440164	454067
非洲	59276	56043	47034	48021	55180	57239	4947	6278	6659	6773	12000	12418
北非	23153	18980	16576	8506	16624	15494	8752	2588	4847	1575	3273	1481
阿尔及利亚	2632	2746	2301	2581	1499	1691	318	215	220	534	-41	-268
埃及	9495	6712	6386	-483	6881	5553	1920	571	1176	626	211	301

续表

地区/经济体	FDI流入量						FDI流出量					
	2008年	2009年	2010年	2011年	2012年	2013年	2008年	2009年	2010年	2011年	2012年	2013年
利比亚	3180	3310	1909	—	1425	702	5888	1165	2722	131	2509	180
摩洛哥	2487	1952	1574	2568	2728	3358	485	470	589	179	406	331
苏丹	2600	2572	2894	2692	2488	3094	98	89	66	84	175	915
突尼斯	2759	1688	1513	1148	1603	1096	42	77	74	21	13	22
其他非洲国家	36124	37063	30458	39515	38556	41744	-3805	3690	1813	5198	8726	10937
西非	12538	14764	12024	18649	16575	14203	1709	2120	1292	2731	3155	2185
贝宁	170	134	177	161	282	320	-4	31	-18	60	40	46
布基纳法索	106	101	35	144	329	374	-0	8	-4	102	73	83
佛得角	264	174	158	153	57	19	0	-0	0	1	-1	2①
肯尼亚	446	377	339	302	322	371	—	-9	25	15	29	33
冈比亚	70	40	37	36	25	25①	—	—	—	—	—	—
加纳	1220	2897	2527	3222	3293	3226①	8	7	—	25	1	9①
几内亚	382	141	101	956	606	25	126	—	—	1	3	1
几内亚比绍	5	17	33	25	7	15	-1	-0	6	1	-0	0
利比里亚	284	218	450	508	985	1061	382	364	369	372	1354	698①
马里	180	748	406	556	398	410	1	-1	7	4	16	9
毛里塔尼亚	343①	-3①	131①	589①	1383①	1154①	4①	4①	4①	4①	4①	4①
尼日尔	340	791	940	1066	841	631	24	59	-60	9	2	-7
尼日利亚	8249	8650	6099	8915	7127	5609	1058	1542	923	824	1543	1237
塞内加尔	398	320	266	338	276	298	126	77	2	47	56	32
塞拉利昂	58	111	238	950	548	579①	—	—	—	—	—	—
多哥	24	49	86	728	94	84	-16	37	37	1264	35	37
中非	5021	6027	9389	8527	9904	8165	149	53	590	366	222	634
布隆迪	4	0	1	3	1	7	1	—	—	—	—	—
喀麦隆	21	740	538	652	526	572①	-2	-69	503	187	-284	135①
中非共和国	117	42	62	37	71	1	—	—	—	—	—	—
乍得	466①	376①	313①	282①	343①	538①	—	—	—	—	—	—
刚果	2526①	1862①	2211①	3056①	2758①	2038①	—	—	—	—	—	—
刚果民主共和国	1727	664	2939	1687	3312	2098	54	35	7	91	421	401
赤道几内亚	-794	1636	2734①	1975①	2015①	1914①	—	—	—	—	—	—
加蓬	773①	573①	499①	696①	696①	856①	96①	87①	81①	88①	85①	85①

续表

地区/经济体	FDI 流入量 2008 年	2009 年	2010 年	2011 年	2012 年	2013 年	FDI 流出量 2008 年	2009 年	2010 年	2011 年	2012 年	2013 年
卢旺达	102	119	42	106	160	111	—	—	—	—	—	14
圣多美和普林西比	79	16	51	32	23	30	—	—	0	0	0	0
东非	4358	3928	4511	4778	5378	6210	109	89	141	174	205	148
利摩罗	5	14	8	23	10	14①	—	—	—	—	—	—
吉布提	229	100	27	78	110	286	—	—	—	—	—	—
厄立特里亚	39①	91①	91①	39①	41①	44①	—	—	—	—	—	—
埃塞俄比亚	109	221	288	627	279	953①	—	—	—	—	—	—
肯尼亚	96	115	178	335	259	514	44	46	2	9	16	6
马达加斯加	1169	1066	808	810	812	838①	—	—	—	—	—	—
毛里求斯	383	248	430	433	589	259	52	37	129	158	180	135
塞舌尔	130	171	211	207	166	178	13	5	6	8	9	8
索马里	87①	108①	112①	102①	107①	107①	—	—	—	—	—	—
乌干达	729	842	544	894	1205	1146	—	—	4	-1	-0	-1
坦桑尼亚	1383	953	1813	1229	1800	1872	—	—	—	—	—	—
南部非洲	14206	12343	4534	7561	6699	13166	-5771	1429	-210	1927	5144	7970
安哥拉	1679	2205	-3227	-3024	-6898	-4285	-2570	-7	-1340	2093	2741	2087
博茨瓦纳	521	129	136	1093	147	188	-91	6	1	-10	9	-0
莱索托	194	178	51	53	50	44	-0	3	21	22	20	17
马拉维	195	49	97	129	129	118①	19	-1	42	50	50	47①
莫桑比克	592	893	1018	2663	5629	5935	0	3	-1	3	3	-0
纳米比亚	720	522	793	816	861	699	5	-3	5	5	-6	-8
南非	9209	7502	3636	4243	4559	8188	-3134	1151	-76	-257	2988	5620
斯威士兰	106	66	136	93	90	67①	-8	7	-1	9	-6	1①
赞比亚	939	695	1729	1108	1732	1811	—	270	1095	-2	-702	181
津巴布韦	52	105	166	387	400	400	8	—	43	14	49	27
亚洲	396025	323683	409021	430622	415106	426355	236380	215294	296186	304293	302130	326013
东南亚	245786	209371	313115	333036	334206	346513	176810	180897	264271	269605	274039	292516
东亚	195446	162578	213991	233423	216679	221058	142852	137826	206699	213225	220192	236141
中国	108312	95000	114734	123985	121080	123911	55910	56530	68811	74654	87804	101000
中国香港	67035	54274	82708	96125	74888	76633	57099	57940	98414	95885	88118	91530
朝鲜	44①	2①	38①	56①	120①	227①	—	—	—	—	—	—

续表

地区/经济体	FDI流入量						FDI流出量					
	2008年	2009年	2010年	2011年	2012年	2013年	2008年	2009年	2010年	2011年	2012年	2013年
韩国	11188	9022	9497	9773	9496	12221	19633	17436	28280	29705	30632	29172
中国澳门	2591	852	2831	726	3437	2331[1]	-83	-11	-441	120	456	45[1]
蒙古	845	624	1691	4715	4452	2047	6	54	62	94	44	50
中国台湾	5432	2805	2492	-1957	3207	3688	10287	5877	11574	12766	13137	14344
东南亚	50340	46793	99124	99613	117527	125455	33958	43071	57572	56380	53847	56374
文莱	330	371	626	1208	865	895[1]	16	9	6	10	-422[1]	-135[1]
柬埔寨	815	539	783	815	1447	1396[1]	20	19	21	29	36	42[1]
印度尼西亚	9318	4877	13771	19241	19138	18444[1]	5900	2249	2664	7713	5422	3676[1]
老挝	228	190	279	301	294	296[1]	-75[1]	1[1]	-1[1]	0[1]	-21[1]	-7[1]
马来西亚	7172	1453	9060	12198	10074	12306[1]	14965[1]	7784[1]	13399[1]	15249[1]	17115[1]	13600[1]
缅甸	863	973	1285	2200	2243	2621	—	—	—	—	—	—
菲律宾	1340	2065	1070	2007	3215	3860	1970	1897	2712	2350	4173	3642
新加坡	12201	23821	55076	50368	61159	63772	6806	26239	33377	23492	13462	26967
泰国	8455	4854	9147	3710	10705	12946	4057	4172	4467	6620	12869	6620
帝汶岛	40	50	29	47	18	20[1]	—	—	26	-33	13	13[1]
越南	9579	7600	8000	7519	8368	8900	300	700	900	950	1200	1956
南亚	56692	42427	35038	44372	32442	35561	21647	16507	16383	12952	9114	2393
阿富汗	94	76	211	83	94	69	—	—	—	—	—	—
孟加拉国	1086	700	913	1136	1293	1599	9	29	15	13	53	32
不丹	20	72	31	26	22	21	—	—	—	—	—	—
印度	47139	35657	27431	36190	24196	28199	21147	16031	15933	12456	8486	1679
伊斯兰共和国	1980	2983	3649	4277	4662	3050	380[1]	356[1]	346[1]	360[1]	430[1]	380[1]
马尔代夫	181	158	216	256	284	325[1]	—	—	—	—	—	—
尼泊尔	1	39	87	95	92	74	—	—	—	—	—	—
巴基斯坦	5438	2338	2022	1326	859	1307	49	71	47	62	82	237
斯里兰卡	752	404	478	981	941	916	62	20	43	60	64	65
西亚	93547	71885	60868	53215	48458	44282	37922	17890	15532	21736	18977	31104
巴林岛	1794	257	156	781	891	989	1620	-1791	334	894	922	1052
伊朗	1856	1598	1396	2082	2376	2852[1]	34	72	125	366	448	538[1]
约旦	2826	2413	1651	1474	1497	1798	13	72	28	31	5	16
科威特	-6	1114	1304	3260	3931	2329[1]	9100	8584	3663	4434	3231	8377[1]

续表

地区/经济体	FDI 流入量						FDI 流出量					
	2008年	2009年	2010年	2011年	2012年	2013年	2008年	2009年	2010年	2011年	2012年	2013年
黎巴嫩	4333	4804	4280	3485	3674	2833[①]	987	1126	487	755	572	690[a]
阿曼	2952	1485	1782	1563	1040	1626	585	109	1498	1233	877	1384
卡塔尔	3779	8125	4670	-87	327	-840	3658	3215	1863	6027	1840	8021
沙特阿拉伯	39456	36458	29233	16308	12182	9298	3498	2177	3907	3430	4402	4943
巴基斯坦	52	301	180	214	-244	177	-8	-15	77	-37	-2	-9
阿拉伯叙利亚共和国	1466	2570	1469	804	—	—	2[②]	1553	—	—	—	—
土耳其	19762	8629	9058	16171	13224	12866	2549	1553	1464	2349	4074	3114
阿拉伯联合酋长国	13724	4003	5500	7679	9602	10488	15820	2723	2015	2178	2536	2905
也门	1555	129	189	-518	-531	-134	66[①]	66[①]	70[①]	77[①]	71[①]	73[①]
拉丁美洲和加勒比地区	211138	150913	189513	243914	255864	292081	95931	55026	117420	110598	124382	114590
南美洲和中美洲	129440	78631	125567	163106	168695	182389	37237	13358	46423	40939	45100	32258
南美洲	93394	56677	95875	131120	142063	133354	35869	3920	30996	28042	22339	18638
阿根廷	9726	4017	11333	10720	12116	9082	1391	712	965	1488	1052	1225
玻利维亚	513	423	643	859	1060	1750	5	-3	-29	—	—	—
巴西	45058	25949	48506	66660	65272	64045	20457	-10084	11588	-1029	-2821	-3496
智利	15518	12887	15725	23444	28542	20258	9151	7233	9461	20252	22330	10923
哥伦比亚	10596	7137	6746	13405	15529	16772	2486	3348	6893	8304	-606	7652
厄瓜多尔	1058	308	163	644	585	703	48[①]	51[①]	136[①]	65[①]	-14[①]	62[①]
圭亚那	178	164	198	247	276	240[①]	—	—	—	—	—	—
巴拉圭	209	95	216	557	480	382	8	—	—	—	—	—
秘鲁	6924	6431	8455	8233	12240	10172	736	411	266	113	-57	136
苏里南	-231	-93	-248	70	62	113	—	—	—	-3	1	-0
乌拉圭	2106	1529	2289	2504	2687	2796	-11	16	-60	-7	-5	-16
委内瑞拉玻利瓦尔共和国	1741	-2169	1849	3778	3216	7040	1598	2236	1776	-1141	2460	2152
中美洲	36046	21954	29692	31985	26632	49036	1368	9439	15427	12897	22761	13620
伯利兹	170	109	97	95	194	89	3	0	1	1	1	1
哥斯达黎加	2078	1347	1466	2176	2332	2652	6	7	25	58	428	273
萨尔瓦多	903	366	-230	219	482	140	-80	—	-5	0	-2	3
危地马拉	754	600	806	1026	1245	1309	16	26	24	17	39	34
洪都拉斯	1006	509	969	1014	1059	1060	-1	4	-1	2	55	26
墨西哥	28313	17331	23353	23354	17628	38286	1157	9604	15050	12636	22470	12938

地区/经济体	FDI流入量						FDI流出量					
	2008年	2009年	2010年	2011年	2012年	2013年	2008年	2009年	2010年	2011年	2012年	2013年
尼加拉瓜	626	434	508	968	805	849	19	-29	18	7	44	64
巴拿马	2196	1259	2723	3132	2887	4651	248	-174	317	176	-274	281
加勒比地区	81698	72282	63946	80808	87169	109692	58693	41668	70998	69658	79282	82332
安圭拉	101	44	11	39	44	56	2	0	0	0	0	—
安提瓜和巴布达	161	85	101	68	134	138	2	4	5	3	4	4
阿鲁巴	15	-11	187	488	-326	163	3	1	3	3	3	4
巴哈马	1512	873	1148	1533	1073	1111	410	216	150	524	132	277
巴巴多斯	464	247	290	725	516	376①	-6	-56	-54	-25	89	3①
英属维尔京群岛	51722①	46503①	50142①	58429①	72259①	92300①	44118①	35143①	53883①	56414①	64118①	68628①
开曼群岛	19634①	20426①	8659①	14702①	6808①	10577①	13377①	6311①	16946①	11649①	13262①	12704①
库拉索岛	147	55	89	69	57	27	-1	5	15	-30	12	-20
多米尼加岛	57	43	25	14	23	18	0	1	1	0	0	0
多米尼加共和国	2870	2165	1896	2275	3142	1991	-19	-32	-23	-25	-27①	-21①
格林纳达	141	104	64	45	34	78	6	1	3	3	3	3
海地	29	56	178	119	156	190	—	—	—	—	—	—
牙买加	1437	541	228	218	490	567	76	61	58	75	3	-2
蒙特塞拉特	13	3	4	2	3	2	0	0	0	0	0	0
圣基茨和尼维斯	184	136	119	112	94	112	6	5	3	2	2	2
圣卢西亚岛	166	152	127	100	80	88	5	6	5	4	4	4
圣文森特和格林纳丁斯	159	111	97	86	115	127	0	1	0	0	0	0
圣马丁	86	40	33	-48	14	58	16	1	3	1	-4	2
特立尼达和多巴哥	2801	709	549	1831	2453	1713	700	—	—	1060	1681	742
大洋洲	2318	1942	2640	2283	3299	2698	1097	66	654	918	1652	1047
库克群岛	—	-6①	—	—	—	—	963①	13①	540①	814①	1307①	887①
斐济	341	164	350	403	376	272	-8	3	6	1	2	4
法属波利尼西亚	14	22	64	136	156	119①	30	8	38	27	43	36①
基里巴斯	3	3	-0①	0①	1①	9①	1	-1	-0	—	—	-0①
马绍尔群岛	40①	-11①	27①	34①	27①	23①	35①	-25①	-11①	29①	24①	19①
密克罗尼西亚联邦	-5①	1①	1①	1①	1①	1①	—	—	—	—	—	—
瑙鲁	1①	1①	—	—	—	—	—	—	—	—	—	—
新喀里多尼亚	1746	1182	1863	1768	2564	2065①	64	58	76	41	175	97①

续表

地区/经济体	FDI 流入量						FDI 流出量					
	2008 年	2009 年	2010 年	2011 年	2012 年	2013 年	2008 年	2009 年	2010 年	2011 年	2012 年	2013 年
纽埃	—	—	—	—	—	—	4①	-0①	—	-1①	—	—
帕劳群岛	6①	1①	5①	5①	5①	6①	0①	—	—	—	—	—
巴布亚新几内亚	-30	423	29	-310	25	18	0	4	0	1	89	—
萨摩亚	49	10	1	15	24	28	—	1	—	1	9	0
所罗门群岛	95	120	238	146	68	105	4	3	2	4	3	2
汤加	4	-0	7	28	8	12①	2	0	2	1	1①	1①
瓦努阿图	44	32	41	58	38	35	1	1	1	1	1	0
转型经济体	117692	70664	70573	94836	84159	107967	61655	48270	57891	73380	53799	99175
东南欧	7014	5333	4242	5653	2593	3716	511	168	318	256	132	80
阿尔巴尼亚	974	996	1051	876	855	1225	81	39	6	30	23	40
波斯尼亚和黑塞哥维那	1002	250	406	493	366	332	17	6	46	18	15	-13
塞尔维亚	2955	1959	1329	2709	365	1034	283	52	189	170	54	13
黑山共和国	960	1527	760	558	620	447	108	46	29	17	27	17
前南斯拉夫马其顿共和国	586	201	212	468	93	334	-14	11	2	-0	-8	-2
独联体国家	109113	64673	65517	88135	80655	103241	60998	48120	57437	72977	53371	98982
亚美尼亚	944	760	529	515	489	370	19	50	8	78	16	16
阿塞拜疆	14	473	563	1465	2005	2632	556	326	232	533	1192	1490
白俄罗斯	2188	1877	1393	4002	1464	2233	31	102	51	126	156	173
哈萨克斯坦	16819	14276	7456	13760	13785	9739	3704	4193	3791	5178	1959	1948
吉尔吉斯斯坦	377	189	438	694	293	758	-0	-0	0	0	-0	-0
摩尔多瓦共和国	711	208	208	288	175	231	16	7	4	21	20	28
俄罗斯联邦	74783	36583	43168	55084	50588	79262	55663	43281	52 616	66851	48822	94907
塔吉克斯坦	376	95	8	70	233	108	—	—	—	—	—	—
土库曼斯坦	1277①	4553①	3631①	3399①	3117①	3061①	—	—	—	—	—	—
乌克兰	10913	4816	6495	7207	7833	3771	1010	162	736	192	1206	420
乌兹别克斯坦	711①	842①	1628①	1651①	674①	1077①	—	—	—	—	—	—
格鲁吉亚	1564	659	814	1048	911	1010	147	-19	135	147	297	113
备忘录												
最不发达国家 (LDCs)②	18931	18491	19559	22126	24452	27984	-1728	1092	375	4297	4454	4719

地区/经济体	FDI流入量						FDI流出量					
	2008年	2009年	2010年	2011年	2012年	2013年	2008年	2009年	2010年	2011年	2012年	2013年
内陆型发展中国家(LLDCs)③	27884	27576	22776	35524	33530	29748	4178	4990	5219	6101	2712	3895
小岛屿发展中国家(SIDS)④	8711	4575	4548	6266	6733	5680	1299	269	331	1818	2246	1217

注：①估计值。

②最不发达国家包括阿富汗、安哥拉、孟加拉国、贝宁、不丹、布基纳法索、布隆迪、柬埔寨、中非共和国、乍得、科摩罗、刚果民主共和国、吉布提、赤道几内亚、厄立特里亚、埃塞俄比亚、冈比亚、几内亚、几内亚比绍、海地、基里巴斯、老挝人民民主共和国、莱索托、利比里亚、马达加斯加、马拉维、马里、毛里塔尼亚、莫桑比克、缅甸、尼泊尔、尼日尔、卢旺达、萨摩亚（其2014年1月1日已脱离最不发达国家地位）、圣多美和普林西比、塞内加尔、塞拉利昂、所罗门群岛、索马里、南苏丹、苏丹、东帝汶、多哥、图瓦卢、乌干达、坦桑尼亚联合共和国、瓦努阿图、也门和赞比亚。

③内陆型发展中国家包括阿富汗、亚美尼亚、阿塞拜疆、不丹、玻利维亚、博茨瓦纳、布基纳法索、布隆迪、中非共和国、乍得、埃塞俄比亚、哈萨克斯坦、吉尔吉斯斯坦、老挝人民民主共和国、莱索托、马其顿共和国、马拉维、马里、摩尔多瓦共和国、蒙古、尼泊尔、尼日尔、巴拉圭、卢旺达、南苏丹、斯威士兰、塔吉克斯坦、土库曼斯坦、乌干达、乌兹别克斯坦、赞比亚和津巴布韦。

④小岛屿发展中国家包括安提瓜和巴布达、巴哈马、巴巴多斯、佛得角、科摩罗、多米尼加、斐济、格林纳达、牙买加、基里巴斯、马尔代夫、马绍尔群岛、毛里求斯、密克罗尼西亚联邦、瑙鲁、帕劳、巴布亚新几内亚、圣基茨和尼维斯、圣卢西亚、圣文森特和格林纳丁斯、萨摩亚、圣多美和普林西比、塞舌尔、所罗门群岛、汤加、特立尼达和多巴哥、图瓦卢和瓦努阿图。

资料来源：UNCTAD，FDI-TNC-GVC信息系统，FDI数据库（www.unctad.org/fdistatistics）。

世界投资报告 2014

附表 2　1990 年、2000 年、2013 年按国家和地区统计的 FDI 存量（根据流量数据累计计算）（百万美元）

国家/地区	FDI 流入量 1990 年	2000 年	2013 年	FDI 流出量 1990 年	2000 年	2013 年
世界	2078267	7511300	25464173	2087908	8008434	26312635
发达经济体	1563939	5681797	16053149	1946832	7100064	20764527
欧洲	808866	2471019	9535639	885707	3776300	12119889
欧盟	761821	2352810	8582673	808660	3509450	10616765
奥地利	10972	31165	183558	4747	24821	238033
比利时	—	—	924020	—	—	10900
比利时与卢森堡	58388	195219	—	40636	179773	—
保加利亚	112	2704	52623	124	67	2280
克罗地亚	..	2796	32484	..	824	4361
塞浦路斯	①②	2846①	21182	8	557①	8300
捷克共和国	1363	21644	135976	—	738	21384
丹麦	9192	73574	158996①	7342	73100	256120①
爱沙尼亚	—	2645	21451	—	259	6650
芬兰	5132	24273	101307	11227	52109	162360
法国	97814	390953	1081497①	112441	925925	1637143①
德国	111231	271613	851512①	151581	541866	1710298①
希腊	5681	14113	27741	2882	6094	46352
匈牙利	570	22870	111015	159	1280	39613
爱尔兰	37989	127089	377696	14942	27925	502880
意大利	59998	122533	403747	60184	169957	598357
拉脱维亚	—	2084	15654	—	23	1466
立陶宛	—	2334	17049	—	29	2852
卢森堡	—	—	141381	—	—	181607
马耳他	465	2263	14859①	..	193	1521①
荷兰	68701	243733	670115	105088	305461	1071819
波兰	109	34227	252037	95	1018	54974
葡萄牙	10571	32043	128488	900	19794	81889
罗马尼亚	0	6953	84596	66	136	1465
斯洛伐克	282	6970	58832	—	555	4292
斯洛文尼亚	1643	2893	15235	560	768	7739
西班牙	65916	156348	715994	15652	129194	643226

204

续表

国家/地区	FDI流入量			FDI流出量		
	1990年	2000年	2013年	1990年	2000年	2013年
瑞典	12636	93791	378107	50720	123618	435964
英国	203905	463134	1605522	229307	923367	1884819
其他欧洲发达国家	47045	118209	952966	77047	266850	1503124
直布罗陀	263①	642①	2403①	—	—	—
冰岛	147	497	10719	75	663	12646
挪威	12391	30265	192409①	10884	34026	231109①
瑞士	34245	86804	747436	66087	232161	1259369
北美	652444	2995951	5580144	816569	2931653	7081929
加拿大	112843	212716	(-44977	84807	237639	732417
美国	539601	2783235	4935167	731762	2694014	6349512
其他发达国家	102629	214827	937365	244556	392111	1562710
澳大利亚	80364	118858	591568	37505	95979	471804
百慕大群岛	—	265①	2664	—	108①	835
以色列	4476	20426	88179	1188	9091	78704
日本	9850	50322	170929①	201441	278442	992901①
新西兰	7938	24957	84026	4422	8491	18465
发展中经济体	514319	1771479	8483009	141076	887829	4993339
非洲	60675	153742	686962	20229	38858	162396
北非	23962	45590	241789	1836	3199	30635
阿尔及利亚	1561①	3379①	25298①	183①	205①	1737①
埃及	11043①	19955	85046	163①	655	6586
利比亚	678①	471	18461	1321①	1903	19435
摩洛哥	3011①	8842①	50280	155①	402①	2573①
苏丹	55①	1398①	29148	—	—	—
突尼斯	7615	11545	33557	15	33	304
其他非洲国家	36712	108153	445173	18393	35660	131761
西非	14013	33010	145233	2202	6381	15840
贝宁	-173①	213	1354	2①	11	149
布基纳法索	39①	28	1432	4①	0	277
佛得角	4①	192①	1576	—	—	0①
科特迪瓦	975①	2483	8233	6①	9	177

续表

国家/地区	FDI流入量			FDI流出量		
	1990年	2000年	2013年	1990年	2000年	2013年
冈比亚	157	216	754①	—	—	—
加纳	319①	1554①	19848①	—	—	118①
几内亚	69①	263①	3303①	—	12①	144①
几内亚比绍	8①	38	112	—	—	6
利比里亚	2732①	3247	6267	846①	2188	4345
马里	229①	132	3432	22①	1	49
毛里塔尼亚	59①	146①	5499①	3①	4①	43①
尼日尔	286①	45	4940	54①	1	14
尼日利亚	8539①	23786	81977	1219①	4144	8645
塞内加尔	258①	295	2696	47①	22	412
塞拉利昂	243①	284①	2319①	—	—	—
多哥	268①	87	1494	—	-10	1460
中非	3808	5732	61946	372	681	2903
布隆迪	30①	47①	16	0①	2①	1①
喀麦隆	1044①	1600①	6239①	150①	254①	717①
中非共和国	95①	104①	620①	18①	43①	43①
乍得	250①	576①	4758①	37①	70①	70①
刚果	575①	1889①	23050①	—	—	—
刚果民主共和国	546	617	5631①	—	34①	1136①
赤道几内亚	25①	1060a	15317①	0①	-2①	3①
加蓬	1208①	-227①	5119①	167①	280①	920①
卢旺达	33①	55	854	—	—	13
圣多美和普林西比	0①	11①	345①	—	—	—
东非	1701	7202	46397	165	387	2160
科摩罗	17①	21①	107①	—	—	—
吉布提	13①	40	1352	—	—	—
厄立特里亚	—	337①	791①	—	—	—
埃塞俄比亚	124①	941①	6064①	—	—	—
肯尼亚	668①	932①	3390①	99①	115①	321①
马达加斯加	107①	141①	6488①	1①	10①	6①
毛里求斯	168①	683①	3530①	1①	132①	1559①

续表

国家/地区	FDI流入量			FDI流出量		
	1990年	2000年	2013年	1990年	2000年	2013年
塞舌尔	213	515	2256	64	130	271
索马里	..②	4①	883①	—	—	—
乌干达	6①	807	8821	—	—	2
坦桑尼亚	388①	2781	12715	—	—	—
南非	17191	62209	191597	15653	28210	110858
安哥拉	1024①	7978①	2348	1①	2①	11964
博茨瓦纳	1309	1827	3337	447	517	750
莱索托	83①	330	1237	0①	2	205
马拉维	228①	358	1285①	—	0①②	119①
莫桑比克	25	1249	20967	2①	1	24
纳米比亚	2047	1276	4277	80	45	32
南非	9207	43451	140047①	15004	27328	95760①
斯威士兰	336	536	838①	38	87	76①
赞比亚	2655①	3966①	14260	—	—	1590
津巴布韦	277①	1238①	3001	80①	234①	337
亚洲	340270	1108173	5202188	67010	653364	3512719
东亚和东南亚	240645	752559	2670165	49032	551714	2432635
东亚	240645	752559	2670165	49032	551714	2432635
中国	20691①	193348	956793①	4455①	27768①	613585①
中国香港	201653	491923	1443947	11920	435791	1352353
朝鲜	572①	1044①	1878①	—	—	—
韩国	5186	43740	167350	2301	21500	219050
中国澳门	2809①	2801①	21279①	—	—	1213①
蒙古	0①	182①	15471	—	—	552
中国台湾	9735①	19521	63448①	30356①	66655	245882①
东南亚	61636	257244	1553205	9471	84736	720413
文莱	33①	3868	14212①	0①	512	134①
柬埔寨	38①	1580	9399①	..	193	465①
印度尼西亚	8732①	25060①	230344①	86①	6940①	16070①
老挝	13①	588①	2779①	1①	20①	-16①
马来西亚	10318	52747①	144705①	753	15878①	133996①

续表

国家/地区	FDI 流入量			FDI 流出量		
	1990 年	2000 年	2013 年	1990 年	2000 年	2013 年
缅甸	281	3211	14171			
菲律宾	3268[1]	13762[1]	32547[1]	405[1]	1032[1]	13191[1]
新加坡	30468	110570	837652	7808	56755	497880
泰国	8242	31118	185463[1]	418	3406	58610[1]
东帝汶	—	—	230	—	—	83
越南	243[1]	14739[1]	81702			
南亚	6795	29834	316015	422	2949	125993
阿富汗	12[1]	17[1]	1638[1]	—	—	—
孟加拉国	477[1]	2162	8596[1]	45[1]	69[1]	130[1]
不丹	2[1]	4[1]	163[1]	—	—	—
印度	1657[1]	16339	226748	124[1]	1733	119838
伊朗	2039[1]	2597[1]	40941	..	572[1]	3725[1]
马尔代夫	25[1]	128[1]	1980[1]		—	—
尼泊尔	12[1]	72[1]	514[1]			
巴基斯坦	1892	6919	27589	245	489	1731
斯里兰卡	679[1]	1596	7846[1]	8[1]	86	569[1]
西亚	31194	68535	662803	8084	13964	233678
巴林	552	5906	17815	719	1752	10751
伊拉克	..[1,2]	..[1,2]	15295[1]	—		1984[1]
约旦	1368[1]	3135	26668	158[1]	44	525
科威特	37[1]	608[1]	21242[1]	3662[1]	1428[1]	40247[1]
黎巴嫩	53[1]	14233	55604[1]	43[1]	352	8849[1]
阿曼	1723[1]	2577[1]	19756	—	—	6289
卡塔尔	63[1]	1912	29964[1]	2328[1]	74	28434[1]
沙特阿拉伯	15193[1]	17577	208330[1]	—	5285[1]	39303[1]
巴勒斯坦	—	647[1]	2750[1]		..	181[1]
叙利亚	154[1]	1244	10743[1]	4[1]	107[1]	421[1]
土耳其	11150[1]	18812	145467	1150[1]	3668	32782
阿拉伯联合酋长国	751[1]	1069[1]	105496	14[1]	1938[1]	63179[1]
也门	180[1]	843	3675[1]	5[1]	12[1]	733[1]
拉丁美洲和加勒比地区	111373	507344	2558596	53768	195339	1312258

续表

国家/地区	FDI流入量			FDI流出量		
	1990年	2000年	2013年	1990年	2000年	2013年
南美和中美	103311	428929	1842626	52138	104646	647088
南美	74815	308949	1362832	49346	96046	496692
阿根廷	9085①	67601	112349	6057①	21141	34080
玻利维亚	1026	5188	10558	7①	29	8
巴西	37143	122250	724644	41044①	51946	293277
智利	16107①	45753	215452	154①	11154	101933
哥伦比亚	3500	11157	127895	402	2989	39003
厄瓜多尔	1626	6337	13785	18①	252①	687①
福克兰群岛（马尔维纳斯群岛）	0①	58①	75①	—	—	—
圭亚那	45①	756①	2547①	—	1①	2①
巴拉圭	418①	1219	4886	134①	214	238①
秘鲁	1330	11062	73620①	122	505	4122①
苏里南	—	—	910	—	—	—
乌拉圭	671①	2088	20344①	186①	138	428①
委内瑞拉	3865	35480	55766	1221	7676	22915
中美	28496	119980	479793	2793	8600	150396
伯利兹	89①	301	1621	20①	43	53
哥斯达黎加	1324①	2709	21792	44①	86	1822
萨尔瓦多	212	1973	8225	56①	104	2
危地马拉	1734	3420	10256	..	93	472
洪都拉斯	293	1392	10084	—	—	353
墨西哥	22424	101996	389083	2672①	8273	143907
尼加拉瓜	145①	1414	7319	—	—	230
巴拿马	2275	6775	31413	—	—	3556
加勒比地区	8062	78415	725971	1630	90693	665170
安圭拉岛	11①	231①	1107①	—	5①	31①
安提瓜和巴布达	290①	619①	2712①	—	5①	104①
阿鲁巴岛	145①	1161	3634	—	675	689
巴哈马群岛	586①	3278①	17155①	—	452①	3471①
巴巴多斯	171	308	4635①	23	41	1025①
英属维尔京群岛	126①	32093①	459342①	875①	67132①	523287①

续表

国家/地区	FDI流入量			FDI流出量		
	1990年	2000年	2013年	1990年	2000年	2013年
开曼群岛	1749①	25585①	165500①	648①	20788①	129360①
库拉索岛	66①	275①	717①	—	3①	56①
多米尼加	572	1673	665①	—	—	33①
多米尼加共和国	70①	348①	25411	—	572①	921①
格林纳达	149①	95	1430①	—	2①	53①
海地			1114	..①	2①	2①
牙买加	790①	3317	12730①	42①	709①	401
蒙特塞拉特	40①	83①	132①	—	0①	1①
荷属安的列斯群岛⑤	408①	277	—	21①	6①	—
圣基茨和尼维斯	160①	487①	1916①	—	3①	56①
圣露西亚	316①	807①	2430①	—	4①	65①
圣文森特和格林纳丁斯	48①	499①	1643①	—	0①	5①
圣马丁	—	—	278①	—	—	8①
特立尼达和多巴哥	2365①	7280①	23421①	21①	293①	5602①
大洋洲	2001	2220	25262	68	267	5965
库克群岛	1①	218①	836①	25①	-1①	5037①
斐济	284	356	3612	—	39	52
法属波利尼西亚	69①	139①	803①	18①	—	251①
基里巴斯	—	—	14①	—	—	1①
马绍尔群岛	1①	218①	1029①	—	.①②	181①
瑙鲁	.①②	.①②	.①②	—	22①	22①
新喀里多尼亚	70①	67①	12720①	26①	—	—
纽埃	—	6①	.①②	—	10①	22①
帕劳群岛	2①	4①	37①	—	—	—
巴布亚新几内亚	1582①	935	4082①	—	210①	315①
萨摩亚	9①	77	282	—	—	21
所罗门群岛	—	106①	1040	—	—	38
汤加	1①	15①	132①	—	—	—
瓦努阿图	—	61①	578	—	—	23
转型经济体	9	58023	928015	..	20541	554769
东南欧	..	2886	58186	..	16	3336

续表

国家/地区	FDI流入量			FDI流出量		
	1990年	2000年	2013年①	1990年	2000年	2013年①
波斯尼亚和黑塞哥维那	—	1083①	8070①	—	—	199①
黑山共和国	—	—	5384①	—	—	47①
塞尔维亚共和国	—	1017①	29269	—	—	2557
马其顿共和国	...	540	5534	—	16	102
独联体国家（CIS）	9	54375	858153		20408	550068
亚美尼亚	9①	513	5448	—	0	186
阿塞拜疆	—	3735	13750	—	1	9005
白俄罗斯	...	1306	16729	—	24	677
哈萨克斯坦	—	10078	129554	—	16	29122
吉尔吉斯斯坦	—	432	3473	—	33	1
摩尔多瓦	—	449	3668	—	23	136
俄罗斯	—	32204	575658①	—	20141	501202①
塔吉克斯坦	...	136	1625	—	—	—
土库曼斯坦	...	949①	23018①	—	—	—
乌克兰	...	3875	76719	—	170	9739
乌兹别克斯坦	—	698①	8512①	—	—	—
格鲁吉亚	...	762	11676	—	118	1365
备忘录						
最不发达国家（LDCs）④	11051	36631	211797	1089	2683	23557
内陆发展中国家（LLDCs）⑤	7471	35790	285482	844	1305	42883
小岛屿发展中国家（SIDs）⑥	7136	20511	89548	220	2033	13383

注：①估算值。

②存量为负值。但是这一负值将计算在区域和全球总量数据中。

③这一经济体于2010年10月解体。

④最不发达国家包括阿富汗、安哥拉、孟加拉国、贝宁、布基纳法索、布隆迪、不丹、柬埔寨、中非共和国、乍得、科摩罗、刚果民主共和国、赤道几内亚、厄立特里亚、埃塞俄比亚、冈比亚、几内亚、几内亚比绍、海地、基里巴斯、老挝、莱索托、利比里亚、马达加斯加、马拉维、马里、毛里塔尼亚、莫桑比克、缅甸、尼泊尔、尼日尔、卢旺达、萨摩亚（于2014年1月1日因达到有效标准而不再是LDCs国家）、圣多美和普林西比、塞内加尔、塞拉利昂、所罗门群岛、索马里、南苏丹、苏丹、东帝汶、多哥、图瓦卢、乌干达、坦桑尼亚、瓦努阿图、也门和赞比亚。

⑤内陆发展中国家包括埃塞俄比亚、亚美尼亚、阿塞拜疆、不丹、玻利维亚、博茨瓦纳、布基纳法索、布隆迪、中非共和国、乍得、埃塞俄比亚、哈萨克斯坦、吉尔吉斯斯坦、老挝、莱索托、马拉维、马里、摩尔多瓦、蒙古、尼泊尔、尼日尔、巴拉圭、卢旺达、斯威士兰、塔吉克斯坦、土库曼斯坦、乌干达、乌兹别克斯坦、赞比亚和津巴布韦。

⑥小岛屿发展中国家包括巴布亚新几内亚联邦、密克罗尼西亚联邦、帕劳、瑙鲁、图瓦卢和瓦努阿图、圣克里斯多弗和尼维斯、圣卢西亚、圣文森特和格林纳丁斯、萨摩亚、圣多美和普林西比、塞舌尔、所罗门群岛、东帝汶、汤加、特立尼达和多巴哥。

资料来源：UNCTAD FDI-TNC-GNC数据系统，FDI数据库（www.unctad.org/fdistatistics）。

附表 3　2007~2013 年按销售出/购入地区/经济体分类的跨国并购金额（百万美元）

地区/经济体	净售出量①							净购入量②						
	2007年	2008年	2009年	2010年	2011年	2012年	2013年	2007年	2008年	2009年	2010年	2011年	2012年	2013年
世界	1045085	626235	285396	349339	556051	331651	348755	1045085	626235	285396	349399	556051	331651	348755
发达经济体	915675	479687	236505	260391	438645	268652	239606	870435	486166	191637	225830	430134	183914	151752
欧洲	565152	175645	139356	127606	214420	144651	132963	593585	382058	133024	44682	171092	38504	6798
欧盟	533185	260664	119344	118328	185332	128630	120813	538138	322169	120722	23489	140634	15660	-786
奥地利	9661	1327	2067	354	7002	1687	148	5932	3243	3309	1525	3733	1835	8813
比利时	733	3995	12375	9449	3946	1786	6429	9269	30775	-9804	477	7841	-1354	13251
保加利亚	959	227	191	24	-96	31	-52	20	39	2	17	—	—	-0
克罗地亚	674	274	—	201	92	81	100	—	12	8	325	—	—	5
塞浦路斯	1301	853	47	693	782	51	1417	5879	8875	647	-562	3738	8060	652
捷克	246	276	2473	-530	725	37	1617	572	72	1573	14	26	474	4012
丹麦	7158	5962	1270	1319	7958	4759	1341	3339	2841	3337	-3601	-133	553	214
爱沙尼亚	-59	110	28	3	239	58	-39	—	7	-0	4	-1	1	-36
芬兰	8571	1163	382	336	1028	1929	-35	-1054	12951	641	1015	2353	4116	1754
法国	30145	6609	609	3573	23161	12013	8953	73312	66893	42175	6180	37090	-3051	2177
德国	37551	34081	12753	10577	13440	7793	16739	59904	63785	26985	7025	5656	15674	6829
希腊	1379	7387	2074	283	1204	35	2488	1502	3484	387	553	-148	-1561	-1015
匈牙利	2068	1728	1853	223	1714	96	-1108	1	41	0	799	17	-7	—
爱尔兰	811	3025	1712	2127	1934	12096	11147	7340	3505	-664	5143	-5648	2629	-4091
意大利	27211	-5116	2341	6329	15095	5286	5910	62173	20976	17165	-5190	3902	-1633	2440
拉脱维亚	47	195	109	72	1	1	4	4	—	-30	40	-3	—	10
立陶宛	35	172	23	470	386	39	30	—	31	—	-0	4	-3	—
卢森堡	7379	-3510	444	2138	9495	6461	177	16	5906	54	1558	1110	-4247	3794
马耳他	-86	—	13	315	—	96	7	—	-25	—	235	-16	25	22
荷兰	162533	-9443	18114	4162	14076	17637	22896	4291	48521	-3222	16418	-3841	-1092	-3243
波兰	680	1507	666	1195	9963	824	434	189	1090	229	201	511	3399	243
葡萄牙	1574	-1312	504	2772	911	8225	7465	4071	1330	723	-8965	1642	-4735	-603
罗马尼亚	1926	1010	331	148	88	151	-45	74	320	7	24	4	-3	—
斯洛伐克	66	136	21	—	0	126	541	—	4	—	10	-18	-30	—
斯洛文尼亚	57	418	—	332	51	330	30	—	—	251	-50	-10	—	—
西班牙	57440	37041	31849	10348	17716	4978	5185	40015	-12160	-507	2898	15505	-1621	—
瑞典	3151	17930	2175	527	7647	5086	-76	30983	6883	9819	918	-2381	151	—

续表

地区/经济体	净售出量 2007年	2008年	2009年	2010年	2011年	2012年	2013年	净购入量 2007年	2008年	2009年	2010年	2011年	2012年	2013年
英国	169974	154619	24920	60886	46774	36936	29110	230314	52768	27639	-3521	69704	-1926	-23671
其他欧洲发达国家	31967	-85019	20011	9278	29088	16021	12150	55448	59889	12302	21193	31268	22845	7584
安道尔	—	—	—	—	—	12	—	—	—	—	—	—	—	—
法罗群岛	—	0	—	85	—	—	—	—	-13	—	8	—	13	35
直布罗陀	—	212	—	—	—	19	50	116	890	253	—	1757	-527	-48
根西岛	31	36	2011	175	25	1294	17	7383	744	4171	10338	-1183	1968	-768
冰岛	-227	—	—	14	—	11	—	4770	324	-806	-221	-437	-2559	126
马恩岛	221	35	114	157	-217	55	1	535	-686	137	852	-736	-162	-850
泽西岛	816	251	414	81	88	133	—	537	—	401	1054	5192	3564	2015
列支敦士登	—	—	—	—	—	—	—	270	—	12	—	—	—	—
摩纳哥	437	—	—	—	30	—	—	—	—	1	100	16	—	2
挪威	7659	15025	1867	7445	9517	5862	7874	9162	7556	391	-3905	5661	4191	87
瑞士	23032	-100578	15606	1321	19647	8635	4208	32675	51074	7742	12967	20832	16357	6984
北美洲	281057	257478	78270	97766	180302	95656	82910	230393	18280	41856	121461	173157	113486	89106
加拿大	99682	35147	12431	13307	33344	29484	23342	46864	44247	17538	35744	36049	37580	30180
美国	181375	222331	65838	84459	146958	66172	59567	183529	-25967	24317	85717	137107	75907	58926
其他发达国家	69466	46564	18879	35019	43923	28345	23733	46457	85828	16757	59687	85076	31924	55848
澳大利亚	44751	33730	22534	27192	34671	23959	11923	43309	18823	-3471	15623	6453	-7023	-5260
百慕大群岛	480	1006	883	-405	121	905	3273	-38408	2064	2981	1935	2468	3249	4412
以色列	1064	1443	1351	1207	3663	1026	3339	8166	11054	183	5929	8720	-2210	676
日本	19132	9909	-5833	7261	4671	1791	4271	29607	49826	17307	31268	62372	37795	55122
新西兰	4039	476	-55	-235	797	664	928	3782	4061	-243	4933	5063	113	899
发展中经济体	97023	120669	41999	84913	84645	56147	112969	146269	116419	77800	101605	105381	127547	129491
非洲	5325	24540	5903	7410	8634	-1254	3848	10356	8266	2577	3792	4393	629	3019
北非	2267	19495	2520	1066	1353	-388	2969	1401	4729	1004	1471	17	85	459
阿尔及利亚	—	—	—	—	—	—	10	—	—	—	—	—	—	—
埃及	1798	18903	1680	120	609	-705	1836	1448	4678	76	1092	—	-16	312
利比亚	200	307	145	91	20	—	—	—	51	601	377	—	—	—
摩洛哥	269	80	691	846	274	296	1092	—	—	324	—	17	101	147
苏丹	—	—	—	—	450	—	—	—	—	—	—	—	—	—
突尼斯	—	122	4	9	—	21	31	—	—	3	2	—	—	—

续表

地区/经济体	净售出量							净购入量						
	2007年	2008年	2009年	2010年	2011年	2012年	2013年	2007年	2008年	2009年	2010年	2011年	2012年	2013年
其他非洲国家	3058	5045	3383	6343	7281	-865	879	8955	3537	1573	2322	4376	543	2560
安哥拉	—	-475	-471	1300	—	—	—	-60	—	—	—	—	69	—
博茨瓦纳	1	—	50	—	6	7	—	—	3	—	—	-14	10	3
布基纳法索	—	20	—	—	—	1	0	—	—	—	—	—	—	—
喀麦隆	—	1	1	—	0	—	—	—	—	—	—	—	—	—
刚果	—	435	—	—	—	7	—	—	—	—	—	—	—	—
刚果民主共和国	—	—	5	175	—	—	-51	-45	—	—	—	—	19	—
科特迪瓦	—	—	10	—	—	0	—	—	—	—	—	—	—	—
赤道几内亚	—	-2200	—	—	—	—	—	—	—	—	—	—	—	—
厄立特里亚	—	—	—	12	-254	-54	—	—	—	—	—	—	—	—
埃塞俄比亚	—	—	—	—	146	366	—	-16	—	—	—	—	—	—
加蓬	82	—	—	—	—	—	—	-16	—	—	—	—	—	—
加纳	122	900	0	—	—	—	—	—	—	—	—	—	—	—
几内亚	—	—	—	—	-3	—	15	—	—	—	1	—	—	—
肯尼亚	396	—	37	—	19	86	103	253	18	—	—	-3	—	—
利比里亚	—	—	—	587	—	—	—	—	—	—	—	—	—	—
马达加斯加	—	—	59	—	—	—	12	—	—	—	—	—	—	—
马拉维	5	0	—	—	—	—	—	—	—	—	—	—	—	—
马里	—	—	0	0	—	—	20	—	—	—	—	—	—	—
毛里塔尼亚	375	—	—	—	—	—	—	—	—	—	—	—	—	2
毛里求斯	8	26	—	176	—	13	2	—	—	—	—	—	—	—
莫桑比克	2	—	—	35	27	3	—	—	136	16	433	-173	-418	65
纳米比亚	2	15	59	104	40	15	6	—	—	—	—	—	—	—
尼日尔	—	—	—	-457	—	—	-1	—	—	—	—	—	—	—
尼日利亚	485	-597	-197	476	539	-159	537	196	418	25	—	1	-185	241
卢旺达	—	6	9	—	—	69	2	—	—	—	—	—	40	—
塞内加尔	80	—	—	—	—	—	—	—	—	—	—	—	—	—
塞舌尔	89	49	—	19	—	—	—	0	66	13	5	-78	189	1
塞拉利昂	31	40	13	13	52	—	—	—	—	—	—	—	—	—
南非	1374	6815	3860	3570	6673	-968	214	8646	2873	1504	1619	4291	825	2246
斯威士兰	—	—	—	—	—	—	—	—	—	—	6	—	—	—

续表

地区经济体	净售出量							净购入量						
	2007年	2008年	2009年	2010年	2011年	2012年	2013年	2007年	2008年	2009年	2010年	2011年	2012年	2013年
多哥	—	—	—	—	—	—	15	—	20	—	257	353	-5	—
乌干达	—	1	—	—	—	—	—	—	—	—	—	—	—	—
坦桑尼亚	—	—	2	60	0	36	—	—	—	—	—	—	—	—
赞比亚	8	1	11	272	—	8	—	25	—	16	—	—	—	—
津巴布韦	0	7	6	—	27	-296	5	-44	1	-1	2	—	—	—
亚洲	68930	85903	38993	38667	56732	33418	47504	98606	103539	70088	80332	83013	93230	107915
东亚与东南亚	41347	55421	29287	27972	32476	22377	40655	25795	60664	41456	67896	70122	78736	98217
东亚	24049	30358	16437	18641	14699	11987	27423	1774	41318	36836	53444	52057	62005	70587
中国	8272	17768	11362	7092	12083	9531	26866	1559	35834	23444	30524	37111	37930	50195
中国香港	7778	8661	3185	13113	1157	2948	459	-9077	1074	6462	13255	10125	16076	16784
韩国	101	1219	1962	-2063	2550	-1528	-615	8377	5247	6601	9952	4574	5754	3765
中国澳门	157	593	-57	33	34	30	213	—	0	-580	52	—	10	—
蒙古	7	—	344	57	88	82	-77	—	106	-24	-339	247	2235	-157
中国台湾	7735	2117	-360	409	-2212	925	578	915	-943	932	—	0	—	—
东南亚	17325	25063	12850	9331	17776	10390	13232	24021	19346	4620	14452	18065	16731	27630
文莱	0	—	3	—	—	—	0	—	—	—	—	—	—	—
柬埔寨	3	30	-336	5	50	-100	12	—	—	—	—	—	—	—
印度尼西亚	753	2879	817	1416	6826	477	844	474	757	923	197	409	315	2923
老挝	—	—	—	110	6	—	-749	—	—	—	—	—	—	—
马来西亚	5260	2990	354	2837	4450	721	890	4010	9457	—	2416	4137	9251	1862
缅甸	-1	—	-0	329	—	—	—	—	—	—	—	—	—	—
菲律宾	1175	3988	1476	—	2586	411	10950	-2514	-150	57	19	479	682	71
新加坡	7700	14106	9893	3884	1730	8037	40	21762	7919	2775	8953	8044	802	6269
泰国	1991	150	351	461	954	-65	1245	42	1339	865	2810	4996	5659	16498
越南	445	921	293	289	1175	908	—	247	25	—	57	—	21	7
南亚	6027	12884	5931	5634	13093	2821	4784	28786	13376	347	26886	6288	3104	1621
孟加拉国	4	—	10	13	—	—	13	—	—	—	1	—	—	—
伊朗	—	765	—	—	—	16	—	—	—	—	—	—	—	—
印度	4805	10317	5877	5613	12798	2805	4763	28774	13370	347	26870	6282	3103	1619
马尔代夫	—	—	—	—	—	—	—	—	—	—	-3	—	—	—
尼泊尔	—	3	—	—	4	—	—	—	—	—	—	—	—	—

续表

地区/经济体	净售出量							净购入量						
	2007年	2008年	2009年	2010年	2011年	2012年	2013年	2007年	2008年	2009年	2010年	2011年	2012年	2013年
巴基斯坦	1213	1377	—	-0	247	-153	8	—	—	—	-13	—	—	2
斯里兰卡	6	409	44	9	44	153	-0	12	6	—	—	6	1	—
西亚	21529	17598	3775	5061	11163	8219	2065	44025	29499	28285	-14434	6604	11390	8077
巴林	63	335	—	452	30	—	-111	1545	3451	155	-3662	-2691	527	317
伊拉克	—	34	—	11	717	1727	324	33	—	—	—	37	-14	8
约旦	760	877	30	-99	183	22	-5	45	322	—	-29	—	-2	—
科威特	3963	506	-55	460	16	2230	414	2003	3688	441	-10793	2078	376	258
黎巴嫩	-153	108	—	642	46	317	—	210	-233	253	26	836	80	—
阿曼	621	10	—	388	—	-774	—	79	601	893	-530	222	354	-20
卡塔尔	—	124	298	12	28	169	867	6797	6028	10276	626	-790	7971	3078
沙特阿拉伯	125	330	42	297	657	1429	286	16010	1518	121	1698	107	294	520
叙利亚	—	—	2	66	—	44	—	—	—	—	—	—	—	—
土耳其	15150	13982	3159	2058	8930	2690	867	767	1495	—	-38	908	2012	590
阿拉伯联合酋长国	856	1292	299	755	556	366	286	16536	12629	16145	-1732	5896	-207	3326
也门	144	—	—	20	—	44	—	—	0	—	—	—	—	—
拉丁美洲与加勒比地区	22534	10969	-2901	29992	19256	24050	61613	37032	3708	4961	17485	18010	33673	18479
南美洲	15940	4205	-3879	18659	14833	20259	17063	12020	5068	4771	13719	10312	23719	12516
阿根廷	989	-1757	97	3457	-295	360	-76	587	259	-80	514	102	2754	99
玻利维亚	-77	24	-4	-16	0	1	74	—	—	—	—	—	2	—
巴西	7642	1900	84	10115	15112	18087	9996	10794	5480	2518	9030	5541	7401	2971
智利	1998	3252	1301	826	-197	-78	2299	466	47	1707	882	628	10248	2771
哥伦比亚	4813	-46	-1633	-1296	-1216	1974	3881	1177	16	211	3210	5085	3007	6406
厄瓜多尔	29	0	6	357	167	140	108	—	0	—	—	40	—	—
福克兰群岛	—	48	—	—	—	—	—	—	—	—	—	—	—	—
圭亚那	3	1	1	—	3	—	—	—	—	—	—	0	3	—
巴拉圭	10	4	-60	-1	0	—	—	—	—	—	—	—	—	—
秘鲁	1135	430	38	612	512	-67	618	—	623	417	77	171	319	225
苏里南	—	—	—	—	—	—	—	—	—	—	7	13	0	8
乌拉圭	158	20	2	448	747	89	162	—	—	—	—	—	—	—
委内瑞拉	-760	329	-3710	4158	—	-249	—	-1003	-1358	-2	—	1268	-16	35

续表

地区经济体	净售出量							净购入量						
	2007年	2008年	2009年	2010年	2011年	2012年	2013年	2007年	2008年	2009年	2010年	2011年	2012年	2013年
中美洲	4317	2900	182	8853	1222	1841	16845	16863	-780	3354	2949	4736	6887	3585
伯利兹	—	0	—	1	—	60	—	-43	—	2	—	—	—	—
哥斯达黎加	-34	405	—	5	17	120	191	-16	—	—	—	—	354	50
萨尔瓦多	835	—	30	43	103	-1	—	550	—	—	—	—	—	—
危地马拉	5	145	—	650	100	-213	411	140	—	—	—	—	—	104
洪都拉斯	140	—	—	1	23	—	—	—	—	—	—	—	—	—
墨西哥	3144	2306	129	7989	1143	1116	15896	17629	-190	3187	2896	4274	6504	3845
尼加拉瓜	—	—	-1	—	71	0	130	—	—	—	—	—	—	—
巴拿马	226	44	23	164	-235	758	216	-1397	-590	165	53	462	18	-414
加勒比地区	2277	3864	796	2480	3201	1950	27706	8149	-579	-3164	817	2962	3067	2378
安圭拉	1	—	—	—	—	—	—	—	30	—	-10	3	—	—
安提瓜和巴布达	—	—	—	—	212	145	—	2370	1438	-243	112	-350	228	-10
巴哈马群岛	—	41	—	82	—	—	—	—	3	8	—	—	—	-86
巴巴多斯	217	207	—	328	—	—	—	—	—	—	—	—	—	—
英属维尔京群岛	559	1001	204	391	631	32	26958	5085	-2375	-1579	21	733	1968	1869
开曼群岛	—	487	3	84	-112	130	40	757	2544	-1363	743	1188	909	444
多米尼加	42	-108	0	7	39	1264	213	93	—	—	31	—	—	—
海地	—	—	1	59	—	—	—	—	—	—	—	—	—	—
牙买加	595	—	—	—	9	—	16	105	14	28	1	52	-158	15
荷属安的列斯群岛③	—	—	2	19	235	276	—	—	14	-30	-156	—	—	—
波多黎各	862	—	587	1037	1214	88	1079	-261	-2454	22	77	202	120	-9
圣基茨和尼维斯	—	—	—	—	—	—	—	—	—	0	—	—	—	—
特立尼达和多巴哥	—	2236	—	—	973	16	-600	-2	207	-10	-0	-15	—	-244
特克斯和凯科斯群岛	—	—	—	—	—	—	—	—	—	—	—	—	—	—
美属维尔京群岛	—	—	—	473	—	—	—	—	—	1	—	1150	—	400
大洋洲	234	-742	4	8844	23	-67	4	275	906	174	-4	-35	15	78
美属萨摩亚	—	—	—	—	—	11	—	—	—	—	—	—	-29	86
斐济	12	2	—	1	—	—	0	—	—	—	—	—	—	—
法属波利尼西亚	—	—	—	—	—	—	—	—	—	1	—	—	44	—
马绍尔群岛	45	—	—	—	—	—	—	234	136	0	—	-35	—	3
密克罗尼西亚联邦	—	—	—	—	—	—	—	—	—	—	—	—	—	4

续表

地区/经济体	净售出量							净购入量						
	2007年	2008年	2009年	2010年	2011年	2012年	2013年	2007年	2008年	2009年	2010年	2011年	2012年	2013年
瑙鲁	—	—	—	—	—	—	—	—	—	172	—	—	—	—
诺福克岛	—	—	—	—	—	—	—	—	—	—	—	—	0	—
巴布亚新几内亚	160	-758	0	8843	5	-78	—	275	1051	—	-4	—	—	—
萨摩亚	3	13	—	—	19	—	—	—	-324	—	—	—	—	-14
所罗门群岛	14	—	—	—	—	—	—	—	—	—	—	—	—	—
托克劳	—	—	—	—	—	—	—	—	—	1	—	—	—	—
图瓦卢	—	—	—	—	—	—	—	—	43	—	—	—	—	—
瓦努阿图	—	—	4	—	—	—	3	—	—	—	—	—	—	—
转型经济体	32388	25879	6893	4095	32762	6852	-3820	18620	11005	7789	5378	13378	9296	56970
欧洲东南部国家	1511	587	529	65	1367	3	16	1031	-9	-174	—	51	2	—
阿尔巴尼亚	164	3	146	—	—	—	—	—	—	—	—	—	—	—
波黑	1014	9	8	—	-1	6	—	—	—	—	—	—	1	—
黑山	0	—	362	—	—	—	—	4	—	—	—	—	—	—
塞尔维亚	280	501	10	19	1340	2	9	1038	-7	-174	—	51	1	—
塞尔维亚和黑山	—	7	3	—	—	—	—	—	-3	—	—	—	—	—
马其顿	53	67	—	46	27	—	—	—	—	—	—	—	—	—
独联体国家	30824	25188	6349	4001	31395	6849	-3838	17590	11014	7963	5378	13139	9294	56970
亚美尼亚	423	204	—	-26	23	—	—	—	—	—	—	—	0	—
阿塞拜疆	—	2	—	0	—	—	—	—	519	—	—	2	748	—
白俄罗斯	2500	16	—	649	10	—	13	—	—	—	—	—	—	215
哈萨克斯坦	727	398	1621	101	293	-831	217	1833	1634	—	1462	8088	-32	—
吉尔吉斯斯坦	209	—	—	44	72	-5	—	—	—	—	—	—	—	—
摩尔多瓦	24	4	—	—	-9	—	2	—	—	—	—	—	—	—
俄罗斯	25120	18606	4579	2882	29589	7228	-2901	15497	7869	7957	3875	4943	8302	56158
塔吉克斯坦	5	—	—	—	14	—	—	—	—	—	—	—	—	—
乌克兰	1816	5931	1145	322	1400	434	-169	260	993	6	40	106	276	597
乌兹别克斯坦	—	25	4	1	—	—	3	—	—	—	—	—	—	—
格鲁吉亚	53	104	14	30	—	1	2	—	—	—	0	188	—	—
未指定录	—	—	—	—	—	—	—	9761	12645	8170	16586	7158	10894	10541
备忘录														
最不发达国家 (LDCs)④	668	-2552	-765	2204	501	374	26	-80	-261	16	259	353	-102	-12

续表

地区经济体	净售出量							净购入量						
	2007年	2008年	2009年	2010年	2011年	2012年	2013年	2007年	2008年	2009年	2010年	2011年	2012年	2013年
内陆发展中国家(LLDCs)⑤	1395	778	1983	615	700	-574	258	1814	2262	-9	1727	8076	544	6
小岛屿发展中国家(SIDs)⑥	1144	1819	41	9448	1223	97	-596	3004	2772	-16	542	-651	-2	-266

注：①根据直接收购公司地区/经济体经济划分的净售售额。
②根据最终收购公司地区/经济体经济划分的净购买额。
③该经济体于2010年10月解散。
④最不发达国家包括阿富汗、安哥拉、孟加拉国、贝宁、不丹、布基纳法索、布隆迪、柬埔寨、中非、乍得、科摩罗、刚果民主共和国、吉布提、赤道几内亚、厄立特里亚、埃塞俄比亚、冈比亚、几内亚、几内亚比绍、海地、基里巴斯、老挝、莱索托、利比里亚、马达加斯加、马拉维、马里、毛里塔尼亚、莫桑比克、缅甸、尼泊尔、尼日尔、卢旺达、萨摩亚（自2014年1月1日起已不属于最不发达国家）、圣多美和普林西比、塞内加尔、塞拉利昂、所罗门群岛、索马里、南苏丹、苏丹、坦桑尼亚、瓦努阿图、也门、赞比亚。
⑤内陆发展中国家包括阿富汗、亚美尼亚、阿塞拜疆、不丹、玻利维亚、博茨瓦纳、布基纳法索、布隆迪、中非、乍得、埃塞俄比亚、哈萨克斯坦、吉尔吉斯斯坦、老挝、莱索托、马拉维、马里、摩尔多瓦、蒙古、尼泊尔、尼日尔、巴拉圭、卢旺达、南苏丹、斯威士兰、塔吉克斯坦、土库曼斯坦、乌干达、乌兹别克斯坦、赞比亚和津巴布韦。
⑥小岛屿发展中国家包括安提瓜和巴布达、巴哈马、巴巴多斯、佛得角、科摩罗、多米尼加、斐济、格林纳达、牙买加、基里巴斯、马尔代夫、马绍尔群岛、毛里求斯、密克罗尼西亚联邦、瑙鲁、帕劳、巴布亚新几内亚、圣基茨和尼维斯、圣卢西亚、圣文森特和格林纳丁斯、萨摩亚、圣多美和普林西比、塞舌尔、所罗门群岛、苏里南、东帝汶、汤加、特立尼达和多巴哥、图瓦卢和瓦努阿图。
跨国并购入量和销售出量都按净额计算，标准如下：在东道国经济体中的净跨国销售=在东道国经济体中对外国跨国公司的销售量-外国子公司在东道国经济体中的销售额；母国经济体中的净跨国购买额=以母国为基地的跨国公司的购买量-外国公司对国外子公司的购买额。该数据仅覆盖涉及10%以上的股权并购交易。
资料来源：UNCTAD FDI-TNC-GVC信息系统，跨国并购数据库（www.unctad.org/fdistatistics）。

附表4　2007-2013 年按部门行业划分的跨国并购金额（百万美元）

部门行业	净售出量							净购入量						
	2007年	2008年	2009年	2010年	2011年	2012年	2013年	2007年	2008年	2009年	2010年	2011年	2012年	2013年
总计	1045085	626235	285396	349399	556051	331651	348755	1045085	626235	285396	349399	556051	331651	348755
第一产业	93918	89682	52891	67605	149065	51521	67760	120229	47203	28446	46861	93236	3427	27229
农业、狩猎、林业和渔业	9006	2920	730	2524	1426	7585	7422	1078	2313	1783	408	381	-1423	318
采矿、采石与石油业	84913	86761	52161	65081	147639	43936	60338	119152	44890	26663	46453	92855	4850	26911
制造业	329135	195847	74871	133936	203319	113110	125684	217712	137715	37889	128194	224316	138230	96165
食品、饮料与烟草业	49040	10618	5117	35044	48394	18526	53355	35233	-42860	-467	33629	31541	31748	35790
纺织、服装与皮革业	14977	3840	426	668	4199	2191	4545	-1946	-51	555	2971	2236	2466	1757
木材与木材制品业	1202	1022	645	804	5060	4542	2828	2780	434	1450	8471	3748	3589	3044
出版与印刷业	601	-347	—	5	-190	31	20	78	-284	30	906	-112	65	16
焦炭、石油产品与核燃料业	5768	90	1506	1964	-1430	-1307	-663	7202	-3356	-844	-6767	-2625	-3748	-2003
化学与化学制品业	103990	76637	28077	33708	77201	38524	33949	89327	60802	26539	46889	91138	41485	28339
橡胶与塑料制品业	2527	1032	1	5475	2223	1718	760	1691	461	-285	127	1367	581	368
非矿物金属制品业	36913	27103	2247	6549	927	1619	5733	17502	23013	-567	5198	1663	755	3609
金属与金属制品业	84012	19915	-966	6710	5687	9662	9490	46492	23018	2746	5171	19449	9820	647
机器与设备制造业	-25337	8505	2180	6412	14251	1291	5296	-34240	8975	1815	5989	14564	12836	6804
电子电气设备制造业	46852	22834	19789	21375	28279	22219	7538	40665	48462	4335	11816	38561	26823	13506
汽车与其他运输设备制造业	-2364	13583	12539	8644	4299	6913	1234	1065	9109	73	6737	10899	5039	1058
其他制造业	10955	11015	3309	6578	14420	7181	1598	11862	9992	2509	7059	11888	6773	3229
服务业	622032	340706	157635	147857	203667	167020	155311	707144	441317	219062	174344	238499	189993	225361
电力、天然气与水的生产供应	108003	48128	59062	-6602	21100	11984	9988	45036	26551	44514	-14759	6758	3116	7739
建筑业	16117	4582	11646	10763	3074	2253	3174	7047	-2890	-2561	-1995	-1466	2772	4868
贸易	33875	29258	3631	7278	15645	12730	-4165	-4590	18851	3203	6029	6415	23228	-1591
酒店餐饮业	872	6418	995	1937	1494	-411	4537	-6903	3511	354	854	684	-1847	925
运输和仓储业	32242	14800	5468	10795	16028	10439	5732	18927	7236	3651	7652	8576	9336	3146
信息与通信业	47371	29122	45076	19278	25174	35172	31317	32645	49854	38843	19313	23228	17417	26975
金融业	306249	108	472	13862	59270	64279	39512	49292	562415	316903	123704	139648	116121	155996
商务服务业	60455	88745	14675	30661	48321	43723	43819	48944	32923	7760	16878	26353	18854	26642
公共管理与国防	793	4209	1271	1380	2910	3602	4078	-2484	-11118	-594	-4147	-228	-1165	-1049

续表

部门/行业	净售出量							净购入量						
	2007 年	2008 年	2009 年	2010 年	2011 年	2012 年	2013 年	2007 年	2008 年	2009 年	2010 年	2011 年	2012 年	2013 年
教育	807	1225	509	881	953	213	76	42	155	51	266	347	317	-1040
卫生与社会服务业	4194	3001	653	9936	2947	6636	4091	7778	-620	187	3815	729	954	2315
艺术与休闲娱乐业	4114	1956	525	1565	1404	971	1591	262	1116	-47	635	526	275	406
其他服务业	6940	793	263	715	339	196	1780	-1973	-1154	-3	155	199	615	29

注：① 被收购公司所在行业的净销售额。

② 收购公司所在行业的净购买额。

跨国并购销售量和净售出量都按净额计算，标准如下：在东道国经济体中的净跨国并购销售＝在东道国经济体中对外国跨国公司的销售量-外国子公司在东道国经济体中的销售量；母国经济体中净跨国并购购买额＝以母国为基地的跨国公司对国外公司的购买额-以母国国外公司的跨国公司的外国子公司的销售额。该数据仅覆盖涉及10%以上的股权并购交易。

资料来源：UNCTAD FDI-TNC-GVC 信息系统，跨国并购数据库（www.unctad.org/fdistatistics）。

附表 5　2013 年完成的交易额 30 亿美元以上的跨国并购

排序	总额（十亿美元）	被兼并公司	东道国①	被兼并公司所属行业	兼并公司	母国①	兼并公司所属行业	并购比例（%）
1	27.0	TNK-BP Ltd.	英属维尔京群岛	原油与天然气	OAO Neftyanaya Kompaniya Rosneft	俄罗斯	原油与天然气	50
2	21.6	Sprint Nextel Corp	美国	电话通信（除无线电话）	SoftBank Corp	日本	电话通信	78
3	19.1	Nexen Inc.	加拿大	原油与天然气	CNOOC Canada Holding Ltd.	加拿大	投资者，未分类	100
4	18.0	Grupo Modelo SAB de CV	墨西哥	麦芽饮料	Anheuser-Busch Mexico Holding S de RL de CV	墨西哥	麦芽饮料	44
5	9.4	Ping An Insurance (Group) Co of China Ltd.	中国	人寿保险	Investor Group	泰国	投资者，未分类	16
6	8.5	Elan Corp PLC	爱尔兰	生物制品（除诊断药品）	Perrigo Co	美国	制药业	100
7	8.3	DE Master Blenders 1753 BV	荷兰	烤制咖啡	Oak Leaf BV	荷兰	投资者，未分类	85
8	7.7	Kabel Deutschland Holding AG	德国	电缆与付费电视服务	Vodafone Vierte Verwaltungsgesel-lschaft mbH	德国	电话通信	77
9	6.9	Fraser & Neave Ltd.	新加坡	瓶装或罐装碳酸饮料	TCC Assets Ltd.	英属维尔京群岛	投资者，未分类	62
10	6.0	Neiman Marcus Group Inc.	美国	百货公司	Investor Group	加拿大	投资者，未分类	100
11	5.8	Activision Blizzard Inc.	美国	包装软件	Activision Blizzard Inc.	美国	包装软件	38
12	5.7	Canada Safeway Ltd.	加拿大	食品杂货	Sobeys Inc.	加拿大	食品杂货	100
13	5.3	Bank of Ayudhya PCL	泰国	银行	Bank of Tokyo-Mitsubishi UFJ Ltd.	日本	银行	72
14	4.8	MIP Tower Holdings LLC	美国	房地产投资信托	American Tower Corp	美国	房地产投资信托	100
15	4.8	Smithfield Foods Inc.	美国	肉类加工	Shuanghui International Holdings Ltd.	中国	肉类加工	100
16	4.4	Springer Science + Business Media SA	德国	书籍印刷出版	Investor Group	英国	投资者，未分类	100
17	4.4	BNP Paribas Fortis SA/NV	比利时	银行	BNP Paribas SA	法国	证券交易	25
18	4.3	Avio SpA-Aviation Business	意大利	航空发动机及部件	General Electric Co (GE)	美国	电力分配与传输	100
19	4.2	Siam Makro PCL	泰国	食品杂货	CP ALL PCL	泰国	食品杂货	64
20	21	ENI East Africa SpA	莫桑比克	原油与天然气	Petro China Co Ltd.	中国	原油与天然气	29
21	4.2	Ally Financial Inc -European Operations	英国	个人信贷机构	General Motors Financial Co Inc.	美国	个人信贷机构	100
22	4.1	Aegis Group PLC	英国	广告业	Dentsu Inc.	日本	广告代理	86
23	4.1	Ally Credit Canada Ltd.	加拿大	个人信贷机构	Royal Bank of Canada	加拿大	银行	100
25	4.1	ANA Aeroportos de Portugal SA	葡萄牙	机场及其终端服务	VINCI Concessions SAS	法国	公路建设	95
26	4.0	Gambro AB	瑞典	外科医疗设备	Baxter International Inc.	美国	外科医疗设备	100

续表

排序	总额(十亿美元)	被兼并公司	东道国	被兼并公司所属行业	兼并公司	母国	兼并公司所属行业	并购比例(%)
27	3.9	Sterlite Industries (India) Ltd.	印度	肥皂及洗涤产品(除专业清洁品)	Sesa Goa Ltd.	印度	铁矿	100
28	3.7	T-Mobile USA Inc.	美国	无线电通信	MetroPCS Communications Inc.	美国	无线电通信	100
29	3.6	Hindustan Unilever Ltd.	印度	肥皂及洗涤产品(除专业清洁品)	Unilever PLC	英国	食品制剂	15
30	3.6	Focus Media Holding Ltd.	中国	户外广告服务	Giovanna Acquisition Ltd.	中国	投资者，未分类	100
31	3.6	Tele2 Russia Holding AB	俄罗斯	电话通信(除无线电话)	VTB Group	俄罗斯	国有商业银行	100
32	3.5	Slovak Gas Holding BV	斯洛伐克	天然气运输	Energeticky a Prumyslovy Holding as	捷克	电气服务	100
33	3.3	TYSABRI	美国	药物制剂	Biogen Idec Inc.	美国	生物制品(除处方药品)	50
34	3.2	Statoil ASA-Gullfaks Field	挪威	原油与天然气	OMV AG	奥地利	原油与天然气	19
35	3.1	The Shaw Group Inc.	美国	人造管道及配件	Chicago Bridge & Iron Co NV	荷兰	特殊贸易承包商	100
36	3.1	ICA AB	瑞典	食品杂货	Hakon Invest AB	瑞典	投资公司	60
37	3.1	Transport et Infrastructures Gaz France SA (TIGF)	法国	天然气运输	Investor Group	意大利	投资者，未分类	100

注：① 直接收购/被收购公司所在经济体。
只要最终东道国经济体和最终母国经济体不同，在同一经济体内的并购交易仍视为跨境并购。
资料来源：UNCTAD FDI-TNC-GVC 信息系统，跨国并购数据库(www.unctad.org/fdistatistics)。

附表6 2007~2013年绿地FDI项目价值，按来源地/目的地划分（百万美元）

合作伙伴区域/经济体	将全球作为投资目的地 按来源地划分							将全球作为投资来源地 按目的地划分						
	2007年	2008年	2009年	2010年	2011年	2012年	2013年	2007年	2008年	2009年	2010年	2011年	2012年	2013年
世界	880832	1413540	1008273	860905	902365	613939	672108	880832	1413540	1008273	860905	902365	613939	672108
发达国家	632655	1027852	734272	625190	636843	413541	458336	310109	425276	318385	298739	297581	224604	215018
欧洲	414450	599130	445470	384529	355244	231327	256094	222398	317370	200298	168435	176488	136320	125087
欧盟	374544	548639	412323	352752	327446	214416	229275	216647	307460	194248	161758	172635	133181	121601
奥地利	14783	22426	10057	9309	8309	4641	5395	3144	3028	1717	2289	4134	1579	1095
比利时	6569	12860	8872	5817	6030	3703	4241	8149	10797	3796	6067	3351	2575	2980
保加利亚	81	286	30	147	121	81	217	7695	11231	4780	3680	5300	2756	1906
克罗地亚	2909	3261	146	1071	105	175	240	1795	3194	1707	2397	1798	1141	1039
塞浦路斯	428	323	856	543	4379	1561	974	465	629	249	720	385	204	152
捷克共和国	5158	4615	1729	2298	2109	2184	1960	7491	5684	4575	7733	4874	2690	3805
丹麦	7375	13944	9951	4534	8151	7579	7050	2001	1968	2195	457	794	850	743
爱沙尼亚	2654	559	188	1088	358	259	861	840	1481	1260	947	883	997	788
芬兰	13189	11071	3628	4351	5891	4795	6751	1269	2415	1208	1692	2153	1691	2461
法国	55234	89486	66071	52054	49030	27881	30710	19367	24114	11371	9109	10519	7072	9354
德国	73929	98526	73239	72025	69841	50718	48478	16417	30620	19585	17081	18504	12210	10722
希腊	1700	4416	1802	1300	1450	1574	763	5096	5278	2090	1123	2377	1553	3092
匈牙利	1913	4956	1159	431	1245	1055	599	9550	9031	2729	7557	3213	2502	2118
爱尔兰	7629	9510	14322	5743	4704	5630	4346	4679	8215	4932	4453	6982	5054	4577
意大利	22961	41297	29744	23431	23196	21334	21124	11760	12618	10471	11365	5692	4037	3919
拉脱维亚	284	660	761	821	279	75	149	717	2545	828	965	717	1042	656
立陶宛	303	723	305	252	158	240	273	1485	1542	1238	1558	7304	1271	971
卢森堡	9097	14103	10879	7085	9418	5802	4315	695	431	759	731	290	270	336
马耳他	108	212	773	12	566	68	46	299	395	467	300	174	308	199
荷兰	24566	39940	32555	19651	17697	9441	13731	5840	9438	9459	8469	5650	4075	7119
波兰	2252	1790	1241	2238	850	1409	855	18766	31977	14693	11566	13024	11891	7960
葡萄牙	4522	11162	7180	5088	2153	2058	2087	6476	6785	5443	2665	1732	1231	1474
罗马尼亚	108	430	131	708	129	127	293	21006	30474	15019	7764	16156	9852	9210
斯洛伐克	474	135	393	1314	277	356	246	5485	3350	3152	4149	5664	1420	1758
斯洛文尼亚	683	1658	586	536	346	335	165	1037	612	282	748	692	469	175
西班牙	31236	45465	42209	37687	29365	18000	24617	23529	27530	15984	16444	11501	11918	13271

附　录

合作伙伴区域经济体	将全球作为投资来源地（按目的地划分）							将全球作为投资资目的地（按来源地划分）						
	2013年	2012年	2011年	2010年	2009年	2008年	2007年	2013年	2012年	2011年	2010年	2009年	2008年	2007年
瑞典	1027	1354	3160	2364	2827	2930	4372	10385	7152	13906	14895	15508	21448	11875
英国	28696	41177	35611	27367	50423	59149	27209	38406	35765	67382	78322	78009	93375	72562
欧洲其他地区	3486	3139	3853	6676	6050	9911	5751	26819	16911	27798	31777	33147	50491	39906
安道尔共和国	1	—	—	5	20	1077	—	—	114	18	145	30	14	—
冰岛	248	136	203	705	—	—	53	4215	39	433	633	123	568	1545
列支敦士登	115	38	123	9	9	8	131	39	92	133	111	136	105	74
摩纳哥	17	—	—	33	43	234	71	32	—	258	48	34	15	6
挪威	1279	583	830	2243	2334	3200	794	2999	3325	6634	5433	10588	12058	10792
圣马力诺	—	—	—	—	—	—	—	—	3	—	—	—	—	—
瑞士	1826	2382	2698	3682	3654	5391	4703	19535	13339	20323	25408	22236	37732	27489
北美	67277	63504	100002	80779	85957	71110	54485	134222	123651	185207	164915	196675	299570	145789
加拿大	15098	8447	27256	17789	14084	15763	8630	14187	19146	28507	20023	30928	43513	14748
美国	52179	55058	72746	62990	71873	55347	45855	120035	104504	156700	144892	165747	256058	131040
其他发达国家	22653	24779	21091	49525	32131	36795	33226	68020	58563	96392	75746	92126	129152	72416
澳大利亚	10552	16488	12245	41253	19990	22624	22816	8939	10456	14486	12441	18421	31052	14191
百慕大群岛	4	14	6	165	1	—	15	1943	844	1198	1573	8108	3440	3937
格林兰群岛	—	—	457	457	—	—	—	—	—	—	—	—	35	214
以色列	1148	1692	696	856	3333	853	457	3134	2816	3447	6655	2726	12725	4347
日本	5273	6177	6407	8240	11287	7768	51701	42891	76176	54210	61868	61290	81290	49189
新西兰	1249	1312	1967	388	568	2030	2171	2303	1555	1085	867	1004	611	537
发展中经济体	429221	349946	54747	510098	634961	880220	499559	195161	190448	247631	215212	254896	361610	228856
非洲	53596	47455	81130	81233	91629	160790	82133	15807	7764	35428	14517	13386	12765	5564
北非	10569	15946	11931	24542	41499	63135	49382	1496	2735	746	1095	2396	5207	2639
阿尔及利亚	4286	2370	1204	1716	2380	19107	8952	15	200	130	—	16	620	60
埃及	3035	10205	6247	12161	20678	13376	12780	1132	2523	76	990	1828	3498	1880
利比亚	121	98	49	1858	1689	3004	4061	—	—	—	—	19	19	—
摩洛哥	2461	1398	2535	4217	6189	16925	5113	115	12	87	58	393	619	50
南苏丹	180	382	235	54	139	1181	19	—	—	—	—	—	—	—
苏丹	55	66	58	2440	2025	1612	—	—	—	432	—	—	—	42
突尼斯	432	1426	1602	2010	8484	7931	18458	235	21	—	47	140	471	609

续表

合作伙伴区域经济体	将全球作为投资目的地（按来源地划分）							将全球作为投资来源源地（按目的地划分）						
	2007年	2008年	2009年	2010年	2011年	2012年	2013年	2007年	2008年	2009年	2010年	2011年	2012年	2013年
其他非洲	2925	7558	10990	13422	34682	5029	14311	32751	97655	50130	56692	69199	31509	43028
安哥拉	39	78	15	494	—	362	112	8138	11204	5536	1147	305	3022	552
贝宁	—	—	—	—	—	—	—	—	9	—	14	46	17	160
博茨瓦纳	—	—	11	9	138	70	36	344	2220	349	660	492	148	103
布基纳法索	—	—	—	—	—	12	—	9	281	272	479	165	1	217
布隆迪	—	—	—	—	—	—	11	—	19	47	25	41	19	66
佛得角	—	—	—	—	—	—	—	9	128	—	38	62	—	8
喀麦隆	—	—	19	—	—	—	—	2460	351	1155	5289	4272	566	502
中非共和国	—	—	—	—	—	—	—	361	—	—	—	—	59	—
乍得	—	—	—	—	—	—	—	—	758	402	—	135	101	150
科摩罗	—	—	—	—	—	—	—	9	9	—	—	7	138	11
刚果	—	—	—	—	—	48	—	198	9	1281	—	37	119	434
刚果民主共和国	—	161	—	7	—	—	—	1238	3294	43	1238	2242	517	556
科特迪瓦	—	13	10	19	—	—	326	71	372	131	261	937	1038	1873
吉布提	—	—	—	—	—	—	—	5	1555	1245	1255	—	25	180
赤道几内亚	—	3	—	—	—	—	12	—	6	1300	9	1881	2	13
厄立特里亚	—	—	—	—	—	—	—	—	—	19	—	—	—	—
埃塞俄比亚	—	18	12	—	—	54	70	919	762	321	290	630	441	4510
加蓬	—	—	—	—	9	—	—	328	3298	927	1231	219	267	46
冈比亚	—	—	—	—	—	—	—	9	31	31	405	26	200	9
加纳	—	—	7	15	51	51	28	129	4918	7059	2689	6431	1319	2780
几内亚	—	—	—	—	—	—	—	—	—	61	1411	548	33	35
几内亚比绍	—	—	—	—	—	—	—	361	—	19	—	—	—	—
肯尼亚	198	616	314	3920	421	835	441	332	549	1896	1382	2855	988	3644
莱索托	—	—	—	—	9	—	—	51	16	28	51	710	10	558
利比里亚	—	—	—	—	—	—	—	—	2600	821	4591	287	53	558
马达加斯加	—	—	9	—	—	2	—	3335	1325	365	—	140	363	182
马拉维	—	—	—	—	—	—	—	—	19	713	314	454	24	559
马里	—	9	10	19	9	—	11	—	172	59	13	0	794	13
毛里塔尼亚	—	19	—	—	—	—	—	37	272	—	59	279	361	23

续表

合作伙伴区域经济体	将全球作为投资目的地（按来源地划分）							将全球作为投资来源地（按目的地划分）						
	2007年	2008年	2009年	2010年	2011年	2012年	2013年	2007年	2008年	2009年	2010年	2011年	2012年	2013年
毛里求斯	38	307	1809	2642	3287	149	3252	481	317	147	71	1749	142	49
莫桑比克	—	—	—	—	—	59	—	2100	6600	1539	3278	9971	3456	6108
纳米比亚	—	23	—	—	—	344	420	473	1907	1519	390	832	777	1057
尼日尔	—	—	—	—	—	—	—	—	3319	—	100	277	—	350
尼日利亚	190	698	659	1048	1046	723	3061	3213	27381	7978	8340	4543	4142	5983
留尼汪岛	—	—	—	—	—	—	—	—	—	—	—	—	—	—
卢旺达	—	—	26	—	—	19	—	283	252	312	1839	779	110	424
圣多美和普林西比	—	—	—	—	—	—	—	2	351	—	—	—	—	150
塞内加尔	—	—	—	—	10	8	389	536	1281	548	883	69	1238	1260
塞舌尔	—	—	—	—	—	—	—	125	130	1	121	9	43	156
塞拉利昂	—	—	57	49	27	24	138	—	73	260	230	212	119	611
索马里	—	—	9	—	—	168	33	—	361	—	59	—	44	381
南非	2393	4841	7820	5146	29469	2082	5833	5247	13533	7695	6819	12430	4777	5643
斯威士兰	—	—	—	—	—	—	—	—	23	12	—	646	7	150
多哥	49	94	142	34	214	19	122	351	146	26	26	—	411	363
乌干达	9	40	28	9	—	—	7	291	3057	2147	8050	2476	569	752
坦桑尼亚	9	9	57	49	—	—	138	327	2492	623	1077	3086	1137	852
赞比亚	—	—	9	—	—	—	33	422	1276	2375	1376	2366	840	1074
津巴布韦	—	629	34	10	—	—	8	557	979	889	754	5834	3074	480
亚洲	211077	329843	226047	178906	191076	173175	161096	349751	583342	424092	313488	331839	231496	227495
东亚和东南亚	130227	154975	122130	123597	115164	110393	106067	243703	321831	251936	202925	205922	147303	146465
东亚	83797	107698	83957	87393	86185	71304	83494	127920	151963	135605	117637	119919	93099	82464
中国	32765	47016	25496	20684	40140	19227	19295	104359	126831	116828	96749	100630	73747	69473
中国香港	17313	15528	17468	8147	13023	11953	49225	4742	7164	9073	8217	7127	7960	5137
朝鲜	—	—	—	—	—	—	—	560	533	228	—	59	—	227
韩国	21928	33775	29119	30285	20896	30031	9726	9108	11828	4583	3601	7087	6279	4731
中国澳门	—	2	—	—	—	—	—	4224	909	310	282	430	2382	257
蒙古	—	—	—	150	—	—	—	448	330	302	168	183	122	595
中国台湾	11792	11377	11875	28127	12126	10094	5248	4477	4367	4280	7179	4403	2608	2045
东南亚	46430	47277	38173	36203	28979	39089	22573	115783	169868	116331	85288	86003	54204	64001

续表

合作伙伴区域/经济体	将全球作为投资目的地（按来源地划分）							将全球作为投资来源地（按目的地划分）						
	2007年	2008年	2009年	2010年	2011年	2012年	2013年	2007年	2008年	2009年	2010年	2011年	2012年	2013年
文莱	—	77	—	—	2	—	—	722	435	470	156	5969	77	45
柬埔寨	—	51	149	—	—	—	184	261	3581	3895	1759	2365	1625	1956
印度尼西亚	1824	393	1043	415	5037	843	395	18512	36019	29271	13740	24152	16881	9983
老挝	—	192	—	—	—	—	—	1371	1151	2118	335	980	589	458
马来西亚	26806	13818	14904	21319	4140	18458	2557	8318	23110	13580	15541	13694	6827	5536
缅甸	20	—	—	—	84	—	160	378	1434	1889	449	712	2029	13444
菲律宾	1541	563	1410	1790	324	629	504	15509	14800	9719	4645	2813	4263	2988
新加坡	13432	21444	12985	8631	13308	16537	12633	24979	13983	12940	16992	20562	9838	8378
泰国	2159	7936	6032	3128	4443	2432	5072	6601	15122	7678	8641	4121	5699	5645
东帝汶	—	—	—	—	—	—	—	—	—	135	1000	86	116	183
越南	647	2804	1651	920	1643	190	1070	39133	60234	34772	22030	10634	6259	15570
南亚	24343	39788	23226	21115	32560	27714	15789	55632	87161	68983	55433	58669	39525	24499
阿富汗	—	—	—	—	8	—	15	6	269	2978	634	305	245	320
孟加拉国	—	72	37	103	109	125	1	53	860	645	2720	490	2361	872
不丹	—	—	—	—	—	—	—	—	—	—	83	—	39	—
印度	18136	38039	17338	20250	31589	24891	14740	43445	70207	55156	44491	48921	30947	17741
伊朗	6137	429	5743	535	515	1578	—	6217	6911	2982	3034	1812	—	79
马尔代夫	—	—	—	6	—	—	—	206	462	453	2162	1012	329	107
尼泊尔	—	2	42	153	31	106	232	3	740	295	340	128	—	853
巴基斯坦	40	1220	66	68	227	871	686	5049	6390	3955	1255	2399	4315	3033
斯里兰卡	29	27	639	—	82	101	115	652	1323	2383	714	3517	1290	1312
西亚	56507	135081	80691	34195	43352	35069	39240	50417	174350	103173	55130	67248	44668	56527
巴林	8995	15987	14740	1070	912	1145	598	820	8050	2036	1997	3931	3535	1154
伊拉克	42	—	20	—	48	—	52	474	23982	12849	5486	10597	976	14998
约旦	244	627	1650	591	52	1037	105	1250	11903	2506	2824	3250	1401	10946
科威特	2936	16108	4585	2850	4502	1331	10833	373	2256	987	673	494	1051	2183
黎巴嫩	596	626	639	246	301	393	153	428	1292	1772	1336	531	201	104
阿曼	87	84	3110	39	165	101	479	1794	8954	5608	4255	5043	4970	2641
卡塔尔	972	8839	13663	2891	13044	8749	1546	1368	19021	21519	5434	4362	2172	1573
沙特阿拉伯	2089	5795	6105	1441	5027	2389	2746	14630	36718	14860	8139	15766	8393	6430
巴勒斯坦	—	—	—	—	—	15	—	52	1050	16	15	—	—	8

续表

合作伙伴区域/经济体	将全球作为投资目的地（按来源地划分）							将全球作为投资来源地（按目的地划分）						
	2007年	2008年	2009年	2010年	2011年	2012年	2013年	2007年	2008年	2009年	2010年	2011年	2012年	2013年
叙利亚	—	326	59	—	193	0	0	1854	4949	3134	2165	1315	10	—
土耳其	2399	4464	4068	4031	3155	3216	6864	14655	17127	23859	8917	10323	9540	9491
阿拉伯联合酋长国	38147	82175	32053	21034	15954	16684	15844	12372	36218	13067	12870	11623	12053	6821
也门	—	49	—	2	2	9	20	347	2830	961	1019	11	366	178
拉丁美洲和加勒比地区	12215	18926	15442	21773	20776	9508	18257	63442	131592	117061	113098	130791	69731	145066
南美洲	8539	16196	12040	18602	10520	6715	11864	39422	83232	81409	89861	96732	50071	67334
阿根廷	625	470	1118	1284	871	1422	1381	5466	7193	9217	7112	12000	6004	4342
玻利维亚	—	—	—	—	—	—	66	49	789	1947	797	305	10	1028
巴西	4372	11073	7736	10323	4649	3200	6865	17516	4021	40304	43860	56888	26373	29055
智利	2239	855	1758	2564	1578	1106	1566	3093	6360	12888	5874	13814	10233	10212
哥伦比亚	139	500	102	3390	1020	884	1111	3986	8281	2945	10616	6892	2909	11479
厄瓜多尔	89	67	330	166	60	38	—	518	511	348	132	648	603	784
圭亚那	—	—	—	—	—	—	—	10	1000	12	160	15	302	38
巴拉圭	—	—	—	—	—	—	—	607	378	83	3873	108	287	395
秘鲁	315	17	108	25	380	12	391	2974	9859	11831	11956	4074	2184	6340
苏里南	—	—	—	—	—	—	—	—	101	—	—	384	34	13
乌拉圭	25	3	49	3	5	—	4	2910	4381	504	749	1030	720	1620
委内瑞拉	735	3211	840	847	1956	53	480	2293	4179	1331	4732	574	413	2029
中美洲	2880	1186	2459	2869	9820	2441	5785	21438	41320	31929	20025	25614	17217	68714
伯利兹	—	—	—	—	5	—	—	—	—	3	5	—	241	100
哥斯达黎加	95	6	45	63	11	1	110	2157	570	1427	1981	3364	476	825
萨尔瓦多	102	—	281	147	20	—	55	356	562	716	276	462	171	863
危地马拉	79	58	131	86	125	211	222	979	905	1330	963	209	53	1069
洪都拉斯	61	—	—	—	—	40	378	951	1089	126	226	551	43	549
墨西哥	2444	990	1923	2101	9498	2184	4954	13652	34896	25059	14809	18741	15401	23101
尼加拉瓜	54	67	—	251	—	—	31	62	185	977	280	274	135	40602
巴拿马	47	65	80	220	161	5	35	3282	3114	2391	1485	2013	697	1616
加勒比地区	795	1544	944	302	437	353	609	2581	7039	3723	3212	8445	2444	9018
安提瓜和巴布达	—	—	—	—	—	—	—	—	82	6	6	25	—	—
阿鲁巴	—	—	—	—	—	—	—	—	64	—	—	—	70	—

续表

合作伙伴区域/经济体	将全球作为投资目的地（按来源地划分）							将全球作为投资来源地（按目的地划分）						
	2007年	2008年	2009年	2010年	2011年	2012年	2013年	2007年	2008年	2009年	2010年	2011年	2012年	2013年
巴哈马群岛	19	18	42	—	2	7	97	18	61	5	64	333	24	15
巴巴多斯	2	—	—	5	26	19	—	—	—	29	137	303	16	—
开曼群岛	166	554	953	52	243	297	41	36	326	104	253	349	351	6
古巴	—	77	—	—	21	—	0	127	2703	1015	1567	465	223	195
多米尼克	—	—	—	—	—	—	—	63	—	—	—	—	—	—
多米尼加共和国	498	—	30	25	—	—	—	749	2044	1399	330	5143	584	2684
格林纳达	—	—	—	—	—	—	—	3	—	—	5	5	30	0
瓜德罗普	—	—	—	—	—	—	—	—	267	—	—	25	—	—
海地	—	—	—	9	—	—	10	—	2	110	59	376	2	426
牙买加	2	889	17	160	129	30	460	29	317	41	23	491	13	1363
马提尼克岛	63	—	—	13	—	—	—	35	—	6	—	—	23	—
波多黎各	20	6	4	36	18	—	1	713	739	716	570	752	926	2530
圣基茨与尼维斯	—	—	—	—	—	—	—	—	—	—	—	—	—	—
圣卢西亚	—	—	—	—	—	—	—	12	—	3	144	64	64	65
圣文森	—	—	—	—	—	—	—	—	—	—	—	—	—	—
特立尼达和多巴哥	26	—	—	—	—	—	—	797	372	296	22	114	119	1514
特克斯和凯科斯	—	—	—	—	—	—	—	—	64	—	34	—	—	221
大洋洲	—	76	20	16	351	—	—	4234	4496	2179	2279	3287	1265	3067
斐济	—	—	2	8	—	—	—	206	117	339	—	179	41	13
法属波里尼西亚	—	—	10	—	—	—	—	—	—	—	108	—	—	—
密克罗尼西亚联邦	—	—	—	—	—	—	—	—	—	—	—	—	—	—
新喀里多尼亚	—	—	—	—	—	—	—	—	—	—	—	—	156	—
巴布亚新几内亚	—	73	—	8	202	—	—	3800	1400	1786	1944	3050	1088	3054
萨摩亚	—	2	—	—	149	—	—	228	2438	22	—	8	—	—
所罗门群岛	—	—	8	—	—	—	—	—	500	32	228	51	—	—
转型经济体	19321	24077	19105	2053	17891	9950	18611	71164	108044	54926	52067	57736	39389	27869
东南欧	31	658	326	485	202	82	220	11399	18167	6192	5241	7464	7568	5851
阿尔巴尼亚	—	—	—	105	—	—	3	4454	3505	124	68	525	288	57
波黑	—	7	—	16	2	9	26	2623	1993	1368	283	1253	1287	880
黑山共和国	—	—	—	7	—	—	9	694	851	120	380	436	355	613
塞尔维亚	31	651	314	356	150	74	84	3131	9196	3816	4040	4296	4459	3721

续表

合作伙伴区域经济体	将全球作为投资目的地							将全球作为投资来源地						
	按来源地划分							按目的地划分						
	2007年	2008年	2009年	2010年	2011年	2012年	2013年	2007年	2008年	2009年	2010年	2011年	2012年	2013年
马其顿	—	—	12	1	49	—	99	497	2622	763	470	956	1179	579
独联体国家	19290	23337	18746	20009	17514	9620	18360	58431	87069	44336	45809	48292	31397	20757
亚美尼亚	—	51	—	9	83	171	—	434	690	1003	265	805	434	773
阿塞拜疆	4307	1223	3779	580	435	3246	221	1999	1921	1939	711	1289	1573	964
白俄罗斯	76	1323	391	2091	133	91	540	487	977	1134	1888	1268	787	581
哈萨克斯坦	109	411	706	636	383	138	221	4251	17844	1949	2536	7816	1191	1370
吉尔吉斯斯坦	—	60	30	—	—	—	—	3362	539	50	—	358	83	49
摩尔多瓦共和国	—	557	—	—	0	—	3	162	163	488	301	320	118	285
俄罗斯	13657	16976	13055	15476	15527	5019	16185	38157	51949	29792	34519	22781	18537	12213
塔吉克斯坦	—	82	10	—	—	—	—	327	226	570	3	1076	669	44
土库曼斯坦	—	—	—	—	—	—	—	1051	3974	1433	458	1926	8	—
乌克兰	1142	2658	776	1218	954	954	1191	7185	7686	4561	4061	3094	3192	4191
乌兹别克斯坦	—	—	—	—	—	0	—	1016	1101	1418	1068	7560	4806	289
乔治亚州	—	82	33	8	174	248	31	1334	2808	4398	1017	1980	424	1261
备忘录														
最不发达国家①	168	798	502	732	923	1005	1528	21220	55740	34229	39853	33647	21923	39043
内陆发展中国家②	4425	3290	4675	1429	1137	4005	1033	18840	47069	25449	28026	39438	17931	17211
小岛屿发展中国家③	87	1290	1877	2825	3592	205	3809	2187	5325	3132	5957	7429	2298	6506

注：①最不发达国家包括阿富汗、安哥拉、孟加拉国、贝宁、不丹、布基纳法索、布隆迪、柬埔寨、中非共和国、乍得、科摩罗、刚果民主共和国、吉布提、赤道几内亚、厄立特里亚、埃塞俄比亚、冈比亚、几内亚、几内亚比绍、海地、基里巴斯、老挝人民民主共和国、莱索托、利比里亚、马达加斯加、马拉维、马里、毛里塔尼亚、莫桑比克、缅甸、尼泊尔、尼日尔、卢旺达、萨摩亚（2014年1月1日脱离LDCs状态）、圣多美和普林西比、塞内加尔、塞拉利昂、所罗门群岛、索马里、南苏丹、苏丹、东帝汶、多哥、图瓦卢、乌干达、坦桑尼亚联合共和国、瓦努阿图、也门、赞比亚。

②内陆发展中国家包括阿富汗、亚美尼亚、阿塞拜疆、不丹、玻利维亚、博茨瓦纳、布基纳法索、布隆迪、中非共和国、乍得、埃塞俄比亚、老挝、莱索托、马拉维、马里、摩尔多瓦、蒙古、尼泊尔、尼日尔、巴拉圭、卢旺达、斯威士兰、塔吉克斯坦、马其顿、土库曼斯坦、乌干达、乌兹别克斯坦、赞比亚、津巴布韦。

③小岛屿发展中国家包括安提瓜和巴布达、巴哈马、巴巴多斯、伯利兹、佛得角、科摩罗、多米尼加、多米尼克、斐济、格林纳达、牙买加、基里巴斯、马尔代夫、马绍尔群岛、毛里求斯、密克罗尼西亚、瑙鲁、帕劳、圣基茨和尼维斯、圣卢西亚、圣文森特和格林纳丁斯、萨摩亚、圣多美和普林西比、塞舌尔、所罗门群岛、苏里南、汤加、东帝汶、特立尼达和多巴哥、图瓦卢和瓦努阿图。

数据参考资本投资的估计计量。

资料来源：UNCTAD，来源于英国《金融时报》有限公司提供的信息，FDI市场（www.fDimarkets.com）。

附表 7　2013 年底 IIAs 列表清单①

	双边投资协议	其他 IIAs②	总　计
阿富汗	3	4	7
阿尔巴尼亚	43	7	50
阿尔及利亚	47	8	55
安哥拉	8	7	15
安圭拉	—	1	1
安提瓜和巴布达	2	9	11
阿根廷	58	15	73
亚美尼亚	40	3	43
阿鲁巴	—	1	1
澳大利亚	22	14	36
奥地利	66	61	127
阿塞拜疆	46	4	50
巴哈马群岛	1	9	10
巴林	29	15	44
孟加拉国	28	4	32
巴巴多斯	10	9	19
白俄罗斯	60	4	64
比利时③	93	61	154
伯利兹	7	9	16
贝宁	16	9	25
百慕大群岛	—	1	1
不丹	—	2	2
玻利维亚	17	12	29
波黑	38	5	43
博茨瓦纳	8	7	15
巴西	14	16	30
英属维尔京群岛	—	1	1
文莱	8	16	24
保加利亚	68	62	130
布基纳法索	14	9	23
布隆迪	7	9	16
柬埔寨	21	14	35
喀麦隆	16	6	22
加拿大	30	17	47
佛得角	9	6	15
开曼群岛	—	1	1
中非共和国	4	5	9
乍得	14	6	20
智利	50	28	78
中国	130	17	147
哥伦比亚	8	20	28
科摩罗	6	10	16
刚果	14	5	19
刚果民主共和国	16	10	26

续表

	双边投资协议	其他 IIAs	总　计
库克群岛	—	2	2
哥斯达黎加	21	17	38
科特迪瓦	10	10	20
克罗地亚	58	62	120
古巴	58	3	61
塞浦路斯	27	62	89
捷克共和国	79	62	141
丹麦	55	62	117
吉布提	9	10	19
多米尼克	2	9	11
多米尼加共和国	15	4	19
厄瓜多尔	18	8	26
埃及	100	13	113
萨尔瓦多	22	9	31
赤道几内亚	9	5	14
厄立特里亚	4	6	10
爱沙尼亚	27	63	90
埃塞俄比亚	29	6	35
斐济	—	3	3
芬兰	71	62	133
法国	102	62	164
加蓬	14	6	20
冈比亚	16	7	23
格鲁吉亚	31	4	35
德国	134	62	196
加纳	26	7	33
希腊	43	62	105
格林纳达	2	9	11
危地马拉	19	11	30
几内亚	20	7	27
几内亚比绍	2	8	10
圭亚那	8	10	18
海地	7	9	16
洪都拉斯	11	10	21
中国香港	16	4	20
匈牙利	58	62	120
冰岛	9	30	39
印度	84	12	96
印度尼西亚	64	14	78
伊朗伊斯兰共和国	61	2	63
伊拉克	7	6	13
爱尔兰	—	62	62
以色列	37	5	42
意大利	93	62	155

续表

	双边投资协议	其他 IIAs	总　计
牙买加	17	9	26
日本	22	17	39
约旦	53	9	62
哈萨克斯坦	45	7	52
肯尼亚	14	7	21
基里巴斯	—	2	2
朝鲜	24	—	24
韩国	91	13	104
科威特	74	14	88
吉尔吉斯斯坦	29	7	36
老挝	24	15	39
拉脱维亚	44	62	106
黎巴嫩	50	8	58
索莱托	3	7	10
利比里亚	4	7	11
利比亚	35	11	46
列支敦士登	—	1	1
立陶宛	54	62	116
卢森堡[③]	93	62	155
中国澳门	2	2	4
马达加斯加	9	5	14
马拉维	6	9	15
马来西亚	68	21	89
马尔代夫	—	3	3
马里	17	8	25
马耳他	22	62	84
毛里塔尼亚	20	7	27
毛里求斯	40	10	50
墨西哥	29	15	44
摩尔多瓦共和国	39	4	43
摩纳哥	1	—	1
蒙古	43	3	46
黑山	18	4	22
蒙特塞拉特	—	9	9
摩洛哥	63	9	72
莫桑比克	25	7	32
缅甸	7	14	21
纳米比亚	14	7	21
瑙鲁	—	2	2
尼泊尔	6	3	9
荷兰	97	62	159
新喀里多尼亚	—	1	1
新西兰	5	12	17
尼加拉瓜	18	11	29

续表

	双边投资协议	其他 IIAs	总　计
尼日尔	5	9	14
尼日利亚	24	8	32
挪威	15	28	43
阿曼	34	14	48
巴基斯坦	46	7	53
巴勒斯坦	3	7	10
巴拿马	24	10	34
巴布亚新几内亚	6	3	9
巴拉圭	24	15	39
秘鲁	31	27	58
菲律宾	37	13	50
波兰	62	62	124
葡萄牙	55	62	144
卡塔尔	49	14	63
罗马尼亚	82	62	144
俄罗斯	72	3	75
卢旺达	7	10	17
圣基茨和尼维斯	—	9	9
圣卢西亚	2	9	11
圣文森特和格林纳丁斯	2	9	11
萨摩亚	—	2	2
圣马力诺	8	—	8
圣多美和普林西比	1	3	4
沙特阿拉伯	24	14	38
塞内加尔	25	9	34
塞尔维亚	51	4	55
塞舌尔	4	9	13
塞拉利昂	3	7	10
新加坡	41	26	67
斯洛伐克	55	62	100
斯洛文尼亚	38	62	117
所罗门群岛	—	2	2
索马里	2	5	7
南非	43	10	53
南苏丹	—	1	1
西班牙	82	62	144
斯里兰卡	28	5	33
苏丹	27	10	37
苏里南	3	10	13
斯威士兰	6	10	16
瑞典	69	62	131
瑞士	119	31	150
叙利亚共和国	42	5	47
中国台湾	23	5	28

续表

	双边投资协议	其他 IIAs	总　　计
塔吉克斯坦	34	7	41
泰国	39	21	60
前南斯拉夫马其顿	39	5	44
东帝汶	3	1	4
多哥	4	9	13
汤加	1	2	3
特立尼达和多巴哥	13	9	22
突尼斯	55	9	64
土耳其	89	19	108
土库曼斯坦	25	6	31
图瓦卢	—	2	2
乌干达	15	8	23
乌克兰	73	5	78
阿拉伯联合酋长国	45	14	59
英国	105	62	167
坦桑尼亚联合共和国	19	7	26
美国	46	64	110
乌拉圭	30	17	47
乌兹别克斯坦	50	5	55
瓦努阿图	2	2	4
委内瑞拉	28	4	32
越南	60	17	77
也门	37	6	43
赞比亚	11	8	19
津巴布韦	30	8	38

注：①该表中双边投资协定和"其他 IIAs"的数量不是文中提到的 BITs 和其他 IIAs 加起来的总量，因为一些经济体/地区已经得出实体协议不纳入此表的结论。由于会员国持续不断的报告和追根溯源来调整 UNCTAD 数据库，因此这些数据不同于 WIR2013 给出的数据。

②这些数据包括由区域一体化组织成员经济体签订的协议。

③双边投资协议瓦解了比卢经济同盟。

资料来源：UNCTAD，IIA 数据库。

参考文献

［1］ ADBI（2009）：Demand for Infrastructure Financing in Asia 2010－2020. ADBI Internal Report. Tokyo：ADBI.

［2］ Addis, R., J. McLeod and A. Raine（2013）. IMPACT－Australia：Investment for social and economic beneft. Canberra：Department of Education, Government of Australia.

［3］ AfD, ADB, EBRD, EIB, IDB, IFC and WB（2012）. Joint Report on MDB Climate Finance 2012. November.

［4］ Airoldi. M., J. Chua, P. Gerbert, J. Justus and R. Rilo（2013）. Bridging the Gap：Meeting the Infrastructure Challenge with Public－Private Partnership, The Boston Consulting Group. www.bcg.de.

［5］ Aizenman. J. and R. Glick（2008）. Sovereign Wealth Funds：Stylized Facts about Their Determinants and Governance. NBER Working Papers, No. 14562, Cambridge, MA：NBER.

［6］ Argondona A. and H.W. Hoivik（2009）. Corporate social responsibility：One size does not ft all. Journal of Business Ethics, 89：221－234.

［7］ Australia, Bureau of Infrastructure, Transport and Regional Economics（2012）. Australian Infrastructure Statistics：Yearbook 2012. July. Canberra：Commonwealth of Australia.

［8］ Australia, Reserve Bank（2013）. Financing Infrastructure：A Spectrum of Country Approaches. Bulletin：September Quarter.

［9］ Bagnall. A. E. and E.M. Truman（2013）. Progress on Sovereign Wealth Fund Transparency and Accountability：An Updated SWF Scoreboard. Policy Brief, 13－19. Peterson Institute for International Economics.

［10］ Baker. B.K.（2010）. CTL－for－Health/FTT－with－Health：Resource－Needs Estimates and an Assessment of Funding Modalities. Paper Commissioned by the Action Global Health, July.

［11］ Banerjee, Sudeshna Ghosh（2006）. Private Provision of Infrastructure in Emerging Markets：Do Institutions Matters?. Development Policy Review, 24（2）.

［12］ Bateman. M. and H.-J. Chang（2012）. Microfinance and the Illusion of Development：from Hubris to Nemesis in Thirty Years. World Economic Review, 1：13－36.

［13］ Bauchet. J., C. Marshall, L. Starita, J. Thomas and A. Yalouris（2011）. Latest Findings from Randomized Evaluations of Microfinance. Access to Finance Forum, Report Number 2, December. Washington, D.C.：Consultative Group to Assist the Poor/World Bank.

［14］ Bazilian. M., P. Nussbaumer, E. Haites, M. Levi, M. Howells and K. Yumk (2010). Understanding the Scale of Investment for Universal Energy Acces. Geopolitics of Energy, 32 (10/11).

［15］ Bhattacharya. A., M. Romani and N. Stern (2012). Infrastructure for Development: Meeting the challenge. Policy Paper, June. Centre for Climate Change Economics and Policy, Grantham Research Institute on Climate Change and the Environment in Collaboration with G-24.

［16］ Bhattacharyay. B.N. (2012). Estimating Demand for Infrastructure, 2010-2020 in B.N. Bhattacharyay et al. (eds.), Infrastructure for Asian Connectivity. Cheltenham, United Kingdom and Northampton, MA: Edward Elgar.

［17］ Bhattacharyya, Rajib (2012). The Opportunities and Challenges of FDI in Retail in India. Journal of Humanities and Social Science, 5 (5): 99-109.

［18］ Blomström, M. and A. Kokko (1997). Regional Integration and Foreign Direct Investment: a Conceptual Framework and Three Cases. Policy Research Working Paper Series, No. 1750. Washington, D. C.: World Bank.

［19］ Booz & Co. (2012). Future of Chemicals Rebalancing Global Feedstock Disruptions with On-Purpose. Technologies. Available from www.booz.com.

［20］ Brautigam. D. (2010). Looking East: Africa's Newest Investment Partners. Global Journal of Emerging Market Economies, 2 (2): 173-188.

［21］ Brautigam. D. and X. Tang (2011). China's Investment in Special Economic Zones in Africa: Overview and Initial Lessons. in Thomas Farole and Gokhan Akinci (eds.), Special Economic Zones: Progress, Emerging Challenges, and Future Directions. Washington, D.C.: World Bank.

［22］ Buchner. B., A. Falconer, M. Hervé-Mignucci, C. Trabacchi (2012). The Global Landscape of Climate Finance 2012. Climate Policy Initiative (CPI) Report, December.

［23］ Buchner. B., A. Falconer, M. Hervé-Mignucci, C. Trabacchi, m. Brinkman (2011). The Global Landscape of Climate Finance 2011. Climate Policy Initiative (CPI) Report, October.

［24］ Buchner. B., M. Herve-Mignucci, C. Trabacchi, J. Wilkinson, M. Stadelmann, R. Boyd, F. Mazza, A. Falconer, V. Micale (2013). The Global Landscape of Climate Finance. Climate Policy Initiative (CPI) Report, October.

［25］ Calderon, C. and L. Serven (2010). Infrastructure in Latin America. Policy Research Working Paper, No. 5317. Washington, D.C.: World Bank.

［26］ Cato Institute (2013). Infrastructure Investment: A State, Local and Private Responsibility. Tax and Budget Bulletin, No. 67, January.

［27］ Clark, H. (2012). The Importance of Governance for Sustainable Development. Singapore: Institute of Southeast Asian Studies.

［28］ Clarke, V. (2014). Investment Governance in the Tripartite Free Trade Area. in Cape to Cairo: Exploring the Tripartite FTA Agenda. Stellenbosch, South Africa: Tralac.

[29] Copeland. C. and M. Tiemann (2010). Water Infrastructure Needs and Investment: Review and Analysis of Key Issues. Congressional Research Service Report 7-5700, December.

[30] Council of the European Union (2009). Brussels European Council-the Presidency Conclusions, 18-19 June. 10 July, Brussels. https: //www.consilium.europa.eu.

[31] De La Cruz, J., R.B. Koopman, Z. Wang and S. Wei (2011). Estimating Foreign Value-added in Mexico's manufacturing Exports. Office of Economics Working Paper, No. 2011-04. Washington, D.C.: U.S. International Trade Commission.

[32] Delcredere/Ducroire (2014). Delcredere | Ducroire's Environmental and Social Policy. www. delcredereducroire.be.

[33] Deloitte (2013a). Global Powers of Retailing 2013: Retail Beyond. Deloitte, January 2013.

[34] Deloitte (2013b). Global Survey of R&D Tax Incentives. March. www.deloitte.com.

[35] Doshi. V., G. Schulman and D. Gabaldon (2007). Lights! Water! Motion!. Strategy & Business. No. 46. February. Buzz Allen Hamilton.

[36] E&Y (Ernst and Young) (2013). Turning the Corner: Global Venture Capital Insights and Trends 2013. April. www. ey.com.

[37] Edwards, Chris (2013). Encouraging Private Infrastructure Investment. Testimony at Joint Economic Committee, 24 July. www.cato.org.

[38] EPSU (2012). Why Water Is a Public Service: Exposing the Myths of Privatisation. Report commissioned by EPSU to Public Services International Research Unit (PSIRU). April www.right2water.eu Estache, A. (2010). Infrastructure Fnance in Developing Countries: an Overview. EIB Papers, 15 (2): 60-88.

[39] ETNO (European Telecommunications Network Operators' Association) (2013). Annual Economic Report 2013.

[40] EURODAD (2014). A Dangerous Blend? The EU's Agenda to 'blend' Public Development Finance with Private Finance. www.eurodad.org.

[41] European Chamber (2011). European Business in China: Asia-Pacifc Headquarters Study. Beijing: European Union Chamber of Commerce in China.

[42] Fay. M., M. Toman, D. Benitez and S. Csordas (2011). Infrastruture and Sustainable Development. in S. Fardoust, Y.-B. Kim, C. Sepúlveda (eds.), Postcrisis Growth and Development: a Development Agenda for the G-20. Washinton, D.C.: World Bank.

[43] Foster, V. and C. Briceno-Garmendia (2010). Africa's Infrastructure: A Time for Transformation. Washington, D.C.: World Bank.

[44] FSB (Financial Stability Board) (2008). Enhancing Market and Institutional Resilience. 7 April. www.fnancialstability-board.org.

[45] G-20 (Group of Twenty) (2009). Declaration on Strengthening the Financial System. 2 April.

[46] G-30 (Group of Thirty) (2013). Long Term Fnance and Economic Growth. www.group30.org.

[47] Goldman Sachs (2013). ASEAN's Half a Trillion Dollar Infrastructure Opportunity. Asia Economics Analyst, Issue No: 13/18, 30 May.

[48] GPFG (2010). GPFG Responsible Investment. Government Pension Fund Global. Oslo: Norway Ministry of Finance.

[49] Griffths. J., M. Martin, J. Pereira, T. Strawson (2014). Financing for Development Post-2015: Improving the Contribution of Private Fnance. Study Requested by the European Parliament's Committee on Development. Brussels: European Union.

[50] Gunatilake. H. and M.J. Carangal-San Jose (2008). Privatisation Revisited: Lessons from Private Sector Participation in Water Supply and Sanitation in Developing Countries. ERD Working Paper, No. 115, Manila: Asian Development Bank.

[51] Hall. D. and E. Lobina (2010). The Past, Present and Future of Fnance for Investment in Water Systems. Paper for Keynote Presentation at IRC Conference: Pumps, Pipes and Promises, Den Haag, November.

[52] Helm. D., J. Stewart, M. Fay, A. Iimi, B. Perrissin-Fabert, A. Estache (2010). Public and Private Fnancing of Infrastructure: Policy Challenges in Mobilizing Fnance. Vol. 15, No. 2. European Investment Bank: Economic and Financial Studies Division.

[53] High Level Task Force on Innovative International Financing for Health Systems (2009). More Money for Health, and More Health for the Money.

[54] HLP (High-Level Panel on Global Assessment of Resources for Implementing the Strategic Plan for Biodiversity 2011-2020) (2012). Resourcing the Aichi Biodiversity Targets: A First Assessment of the Resources Required for Implementing the Strategic Plan for Biodiversity 2011-2020, www.cbd.int.

[55] IAWG (Inter-Agency Working Group on the Private Investment and Job Creation Pillar of the G20 Multi-Year Action Plan on Development) (2011). Indicators for Measuring and Maximizing Economic Value Added and Job Creation Arising from Private Sector Investment in Value Chains. Report to the G-20 High-Level Development Working Group, September.

[56] IEA (2009). World Energy Outlook 2009. Paris: OECD/IEA.

[57] IEA (2011). World Energy Outlook 2011. Paris: OECD/IEA.

[58] IEA (2012). Energy Technology Perspectives 2012: Pathways to a Clean Energy System. Paris: OECD/IEA.

[59] IFC (2011). IFC Support to Health Public-Private Partnerships. www.ifc.org.

[60] ILO (2010). Qualifcations Frameworks: Implementation and Impact, Background Case Study on Bangladesh. Geneva.

[61] ILO. IMF (2009). Lessons of the Financial Crisis for Future Regulation of Financial Institutions and Markets and for Liquidity Management. 4 February. Washington, D.C: IMF.

［62］IMF（2014a）. World Economic Outlook April 2014, Recovery Strengthens, Remains Uneven, World Economic and Financial Surveys. Washington, D.C.: IMF

［63］IMF（2014b）. Global Financial Stability Report, Statistical Appendix, April. Washington, D.C.: IMF.

［64］Inderst. G.（2013）. Private Infrastructure Fnance and Investment in Europe. EIB Working Paper, 2013/02. Luxembourg: European Investment Bank.

［65］India, Planning Commission（2011）. Mid-term appraisal: Eleventh Five Year Plan 2007-2012. New Delhi: Oxford University Press.

［66］India, Planning Commission（2012）. Interim report of High level Committee. August 2012.

［67］Indonesia, Ministry of National Development Planning/National Development Planning Agency（2011）. Infrastructure Development Strategy in Indonesia, www.oecd.org.

［68］Institute for Health Metrics and Evaluation（2010）. Financing Global Health 2010: Development Assistance and Country Spending in Economic Uncertainty. Seattle, WA: IHME.

［69］Institute for Health Metrics and Evaluation（2012）. Financing Global Health 2012: The End of the Golden Age?. Seattle, WA: IHME.

［70］IWG（2008）. Generally Accepted Principles and Practices（GAPP）—Santiago Principles. Washington D.C: The International Working Group of Sovereign Wealth Funds.

［71］Izaguirre. A. K. and S.P. Kulkarni（2011）. Identifying Main Sources of Funding for Infrastructure Projects with Private Participation in Developing Countries: Apilot Study. World Bank Working Paper, No. 9. Washington, D.C.: World Bank.

［72］J.P. Morgan（2010）. Impact Investments: An Emerging Asset Class. Global Research, 29 November. www.morganmarkets.com

［73］Kettunen. M., D. D'Amato, P.ten Brink, L. Mazza, A. Malou, S. Withana（2013）. Potential of Sectoral Resource Mobilization to Implement the Aichi Targets in Developing Countries: A Scoping Study. Brussels: Institute for European Environmental Policy（IEEP）.

［74］KPMG（2013）. The KPMG Survey of Corporate Responsibility Reporting 2013, December.

［75］Leading Group on Innovative Financing to Fund Development（2010）. Globalizing Solidarity: The Case for Financial Levies. Report of the Committee of Experts to the Taskforce on International Financial Transactions and Development, June.

［76］Lin. J. Y.（2011）. From Flying Geese to Leading Dragons. New Opportunities and Strategies for Structural Transformation in Developing Countries. Policy Research Working Paper Series, No. 5702. Washington, D.C.: World Bank.

［77］Lipschutz. R. D. and S.T. Romano（2012）. The Cupboard is Full: Public Finance for Public Services in the Global South. Municipal Services Project, Occasional Paper, No. 16, May.

［78］Lloyd-Owen. D.（2009）. Tapping liquidity: Fnancing Water and Wastewater to 2029. Report for

PFI Market Intelligence. London：Thomson Reuters.

[79] Marois T. (2013). State-owned Banks and Development：Dispelling Mainstream Myths. Municipal Services Project, Occasional Paper, No. 21-December.

[80] Martin. M. (2013). Making Impact Investible. Impact Economy Working Papers, Vol. 4, www. impacteconomy.com.

[81] Massolution (2013). 2013 CF Crowd Funding Industry Report, http：//research.crowdsourcing. org, McCoy, D., S. Chang, and D. Sridhar (2009). Global Health Funding：How Much, Where it Comes from and Where it Goes, Health Policy and Planning, 24（6）：407-417.

[82] McKinsey (2009). Pathways to a Low-Carbon Economy：Version 2 of the Global Greenhouse Gas Abatement Cost Curve, www.mckinsey.com.

[83] McKinsey (2011a). Bangladesh's Ready-made Garments Landscape：The Challenge of Growth. McKinsey & Company, November 2011.

[84] McKinsey (2011b). Asia's $1 Trilllion Infrastructure Opportunity, www.mckinsey.com.

[85] McKinsey (2013). Infrastructure Productivity：How to Save $1 Trillion a Year, www.mckinsey. com.

[86] MDB Committee on Development Effectiveness (2011). Supporting Infrastructure in Developing Countries. Paper submitted to the G20, 30 November. www.boell.org.

[87] Monk A. (2008). Is CalPERS a Sovereign Wealth Fund?. Number 8-21. Center for Retirement Research, Boston College.

[88] OECD (2006). Infrastructure to 2030：Telecom, Land Transport, Water and Electricity. Paris：OECD.

[89] OECD (2007). Infrastructure to 2030：Mapping Policy for Electricity, Water and Transport. Paris：OECD.

[90] OECD (2009). Private Sector Participation in Water Infrastructure. Paris：OECD.

[91] OECD (2012). Strategic Transport Infrastructure Needs to 2030. Paris：OECD.

[92] OECD (2013a). Development Co-operation Report 2013：Ending Poverty. Paris：OECD.

[93] OECD (2013b). Annual Survey of Large Pension Funds and Public Reserve Funds：Report on Pension Funds' Longterm Investments. Paris：OECD.

[94] OECD (2014). Offcial support for Pirvate Investment in Developing Country Infrastructure, 21 March, DCD/WKP (2014) 2/PROV, www.oecd.org.

[95] Overseas Private Investment Corporation (2010). OPIC-Environmental and Social Policy Statement, October, www. opic.gov.

[96] Perrotti, D.E. and R.J. Sánchez (2011). La brecha de infraestructura en América Latina y el Caribe. Serie recursos naturales e infraestructura, 153. Santiago de Chile：CEPAL.

[97] Petri P.A., M.G. Plummer and F. Zhai (2011). The Trans-Pacifc Partnership and Asia Pacifc

Integration: a Quantitative Sssessment. East –West Center Working Papers, Economics Series No. 119. Honolulu, HI: East–West Center.

[98] Pezon C. (2009). Decentralization and Delegation of Water and Sanitation Services in France in J. E. Castro and L. Heller (eds.), Water and Sanitation Services: Public Policy and Management. Londond: Earthscan.

[99] Pisu M. (2010). Tackling the Infrastructure Challenge in Indonesia. OECD Economics Department Working Papers, No. 809. Paris: OECD.

[100] Preqin (2013). The 2014 Preqin Sovereign Wealth Fund Review, October. www.prequin.com.

[101] PwC (2014a). Asset Management 2020: A Brave New World, www.pwc.com.

[102] PwC (2014b). Paying Taxes 2014: The Global Picture, www.pwc.com.

[103] Quadros, Ruy (2009). Brazilian Innovation in the Global Automotive Value Chain: Implications of the Organisational Decomposition of the Innovation Process. Research Report Prepared for Institute of Development Studies under the Project " The Changing Knowledge Divide in the Global Economy" , Campinas, Brazil.

[104] Quadros, Ruy, and Flavia Consoni (2009). Innovation Capabilities in the Brazilian Automobile Industry: A Study of Vehicle Assemblers' Technological Strategies and Policy Recommendations. International Journal of Technological Learning, Innovation and Development, 2 (1/2): 53–75.

[105] Rhodes, Chris (2013). Infrastructure Policy. House of Common Library, Standard Note SN/EP/6594, 23 December.

[106] Rodriguez, D.J., C. van den Berg and A. McMahon (2012). Investing in Water Infrastructure: Capital, Operations and Maintenance. World Bank Water Papers, November. Washington, D.C.: World Bank.

[107] Sachs J. D. (2012). From Millenium Development Goals to Sustainable Development Goals, Lancet, 379: 2206–2211.

[108] Sauvant K., L. Sachs and S.W. Jongbloed (eds.) (2012). Sovereign Investment: Concerns and Policy Reactions. Oxford: Oxford University Press.

[109] Schmidhuber, J.and J. Bruinsma (2011). Investing towards a World Free of Hunger: Lowering Vulnerability and Enhancing Resilience. in A. Prakash (ed.), Safeguarding Food Security in Volatile Global Markets. Rome: FAO.

[110] Simon J. and J. Barmeier (2010). More than Money: Impact Investing for Development. Centre for Global Development. www.cgdev.org.

[111] Sovereign Wealth Fund Institute (2013a). The Linaburg–Maduell Transparency Index. Las Vegas, NV: Sovereign Wealth Fund Institute.

[112] Sovereign Wealth Fund Institute (2013b). Sovereign Wealth Fund Asset Allocation 2013. Las Vegas, NV: Sovereign Wealth Fund Institute.

[113] Sturgeon, Timothy J., and Johannes Van Biesebroeck (2010). Effects of the Crisis on the

Automotive Industry in Developing Countries a Global Value Chain Perspective. Policy Research Working Paper, No. 5330. Washington, D.C.: World Bank.

[114] TDR08. Trade and Development Report 2008: Commodity Prices, Capital Flows and the Financing of Investment. New York and Geneva: United Nations.

[115] TDR09. Trade and Development Report 2009: Responding to the Global Crisis-Climate Change Mitigation and Development. New York and Geneva: United Nations.

[116] TDR11. Trade and Development Report 2011: Post-crisis Policy Challenges in the World Economy. New York and Geneva: United Nations.

[117] TDR13. Trade and Development Report 2013: Adjusting to the Changing Dynamics of the World Economy. New York and Geneva: United Nations.

[118] Tewes-Gradl C., A. Peters, K. Vohla, L. Lütjens-Schilling (2013). Inclusive Business Policies, BMZ/ENDEVA, www. enterprise-development.org.

[119] The Economist (2012). State Capitalism: Special Report, January 21st.

[120] The Lancet (2011). The Commission on Macroeconomics and Health: 10 years on, 378 (9807), December.

[121] The Lancet (2013). Advancing Social and Economic Development by Investing in Women's and Children's Health: A New Global Investment Framework, 19 November. www.thelancet.com.

[122] The City UK (2013). Financial Markets Series: Fund Management. September.www.thecityuk.com

[123] Truman E. M. (2008). A Blueprint for Sovereign Wealth Fund Best Practices, Policy Brief, 08-3. Peterson Institute for International Economics. www.iie.com.

[124] UN Open Working Group on Sustainable Development Goals (2014). Working Document for 5-9 May Session of Open Working Group, http: //sustainabledevelopment.un.org.

[125] UNCTAD (2004a). Is a Special Treatment of Small Island Developing States possible? New York and Geneva: United Nations.

[126] UNCTAD (2004b). The REIO Exception in MFN Treatment Clauses. UNCTAD Series on International Investment Policies for Development. New York and Geneva: United Nations.

[127] UNCTAD (2009). The Role of International Investment Agreements in Attracting Foreign Direct Investment to Developing Countries. UNCTAD Series on International Investment Policies for Development. New York and Geneva: United Nations.

[128] UNCTAD (2010). Most-Favoured-Nation Treatment. UNCTAD Series on Issues in International Investment Agreements II. New York and Geneva: United Nations.

[129] UNCTAD (2011a). Local Production of Pharmaceuticals and Related Technology Transfer: A Series of Case Studies by the UNCTAD Secretariat. New York and Geneva: United Nations.

[130] UNCTAD (2011b). Foreign Direct Investment in LDCs: Lessons Learned from the Decade 2001-2010 and the Way Forward. New York and Geneva: United Nations.

［131］UNCTAD（2011c）. Investment and Enterprise Responsibility Review. New York and Geneva: United Nations.

［132］UNCTAD（2011d）. Development-led Globalization: Towards Sustainable and Inclusive Development Paths. Report of the Secretary-General of UNCTAD to UNCTAD XIII.

［133］UNCTAD（2012）. Investment Policy Framework for Sustainable Development: Towards a New Generation of Investment Policies（IPFSD）. Geneva and New York: United Nations.

［134］UNCTAD（2013a）. Investment Policy Review: Bangladesh. New York and Geneva: United Nations.

［135］UNCTAD（2013b）. Economic Development in Africa Report 2013: Intra-African Trade-Unlocking Private Sector Dynamism. New York and Geneva: United Nations.

［136］UNCTAD（2013c）. The Least Development Countries Report 2013: Growth with Employment for Inclusive and Sustainable Development. New York and Geneva: United Nations.

［137］UNCTAD（2014a）. Skill Development in the Bangladesh Garments Industry: The Role of TNCs. New York and Geneva: United Nations.

［138］UNCTAD（2014b）. Investment Policy Review of Mongolia. New York and Geneva: United Nations.

［139］UNCTAD（2014c）. Latest Developments in Investor-State Dispute Settlement. IIA Issues Note, No. 1. New York and Geneva: United Nations.

［140］UNCTAD（2014d）. Best Practice Guidance for Policymakers and Stock Exchanges on Sustainability Reporting Initiatives. New York and Geneva: United Nations.

［141］UNCTAD and World Bank（2014）. The Practice of Responsible Investment Principles in Larger-Scale Agricultural Investments-Implications for Corporate Performance and Impact on Local communities. World Bank Report Number 86175-GLB. Washington D.C.: World Bank

［142］UNDESA（2009）. World Economic and Social Survey 2009: Promoting Development. Saving the Planet New York: United Nations.

［143］UNDESA（2012）. World Economic and Social Survey 2012: In Search of New Development Finance. New York: United Nations.

［144］UNDP（2008）. Sharing Innovative Experiences: Examples of Successful Public-Private Partnerships. New York: UNDP.

［145］UNDP（2014）. Governance for Sustainable Development: Integrating Governance in the Post-2015 Development Framework, March 2014, www.undp.org.

［146］UNECE（2008）. Guidebook on Promoting Good Governance in PPPs. Geneva: United Nations.

［147］UNECE（2012）. A Preliminary Refection on the Best Practice in PPP in Healthcare Sector. Discussion Paper Prepared for the Conference PPPs in Health Manila 2012: Developing Models, Ensuring Sustainability: Perspectives from Asia and Europe. www.unece.org

［148］ UNECOSOC （2013）. Public aid as a Driver for Private Investment, Preparing for the 2014 Development Cooperation Forum. Background Study for the DCF Switzerland High-level Symposium, 24-25 October.

［149］ UNESCO （2012）. EFA Global Monitoring Report 2012: Youth and Skills: Putting Education to Work. Paris: UNESCO.

［150］ UNESCO （2013）. Education for All is Affordable-by 2015 and Beyond, Policy Paper 6, 13 February, UNESCO.

［151］ UNFCCC （2007）. Investment and Financial Flows to Address Climate Change. Bonn: UNFCC.

［152］ United Kingdom Financial Services Authority （2009）. The Turner Review: A Regulatory Response to the Global Banking Crisis, March. www.fsa.gov.uk.

［153］ United Kingdom H.M. Treasury （2009）. Reforming Fnancial Markets, July. www.gov.uk.

［154］ United Kingdom H.M. Treasury （2011）. National Infrastructure Plan 2011. United Kingdom. www.gov.uk.

［155］ United Kingdom H.M. Treasury （2013）. National Infrastructure Plan 2013. United Kingdom. www.gov.uk.

［156］ United Nations （2013）. Report of the High-Level Panel of Eminent Persons on the Post-2015 Development Agenda. New York: United Nations.

［157］ United Nations I-8 （L.I.F.E.） Group （2009）. Innovative Financing for Development. New York: United Nations.

［158］ United States Congress （2008）. Issues and Options in Infrastructure Investment, www.cbo.gov.

［159］ United States Treasury （2009）. Financial Regulatory Reform: A New Foundation. www.fnancial-stability.gov.

［160］ UN-OHRLLS （2011）. The SIDS Tourism, Biodiversity and Culture Nexus in Context of the Green Economy, Special event, October, New York.

［161］ UNTT Working Group on Sustainable Development Financing （2013）. Financing for Sustainable Development: Review of Global Investment Requirement Estimates. http: //sustainabledevelopment.un.org.

［162］ Vale Columbia Centre on Sustainable International Investment （VCC）, World Bank and ICA （2013）. Investment Incentives: Scoping Paper, Cost-benefits, and Regulatory Mechanism. Draft Available from: www.vcc.columbia.edu.

［163］ Vasudeva G. （2013）. Weaving Together the Normative and Regulative Roles of Government: How the Norwegian Sovereign Wealth Fund's Responsible Conduct is Shaping Firms' Cross-border Investments. Organization Science, 24 （6）: 1662-1682.

［164］ Wagenvoort R., C. de Nicola and A. Kappeler （2010）. Infrastructure Fnance in Europe: Composition, Evolution and Crisis Impact. EIB Papers, Vol.15, No. 1. Luxembourg: European Investment Bank.

［165］ WEF （2011）. The Future of Long-term Investing. Geneva: WEF.

［166］WEF（2013）. The Green Investment Report: The Ways and Means to Unlock Private Finance for Green Growth. Geneva: WEF.

［167］WEF and PwC（2012）. Strategic Infrastructure: Steps to Prioritize and Deliver Infrastructure Effectively and Effciently, September. Geneva: WEF.

［168］WHO（2012）. Global Costs and Benefts of Drinking-water Supply and Sanitation Intervantions to Reach the MDG Target and Universal Coverage, Geneva.

［169］WIR07. World Investment Report 2007: Transnational Corporations, Extractive Industries and Development. New York and Geneva: United Nations.

［170］WIR08. World Investment Report 2008: Transnational Corporations and Infrastructure Challenge. New York and Geneva: United Nations.

［171］WIR09. World Investment Report 2009: Transnational Corporations, Agricultural Production and Development. New York and Geneva: United Nations.

［172］WIR10. World Investment Report 2010: Investing in a Low-Carbon Economy. New York and Geneva: United Nations.

［173］WIR11. World Investment Report 2011: Non-Equity Modes of International Production and Development. New York and Geneva: United Nations.

［174］WIR12. World Investment Report 2012: Towards a New Generation of Investment Policies. New York and Geneva: United Nations.

［175］WIR13. World Investment Report 2013: Global Value Chains: Investment and Trade for Development. New York and Geneva: United Nations.

［176］Wolf, M.（2010）. Fixing Global Finance. New Haven, CT: Yale University Press.

［177］Wong A.（2009）. Sovereign Wealth Funds and the Problem of Asymmetric Information: The Santiago Principles and International Regulations, Brooklyn Journal of International Law 1081: 1098-1102.

［178］World Bank（2009a）. The Role and Impact of Public-Private Partnerships in Education. Washington, D.C.: World Bank.

［179］World Bank（2009b）. Public-Private Partnerships: Reference Guide. Washington, D.C.: World Bank.

［180］World Bank（2010）. The Economics of Adaptation to Climate Change. A Synthesis Report - Final Consultation Draft, August. Washinton D.C.: World Bank.

［181］World Bank（2012）. Inclusive Green Growth: The Pathway to Sustainable Development. Washington, D.C.: World Bank.

［182］World Bank（2013a）. Long Term Investment Fnancing for Growth and Development. Umbrella Paper, February. Washington, D.C.: World Bank.

［183］World Bank（2013b）. Financing for Development Post-2015. Washington, D.C.: World Bank.

［184］World Bank and IEA（2013）. Sustainable Energy for All 2013-2014: Global Tracking Framework. Washington D.C：World Bank .

［185］ Wrigley N. and M. Lowe （2010）. The Globalization of Trade in Retail Services. Report commissioned by the OECD Trade.

［186］ Policy Linkages and Services Division for the OECD Experts Meeting on Distribution Services, Paris，November 2010.

［187］ Yepes T. （2008）. Investment Needs in Infrastructure in Developing Countries：2008-2015. World Bank，mimeo.

译后语

　　《世界投资报告》是联合国贸易和发展组织（UNCTAD）关于全球外国直接投资流动趋势和政策的年度报告，也是 UNCTAD 最重要的出版物之一。

　　为了便于我国相关政府部门与企业界研究和决策人士以及外国投资研究领域的专家、学者更便捷地使用这份报告，南开大学跨国公司研究中心受世界贸易和发展组织的委托及联合国出版局的知识产权许可，组织翻译了《世界投资报告 2014——投资于可持续发展目标：一项行动计划》中文版。

　　本报告的翻译分工是：冼国明和葛顺奇教授总校译；田珍（郑州轻工业学院）、孙卓然翻译序言、内容摘要；王璐瑶（华南理工大学公共政策研究院）翻译概述部分和第一章；刘晨、侯亚美、张英达翻译第二章，孙卓然、蒲红霞翻译第三章；李凌睿、田珍、卢迪翻译第四章；附录表格由李坦制作。

　　南开大学跨国公司研究中心冼国明主任、联合国贸易和发展组织投资和企业司司长兼报告总撰稿人詹晓宁博士对本告的翻译及出版工作进行了总体部署和指导。商务部合作司陈明霞处长，国际司沈晓凯处长，外资管理司吉小枫处长、范文杰处长，中国国际投资促进会周铭副会长，国际经济合作杂志社齐国强社长为本报告的翻译工作提供了大力支持和帮助，使本报告得以顺利完成。南开大学跨国公司研究中心葛顺奇教授负责翻译的具体组织和协调工作，并校对全文。王璐瑶博士、田珍博士为本报告的修改、完善、定稿工作做出了突出贡献。经济管理出版社张永美编辑认真负责，在保证质量的前提下，高效率地完成了编辑排版工作，在此一并致谢。

　　《世界投资报告 2014——投资于可持续发展目标：一项行动计划》英文版由《国际经济合作》杂志社、南开大学跨国公司研究中心、中国国际投资促进会联合于 2014 年 6 月 24 日在中国地区发布。从英文版发布到翻译完成仅一月有余，翻译和审校人员付出了巨大努力。因时间仓促，如有疏漏之处，敬请读者谅解。

　　南开大学跨国公司研究中心是教育部首批百所社科重点研究基地，1998 年开始负责翻译《世界投资报告》，长期以来为中文版的翻译和审校工作提供资助。

译　者

2014 年 8 月 15 日